조선 왕실의 茶宴 문화론

조선 왕실의 茶宴 문화론

2025년 2월 28일 초판 1쇄 발행
지은이   김상보

펴낸이   권혁재

편   집   권이지
진   행   권순범
교정교열   천승현
디자인   이정아

인   쇄   성광인쇄
펴낸곳   학연문화사
등   록   1988년 2월 26일 제2-501호
주   소   서울시 금천구 가산디지털1로 16 가산2차 SKV1AP타워 1415호

전   화   02-6223-2301
전   송   02-6223-2303
E-mail   hak7891@naver.com

ISBN   978-89-5508-705-5 (93910)

조선 왕실의
茶宴 문화론
다　연

김상보 지음

학연문화사

선풍도골(仙風道骨)의 여인이 던진 큰 질문

전경수 서울대학교 인류학과 명예교수

조선왕실의 다연(茶宴)에 관한 대작을 준비하고 계신다는 김상보 선생의 귀띔이 있은 지가 몇 해나 되었다. 이제나 저제나 기다리고 있었는데, 별안간 "유고집"을 대하게 되었다. 인생은 짧고 예술은 길다고 했던가! 선생의 평생 연구 주제인 음식문화론이 예술론으로 귀결된 종장을 대하면서 선풍도골의 여인상으로 다가왔던 자태가 떠 오른다. 젊은 날 나는 김선생을 가까이에서 두 번 만났다. 한 번은 이미 고인이 된 장철수 형과 함께 참석한 세미나에서 〈형초세시기〉와 노장사상을 논하는 모습에 기가 죽은 적이 있었고, 또 다른 한 번은 오사카의 국립민족학박물관 관장실에서 이시게 나오미치(石毛直道) 선생과 식해에 관한 이야기를 나누면서 김선생의 유창한 일본어 구사에 넋을 놓았던 적이 있었다.

김상보 교수의 작업을 학문사라는 차원에서 조망한다면, 동아시아의 인문(중국문헌, 일본문헌, 한국문헌)과 자연(조엽수림대)을 통합적으로 융합하여 생성가능한 모델의 하나라고 믿는다. 앞으로 개척해야 할 학문의 방향성을 제시한다는 점에서 중요한 연구다. 김 교수의 연구는 학문후속 세대에게 "큰 질문"(Langer 1942: 2)[1]을 던지고 있다. 출판사의 요청으로 추천사를 작성하기 위해서 원고를 읽고 있노라니, 김선생

---

1 여기서 말하는 "큰 질문"(big question)이란 수잔 랭어(Susanne Langer, 1895-1985)가 사용하였던 차원에 버금 갈 수 있는 질문이란 뜻이다.

에 대한 생각은 어디로 가버리고 염치없이 입안에 침이 고인다. 파부추국(葱韭羹)을 좋아하는 나는 그것을 만드는 법을 읽는다. "물속에 기름을 넣고 끓인다. 썰어 둔 파와 부추 모두를 물이 끓을 때 넣는다. 호근(胡芹)과 염시(鹽豉), 좁쌀 크기로 간 미삼립(米糝粒)을 넣는다"라고 기록하였다. 김선생은 친절하게도 호근과 염시 그리고 미삼립에 대하여 각주로 설명을 달았다. 호근이 야회향이라고 했는데, 사실 나는 야회향이 무엇인지도 모른다. 염시는 소금을 넣어서 만든 메주를 말한다. "미삼립(米糝粒): 삼(糝)을 《훈몽자회(訓蒙字會)》에서 '죽'이라 하였음. 죽을 만들기 위한 쌀[米]. 제민요술 당시 米는 기장을 가리켰으므로 米가 쌀인지 기장인지 불분명함. 따라서 이후 米는 기장으로 해석하고 白米는 멥쌀로 해석함"이라고 설명하였다. 작년 여름 장충동 냉면집에서 현영길 사장 초청으로 번개 합석하였을 때도, 가끔 전화로 음식에 관한 질문을 드린 자료에 대한 설명을 할 때에도 김선생은 그렇게 각주를 달듯이 이야기를 조곤조곤 하였다.

음식으로 읽어내는 역사서의 재미가 쏠쏠의 정도를 넘는다. 내 입에 들어가서 혀로 맛을 느끼는 것들이 역사 무대의 주인공으로 드러난 음식 이야기가 진정 살림살이의 핵심적인 주제일 수밖에 없다. 그 내용들을 도교와 불교와 유교를 통하여 습합되는 문화복합 현상으로 설명하는 음식인류학의 정수를 대하는 느낌이다. 꼬부랑말을 주로 공부를 했던 나는 김선생이 분석해내는 〈형초세시기〉와 〈동국세시기〉 그리고 각종 〈도감의궤〉를 포함한 〈능엄경〉의 깊이를 읽어내는 재주가 없다. 그러한 고전들의 배경이 된 사상이 지극히 일상적인 음식이라는 문제와 직조되어 풀어진 '조선왕실의 다연'에 관한 김선생의 필생 역작에 감읍할 뿐이다.

메주를 만드는 설명의 마지막 부분에서 김선생은 "(메주를 담은) 옹기 뚜껑을 덮어 진흙을 발라 마분(말똥)에 묻어둔다"고 적었다. 똥에 민감한 나는 이제 "앗차!"할 수밖에 없다. 메주를 마분에 묻는 이유에 대한 설명이 없다. 그것을 질문할 대상인 김선생은 저 세상으로 가 버렸다. 생태학을 공부한 나는 본서의 아쉬운 부분에 대해서 한 말씀드리지 않을 수 없다. 저서의 밑바닥에 시종 깔려 있는 조엽수림문화론에 대한 설명에 아쉬움이 있다. 이 문제를 좀 더 정치하게 풀어 본다면, 식물과 농업 그리고 음식의 연결고리를 탄탄하게 할 수 있었을 것이라는 사족을 붙여 본다. 이 가설을 제안하였던 나카오 사스케(中尾佐助)와 저 세상에서 토론하고 계실 김상보 선생의 명복을 빈다.

2025년 1월 23일 돈수백배.

참고문헌

Langer, Susanne 1942 *Philosophy in a New Key: A Study in the Symbolism of Reason, Rite, and Art*. Cambridge, MA: Harvard University Press.

간행사

 이 책은 조선 왕실의 다연(茶宴) 문화에 대해 역사, 종교, 정치, 기후, 의례 등 다양한 관점에서 살폈으며, 다연 문화의 사회적 기능, 문화적 의의, 의례적 형식 등을 검토하였습니다. 이 저술은 다연 문화의 가치를 확장하고, 향후 꾸준한 연구가 이어지기를 바라는 저자의 뜻을 담고 있습니다.

 저자 김상보 교수님께서는 평생을 한식 연구에 헌신하신 학자로서, 학문에 대한 열정과 깊은 지식, 그리고 사람에 대한 사랑이 깊고 넓은 분이셨습니다. 저는 제자라고 하기에는 부끄러운 입장이지만, 2019년 가을 어느 날 교수님으로부터 다례(茶禮) 연구를 당부받았습니다. 이후에도 교수님께서는 다례 연구의 필요성에 대해서는 물론이고, 다도(茶道)와 다례(茶禮)의 차이점에 대해 여러 차례 설명해 주셨지만, 저는 정작 시작조차 하지 못한 채 시간이 흘렀습니다. 지난해 늦여름, 교수님께서 "다음에 윤문(潤文)할 일이 생기면 도와주세요."라고 말씀하셨을 때도 형식적인 대답만 했을 뿐, 그 의미를 깊이 새기지 못했던 것이 아쉽고 송구스럽습니다.

 교수님께서는 이 책의 육필 원고를 마무리하신 후 갑작스럽게 별세하셨고, 저는 교수님께 학은을 입은 인연으로 교정 작업에 참여하게 되었습니다. 원고를 살피는 동안, 교수님께서 주신 당부의 말씀이 계속 떠올랐습니다. 불교·도교·유교가 다례 문화에 미친 영향을 다룬 부분에서 한참을 멈춰 생각했으며, 다과(茶果)와 소선(素膳)의 관계를 정리하며 수없이 고민했습니다. 조선 왕실 연향(宴享)에서 강조된 유교적 가치관에 대해 다연을 통해 바라보는 대목, 연향에서 시용된 그릇과 담음새, 그리고 상화(床花)를 통해 엿볼 수 있는 예식(藝食)의 의미를 정리하는 과정에서는 교수님께서 생전에 한식의 맛(味)과 멋(美), 그리고 도(道)에 대해 들려주시던 모습이 떠올랐습니다. 이처럼 한 권의 책을 통해 깊은 학문적 고민과 감동을 경험할 수 있었던 것은 전적으로 교수님의 통찰력과 애정이 담긴 연구 덕분이라 생각합니다.

이 소중한 연구 결과물이 교수님의 갑작스러운 부재에도 불구하고 출판될 수 있었던 것은 몇몇 분들의 응원과 지원 덕분입니다. 먼저 한식 연구의 중요성을 깊이 이해하고 학문적 인연을 소중히 여기는 (전)전통문화대학교 이종철 총장님의 적극적인 출판 독려의 힘이 컸습니다.

또 학연문화사 권혁재 대표님께서는 약 2년 전, 교수님의 요청에 따라 원래의 출판 분야(고고학)와는 다른 이 책의 출판을 수락하셨습니다. 더욱이 교수님께서 갑작스럽게 돌아가신 후에는 권대표님께서 이 방대한 연구 자료가 빛을 보지 못할까 염려하며 출판이 마무리될 수 있도록 애써 주셨습니다.

유족들 또한 같은 마음으로 출판을 적극 지원하며, 원고 검토를 원활하게 하도록 고인의 서재를 개방해 주시는 등 아낌없는 협조를 해주셨습니다. 그리고 교수님과 자주 소통하였던 현인테리어의 현영길 대표님 또한 이 출판이 순조롭게 진행될 수 있도록 마음을 썼습니다.

교수님과 오랜 인연을 바탕으로 이 책의 핵심을 명확하게 정리해 주신 전경수 교수님의 추천사는 큰 의미가 있습니다. 추천사를 쓰고자 했으나 현실적인 어려움(일본어 원고 준비, 시간 문제 등)으로 인해 참여하지 못한 이시게 나오미치(石毛直道) 선생님의 아쉬움도 이 책에 담겨 있습니다. 교수님의 유고집(遺稿集)인 만큼 이시게 선생님께서 더욱 신중한 마음이었다고 합니다. 그런 가운데서도 출판이 진행될 수 있도록 따뜻한 격려를 보내주셨습니다.

뿐만 아니라, 수많은 그림과 각주, 한자가 포함된 육필 원고를 정리하고 교정해

주신 출판 관계자 선생님들을 비롯해, 이 작업에 한마음으로 참여해 주신 모든 분께 깊은 감사를 드립니다. 이 귀한 작업에 동참할 수 있었음에 감사드리며, 이 책이 저자의 뜻대로 다연 문화 연구의 기초 자료가 되어 조선 왕실 연향 문화에 대한 이해와 다연 문화의 가치 확장에 기여할 수 있기를 바랍니다.

평생을 연구자로 생활하시면서 한식 연구의 새로운 지평을 여신 스승님께 깊은 감사와 존경의 마음을 표하며, 평온한 안식을 기원합니다.

2025년 2월 井豊齋에서 김남희

● 목차 ●

제1장 들어가는 글

제2장 〈다연〉의 성립과 배경

제3장 다연식(茶宴食)의 성립 배경

제4장 조선 왕조의 다연

제5장 나오는 글

제1장

들어가는 글

I
조선 왕실의 〈다연(茶宴)〉 성립

불교와 도교가 만나면서 출현한 선종(禪宗)이 점차 귀족 문화에 스며들면서, 도가(道家)의 약(藥)으로 취급되었던 차와 술이 주연(酒宴)과 함께 발전한다. 이에 따라 불교를 추구했던 왕실 연향에서는 다례의(茶禮儀)와 주례의(酒禮儀)가 합쳐진 다연(茶宴)이 성립한다.

이들 다연에 대한 한반도에서의 문헌 초출(初出)은 《고려사(高麗史)》로서 고려 왕실에서 행했던 팔관회와 연등회 등이다. 불교를 신봉했던 고려 왕실의 〈팔관회〉와 〈연등회〉는 불교적인 것으로 생각할 수 있으나 엄밀하게 분석하면 그동안 누적된 유교 문화와 도교 문화가 습합된 것이며, 이들은 조선 왕실에서 속례(俗禮)로서 받아들여 고스란히 이어진다. 팔관회와 연등회의 음식문화 또한 이와 맥락을 같이 하는데, 이는 곧 불교문화 역사 1,000년의 세월 동안 누적된 불교적 음식 문화에 도교적인 것과 유교적인 음식문화까지 겹친 것을 조선 왕실이 속례로 받아들인 것이다.

팔관회와 연등회의 다연 때 차려진 찬품(饌品)은 차와 술이 주인공이었다. 다례의(茶禮儀)에서는 차와 함께 먹는 다과(茶果), 주례의(酒禮儀)에서는 술과 함께 먹는 술 안주로 구성하게 된다.

다례의 때 차와 함께 차리는 찬품은 자연히 육류를 금기(taboo)로 여겼던 불교적 사상이 스며든 소선(素膳)이다. 소선은 530년경에 쓰인 《제민요술(齊民要術)》〈소식

(素食)〉항목으로 처음 등장한다. 얼빈의 경계에 도달하기 위한 공문(空門)에 들어가는 방법의 하나로 채택된 살생 금지와 본심즉불(本心卽佛) 사상이 연계되어, 육류 섭취 금지를 기본으로 한 음식 문화사에서 획기적인 소선(素膳, 素食)이라는 음식 문화의 한 범주가 탄생한 것이다. 소선은 공문에 들어가기 위해 채택된 찬품이다.

한편 불교의 전개와 더불어 당대(唐代)와 송대(宋代)에 걸쳐서 발전한 중국의 다연 문화는 소선(소식)으로 구성된 상차림으로 전개되어 발전한다. 이 시기에는 남북조 시대에서 형성되어 있었던 불교와 유교의 습합보다 도교와 습합된 선종(禪宗)의 발달이 더 가시화되지만, 여전히 유교적인 요소도 존재하였다. 고려 왕실에서 개최된 팔관회와 연등회에서 보여주는 다연은 당(唐)대와 송(宋)대의 영향을 다분히 받은 것이고 고려 왕실의 다연은 그 선험적(先驗的)인 형태가 통일신라 시대에서도 있었다고 보아야 한다.

고려 말 원(元)나라의 침입은 《거가필용(居家必用)》적 음식 문화가 유입되는 계기가 되었다. 《거가필용》은 쿠빌라이 칸(Khubilai Khan, 재위 1260~1294) 시대에 나온 책이다. 징기스칸이 정복했던 방방곡곡으로부터 전해진 음식명, 재료, 만드는 법 등이 수록된 이 책은 〈소식〉뿐만 아니라 육류를 재료로 한 각종 찬품으로 구성되어, 조선 왕조 개국 후의 육류 음식 문화에 지대한 영향을 미친다.

주(周)나라에서 추구했던 음양관(陰陽觀)에 기반한 유학을 신봉한 조선 왕실의 다연은 고려 왕실의 다연을 계승하면서도, 상차림의 찬품 구성은 고려적인 소선과 《거가필용》적인 것이 결합되었다. 여기에 소위 음양관이 예악관(禮樂觀)에 적용되어 다연의(茶宴儀)가 성립되었고, 이러한 형태는 1910년 한일병합 때까지 지속되었다.

Ⅱ
〈다연식(茶宴食)〉

1. 배경

〈다연〉 차림에서 주인공은 연향 상차림과 그 상차림을 구성했던 찬품들이다. 이 찬품(饌品)들은 다양한 문화가 중첩되어 완성된 결과물이다.

한반도의 재배 작물 상황은 조엽수림 문화 지대라는 환경 속에서 근재농경 문화와 사바나 농경 문화가 대략 신석기 시대 말까지 복합되어 전래 및 발전하였다. 철기 시대까지는 지중해 농경 문화의 전래가 이루어졌으며, 조선 왕조 시대 중기 무렵에는 신대륙 농경 문화의 전래가 이루어져 복합 발전하게 된다. 조엽수림 문화 속에 근재농경 문화, 사바나 농경 문화, 지중해 농경 문화, 그리고 신대륙 농경 문화가 겹쳐 조선 사회의 먹거리가 형성되었다. 다양한 식자재 중에서 대표적인 산물로는 벼·대두·참깨(사바나 농경 문화), 순무·밀·소(지중해 농경 문화), 차·쑥·밤·대추·감·산약(조엽수림 문화), 돼지·닭·토란(근재농경 문화) 등이 있다.

벼는 한반도에 전해지면서 쌀밥 문화, 젓갈과 식해 문화, 각종 떡 문화, 술 문화 등이 형성되는 계기를 마련해 주었다. 대두는 간장과 된장 문화 등을 형성했으며, 참깨는 참기름이라는 양념으로 활용되거나 각종 과자의 재료가 되었다. 이 땅에 전해진 순무는 원조 김치의 주재료이고, 밀은 국수와 각종 유밀과로, 소는 농경에 동원되면서도 탕·구이·찜·포 등의 육류 찬품으로 발전하였다. 조엽수림 문화의 산물인 차는 다과의 빌진과 함께 끽다 문회의 전개를 가져왔다. 이 책의 주제로서 거론되는 다연 문화를 낳았으며 이밖에 쑥, 밤, 대추, 감은 각종 떡의 재료가 되거나 목과(木果)의 형태로 전개되었다.

중국의 사천(四川)은 조엽수림 문화 지대이면서 각 지역에서 전해진 농경 문화의 중심지이기도 하다. 조선 왕실에서 간행된 〈연향식 의궤〉에서 중요 식재료로 등장하는 소를 통해 전파 루트를 보자.

지중해 농경 문화로부터 보리와 함께 인도에 도착한 소는 인더스 문명을 세우게 되고, 이어서 중국의 사천 지역에 도달한 다음 한반도로 이동하게 된다. 한반도와 중국 사천 지역간의 문화 교류가 일어난 셈이다. 한반도를 중심으로 하여 나타나는 석관묘와 고인돌이 중국 사천 주변에서 보인다는 사실에서, 한반도 청동기 시대 동이인(東夷人)들은 발해 연안으로부터 하서(河西) 회랑을 통과해 지금의 사천으로, 또는 사천의 문화가 동북아시아로 이동하였다는 보고도 있다.[1] 이는 중국 사천의 조엽수림 문화가 한반도에서 전개된 조엽수림 문화와 습합한 과정이다.

양자강 상류에 있는 사천의 문화는 사천과 같은 조엽수림 문화 지대인 양자강을 따라 하류 지역으로 부단히 전파되는데, 형강(荊江)이 흐르는 초국(楚國, B.C.704~202)의 세시풍속을 기술한 종름(宗懍, 488?~561?)이 쓴 《형초세시기(荊楚歲時記)》 속의 세시풍속이 한반도에서도 거의 비슷하게 나타난다. 양자강을 중심으로 펼쳐졌던 문화가 해로(海路)를 통하여 마한 사회로, 육로(陸路)를 통하여 동북아시아로 전해진 결과물이다.

---

1 童恩正의 반월형 문화 전파대의 지도 분석에 의함(서정록, 《백제금동대향로》, 학고재, 2001, p.134)

2. 〈다연식〉과 소선(素膳)

〈다연식〉이란 〈연향식〉이다

식사(食事)란 다양한 의미와 사상 그리고 가치를 가진 문화도 함께 먹는 행위이다. 조선 왕조가 세워지기 전 약 1,000년이 누적된 소선 문화에는 다양한 가치체계가 존재한다.

도가(道家)의 양생적(養生的) 관점에서 나온 《신농본초경(神農本草經)》에 의하면 조엽수림 문화 지대에 널리 퍼져 있는 꿀, 잣, 대추 등은 상약(上藥)으로 기술되어 있고, 역시 조엽수림 문화 지대의 산물인 개암, 황률, 밤, 비자, 감, 건시 등은 잣과 대추를 포함하여 연향식 의궤에서 점점과(點點果) 혹은 세실과(細實果)란 이름으로 장수(長壽)를 기원하면서 술안주상에 올랐다. 차가 없던 시절, 단맛이 나는 이들 과실은 과자의 역할을 하였을 것이다. 끽다(喫茶) 문화가 보급된 이후에는 홍시, 곶감, 밤, 대추, 황률 등은 그대로 혹은 꿀이나 엿을 더하여 조려서 단맛이 더 강한 과자로 만들어 말차(抹茶)의 쓴맛을 보완하는 다과(茶果)가 되었다. 또한 이들 과실은 제철에만 생산되므로 이들을 대신하고자 이들의 맛과 모양을 흉내 내어 밀가루·꿀·참기름을 주재료로 하여 조과(造果)를 만들었고, 한반도에서는 이를 유밀과(油蜜果)라 했다.

시간이 흐르면서 말차(抹茶)와 함께 먹는 다과(茶果)의 범주는 과실과 유밀과 외에 각종 떡 등도 포함하게 되며, 이들은 한과(韓果)가 되어 조선 왕실의 〈연향식〉에 올랐다. 연향상에 오르는 한과는 먹는 사람들의 장생불사나 부귀다남을 염원하며 만들어서 아름답게 고여 담아 차렸는데, 이에 만족하지 않고 이들 위에 각종 상화(床花)를 꽂아서 예술성을 가미하였다. 이 상(床)의 한과 외에 육류가 배제된 각종 찬품도 〈소선〉이다. 고려 시대의 문헌 자료가 거의 없어서 고려인들이 어떠한 찬품을 먹었고 이를 어떻게 계승하였는가를 구명(究明)하기란 쉽지 않다. 다만 김유2(金綏, 1491~1555)가 지은《수운잡방(需雲雜方)》은 조선 왕조 개국 후 108년 정도 지난 후의 조리서지만, 음식 문화가 지닌 견고한 보수성을 감안할 때,《수운잡방》속의 각 찬품들을 통하여 소선을 상식하고 살았던 고려 민중들의 음식 문화 잔재를 발견할 수 있다고 생각한다.

고려 민중들의 소선적 음식 문화는 고려 말 원(元)나라 침입이라는 사회적 환경 아래에서 육식 금기(taboo)가 무너진다. 게다가 조선 왕조에 들어서서 유교적 제사 문화에서 음복(飮福)을 통한 육류 섭취가 필연적인 요소가 됨에 따라, 원나라의《거가필용(居家必用)》적 육류 조리법은 조선 왕실의 육류 조리법 발전에 획기적으로 기여한다. 〈연향식 의궤〉속에 기술된 육류 찬품의 재료와 분량에서《거가필용》적 조리법이 다수 드러나지만 이에 대한 구체적 기술은 다음 기회로 미룬다.

한편 고려 왕실에서의 〈소선〉을 조선 왕실이 속례로 받아들인 몇 개의 자료들이 있는데, 조선 왕실 차원에서 행한 수륙재에서의 상차림과 명나라 사신 접대 때 차린 소선 상차림이 이에 해당한다. 특히 명나라 사신을 접대할 때 차린 소선에서는《제민요술》〈소식〉과《거가필용》〈소식〉의 영향이 다수 발견된다.

---

2 金綏의 '綏'는 '수', '유', '타' 등 세 가지 음(音)이 있으며《한국학중앙연구원》〈한국역대인물종합시스템〉등에서는 '김수', 문중에서는 '김유'로 읽는 등의 차이가 있다. 이름은 고유명사이므로, 문중에서 사용해 온 관례에 따라 본문에서는 '김유'로 하였다. - 교정자 註

Ⅲ

〈다연의(茶宴儀)〉의 예악관과
《주역(周易)》의 음양관

1. 예악관(禮樂觀)

　《의례(儀禮)》와 《주역(周易)》 그리고 《주례(周禮)》 모두는 주공(周公)[3]의 작품으로 알려져 있다.

　조선 왕조는 예악관(禮樂觀)을 기초로 하여 《주례》에 비견되는 《경국대전(經國大典)》을 만들고 《의례》에 견주어 《국조오례의(國朝五禮儀)》를 편찬하여 국가 행사의 중심 사상적 기반으로 삼았다. 즉 조선 왕조의 예악관은 바로 주공의 예악제도(禮樂制度)를 따랐다고 볼 수 있다.

　예악관에서 예(禮)와 악(樂)은 정치의 중요한 근본이자 기본이기도 하였다. 음(陰)에서 나온 예(禮)로 가정과 국가의 질서를 이루고 상하의 위계질서를 세워 가정, 사회, 국가를 단합시켜 올바른 정치를 하고자 하였다. 악(樂)이란 양(陽)에서 생겼다. 악은 성인(聖人)의 성정(性情)을 기르고, 사람과 신(神)을 화합하게 하는 근본이라고

---

3 주공(周公) : 중국 주(周, B.C. 1046~256)나라의 정치가. 문왕(文王)의 아들이며 무왕(武王)의 동생. 이름은 단(旦). 무왕을 도와 은(殷, B.C. 1600~1046년경으로 추정)나라를 멸망시킴. 무왕이 죽자, 무왕의 아들 성왕(成王)을 도와 주(周) 왕실의 기초를 튼튼히 하였음.
《주례(周禮)》와 《의례(儀禮)》 그리고 《주역(周易)》이 그의 작품으로 전해지고 있음.

생각하였다.[4] 《국조오례의》는 빈례(賓禮), 기례(嘉禮), 길례(吉禮), 흉례(凶禮), 군례(軍禮)의 오례(五禮)에 대한 전례(典禮) 절차를 기술한 책이며, 상하의 위계질서를 음양의 관점에서 기술한 것으로 《의례》를 기반으로 하였다. 《경국대전》〈예전(禮典)〉에도 "무릇 의주(儀註, 典禮 절차)는 오례의(五禮儀)를 준용한다."라고 명시하고 있다는 사실에서, 조선 왕조가 예악제도를 얼마나 중요시하였는지를 볼 수 있다.

2. 《주역》의 음양관(陰陽觀)과 예악관

주공(周公)이 《주례》와 《의례》를 만들어 주(周) 왕실의 기초를 튼튼히 하고자 했을 때, 역시 주공의 작품으로 알려진 《주역(周易)》에서 보여주는 음양관을 그 기반으로 하였음은 물론이다.

《주역》에서의 음양관을 요약해 본다. 《주역》은 하늘[天]이든 땅[地]이든 도(道)에 의하여 운영된다고 보았다. 이를 천도(天道), 지도(地道)라고도 한다. 천도의 운행 법칙은 상생(相生)이라고 하는 시간 법칙에 따라, 지도의 운행 법칙은 상극(相剋)이라고 하는 공간 법칙에 따라 운행되는데, 인간을 포함한 모든 지구상의 생물체는 천도의 시간 법칙인 상생과 지도의 공간 법칙인 상극의 지배를 받으며 산다고 하였다. 천도를 하도(河圖)[5]라고 하는 점으로 표시하여, 하나의 점에서부터 열 개까지의 점으로 나타냈다. 이 점의 숫자에 천간(天干)을 표시한 것이 [그림 1]이다.

---

4 김상보, 《조선왕실의 풍정연향》, 민속원, 2016, p. 13
5 하도(河圖) : 중국 복희씨(伏羲氏) 때에 황하(黃河)에서 용마(龍馬)가 지고 나왔다는 55점의 그림. 《주역(周易)》의 기본 이치로, 용도(龍圖)라고도 함.

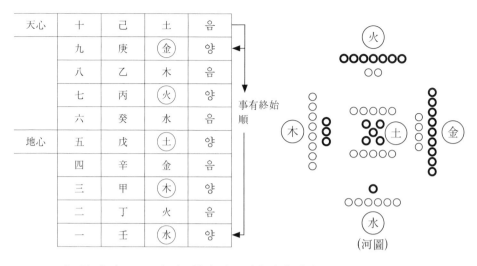

[그림 1] 하도(河圖)와 하도를 숫자로 적용하여 천간(天干)을 표시한 그림

하도는 상생(相生)이다. 木生火 火生土 土生金 金生水 水生木 木生火 火生土…로 연속하여 이어지는 시간의 법칙이다. 하루는 아침(木)→점심(火)→저녁(金)→밤(水)→아침(木)이 반복되고, 계절은 봄(木)→여름(火)→가을(金)→겨울(水)→봄(木)이 반복된다. 양과 음이 교차하는 하루가 모여 양과 음이 교차하는 사계절이 되는 상생(相生), 즉 천도(天道)는 십(十)을 천심(天心)으로 해서 일(一)에서 구(九)까지 양과 음의 화합으로 이루어진다. 그러니까 1(壬, 양)과 6(癸, 음)이 화합하여 겨울이 되고, 3(甲, 양)과 8(乙, 음)이 화합하여 봄이 되며, 7(丙, 양)과 2(丁, 음)가 화합하여 여름이 되고, 9(庚, 양)와 4(辛, 음)가 화합하여 가을이 된다. 이는 남(양)과 여(음)가 합덕(合德)하여 아이를 잉태하는 원리와 같다. 또 아침과 점심은 양이고 저녁과 밤은 음이며, 봄과 여름은 양이고 가을과 겨울은 음이다. 천심(天心) 아래의 모든 물상은 양→음→양→음이라는 변화(change)가 있어서, 양과 음의 화합과 변화가 천도(하도河圖, 상생相生, 시간의 법칙)이다. 하늘 아래의 모든 물상은 양과 음이 서로 대립하는 구조가 상생과 변화를 거듭하면서 이루어져, 양은 언젠가 음으로 소멸하고 음은 언젠가 양으로 탄생하며, 인간의 경우 탄생은 양이고 죽음은 음이다.

이러한 상생 원리와 변화를 사유종시(事有終始)라 했다. 태어나고 죽음은 천명(天命)에 따라 자연적으로 양이 음이 되고 음이 양이 되듯이 이루어져서 사유종시(事有終始, 지상의 모든 사물은 태어남과 죽음이 있다)를 순(順)작용이라고도 한다. 인간을 포함하는 지상의 모든 동물은 천명에 따라 태어나고 죽는다는 이야기이다.

이상의 이야기를 [그림 1]에서 다시 살펴보자. 천심(天心)인 十이라는 土가 九라는 金에 특정된 부부의 잉태를 명령한다(土生金). 그러면 특정된 부부가 잉태하는 순간이 一이라는 水가 된다(金生水).

인간의 경우 지심(地心)에 해당하는 五가 자궁에 해당하므로, 자궁 속에서 一二三四의 과정을 거쳐(인간은 10개월) 탄생하면 六이라는 水의 시간이 된다. 식물의 경우 五는 땅속에 해당한다.

땅속의 식물이든 자궁 속의 인간이든 五라고 하는 지심(地心)에서 생성되어, 식물은 땅 밖으로, 인간은 자궁 밖으로 나오게 되고 그에 해당하는 숫자가 六이다. 생명은 그때부터 땅 위에서 자신의 삶을 펼치게 된다.

다음 땅이라는 공간에서 펼쳐지는 六의 시간을 보자.

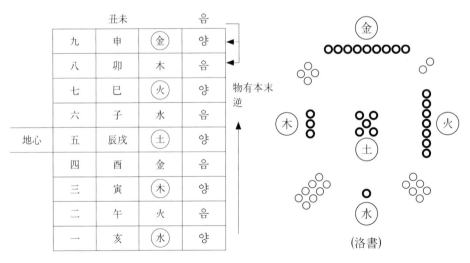

[그림 2] 낙서(洛書)와 낙서를 숫자로 적용하여 지지(地支)를 표시한 그림

지도(地道)를 낙서(洛書)⁶라고 하는 점으로 표시하였는데, 하나의 점에서부터 아홉 개의 점으로 나타냈다. 이 점 숫자에 지지(地支)를 표시한 것이 [그림 2]이다.

낙서는 상극(相剋)이다. 木剋土 土剋水 水剋火 火剋金 金剋木 木剋土 土剋水…로 연속하여 땅 위에서 펼쳐지는 공간(空間) 법칙이다. 土라고 하는 지심(地心)이 五에 서 출산하여 水라고 하는 六의 시간으로 펼쳐지는 그 자체가 상극이다(土剋水). 六 (水)의 시간을 지나 七(火)로 이어지는 삶도 상극이다(水剋火). 다시 말하면 땅이라고 하는 공간에서 펼쳐지는 만물의 삶 즉 잉태와 출산을 거쳐 땅을 딛고 살아가는 삶 은 상극의 연속선상에 있다는 것이다.

이렇게 땅 위의 공간에서 벌어지는 상극적인 삶에서 十이라는 土가 九라는 金에 특정된 인간의 죽음을 명령한다(土生金). 그러면 九라는 金은 八이라고 하는 木에게 상극으로 작용하여(金剋木), 특정된 인간의 삶은 마감된다.

이렇듯 공간에서 펼쳐지는 상극원리를 물유본말(物有本末)이라 한다. 태어나고 죽 게 하는 것은 천명에 의한 사유종시(事有終始)이며, 태어나서 죽을 때까지의 상극적 인 삶은 물유본말(物有本末, 모든 物에는 시작과 끝이 있다)로서 역(逆)으로 살아야 하는 운명 적 삶이다. 하늘의 뜻(天心)이 땅(자궁)에 와서 六이라는 시간에 떨어져 형상으로 나 타나 六, 七의 시간을 지나서 하늘에 뜻에 따라 죽음의 시간을 맞이한다.

인간은 하도(55)와 낙서(45) 사이에서 삶을 살아가는 존재이다. 하도라는 시간 법 칙과 낙서라는 공간 법칙 속에서 땅 위의 만물은 공존한다([그림 3]).

---

6 낙서(洛書) : 중국 하(夏)나라의 우(禹)왕이 치수할 때 낙수(洛水)에서 나온 거북이의 등에 있었다고 하는 45점 의 글씨. 《서경(書經)》의 홍범구주(洪範九疇)는 이 낙서의 이치에 따라 만든 것이라 하며 팔괘(八卦)의 법도 여 기서 나왔다고 함.

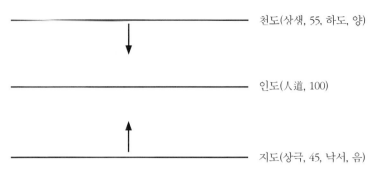

천도(상생, 55, 하도, 양)

인도(人道, 100)

지도(상극, 45, 낙서, 음)

[그림 3] 천도와 지도의 영향을 받고 살아가는 사람의 道

천도라는 양과 지도라는 음 사이에서 상극적인 삶을 피할 수 없는 인간은 어떻게 살아가야 하는가? 이러한 물음에서 생긴 것이 예악관(禮樂觀)이다.

豊大也 明以動 故豊 王假之 尙大也 勿憂宜日中 宜照天下也 日中則昃
月盈則食 天地盈虛 與時消息 而況於人乎 況於鬼神乎
《周易》〈雷火豊〉

〈표 1〉 양과 음의 분류

양(陽)	천(天)	악(樂)	성인(聖人)	도(道)	남(男)	미(美)	대인(大人)	존(存)	상(上)
음(陰)	지(地)	예(禮)	군자(君子)	덕(德)	여(女)	미(味)	소인(小人)	재(在)	하(下)

풍요로움은 밝은 지혜로 행동하여서 성대한 것이니, 군자(王)만이 天地의 변화 원리(大道)를 숭상하여 풍요로움을 맞게 된다. (천지의 변화 원리를 숭상하면)당연히 천하를 비추어 밝게 할 것이다. 해가 중천에 오르면 기울고, 달도 차면 이지러지는데 하늘과 땅의 참과 빔도 때와 더불어 사라지고 살아나는데 하물며 사람에 있어서도, 귀신에 있어서도 그렇지 않

겠는가.

《주역》〈뇌화풍〉[7]

천지의 변화 원리[大道]란 양(天)과 음(地)의 변화 원리이다. 양(해)도 차면 기울고, 음(달)도 차면 이지러지듯이, 하늘과 땅의 참과 빔도 사라지고(음) 살아나는(양) 정확한 변화 원리에 놓여 있다. 따라서 풍성함이 지극하면 반드시 기우는 것을 깨우친 군자는 겸손하고 또 겸손한 마음가짐으로 예(禮)를 갖추어야 하고 그럼으로써 세상을 밝게 하고 풍요로움을 갖게 된다는 이야기이다.

예(禮)란 상하의 위계질서와 통한다. 예(禮)의 기본은 겸손한 마음가짐이다. 인간이 물유본말(物有本末)이라는 역경을 헤치고 살아가는 데에 있어서 가장 중요한 자세는 겸손을 바탕으로 한 예(禮) 즉 위계질서가 중요함을 강조한다. 예는 땅 위에 사는 사람이라면 누구나 기본적으로 가져야 하는 기본 질서 원리이다. 곧 예는 음(陰)의 질서 원리이다. 예(禮)가 음(陰, 地)의 질서를 바탕으로 한다면 악(樂)은 양(陽, 天)의 소리이다. 예를 갖춘 인간은 하늘의 소리인 악(樂)을 듣고 성정(性情)을 키운다.

다시《주역》의 〈수택절(水澤節)〉을 보자.

澤上有水 節 君子以制數度 議德行

《周易》〈水澤節〉

연못 위에 물이 있는 것이 節이니 군자는 이를 보고 수(數)와 도(度)를 제정하여 덕행을 의논한다.

《주역》〈수택절〉[8]

---

7 《周易》〈雷火豐〉
8 《周易》〈水澤節〉

연못에 물이 차면 넘쳐흐르고 모자라면 물이 고여 썩는다. 연못의 물이 넘쳐서 흘러 버리거나 고여서 썩지 않도록 연못의 물을 조절하여야 한다. 여기서 절(節)이란 절도의 마디를 말한다. 절도의 마디가 넘치면 넘쳐흐르고 모자라면 고여 썩는다. 인간도 마찬가지다. 절도 있는 삶, 그것은 성정(性情)을 키운 예의로서 표출한다.

그래서 군자는 수도(數度)를 제정하여 덕행을 의논한다고 하였다. 數度는 度數로서 예악제도(禮樂制度)이다. 도수란 성정을 키워주는 악에 거듭되는 예(禮)의 수(數)를 합한 것, 곧 의례(儀禮) 행위이다. 예악관을 바탕으로 한 의례를 제정하여 덕이 행동으로 드러나는 것을 의논한다는 말이다. 그러니까 〈예악제도〉가 예의에 적합한가를 의논한다는 뜻이다. 그런데 한 걸음 더 나아가서 예(禮)가 얼마나 중요한지를 다음의 글에서 보여주고 있다.

震往來厲 億无喪 有事
《周易》〈重雷震〉

우레가 내려칠 때는 위태롭지만 (겸손하고 득중得中한 사람에게는) 하늘이 벌을
내리지 않고 역사적 사명을 준다.
《주역》〈중뢰진〉[9]

하늘은 겸손하고 예를 아는 사람에게는 벌을 내리지 않고 역사적 사명을 준다고 하였다. 하늘로부터 받은 역사적 사명을 가지고 한정된 시간 속에서 시간여행을 하는 인간은 무엇을 하고 살며 무엇을 남기고 최후를 맞이할지를 안다. 주공은 이상과 같은 주역의 음양관에 기초하여 의례를 만들었고, 이 의례를 계승하여 《국조오례의》가 만들어졌다.

---

9 《周易》〈重雷震〉

IV
〈다연례(茶宴禮)〉

1. 《국조오례의》를 통하여 표출한
   〈다연의(茶宴儀)〉에서의 위계질서

  예(禮)가 음이고 악(樂)이 양인 까닭에, 예와 악이 화합하여야만 땅을 디디고 사는 인간에게 진정한 질서가 이루어진다는 예악관을 보여주는 것이 《국조오례의》임을 앞서 설명하였다. 여기에서 보여주는 예(禮) 즉 질서는 어디에서 출발점을 찾을 수 있을까.

  음양관의 창시자는 팔괘(八卦)를 만든 복희(伏羲)[10]이다(<표 2>). 자연계(自然界)와 인사계(人事界)의 모든 현상을 음과 양을 합쳐서 여덟 가지의 상으로 나타냈다.

<표 2> 복희 팔괘

팔괘	☰	☱	☲	☳	☴	☵	☶	☷
	건(乾)	태(兌)	이(离)	진(震)	손(巽)	감(坎)	간(艮)	곤(坤)
자연계	하늘[天]	연못[澤]	불[火]	우레[雷]	바람[風]	물[水]	산[山]	땅[地]

---

10 복희(伏羲) : 중국 고대 제왕(帝王). 팔괘(八卦)를 처음으로 만듦. 성덕(聖德)이 일월(日月)과 같아서 태호(太昊)라고도 함.

팔괘	☰	☱	☲	☳	☴	☵	☶	☷
인사계	부(父)	소녀(少女)	중녀(中女)	장남(長男)	장녀(長女)	중남(中男)	소남(少男)	모(母)
오행	금(金)	금(金)	화(火)	목(木)	목(木)	수(水)	토(土)	토(土)
음양	양	음	음	양	음	양	양	음

인간은 자연의 일부로서 아버지 건(乾, 天)을 중심으로 장남 진(震, 雷), 둘째 아들 감(坎, 水), 셋째 아들 간(艮, 山)을 두고 어머니 곤(坤, 地)은 장녀 손(巽, 風), 둘째 딸 이(离,

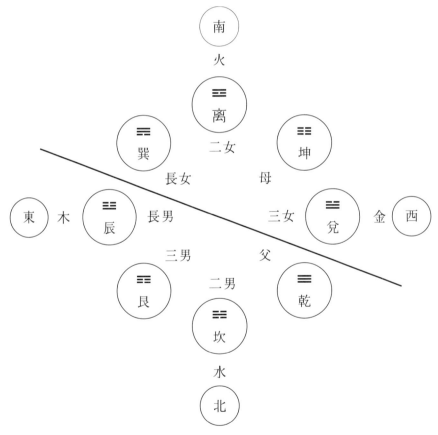

[그림 4] 문왕(文王) 팔괘도(八卦圖)

火), 셋째 딸 태(兌, 澤)를 둔다고 하였다. 자연(하늘, 연못, 불, 우레, 바람, 물, 산, 땅)의 생성 원리가 인간의 생성 원리와 같다고 하였다.

이 복희 팔괘를 가지고 주공(周公)의 아버지인 문왕(文王)[11]은 양(陽, 아버지와 아들)과 음(陰, 어머니와 딸)으로 분류하여 문왕팔괘도(文王八卦圖)를 만들었다(그림 4). 목(木)에 해당하는 진(震, 장남)은 동(東)에 자리하게 하고 역시 목에 해당하는 손(巽, 장녀)을 장남의 곁에 두었다. 화(火)에 해당하는 이(離, 2녀)를 남쪽에, 금(金)에 해당하는 태(兌, 3녀)를 서쪽에, 수(水)에 해당하는 감(坎, 2남)을 북쪽에 두고 이들 사이사이에 곤(坤, 어머니)과 건(乾, 아버지) 그리고 간(艮, 3남)을 두니, 동북 방향은 남자의 자리인 양(陽)의 자리가 되고 서남 방향은 여자의 자리인 음(陰)의 자리가 된다. 다시 말하면 동북 방향의 양은 서남 방향의 음보다는 상위(上位)의 자리이다.

양(남자)으로 구성된 같은 동북 자리라 해도 동쪽에서 바라보는 북쪽은 건(乾, 아버지)이다. 따라서 동북 안에서는 북쪽이 동쪽보다 상위이므로 북>동이 성립되며, 장남이 아버지를 모시는 형국이다. 장남의 위치인 동쪽은 주인의 자리이고, 북쪽은 그 집안에서 가장 어른의 자리 또는 어른이 돌아가셨다면 돌아가신 조상신의 자리가 될 것이다. 국가적 차원의 예(禮)로 본다면 북쪽은 상왕(上王) 또는 조상신의 자리가 되고, 동쪽은 국가의 주인인 임금의 자리이다.

음(여자)으로 구성된 같은 서남 자리라 해도 남쪽에서 바라보는 서쪽은 곤(坤, 어머니)이다. 그러므로 서남 안에서는 서쪽이 남쪽보다 상위이므로 서>남이 성립되며 장녀가 어머니를 모시는 형국이다.

서남쪽의 딸이 동북쪽의 아들에게 시집가는 것에 대하여 주역에서는 다음과 같이 설명한다.

---

11 문왕(文王) : 기원전 12세기경 은(殷)의 제후국이었던 주(周)의 왕. 주공(周公)과 무왕(武王)의 아버지.

西南得朋 乃與類行

東北喪朋 乃終有慶

安貞之吉 應地无疆

《周易》〈重地坤〉[12]

서남은 어머니와 딸들이 더불어 살아가는 곳이고 동북은 딸이 어머니와 헤어져 시집가서 마침내 결혼하여 경사가 있으니 (동북에 가서 남편과 시댁이 견고한 덕에)바르게 안착하면 길하고 부인의 덕을 베풂이 끝이 없다.

《주역》〈중지곤〉

　그러니까 서남 즉 음의 공간은 시집가기 전 여성의 공간이고, 동북 즉 양의 공간은 시집가고 나서 여성에게 전개되는 삶의 공간이다. 서남쪽에서 살던 여자가 시집간다고 하는 것은 동북쪽으로 옮겨가는 것으로, 서남은 사사로운 공간이며 동북은 공적인 공간이라는 의미를 함축한다.

2. 〈다연의〉에서 자리 배정과 음다(飮茶)
　　- 다례(茶禮)인가, 다도(茶道)인가

　제4장에서 기술하는 다례의의 이해를 돕기 위하여 자리 배정과 음다법을 간략히 기술한다.

　앞서도 기술한 바와 같이 북쪽은 조상신의 자리이고 동쪽은 주인의 자리이다. 그러나 주인이 손님을 예우하는 겸손한 입장에서 주인은 서쪽에서 동향하고, 손

---

12 《周易》〈重地坤〉

님은 주인의 자리인 동쪽에서 서향하여 자리한다. 각각의 좌석은 의자를 사용한다. 손님 중에서 지위나 나이가 많은 쪽, 즉 손님 A가 손님 B보다 북쪽에 가깝게 자리하고 지위 또는 나이 순서대로 손님 B의 남쪽에 C, D의 순으로 자리하게 될 것이다.

주인과 손님은 서쪽과 동쪽에서 서로 마주하고 의자에 앉는다. 의자에 앉기 전 방에 들어가는 순서는 주인이 양보하여 손님 A와 손님 B가 주인보다 앞서 들어가도록 배려하고, 각각의 자리에 가서는 손님 A, 손님 B, 주인의 순서로 앉는다.

방 안에는 남쪽에서 북쪽을 향하여 찻잔과 찻병이 차려진 탁자가 놓여 있다. 탁

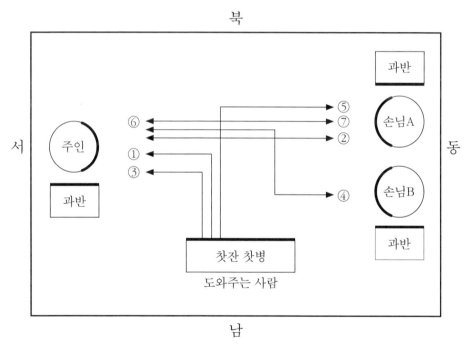

[그림 5] 찻자리에서의 자리 배정

자 뒤에는 주인을 돕기 위하여 참석한 사람이 서 있다([그림 5][13]).

　주인을 돕는 사람이 과반(果盤)을 손님 A, 손님 B, 주인의 순서로 [그림 5]와 같이 진설한다. 과반의 진설이 끝나면 주인을 돕는 사람이 주인에게 차가 들어 있는 찻잔을 올린다(①). 주인은 찻잔을 서서 받은 다음 이를 의자 앞에서 약간 나와 서 있는 손님 A에게 올리고(②) 자기 자리로 돌아온다. 주인을 돕는 사람이 차가 든 찻잔을 주인에게 다시 올리면 주인은 서서 받는다(③). 주인은 이를 의자 앞에서 약간 나와 서 있는 손님 B에게 올리고(④) 자기 자리로 돌아온다.

　주인을 돕는 사람이 손님 A에게 차가 든 찻잔을 올린다. 손님 A는 의자 앞에서 약간 나와 서서 받고(⑤), 이를 의자 앞에서 약간 나와 서 있는 주인에게 올린다(⑥). 손님 A는 자기 자리로 돌아온다(⑦). 손님 A, 손님 B, 주인의 순서대로 의자에 앉은 다음 일동 모두 차를 마신다. 손님 A, 손님 B, 주인은 옆에 놓인 과반의 다과를 먹으며 담소한다. 담소가 끝나면 주인을 돕는 사람이 손님 A, 손님 B, 주인의 옆에 놓여 있는 과반을 들고 퇴장한다. 이어 주인을 돕는 사람이 주인과 손님의 찻잔을 다반(茶盤)에 올려 담아서 갖고 나간다.

　여기에서 이상의 차를 마시는 행위가 다도(茶道)인가 다례(茶禮)인가를 검토해 보자. 〈국어사전〉은 도(道)와 예(禮)에 대하여 다음과 같이 기록하고 있다.

　　도(道) : 마땅히 지켜야 할 도리(道理).
　　도리(道理) : 사람이 마땅히 행해야 할 바른길
　　예(禮) : 사람이 마땅히 지켜야 할 의칙(儀則).
　　의칙(儀則) : 의식과 규칙.

---

13 다연례(茶宴禮)의 자리 배치와 음다법(飮茶法, 동선)에 대한 이해를 돕기 위해《국조오례의》〈빈례(賓禮)〉의 다례의(茶禮儀) 전례 절차를 바탕으로 필자가 도식화한 것이다.-교정자 註

음양관의 입장에서 다시 한번 <표 1>을 보면 예(禮), 덕(德), 지(地)는 음이고 악(樂), 도(道), 천(天)은 양으로 되어 있다.

인간은 하늘[天]과 땅[地] 사이에 하도(河圖)의 55와 낙서(洛書) 45의 영향을 받는 존재이다[그림 3]. 다시 말하면 양의 도(道)와 음의 덕(德) 사이에서 도덕적인 삶을 살아야 하는 존재라는 뜻이다.

다시 국어사전을 보자.

> 도덕(道德) : 인간으로서 지켜야 할 도리(道理) 및 그에 준한 행위. 인륜(人倫)의 대도(大道)이다. 자기의 행위 또는 품성을 자기의 양심으로 자제하여 선한 일과 바른 일을 행하며 악한 일과 부정한 일을 하지 않는 것.

한마디로 도덕이란 사람이 마땅히 행해야 할 바른길[道理]을 의식과 규칙으로서 행하는 예(禮)의 일(儀則)이다. 즉 도리와 의칙이 결합한 것이 도덕이다. 의칙은 예의 표출이기 때문에 예와 덕은 같은 뿌리라고 생각해도 좋다.

그렇다면 군자(君子)들이 더불어 차를 마시는 행위는 차(茶)를 정성스러운 마음으로 달여서 예를 갖추어 마시는 것, 즉 의칙을 갖추어 마시는 행위이다. 양[天]과 음[地] 사이에서 사는 군자가 다른 군자와 더불어 예를 갖추어 차를 마신다는 것을 함축하는 단어는 다도(茶道)가 아니라 다례(茶禮)이다. 다도(茶道)는 정성스러운 도리를 지켜서 차를 달인다는 뜻이다. 마땅한 도리를 지켜서 정성스럽게 달인[茶道] 차를 군자는 다례(茶禮)를 통하여 다른 군자와 함께하여 차마심을 완성한다.

V
조선 왕실의 〈다연〉

임진왜란 이후부터 1910년 한일병합 때까지 〈다연〉으로 드러난 〈연향식 의궤〉는 다음과 같다.

《영접도감의궤(迎接都監儀軌)》, 1609, 1610, 1626, 1634, 1637, 1643

《가례도감의궤(嘉禮都監儀軌)》, 1651, 1696, 1744, 1759, 1819, 1866, 1906

《풍정도감의궤(豊呈都監儀軌)》, 1630

《원행을묘정리의궤(園幸乙卯整理儀軌)》, 1795

《진작의궤(進爵儀軌)》, 1828, 1873

《진연의궤(進宴儀軌)》, 1719, 1901, 1902

《진찬의궤(進饌儀軌)》, 1829, 1848, 1868, 1877, 1887

《수작의궤(受爵儀軌)》, 1765

《자경전진작정례의궤(慈慶殿進爵整禮儀軌)》, 1827 등

《국조오례의(國朝五禮儀)》가 예악관을 기반으로 하였듯이 각종 〈의궤〉 역시 이를 바탕으로 하여 작성하였으며, 이들을 통하여야만 영접, 가례, 생일잔치 등에 대한 의례와 찬품의 구명(究明)이 가능하다.

이들 중 《영접도감의궤(迎接都監儀軌)》(1609)를 통하여 빈례(賓禮, 손님을 접대하는 예)를,

《가례도감의궤(嘉禮都監儀軌)》를 통하여 가례(嘉禮, 혼인의 예)를, 《풍정도감의궤(豊呈都監儀軌)》(1630)를 통하여 가례(嘉禮, 생일잔치의 예)를 밝혀 이들의 상차림과 찬품 등을 비교 분석하였다. 또한 《국조오례의》 중 〈빈례(賓禮)〉를 발췌하여 이를 분석하고, 《영접도감의궤》(1609)에서 나타난 음식 상차림을 〈빈례〉 의례와 함께 검토하여 구명함으로써 〈다례의〉와 〈주례의〉가 결합한 〈다연〉의 연향 구조를 밝히고자 하였다.

이상 기술한 폭넓은 내용은 추후 이 분야 연구를 위한 기초 자료가 되길 바란다. 또 독자들이 필자의 글을 읽고 조선 왕실의 연향 문화에 대한 이해에 도움이 되었으면 한다.

제2장

〈다연〉의 성립과 배경

I
불교와 도교의 만남, 선종의 출현

1. 중국의 초기 불교 전개와 공문(空門)

불교에는 네 가지 가르침이 있다.

첫 번째 가르침은 고(苦)이다. 태어나서 죽을 때까지 살아가는 인생 자체가 괴로움과 고난의 연속이다. 태어남, 죽음, 만남, 배고픔, 외로움 등 무엇 하나 고난이 아닌 게 없다.

두 번째 가르침은 집(集) 곧 번뇌와 업인(業因)이다. 모든 사람에게는 아름다움을 보고자 하는 눈[眼]이 있고, 고운 소리를 듣고자 하는 귀[耳]가 있으며, 좋은 냄새를 맡고자 하는 코[鼻]가 있다. 또 맛있는 것을 추구하는 혀[舌]가 있고, 부드러움을 탐착하는 몸[身]이 있다. 이들을 채우지 못하면 번뇌가 쌓인다. 그래서 식욕(食欲), 재욕(財欲), 색욕(色欲), 명예욕[名欲], 편안함을 탐하는 수면욕(睡眠欲)이 동반되고, 이들 욕구가 채워지지 못했을 때 생기는 고통이 번뇌이다. 업인이란 고락(苦樂)의 인과응보(因果應報)를 일으키는 원인이 되는 선과 악의 행위이다.

세 번째 가르침은 멸(滅)이다. 인간은 목숨이 있는 한 번뇌가 있기 마련이므로, 번뇌의 경계를 벗어나는 열반(涅槃)에 이르러야 한다. 이것이 멸 즉 적멸(寂滅)로, 열반은 멸도(滅度)이다. 일체의 번뇌를 벗어남을 뜻한다.

네 번째 가르침은 열반의 경계에 도달하기 위하여 공문(空門)에 들어가는 도(道)로

〈소선(素膳)〉또는〈소식(素食)〉과 관련이 깊다. 공문이란 인연으로 해서 생기는 존재자(存在者)의 실체(實體)는 모두 변한다는 것을 깨닫는 제법무아(諸法無我, 이 세상에 존재하는 모든 사물은 인연으로 해서 생기는 것으로 변하지 않는 실체인 나는 존재하지 않는다는 생각)로, 다시 말하면 공(空, 諸法皆空) 사상이다. 모든 번뇌의 경계를 벗어나 열반의 경계에 도달하기 위하여 반드시 통과해야 하는 문이 공문이다. 따라서 공문에 들어가기 위해서는 육류를 먹어도, 좋은 옷을 입어도, 결혼해서도 안 되며, 인간이 누리는 모든 향락과 안일을 가까이해서도 안 된다고 하였다.

이러한 철저한 금욕주의적 가르침은 음식을 먹을 때 기름기나 비린내가 없는 것만 허락되었고, 소위 오신채라 불리는 파, 마늘, 부추, 염교, 아위[1] 등 자극성이 있는 음식은 허락되지 않았다. 《능엄경(楞嚴經)》[2]에서는 이에 대하여 "이들을 익혀 먹으면 음욕이 생기고, 날것으로 먹으면 분노가 일어난다. 출가하는 사람은 음욕을 가져도 안 되고 불편한 감정이 있어서도 안 된다."라고 하였다.

이러한 엄격함을 기반으로 했던 초기 불교는 동서의 교통이 열린 전한(前漢) 무제(武帝, 재위 B.C.141~87) 때에 중국으로 전파되었다. 이후 왕실 불교로서 번성하여 애제(哀帝, 재위 B.C.7~A.D.1) 때에 대월지국(大月氏國)[3]의 사자(使者) 이존(伊存)으로부터 구술로 불교 경전을 전해 받는다.

후한(後漢) 시대에 들어와 명제(明帝, 재위 A.D.57~75)는 불심이 깊어 꿈에서도 부처님을 만나고 사신을 대월(大月)에 보낸다. 사신은 67년에 승려 두 사람과 함께 불상과 경전을 가지고 돌아왔다. 이에 명제는 백마사(白馬寺)를 지어주고 《사십이장경(四十二章經)》을 번역하게 한다. 이후 환제(桓帝, 재위 A.D.146~167)는 궁중에서 황제(黃帝)[4]

---

1 아위(阿魏) : 산형과에 속하는 다년초. 이란과 아프가니스탄이 원산지임. 훈거(熏渠)라고도 부르며 거담, 구충, 강장제로 쓰임.
2 《능엄경(楞嚴經)》 : 인연(因緣)과 만유(萬有)를 설명한 불경의 하나. 선종(禪宗)의 중요한 경전임.
3 대월지국(大月氏國) : 기원전 3세기경 중앙아시아의 아무르강 유역에 터키게 또는 이란계 민족이 세운 나라.
4 황제(黃帝) : 복희씨(伏羲氏), 신농씨(神農氏)와 함께 삼황(三皇)이라 일컬어짐. 기원전 2700년경 천하를 통일하여 문자, 수레, 배 등을 만들고 역법(曆法), 도량형, 음악, 잠업 등 문물과 제도를 확립함.

와 노자(老子) 그리고 부처님을 함께 모시는 호화스러운 의례를 행한다. 이는 도교와 불교가 결합한 행사이다. 이어서 커다란 누각을 지어 금동불상을 모시고, 부처님 오신 날에는 왕후와 귀족 사이에 성대한 불교 행사가 유행하였다. 후한이 멸망한 220년부터 위진남북조(魏晉南北朝) 시대에 불교는 사회의 상하층에 두루 침투하고 있었다. [5]

2. 노장사상의 전개와 좌망(坐忘)

노자(老子)[6]와 장자(莊子)[7]의 사상을 합하여 노장사상[8]이라 한다. 도교는 이 노장사상(철학)의 류(流)를 받아들여 음양오행설과 신선사상(神仙思想)을 가미하여 불로장생(不老長生)의 술(術)을 구하고, 부주(符呪, 부적과 주술)와 기도 등을 행하는 종교로 발전한다. 다른 한편에서는 황제(黃帝)와 노자를 교조(敎祖)로 하는 다신적(多神的) 종교관도 갖게 된다.

노장사상은 전한(前漢) 시대부터 유교 사상과 결합하여 상호보완하면서 꾸준히 발전하여 후한(後漢) 시대에는 자리를 잡았다. 앞서도 기술하였지만, 환제는 열렬한 도교 신자이기도 하였다. 혼란한 격동의 사회에 처했던 위진남북조(魏晉南北朝) 시대에는 도교가 더욱 성행하게 되는데, 잠시 당시 사회상을 보기로 한다.

후한은 환제 때부터 안으로는 환관이 발호하여 정치가 부패해졌고, 밖으로는 여러 영웅들[群雄]이 할거하여 혼란에 빠짐에 따라 위진남북조 시대가 열리게 된다.

---

5 한경수 역, 渡辺照宏 著, 《불교사의 전개》, 불교시대사, 1992, pp. 136~137
6 노자(老子) : 중국 춘추(春秋) 시대의 철학자. 도가(道家)의 시조. 성은 이(李) 이름은 이(耳). 초(楚)나라 사람. 《도덕경(道德經)》을 지음.
7 장자(莊子) : 중국 전국(戰國) 시대의 철학자. 송(宋)나라 사람(B.C.365?~270?).
8 노장사상(老莊思想) : 무위자연(無爲自然)을 도덕의 표준으로 하는 사상

동한(東漢)의 헌제(獻帝, 재위 189~220) 때부터 시작되어 위(魏)나라 조조(曹操, 155~220)[9]가 천하의 권세를 잡기 시작하였으며, 조조의 아들 비(丕)가 헌제를 위협하여 제위에 올라 국호를 위(魏)라 하고 낙양(洛陽)을 수도로 하였다. 유비(劉備, 재위 221~223)는 사천성(四川省)을 근거지로 하여 국호를 촉한(蜀漢)이라 하고, 성도(成都)를 수도로 하였다. 제위에 오른 손권(孫權, 재위 222~252)은 국호를 오(吳)라 하고 건업(建業, 현재의 南京)에 도읍을 정하여, 소위 위·촉·오의 삼국 시대가 열린다.

이후 위(魏)의 정치가였던 사마소(司馬昭, 211~265)가 삼국이 분립(分立)한 지 60여 년 만에 통일하여 국호를 진(晉)이라 하고 낙양을 수도로 한다. 얼마 지나지 않아 오호(五胡: 흉노匈奴, 갈羯, 선비鮮卑, 저氐, 강羌)가 빈번히 진나라를 침입하여 건국한 지 53년 만인 316년 흉노에게 멸망한다. 진나라는 낙양을 버리고 강남의 건업(남경)을 도읍으로 하여 나라를 여니 동진(東晉, 317~420)이다. 낙양이 동진의 도읍지인 건업에서 서쪽에 해당한다고 하여 사마소가 세운 진을 서진(西晉, 265~316)이라 부르며, 이 시대를 위진남북조 시대라 한다.

위나라에 이어 서진 시대에도 사회적 대혼란을 겪으면서, 지식인들은 현실적인 뜻을 잃고 도교에 심취하였다. 약을 먹고 신선이 되고자 하는 복약구선(服藥求仙)의 풍조가 성행한 것이다. 이들은 현학(玄學)이라고도 부르는 노장학(老莊學)을 바탕으로 하는 도(道)를 주제로 하여 세사(世事)를 버리고 산림에 은거하면서 공리(空理, 만유萬有가 빈 이치)를 논하는 청담(清談)[10]으로 세월을 보냈다.

이 시절 일반 민중 또한 불교에 심취하여 윤회사상(輪廻思想)과 인과응보설(因果應報設)에 집중하였다.[11] 난세에 도교와 불교의 만남을 가져오는 계기가 만들어졌다.

---

9 조조(曹操): 후한 말기에 황건적(黃巾賊)의 난을 평정하고 실권을 장악. 216년 위왕(魏王)에 오른 후 화북을 지배함.

10 청담(清談): 중국 위, 진 시대에 선배들이 세사를 버리고 산림에 은거하여 노장의 공리(空理)를 논하던 일. 죽림칠현(竹林七賢)이 가장 유명함.

11 상기숙 역, 종름 저, 《형초세시기(荊楚歲時記)》, 집문당, 1996, p. 13

공리(空理)는 공문(空門)과도 통한다. 사실 노장사상과 불교 사상은 서로 통하는
점이 많았다.[12]

五色令人目盲 五音令人耳聾 五味令人口爽 馳騁畋獵令人心發狂 難得之
貨令人行妨… 禍莫大於不知足 咎莫大於欲得
《老子》

다섯 가지 색은 사람의 눈을 멀게 하고, 다섯 가지 소리는 사람의 귀를
멀게 하며, 다섯 가지 맛은 사람의 입맛을 상하게 한다. 말을 달려 사냥
하면 마음을 발광케 하고, 힘들게 얻은 재화는 사람의 행동에 방해된
다.… 재앙 중에서 만족할 줄 모르는 것보다 더 큰 재앙이 없고, 허물 중
에서 욕심을 부리는 것보다 더 큰 허물이 없다.
《노자》

노자는 불교 사상과 마찬가지로 인생이 가진 괴로움의 근원은 욕망에 있다고 보
았다. 이 욕망이 재앙의 근원으로, 이를 없애기 위해서는 소박함을 지키고(현소포박
見素抱樸), 개인의 욕심을 줄여야(소사과욕少私寡慾) 고요한 심경을 지녀 신선적(神仙的)인
생활을 할 수 있다.[13] 욕망과 욕심의 부질없음은 곧 공리이다.

그런데 이 부질없음을 깨닫는 행위는 좌망(坐忘)을 통해 더 쉽게 도달한다. 정(靜)
하면 지혜가 생기고 동(動)하면 혼미해지니, 마음을 거두어 경계를 벗어나야 무소
유의 경지에 다다를 수 있다. 사물에 집착하지 않으면 저절로 텅 빈[空] 속으로 들
어가 도(道)와 합치하게 되는데, 이것이 곧 좌망이다.

---

12 정상홍·임병권 역, 葛兆光 저, 《禪宗과 中國文化》, 동문선, 1991, pp. 18, 134
13 정상홍·임병권 역, 葛兆光 저, 《禪宗과 中國文化》, 동문선, 1991, pp. 134~135

3. 불교와 도교의 만남, 신종의 출현

　동진(東晉, 317~420) 이후, 승려들은 지혜의 빛에 의하여 열반의 묘경에 도달하는 법을 탐구하였다. 이 반야학(般若學, 지혜의 빛에 의하여 열반의 묘경에 이르기 위함을 탐구하는 학문)을 공부하던 승려들은 당시 사대부들이 추구하던 현학(玄學, 노장학)에 바탕을 둔 철학을 발전시켰다. 자연스럽게 자기의 뜻에 맞으면서 구속이 없는 적의(適意)의 인생철학이다. 당시 남조에서 유명한 스님이었던 도림(道林, 314~366)은 다음의 시를 남겼다.

　　　　苟簡爲我養 逍遙使我閑
　　　　寥亮心神瑩 含虛映自然

　　대강 단순하도록 수양하면서 유유자적하니 저절로 한가롭다. 마음은
　　텅 비어 있어 맑게 빛나는데, 자연의 그림자가 드리운다.

　　　　晞陽熙春圃 悠緬嘆時往
　　　　感物思所托 蕭條逸韻上
　　　　尚想天台峻 仿佛巖階仰
　　　　泠風灑蘭林 管瀨奏淸響
　　　　霄崖育靈藹 神蔬含潤長

　　희미한 햇살이 봄 밭을 비추고 아득히 시절이 흘러감을 탄식한다. 물상
　　들을 느끼며 기탁하는 바를 생각하니 쓸쓸히 빼어난 멋이 생겨나네. 오
　　랫동안 천태산의 험준함을 생각하였는데 마치 돌계단을 올려보는 듯하
　　다. 시원한 바람 난초 숲을 쓸어가고 여울물은 맑은 소리를 연주하는데

천기의 구름이 머무르는 절벽에는 영험한 나무가 자라고 신령스러운
채소는 윤기를 머금고 자라네.

丹沙映翠瀨 芳芝曜五爽
苕苕重岫深 寥寥石室朗
中有尋化士 外身解世網
願投若人蹤 高步振策杖

붉은 모래 푸른 개울물에서 빛나고 향기로운 지초는 다섯 가지 상쾌함
이 빛난다. 높고 높은 첩첩의 바위 구멍은 깊고 고요하고 고요한 석실
은 밝다. 그 가운데 신선되려는 선비 있으니 몸은 세상의 굴레 벗었네.
사람들에게서 벗어나듯이 던져지기를 원한다면 큰 걸음으로 지팡이를
높이 들어 올리게.

近非城中客 遠非世外臣
澹泊爲無德 孤哉自有隣

가까우나 성안의 나그네가 아니며 멀리 있어도 세상 밖의 신하가 아니
듯이 담박함을 덕이 없는 것으로 삼으니 외로워도 저절로 이웃이 있
네.[14]

이 시는 스님이 썼지만, 산속에 숨어 사는 뜻 높은 선비의 모습을 한 폭의 그림

---

14 道林,《詠懷詩》

으로 보는 것 같다.[15] 초창기 불교가 가졌던 엄격한 금욕주의적 사상이 적의의 인생철학과 결합하여 누구나 마음이 곧 부처인 도리를 깨닫기만 하면(즉심즉불卽心卽佛) 가고 싶으면 가도 되고 앉고 싶으면 앉으며(요행즉행要行卽行, 요좌즉좌要坐卽坐), 자고 싶으면 자고 일어나고 싶으면 곧 일어난다(요면즉면要眠卽眠, 요기즉기要起卽起)는 것이다.[16]

15 정상홍·임병권 역, 葛兆光 저,《禪宗과 中國文化》, 동문선, 1991, p.139
16 《古尊宿語錄》卷4;《景德傳燈錄》卷10;정상홍·임병권 역, 葛兆光 저,《禪宗과 中國文化》, 동문선, 1991, pp.141~142

II

좌망과 해탈을 위한 차[茶]의 출현, 신선 음료 술

1. 약으로 출발한 《신농본초경》의 〈고채(苦茶)〉차

차가 음용(飲用)되기 전에는 식용(食用) 단계가 있었다. 운남성 주변 지역은 현재도 찻잎을 소금으로 절여서 먹거나 소금 절임 찻잎을 건조하여 음료로 사용하기도 한다. 말차(抹茶)는 바로 식용하는 단계와 침출액만을 마시는 녹차의 중간 단계라고 말할 수 있다.[17]

기원전 316년 진(秦)이 파촉(巴蜀)을 멸망시켜 사천 지역을 진의 영역으로 편입시킨 이후에 비로소 사천의 차가 중국에 알려지게 되었다. 사천 지역은 진·한대에 들어와서 다른 지역과 구별이 되지 않을 정도로 급속히 중원 문화에 동질화되었으며, 사천 지역에서 산출된 물품은 공관(工官) 혹은 상인들을 통해 전국으로 퍼졌다. 촉산(蜀産)의 칠기(漆器)가 낙랑군에서 발견되며, 촉장(蜀醬)이 귀주 지역을 거쳐 광동과 광서의 남월국(南越國)에 전파되었다.[18]

기원전 1세기 중엽 왕포(王褒)가 지은 《동약(僮約)》에서는 기원전 1세기 사천에는

---

17 世界有用植物事典編輯委員会, 《世界有用植物事典》, 平凡社, 1989, p.204
18 김병준, 〈지역문화에서 주변문화론〉, 《四川文化》, 2006, pp.42~43
　　한국고대사회연구소편, 《譯註 韓國古代金石文》 II, '가락국사적개발연구원', 1992, pp.217~300

이미 차 시장이 형성되어 있어서 일반인들도 차를 구매하여 소비하던 사천의 차 상황을 보여준다. 이후 차의 생산지는 사천에서 양자강을 따라 동남 지역으로 확대되어 널리 보급됨에 따라 그 효능도 연구되었다.

후한 말기의 명의 화타(華佗)[19]는 오랫동안 차를 마시면 사고가 깊어지고 졸음을 쫓으며 몸이 가벼워지고 눈이 밝아진다고 하여 차를 즐겨 마셨다. 화타의 시절 다(茶)라는 문자는 없었다. 도(茶)가 대용되었다. 茶는 '씀바귀 도'로 고(苦)와 같아 茶는 일종의 고채(苦菜)로 통용되고 있었다.

그런데 이 고채는 후한(後漢) 말과 삼국 시대에 흥하게 된 도사(道士)들이 편록(編錄)한 것으로 알려진 중국에서 가장 오래된 본초서(本草書)인 《신농본초경(神農本草經)》에 의해 상약, 중약, 하약 중 상약(上藥)으로 자리매김하게 된다. 《신농본초경(神農本草經)》에 기술된 상약을 보자.[20]

[상약]

上藥 一百二十種 爲君主養命以應天無毒多服久服不傷人欲輕身益氣不老延年者

상약은 120종이다. 군약(君藥: 질병을 치료하는 데 주된 작용을 하는 약물)으로 사용하며 천기(天氣: 대자연의 기운)와 상응하여 생명력을 기르며 독이 없다. 많이 먹고 오랫동안 먹어도 사람에게 해가 없다. 몸을 가볍게 하고 기운을 북돋아 주어 늙지 않는다. 수명을 연장시킨다.

---

19 화타(華佗) : 중국 후한의 명의. 100살에도 정정하였고 조조(曹操)의 시의(侍醫)가 되었으나, 후에 그의 노여움을 사서 살해됨. 저서로 《청낭비결(青囊祕訣)》이 있음.
20 《神農本草經》;김상보, 《약선으로 본 우리 전통음식의 영양과 조리》, 수학사, 2012, pp.30~31

단사(丹砂), 운모(雲母), 옥천(玉泉), 석종유(石鐘乳), 반석(礬石), 소석(消石), 박초(朴硝), 활석(滑石). 석담(石膽), 공청(空青), 우여량(禹餘糧), 태일여량(太一餘糧), 백석영(白石英), 자석영(紫石英, 오색석지(五色石脂), 백청(白青), 편청(扁青) 이상 옥석(玉石) 상품 18종, 옛날과 같다.

창포(菖蒲), 국화(菊花), 인삼(人蔘), 천문동(天門冬), 감초(甘草), 건지황(乾地黃), 출(朮), 토사자(菟絲子) 우슬(牛膝), 충위자(茺蔚子), 여위(女萎), 방규(防葵), 시호(柴胡), 맥문동(麥門冬), 독활(獨活), 차전자(車前子), 목향(木香), 서여(薯蕷), 의이인(薏苡仁), 택사(澤瀉), 원지(遠志), 용담(龍膽), 세신(細辛), 석곡(石斛), 파극천(巴戟天), 백영(白英), 백호(白蒿), 적전(赤箭), 암려자(菴藺子), 석명자(蓂莫子), 시실(蓍實), 적흑청백황자지(赤黑青白黃紫芝), 권백(卷柏), 남실(藍實), 질려자(蒺藜子), 궁궁(芎藭), 미무(蘪蕪), 황련(黃連), 낙석(絡石), 황기(黃耆), 육송용(肉松蓉), 방풍(防風), 포황(蒲黃), 향포(香蒲), 속단(續斷), 누로(漏蘆), 영실(營實), 천명정(天名精), 결명자(決明子), 단삼(丹蔘), 천근(茜根), 비렴(飛廉), 오미자(五味子), 선화(旋華), 난초(蘭草), 사상자(蛇床子), 지부자(地膚子), 경천(景天), 인진(茵陳), 두약(杜若), 사삼(沙蔘), 백토곽(白兔藿), 서장경(徐長卿), 석룡추(石龍芻), 미함(薇銜), 운실(雲實), 왕불류행(王不留行), 승마(升麻), 청양(青蘘), 고활(姑活), 별기(別羈), 굴초(屈草), 회목(淮木) 이상 초(草) 상품(上品) 73종, 옛날은 72종.

모계(牡桂), 균계(菌桂), 송지(松脂), 괴실(槐實), 구기(枸杞), 백실(柏實), 복령(伏苓), 유피(榆皮), 산조(酸棗), 벽목(檗木), 건칠(乾漆), 오가피(五加皮), 만형실(蔓荊實), 신이(辛夷), 상상기생(桑上寄生), 두충(杜仲), 여정실(女貞實), 목란(木蘭), 유핵(蕤核), 귤유(橘柚) 이상 목(木) 상품(上品) 20종, 옛날은 19종.

발피(髮髲), 이상 인(人) 1종, 옛날과 같다.

용골(龍骨), 사향(麝香), 우황(牛黃), 웅지(熊脂), 백교(白膠), 아교(阿膠) 이상 수(獸) 상품(上品) 6종 옛날과 같다.

단웅계(丹雄雞), 안방(雁肪) 이상 금(禽) 상품(上品) 2종, 옛날과 같다.

식밀(石蜜), 봉자(蜂子), 밀랍(蜜蠟), 모려(牡蠣), 구갑(龜甲), 상표소(桑螵蛸), 해합(海蛤), 문합(文蛤), 여어(蠡魚), 이어담(鯉魚膽) 이상 충·어(蟲·魚) 상품(上品) 10종, 옛날과 같다.

우실경(藕實莖), 대조(大棗), 포도(葡萄), 봉류(蓬蘽), 계두실(雞頭實) 이상 과(果) 상품(上品) 5종, 옛날은 6종.

호마(胡麻), 마분(麻蕡) 이상 미곡(米穀) 상품(上品) 2종, 옛날은 3종.

동규자(冬葵子), 현실(莧實), 과체(瓜蒂), 과자(瓜子), 고채(苦菜) 이상 채(菜) 상품(上品) 5종, 옛날과 같다.

상약(上藥) 120종은 오랫동안 먹어도 사람에게 해가 없는 것으로, 몸을 가볍게 하여 수명을 연장하는 약이다. 여기서는 고채(苦菜)가 핵심이므로《신농본초경》에 어떻게 기록되어 있는지 보도록 한다.

苦菜

味苦 寒

主五臟邪氣厭谷胃痺 久服安心益氣聰察少臥輕身耐老 一名茶草一名選 生川谷

고채

맛은 쓰고 성질은 차갑다. 오장의 사기를 주치한다. 식욕이 없고 위장이 마비되는 증상을 다스린다. 오랫동안 먹으면 마음이 안정되고 기를 더한다. 눈과 귀가 밝아지며, 잠이 적어지고 몸을 가볍게 하여 늙지 않는다. 일명 〈도초(茶草)〉라 하고, 일명 선(選)이라고도 하며 냇가, 계곡에

서 자란다.[21]

　오래 살고자 하는 소망은 몸을 가볍게 하여야 선인(仙人)이 되는 것과 통한다. 이 선인식(仙人食)인 상약(上藥) 중의 하나가 〈고채(苦菜)〉, 일명 〈도초(荼草)〉라고 하고 있다. 처음부터 도·고채·차는 약으로서 출발한 셈이다. 유비(劉備)는 어머니께 효양(孝養)하기 위하여 촉(蜀)에서 오는 신다선(新茶船)을 기다렸다. 어머니께 차를 약으로 드리기 위해 차만을 실어 나르는 전용 배를 기다렸다는 이야기다.

　다(茶)라는 문자는 당대(唐代)에 비로소 탄생했다고 추정된다. 차는 한대(漢代) 이후 삼국 시대에 이르러 양자강 중하류에서 상당히 보급되어 있었는데, 이때도 도(荼)는 차를 가리켰고 다(茶)라는 문자는 8~9세기까지도 없었다.

　'차'는 중국 북부의 음(音)이고 '다'는 남조(南朝, 420~589)의 음(音)이다. 그러니까 8~9세기 이후에 쓰인 다(茶)도 화북에서는 '차', 화남에서는 '다'라고 하였다는 이야기다. 이에 대하여 이성우(李盛雨)는 "우리나라는 육로로 화북(華北)의 '차', 해로로 강남(江南)의 '다'가 들어와서 서로 엇갈려서 쓰인다."라고 설명하였다.[22]

2. 도가(道家)와 불가(佛家)의 〈차〉

　도가(道家)에서 추구하는 최고의 목적은 신선이 되어 죽지 않는 장생불사(長生不死)이다.

　남조(南朝, 420~589)의 양(梁)나라 때 단양(丹陽)[23]의 사대부였던 도사 도홍경(陶弘景,

---

21 《神農本草經》
22 李盛雨,《韓國食品社會史》, 교문사, 1984, p.260
23 단양(丹陽) : 중국 당나라 때 현재의 강소성(江蘇省) 진강시(鎭江市)의 남부에 있었던 현(縣)의 이름. 전국 시대 초(楚)나라의 운양(雲陽), 진(秦)나라의 곡하(曲河) 지방에 해당함.

456~536)은 신선식(神仙食)으로 직결되는 양생의 도(養生之道)에 대한 체계를 세웠다. 그것은 마음을 비우고 고요 속에 침잠하면 마음이 밝아지고 욕심이 없어지며 정신을 편안히 하여 기(氣)를 기르는 것이었다.

도홍경 이후 사마승정(司馬承禎, 647~735)은 기를 길러 장생(長生)하는 신선도인(神仙道人)이 되기 위해서는 다음과 같은 과정이 필요하다고 하였다. 첫째, 몸을 깨끗이 한다(齋戒). 둘째, 편안한 곳에 있는다(安處). 셋째, 나의 정신을 보존하고(存神) 나의 몸을 생각한다(想身). 그리하여 눈을 감고 있으면 자신의 눈이 보이고 마음을 안정시키니 자신의 마음이 보인다. 최후에는 잡념에서 벗어나 무아의 경지에 이르러 텅 비고 허무한 정적의 상태에 이르러(坐忘) 해탈하게 된다고 하였다.[24] 이는 기를 길러 정신을 편안히 하여 마음을 비우면 고요 속에 침잠하여 마음이 맑아진다고 하는 도홍경의 논리와 통한다. 도홍경은 기를 길러 마음이 맑아지는 방법 중 하나로 약을 섭취하고 고기 음식을 적게 먹을 것을 주장했다.

차[茶]는 바로 좌망(坐忘)을 도와주는 약이자 음료였다. 그뿐만 아니라 도교에서 좌망은 선종(禪宗)에서 선정(禪定, 마음을 한 곳에 집중하여 해탈의 경지에 이름)하는 방법과 같은 맥락이다. 차는 머리와 눈을 맑게 해주어 깨닫는 데 도움을 주면서 몸을 가볍게 하므로 선정의 정진(精進) 음료로도 자리를 잡아 수도(修道)하는 승려들 사이에서 채택되었다.

차의 효능과 끓어오르는 다향(茶香)은 깊은 산속의 나무 향기와 더불어 수도하는 스님들을 유적현묘(幽寂玄妙)[25]한 경지로 이끌었으며[26], 차는 신성한 음료로 상징되어 재(齋)를 올릴 때 다게(茶偈)[27]가 의례 중 하나의 절차로 채택되기에 이른다.[28]

---

24 司馬承禎, 《坐忘論》
25 유적현묘(幽寂玄妙) : 유현(幽玄)하고 미묘(微妙)함.
26 이성우, 《한국식품문화사》, 교문사, 1993, p. 240
27 다게(茶偈) : 부처님께 차를 올리면서 외우는 계송.
28 김상보, 《조선왕실의 풍정연향》, 민속원, 2016, p. 201

3. 도가의 약이었던 〈술〉

도교를 믿는 사람들 사이에서 술은 몸을 가볍게 하고 신선과 만나게 해주는 중요한 음료이자 약이었다.

정식으로 도교에 입문하였으며 선풍도골(仙風道骨)[29]을 지닌 이백(李白, 701~762)은 유유자적한 한거(閑居)를 즐기는 선풍(仙風) 생활에 있어서 술이 중요한 음료였음을 시로 나타냈다.[30]

玉女四五人 飄飄下九垓
含笑引素手 遺我流霞杯
《游泰山》

옥녀 4, 5인이 구천의 경계를 날아내려 와서 미소를 머금고 흰 손을 당기더니 나에게 유하의 술잔을 보내네.
《유태산》

朝弄紫泥海 夕披丹霞裳
揮手折若木 拂此西日光
《古風》

아침에는 자줏빛 진흙 바다에서 바라보았는데 저녁에는 붉은 노을 옷을 입었네. 손을 저어 향기 있는 나무를 잘라 이 서쪽에 지는 햇빛을 떨

---

29 선풍도골(仙風道骨) : 신선의 풍채나 도인(道人)의 골격. 곧 남달리 뛰어나서 고아(高雅)한 풍채를 뜻함.
30 李白 ; 《游泰山》, 《古風》, 《擬古》

처 올리려 하네.

《고풍》

日月終銷毀 天地同枯槁

蟪蛄啼青松 安見此樹老

金丹寧誤俗 昧者難精討

爾非千歲翁 多恨去世早

飮酒入玉壺 藏身以爲寶

《擬古》

해와 달은 결국 쇠하여 이지러지고 하늘과 땅도 같아서 쇠하고 쇠한다.
쓰르라미들이 푸른 소나무에서 우는데 어찌 이 나무의 늙음을 알겠는
가. 금단이 차라리 속세를 의심하게 하네. 우매한 이들이 구하는데 정
성이 모자랄 뿐 그대는 천 살 먹은 노인도 아니면서 세월의 다함을 한
탄만 하고 있구나. 술마시고 옥으로 만든 술병 속으로 들어가 몸 숨기
는 것을 보배로 생각하게나.

《의고》

이상 이백의 시는《주역》의 음양관에서 보여주는 태어나면(양) 사라져야 하는(음)
어쩔 수 없는 자연의 섭리를 도교에서 약으로 취급되던 술로 신선이 되어 벗어나
고자 하는 심정을 잘 드러낸다. 술은 성(性)이 대열(大熱)하여 약세(藥勢)를 행하고 독
(毒)한 기(氣)를 죽일 뿐만 아니라 혈맥을 통하게 하여 약이면서 걱정과 노기(怒氣)를
없애주는 음료였다.[31] 선인(仙人)이 먹는 음식과 같은 것을 인간이 먹음으로써 나이

---

31 許浚,《東醫寶鑑》〈湯液編〉

를 먹어도 몸을 가볍게 하여 장수하고자 하는 내로경신(耐老輕身) 사상은 술과 차를 선인 음료로 기정화하였다.

차는 성(性)이 한(寒)하고 머리와 눈을 맑게 하며, 소변을 잘 나오게 하므로 소갈(消渴)을 그치게 해서, 술을 마셨을 때 생기는 대열(大熱)을 해독하는 중요한 음료이자 약으로 동진 때 자리매김하였다. 이를 증명하는 것이 계수호이다.

찻잎을 쪄서 찧고 쌀풀을 섞어 다병(茶餅)을 만들고, 차를 마실 때에는 다병을 구워 가루로 만들어, 이것을 계수호에 넣고는 뜨거운 물을 부어 파, 생강, 귤을 곁들여 다갱(茶羹)을 만들어서 찻잔에 따라 마신다. 이것을 마시면 술이 깨고 정신이 맑아진다고 하였다.[32] 이 동진제 계수호가 백제의 담로 지역 수장에 해당하는 공주 수촌리 고분에서 출토되었기 때문에 백제의 왕실과 귀족층에서도 계수호를 다구(茶具)로 사용하여 음다(飮茶)하였을 가능성이 있다.[33]

어쩌면 계수호의 등장은 이후 한반도에서 전개되는 다례와 주례가 합하여 진행된 궁중 연향 의례의 연속선상에 놓여 있을 가능성이 있다. 고려와 조선 왕실의 연향 의례에서 차가 있는 곳에 반드시 술이 동반되는 현상은 소위 다연(茶宴)의 초기 전개 과정일 수도 있다.

---

32 박순발, 〈공주 수촌리 고분군 출토 중국 자기와 교차연대 문제〉, 《4~5세기 금강 유역의 백제문화와 공주 수촌리 유적》, 충청남도 역사 문화원, 2005, pp. 58~61
33 김상보, 《사상으로 만나는 조선왕조 음식문화》, 북마루지, 2015, pp. 42~44

III

〈소선(素膳)〉의 기본은 차와 다과(茶果)

1. 《제민요술(齊民要術)》〈소식〉

1) 사회상

위(魏)의 조조(曹操), 촉한(蜀漢)의 유비(劉備), 오(吳)의 손권(孫權)의 시대가 가고 진(晉, 西晉)나라로 통일되나 진나라는 316년 멸망하고, 북조에는 북위(北魏, 後魏라고도 함)가 들어선다.

386년에서 556년까지 북중국에 군림한 북위를 건설한 종족은 몽골족의 유목민인 선비(鮮卑)계의 척발(拓跋)이다. 이들은 북동의 변경에서 점차 남하하면서 농경화로 정착하여 310년에는 내몽골의 성락(盛樂)을 수도로 삼고 국호를 대(代)라고 하였다. 376년 티베트족 계통인 저족(氐族)이 세운 전진(前秦, 351~394)의 부견(符堅, 재위 357~385)에게 일단은 멸망한다.

이후 전진이 비수(肥水)의 전투에서 패해 북중국이 혼란에 빠지자, 그 틈을 타서 척발규(拓跋珪)가 대(代)의 재흥에 성공한다. 그는 성락으로 돌아와 395년 제위에 오르고 도무제(道武帝)라 칭하며 398년에 수도를 평성(平成, 山西省 大同)으로 옮긴다. 그의 손자인 태무제(太武帝, 재위 424~452)는 439년 드디어 북중국을 통일한다. 이로써 서진이 망하고 나서 서로 공격하고 멸망하는 136년 동안 이어진 오호십육국 시대의 혼란이 종식되고, 북위는 안정기에 들어선다.

북위 7대 황제인 효문제(孝文帝, 재위 471~499)는 494년에 수도를 낙양으로 옮겼다. 북위와 비슷한 시기 남조(南朝)에서는 송(宋), 제(齊), 양(梁) 왕조가 교체됨에 따라 왕족과 귀족들의 살해가 거듭되고, 그 때문에 귀족층은 북으로 피난하므로[34] 남조의 한인(漢人) 문화가 대거 북조로 흡수되었다. 북위는 낙양 천도 이후 더 활발히 남조 문화를 흡수한다. 물론 남북 간의 문화 교류는 위·촉·오 삼국 시대에도 활발히 이루어졌으며 음식 문화 교류도 마찬가지였다.

북위가 흡수한 한인 문화에는 한인들이 믿던 불교와 도교도 포함된다. 북위가 번영을 누렸던 시기에 중국 불교는 대변혁이 일어났다. 불교를 열렬히 신봉한 태무제는 태자의 선생으로 승려를 뽑을 정도였다. 문성제(文成帝. 재위 452~465) 때 만든 운강(雲剛)과 용문(龍門)의 석불은 세계 미술사에 과시할 만한 작품이다.

북위는 낙양으로 수도를 옮긴 이후에 불교의 홍륭(興隆)에 더욱 힘을 쏟아, 낙양에는 1,000개소 이상의 불교 사원이 건축되고, 부처님 오신 날 등 불교의 중요한 날에는 온통 축제로 떠들썩하였다. 542년에는 북위 세력이 미치는 곳에 3만의 사원과 2백만 명의 승려가 있을 정도였다.[35]

엄격한 금욕주의적 계율에 얽매여 있던 초기의 불교는 선종이 등장하면서 자연(自然)의 뜻에 맞는 종교로 개혁하였다. 엄격한 금욕주의라는 방어선이 점차 느슨해진 것이다. 불교의 반야학에 노장사상이 결합하면서 생겨난 결과물이다.

본심이 곧 부처라고 하는 본심즉불(本心卽佛)은 우주의 중심 생명인 범(梵)과 개인의 중심 생명인 아(我)의 본체가 동일하다는 생각인 범아일여(梵我一如)를 기반으로 한 범아합일(梵我合一)에서 나온 사상이다. 나의 본심에 산하대지(山河大地), 일월성

---

34 篠田統, 《中國食物史》, 紫田書店, 1998, pp.62~64
35 한경수 역, 渡辺照宏 著, 《불교사의 전개》, 불교시대사, 1992, pp.151~153, 156

신, 짐승, 새가 모두 들어 있으며 내 마음이 곧 부처이고 부처가 곧 내 마음이다.[36] 즉 인간은 누구나 고난이 겹겹인 현세에서도 깨달으면 성불과 해탈을 이룰 수 있다고 하였다.

이러한 본심즉불 사상은 불교는 이제 더 이상 귀족 종교가 아니며 지극히 대중화된 종교가 되었음을 의미한다. 열반의 경계에 도달하기 위하여 공문에 들어가는 방법의 하나로 채택된 살생 금지와 본심즉불 사상이 연계되어, 육류를 금기시하며 육류 섭취 금지를 기본으로 한, 음식 문화사에서 획기적인 소선(素膳, 素食)이라는 음식 문화의 범주가 탄생한다.

소선의 소(素)는 '공(空) 소, 순색[無色] 소'이다. 그러니까 소선이란 공문에 들어가기 위해 채택된 음식이라는 뜻이다. 소선과 같은 의미인 소식이 북위(北魏) 말 530년경 산동성(山東省) 고양(高陽)에서 태수로 근무하던 가사협(賈思勰)이 쓴 《제민요술(齊民要術)》에 처음으로 등장한다. 《제민요술(齊民要術)》은 후위(後魏)대에 가사협(賈思勰)이 지금의 산동인 고양태수(高陽太守)로 부임하여 임지의 사람들에게 농업기술과 농가 생활 경영에 관한 실제적인 지식과 기술을 알게 하고자 편찬한 농가 생활 백과사전의 성격을 갖춘 책이다. 530년경에 간행되었다고 추정된다.

《제민요술》의 항목 중 〈소식〉 부분은 선종을 믿는 일반 민중들에게 공문에 들어가는 데에 도움을 주기 위하여 기술한 것으로 보아도 좋다.

2) 육류를 금기(taboo)시한 《제민요술》 〈소식〉

제민요술에서 한 항목을 차지하는 소식을 검토해 본다.

---

36 정상홍·임병권 역, 葛兆光 저, 《禪宗과 中國文化》, 동문선, 1991, p. 209

(1) 파부추국[葱韭羹]

食次曰葱韭羹法

下油水中煮葱韭分切沸俱下與胡芹鹽豉研米糝粒大如粟米

《식차》에서 말하는 총구갱 만드는 법

물속에 기름을 넣고 끓인다. 썰어둔 파와 부추 모두를 물이 끓을 때 넣는
다. 호근(胡芹)[37]과 염시(鹽豉)[38], 좁쌀 크기로 간 미삼립(米糝粒)[39]을 넣는다.

파와 부추를 넣고 끓인 국이다. 양념을 호근(야회향)과 염시로 하고, 고기 대신
〈기름〉을 넣어 고기의 기름진 맛을 내게 하였다. 기름은 참기름이나 들기름일 것
이다. 이후에 나오는 기름은 참기름으로 해석한다. 소식이니 동물성 기름은 쓰지
않았을 것이기 때문이다. 또한 미삼립을 넣어 걸쭉한 국을 만들고 있다. 《식차》는
알려지지 않았다.

(2) 박국[瓠羹]

瓠羹

下油水中煮極熟瓠體橫切厚三分沸而下與鹽豉胡芹累糞之

---

37 호근(胡芹) : 야회향(野茴香)
38 염시(鹽豉) : 소금을 넣어 만든 시(豉). 함시(鹹豉)라고도 함.
39 미삼립(米糝粒) : 삼(糝)을《훈몽자회(訓蒙字會)》에서 '죽'이라 하였음. 죽을 만들기 위한 쌀[米]. 제민요술 당
   시 米는 기장을 가리켰으므로 米가 쌀인지 기장인지 불분명함. 따라서 이후 米는 기장으로 해석하고 白米는
   멥쌀로 해석함.

호갱

물속에 기름을 넣고 끓인다. 3푼 두께로 횡으로 자른 박을 넣고 푹 익혀
끓인다. 염시와 호근을 넣는다. 포개 담아 올린다.

3푼(약 1cm) 두께로 둥그렇게 자른 박을 넣고 무르도록 익혀 끓인 국이다. 양념은
호근과 염시로 하고 고기 대신 참기름을 넣어 고기의 기름진 맛을 내게 하였다.

(3) 기름양념장[油豉]

油豉

豉三合油一升酢五升薑橘皮葱胡芹鹽合和蒸蒸熟更以油五升就氣上灑之
訖即合甑覆瀉甕中

유시

시 3홉, 기름 1되, 초 5되, 생강, 귤피, 파, 호근, 소금을 화합하여 찐 다
음, 다시 푹 쪄서 5되의 기름을 김이 올라오는 위에 뿌린다. 즉시 시루
를 뒤집어 독 속에 붓는다.

참기름에 시와 양념(초, 생강, 귤피, 파, 호근, 소금)을 합하여 쪄낸 기름양념장이다.

(4) 다시마 튀김[膏煎紫菜]**40**

---

40 자채(紫菜) : 《한의학대사전》에는 김, 청태, 감태를 자채라 했으나 자채를 해채(海菜)로 해석한다면 미역 또는
다시마로도 볼 수 있지 않을까 한다.

膏煎紫菜

以燥菜下油中煎之可食則止擘奠如脯

고전자채

말린 다시마를 기름 속에 넣고 지진다. 먹을 수 있게 되면 멈추고 잘라
담아 올린다. 포와 같다.

말린 다시마를 참기름에 튀겨낸 음식이다. 포(脯)와 같다 하였으므로 육포나 어
포 대용식이다.

(5) 염교찰밥[薤白蒸]

薤白蒸

秫米一石熟春師令米毛不渢以豉三升煮之漉箕灑取汁用沃米令上諧可走蝦
米釋漉出停米豉中夏可半日冬可一日出米葱薤等寸切令得一石許胡芹寸切
令得一升許油五升合和蒸之可分爲兩甑蒸之氣餾以豉汁五升灑之凡三過
三灑可經一炊久三灑豉汁半熟更以油五升灑之即下用熱食若不即食重蒸
取氣出 灑油之後不得停竈上則漏去油重蒸不宜久久亦漏油奠訖以薑椒
末粉之溲

해백증

차기장 1섬을 잘 찧는다. 겨는 일어 내지 않는다. 시 3되를 끓인 다음
키로 일어 걸러서 즙을 취한다. 차기장에 물을 넣어 담그는데 새우가
기어다닐 수 있을 정도로 물을 붓는다. 차기장이 불으면 건져내어 시즙
속에 담근다. 여름에는 반나절, 겨울에는 하루 동안 담갔다가 건져낸

나. 1치 길이로 썬 파와 염교 등을 1섬 정도 마련하고, 1치 길이로 썬 호근은 1되를 마련하여 참기름 5되를 합해서 (차기장에 넣고 버무려)두 개의 시루에 나누어 담아 찐다. 김이 오르면 시즙 5되를 뿌린다. 대개 세 번 정도 뿌린다. 세 번째 뿌릴 때는 한 번 밥 짓는 시간을 두고 뿌린다. 세 번째 시즙을 뿌린 후 시즙이 반숙되면 참기름 5되를 다시 뿌려 바로 내려 더울 때 먹는다. 만약 바로 먹지 않으면 다시 쪄서 김을 쏘인 후 꺼낸다. 참기름을 뿌린 다음 부뚜막에 놓아두면 안 된다. 참기름이 샌다. 다시 찔 때도 오래 두면 좋지 않다. 참기름이 샌다. (그릇에) 담아 생강과 산초가루를 뿌린다.

염교찰밥의 재료 비율은 〈표 3〉과 같다.

〈표 3〉 염교찰밥(薤白蒸)의 재료 배합 비율

차기장	파와 염교	시			호근	참기름	참기름	생강과 산초가루
		시즙	시즙	시즙				
10말	10말	3되			1되	5되	5되	
		5되	5되	5되				
100%	100%	3%			1%	5%	5%	약간
		5%	5%	5%				

차기장에 시 3되(3%)를 끓여 만든 즙 15% 정도로 간을 하고 파와 염교는 차기장과 같은 분량인 100%를, 참기름은 10%를 넣는데, 양념으로 호근 1%를 화합하여 쪄낸 다음 생강과 산초가루를 뿌려 버무려 먹는 일종의 약반(藥飯)적 성격이 강한 찬품이다.

(6) 들깨를 넣고 만든 탁반[蘇托饭]

蘇托饭

托二斗水一石熬白米三升令黃黑合托三沸絹漉取汁澄淸以蘇[41]一升投中
無蘇與油二升蘇托好一 升次檀托一名托中價

소탁반

탁(托)[42] 2말에 물 1섬을 쓴다. 백미(白米)[43] 3되를 황흑색이 나도록 볶아
탁과 합하여 세 번 끓인다. 이것을 비단으로 걸러 즙을 취한다. 맑아지
면 들깨[44] 1되를 넣는다. 들깨가 없으면 참기름(油) 2되를 넣는다. 소탁
좋은 것 1되는 단탁 다음으로, 일명 탁중가라 한다.

탁과 볶은 멥쌀을 합하여 끓여 비단으로 거른다고 했으니, 탁반은 마치 묽은 의
이와 같은 곱고 맑고 묽은 죽 형태일 것이다. 여기에 들깨 또는 참기름을 합하여
먹는 찬품이다.

(7) 생강정과[蜜薑]

蜜薑

生薑一斤净洗刮去皮竿子切不患長大如細漆箸以水二升煮令沸去沫與蜜

---

41 蘇 : 원문은 䕃라 되어 있으나 필자가 蘇로 바꿈
42 托 : 托은 '떡국 탁' 또는 '밀 탁'으로 쓴다.
43 白米 : 멥쌀을 가리킴. 米는 기장으로 해석함.
44 원문의 蘇를 들깨 또는 차조기로 해석하면 '들깨' 또는 '차조기'가 되겠으나, 다음 문장에서 소가 없으면 참기름
을 넣는다고 하였으므로 들깨로 해석하는 것이 합리적이라고 판단함.

二升煮復令沸更去沫椀子盛合汁減半冪用箸二人共無生薑薑用乾薑法如
前准切欲極細

밀강

생강 1근을 깨끗이 씻어 껍질을 벗기고 산자(笇子)[45] 모양으로 썬다. 길이
는 염려하지 않아도 된다. 가늘기는 옻칠한 나무젓가락만 하게 한다. 물
2되를 넣고 끓인다. 거품을 걷어내고 꿀 2되를 넣고 다시 끓여 거품을
걷어낸다. 사발에 담는다. 즙을 합하려면 감하여 절반을 담는다. 2인 공
용으로 젓가락을 사용하여 올린다. 생강이 없으면 건강을 사용하는데,
만드는 법은 앞과 같다. 써는 것은 극히 가늘고 고르게 썰수록 좋다.

연하고 눅진눅진하도록 만든 생강정과이다.

(8) 동아찜, 박찜[缹瓜瓠]

缹[46]瓜瓠

冬瓜越瓜瓠用毛未脫者(毛脫即堅)漢瓜用極大饒肉者皆削去皮作方欒廣一
寸長三寸偏宜猪肉肥羊肉亦佳(肉須別煮令熟薄切)蘇油亦好特宜菘菜(蕪菁肥葵
韭等皆得蘇油宜大用覓菜)細擘葱白(葱白欲得多於菜無葱薤白代之)渾豉白鹽椒末先布
菜於銅鐺底次肉(無肉以蘇油代之)次瓜次瓠次葱白鹽豉椒末如是次第重布向
滿爲限少下水(僅令相淹漬)缹令熟

---

45 산자(笇子) : 산(笇)은 '算食 산', '대그릇 산', '셈대 산'이다.
46 부(缹)란 부(缶)와 화(火)가 결합한 글자이다. 缶는 장군을 가리키니 장군에 음식을 담아 불에 올려 익힌 것을
  말한다. 여기서는 장군 대신에 동당(銅鐺)을 사용하고 있다. 동당은 정(鼎)에 속하는 양쪽에 손잡이 역할을 하
  는 귀가 달린 노구이다.

부과호

동과(동아), 월과, 박은 털이 떨어지지 않은 것을 쓴다. (털이 떨어지면 단단하

다). 한과는 매우 크고 살이 많은 것을 쓴다. 모두 껍질을 깎아 버리고

너비 1치, 길이 3치가 되게 모나게 썬다. (고기를 넣을 경우)당연히 돼지고기

가 좋으나 살찐 양고기도 좋다(고기는 별도로 삶아 익혀 얇게 썬다). 들기름이 역

시 좋다. (채소는)특히 배추가 좋다(순무, 살찐 아욱, 부추 등으로 모두 만들 수 있다. 비

름에는 들기름을 많이 쓰면 좋다). 총백은 잘게 썬다(총백은 채소보다 많이 넣는 것이 좋

다. 파가 없으면 염교로 대용한다). 구리 솥 바닥에 혼시[47] 흰 소금, 산초가루를

먼저 뿌리고 채소를 깐다. 다음에 고기(고기를 넣지 않는다면 들기름으로 대용한

다), 파, 박, 총백, 염시, 산초가루 순서로 겹쳐 담아 그릇에 가득 채워 담

는다. 소량의 물을 넣고 (약간 적셔질 정도로)익도록 찐다.

동아, 월과, 박을 주재료로 하고 총백, 혼시, 염시, 소금, 산초가루, 들기름을 양

념으로 하여 조려서 만드는 찜이다. 고기를 넣지 못할 때는 들기름을 고기 대신 넣

어야 함을 강조하고 있다.

(9) 한과찜[焦漢瓜]

焦漢瓜

直以香醬葱白麻油焦之勿下水亦好

부한과

바로 (한과)에 향기 있는 장, 총백, 참기름을 넣고 찜으로 한다. 절대로 물

---

47 혼시(渾豉) : 渾은 '섞일 혼', '흐릴 혼'임. 여기에서는 거르지 않은 시를 말함.

을 넣어서는 안 된다. 역시 좋다.

한과에 장, 총백, 참기름으로 양념하여 조려서 만드는 찜이다.

(10)버섯찜[焦菌]

焦菌

菌一名地雞口未開内外全白者佳其口開裏黑者臭不堪食其多取欲經冬者
收取鹽汁洗去土蒸令氣餾下著屋北陰乾之當時随食者取即湯煤去腥氣擘
破先細切葱白和麻油(蘇亦好)熬令香復多擘葱白渾豉鹽椒末與菌俱下焦之
宜肥羊肉雞猪肉亦得肉焦者不須蘇油(肉亦先熟煮蘇切重重布之如焦瓜瓠法唯不著
菜也)焦瓜瓠菌雖有肉素兩法然此物多充素食故附素條中

부균

버섯을 일명 지계[48]라 한다. 갓이 아직 피지 않고 안팎이 모두 하얀 것이
좋다. 갓이 벌어져서 속이 검은 것은 냄새가 나서 먹기 힘들다. 겨울을
나기 위해 많이 준비하고자 하면, 채취한 것을 소금물로 씻어 흙을 제
거하고 찐다. 김이 오르면 꺼내어 집 북쪽의 그늘에서 말린다. 채취해
서 금방 먹을 경우에는 채취하자마자 곧 끓는 물에 데쳐내어 김이 나가
면 자른다. 먼저 잘게 썬 총백에 참기름을 합하여(들기름도 좋다) 향기가 나
도록 볶고, 다시 많은 양의 총백 썬 것, 혼시, 소금, 산초가루를 버섯에
넣고 합하여 찜한다. (고기를 넣는다면)당연히 살찐 양고기가 좋고, 닭고기
나 돼지고기도 좋다. 고기를 넣고 찜할 경우에는 들기름을 넣지 않는다

---

48 지계(地雞) : 우리나라에서는 쥐며느리(동물)을 가리키나, 중국에서는 버섯의 한 종류를 가리킴.

(고기는 먼저 삶아 익혀서 차조기를 썰어 겹겹이 담아 부과호(瓿瓜瓠) 만드는 법대로 한다). 다만 착채[49]는 넣지 않는다. 부과호와 부균에는 고기를 넣는 것과 넣지 않는 것이 있지만, 원래 이것은 모두 소식에 속한다. 그러므로 소식 항목에 넣는다.

총백에 참기름을 넣고 볶아 파기름을 만들고, 여기에 버섯, 총백, 혼시, 소금, 산초가루를 합하여 조려서 만드는 찜이다.

부균은 원래 소식에 속하지만, 고기를 넣고 찜할 수도 있음을 기술하고 있다.

(11) 가지찜[瓿茄子]

瓿茄子
用子未成者(子成則不好也) 以竹刀骨刀四破之(用鐵則渝黑) 湯煠去腥氣細切葱白熬油令香(蘇彌好) 香醬清擘葱白與茄子俱下 瓿令熟下椒薑末

부가자
성숙하지 않은 가지를 쓴다(가지가 성숙하면 좋지 않다). 대나무칼이나 뼈칼로 네 쪽으로 자른다(쇠칼을 쓰면 검게 변한다). 끓는 물에 데쳐내어 비린내를 없앤다. 잘게 썬 총백에 참기름을 넣고 향기가 나도록 볶아서(들기름을 쓰면 더욱 좋다) 향기 있는 장, 꿀, 썬 총백, 가지를 합하여 찜한다. 익으면 산초가루와 생강가루를 넣는다.

총백에 참기름을 넣고 볶아 파기름을 만든 후 여기에 가지, 장, 꿀, 총백을 합하

---

49 착채(著菜) : 청채?

여 조려서 만드는 셈이나.

　이상 등장하는 소식의 주재료는 차기장·쌀·파·부추·아욱·박·시·다시마·탁·동아·월과·한과·버섯·가지이고, 양념류는 호근·참기름·들기름·염시·혼시·초·생강·총백·소금·귤피·염교·산초·꿀·장 등임을 알 수 있다.

〈표 4〉《제민요술》〈소식〉 중 갱류

음식명	주재료	부재료	양념			
			호근	참기름	염시	들깨
총구갱(파부추국)	파, 부추	미삼립	○	○	○	
호갱(박국)	박		○	○	○	
소탁반(들깨를 넣어 만든 탁반)	탁(托)	백미				○

〈표 5〉《제민요술》〈소식〉 중 튀김

음식명	주재료	부재료
고전자채(다시마 튀김)	다시마	참기름

〈표 6〉《제민요술》〈소식〉 중 찜류

음식명	주재료	부재료	양념												
			기름	초	생강	귤피	파	호근	소금	시즙	훈시	염시	염교	산초	장	꿀
유시(기름양념장)	시	참기름	참기름	○	○	○	○	○	○						
해백증(염교찰밥)	찹쌀	참기름	참기름		○		○	○		○			○	○		

음식명	주재료	부재료	양념													
			기름	초	생강	귤피	파	호근	소금	시즙	훈시	염시	염교	산초	장	꿀
부과호(과와박찜)	동아, 월과, 박, 한과		들기름				총백		○		○	○		○		
부한과(한과찜)	한과		참기름				총백								○	
부균(버섯찜)	버섯		참기름				총백		○		○			○		
부가자(가지찜)	가지		참기름		○		총백							○	○	○

〈표 7〉 《제민요술》〈소식〉 중 조림

음식명	주재료	부재료
밀강(생강정과)	생강	꿀

조리법으로 보면 〈표 4〉에서 〈표 7〉에 나타난 바와 같이 갱(羹), 튀김, 찜, 조림으로 분류된다. 특히 조려서 만든 찜 종류가 많은 것이 특징이다. 또한 본문에서 전(奠)이라고 나오는 찬품에는 박국, 다시마 튀김, 생강정과가 있는데, 奠은 '올릴 전', 석(釋)께 '제지낼 전'이기 때문에 부처님께 올리는 음식으로 분류해도 되지 않을까 싶다.

소식의 특징은 고기를 재료로 쓰지 않는 대신에 참기름이나 들기름을 사용하여 찬품마다 기름진 맛을 돋우고 있다는 점이다. 오늘날 한식(韓食)의 양념에 유독 참기름을 많이 넣는 것은 1,000년 이상의 불교 역사와 함께하고 살아온 우리의 조상이 가졌던 식문화와 깊은 관계가 있다고 볼 수 있다.

2. 당(唐), 송(宋)의 〈나인〉과 다과 전개

1) 사회상

589년에 수(隋)나라로 통일된 중국은 남조에서 번창한 한인(漢人) 고유의 정신문화와 이민족(異民族)의 지배하에서 발전한 북중국의 정치적·사회적 제도와 새롭게 결합하여 화려한 문화의 꽃을 피웠고, 이는 고스란히 당나라로 이어졌다.[50]

581년 제위에 오른 수문제(隋文帝, 재위 581~604) 양견(楊堅)이 제일 먼저 실행한 정책 중 하나는 불교의 부흥이었다. 그는 604년 아들에게 살해될 때까지 불교를 위해 노력했다. 그리하여 590년까지 10년 동안 득도한 승려의 수가 50만에 달하였다.[51]

아버지를 죽이고 제위에 오른 수양제(隋煬帝, 재위 604~617)도 보살계(菩薩戒)[52]를 받고 불제자가 될 정도로 열렬한 불교 신자였다. 국민들의 불교 신앙도 마찬가지였다. 610년 낙양의 수십 명이 "우리는 미륵불이다."라고 외치면서 폭동을 일으킬 정도로 불교 신앙은 국민 깊숙이 스며 있었다.[53] 그러나 수양제는 특히 고구려 원정의 실패로 몰락의 길로 접어들면서 살해되고, 수나라는 당나라로 이어진다.

당나라 고조(高祖, 재위 618~626)가 된 이연(李淵)은 수나라의 귀족관료 출신이다. 산서성 진양(晉陽)[54]에서 농민층 운동에 편승하여 천하를 잡게 되었다. 수문제나 수양제는 열렬한 불교도였지만 이연은 천하를 차지하자 스스로 노자(老子)의 후예를 자처하면서 도교의 위상을 크게 올려 놓았다. 이연은 제위에 올라 8년이 되는 해(625)에 조서를 내려 삼교(三敎) 중에서 도교가 첫 번째요 유교가 두 번째이며 불교는 마

---

50 한경수 역, 渡辺照宏 著, 《불교사의 전개》, 불교시대사, 1992, p.172

51 한경수 역, 渡辺照宏 著, 《불교사의 전개》, 불교시대사, 1992, p.173

52 보살계(菩薩戒) : 자리(自利), 이타(利他)의 보살도(菩薩道)에 정진하는 승려가 받아 지켜야 하는 계.

53 한경수 역, 渡辺照宏 著, 《불교사의 전개》, 불교시대사, 1992, p.174

54 진양(晉陽) : 태원(太原)

지막이라고 차례를 정하였다.

이연의 아들 태종(太宗, 재위 626~649)은 여러 가지 기이한 약과 이상한 돌을 채집하도록 명하였다. 그러다가 천축국(天竺國, 인도)에서 온 도사가 수집한 수명을 연장하는 약을 먹고 중독되어 사망하였다. 이러한 대세는 현종(玄宗, 재위 712~756) 시대까지 지속되었다.[55]

그러니까 당나라 시대에는 불교, 도교, 유교가 서로 습합하여 전개되었으나, 고조 이연이 노자를 자신의 선조로 하고 도교를 공식적인 국교로 삼았어도 사실상 불교의 세력에는 미치지 못하여 무종(武宗, 재위 840~846)이 행한 845년의 폐불 전까지 불교의 번영은 계속되어[56] 천태종(天台宗)[57] 및 화엄종(華嚴宗)[58]과 같은 중국풍의 불교 사상 체계가 확립되고, 밀교(密敎)[59]가 성행하였다.

당나라 이후 오대(五代)를 지나 송(宋)이 중국을 통일한다. 송대에는 불교가 이미 민중의 정신생활 속에 스며들고, 밀교는 민간신앙이 되어있었다. 오대(五代)의 전쟁 후 국내를 통일해서 제위에 오른 송태조(宋太祖, 재위 960~976)는 불교 장려 정책을 쓰고 서역이나 인도와의 교역을 활발히 진행했을 뿐만 아니라 대장경(大藏經)[60]을 최초로 간행하였다. 태조는 971년(또는 972년)에 장종신(張從信)에게 몇 벌의 대장경을 만들도록 명령했다. 10년 이상 걸려 983년 13만 장의 판본이 완성되었다. 이 대장경 한 질이 990년 고려에 반입되었고, 고려에서는 1020년 초판본이 나오게 된다.[61]

---

55 심규호 역, 葛兆光 저, 《道敎와 中國文化》, 동문선, 1993, pp. 209~211
56 한경수 역, 渡辺照宏 著, 《불교사의 전개》, 불교시대사, 1992, p. 183
57 천태종(天台宗) : 지의(智顗)를 개조(開祖)로 하는 대승(大乘)불교의 한 파. 법화경(法華經)을 근본 교의(敎義)로 하고 선정(禪定)과 지혜의 조화를 종의(宗義)로 함.
58 화엄종(華嚴宗) : 당(唐)의 현수대사법장(賢首大師法藏)을 시조로 한다. 화엄경(華嚴經)을 소의(所依)로 하여 세운 종파.
59 밀교(密敎) : 법신(法身) 대일여래(大日如來)가 자기 내증(內證)의 법문(法門)을 개설한 비오진실(秘奧眞實)의 교법(敎法). 그 교법이 심밀(深密) 유현(幽玄)하여 여래의 신력을 힘입지 않고서는 터득할 수 없으므로 이러한 이름이 붙었음. 금태양부(金胎兩部)의 《대일경(大日經)》과 《금강정경(金剛頂經)》을 성전(聖典)으로 함.
60 대장경(大藏經) : 불교 성전의 총칭.
61 한경수 역, 渡辺照宏 著, 《불교사의 전개》, 불교시대사, 1992, p. 230

태조와 태종(太宗, 재위 976~997) 때 번창했던 불교는 인종(仁宗, 재위 1022~1063) 이후 쇠퇴하는 경향을 보였다. 철종(哲宗, 재위 1085~1100)이 죽은 후 철종의 동생 휘종(徽宗, 재위 1100~1126)이 제위에 올랐다. 이 시기에 금(金)나라의 침략을 받아 휘종과 휘종의 아들 흠종(欽宗, 재위 1126~1127)은 금에 사로잡히고 북송은 멸망한다. 흠종의 동생 고종(高宗, 재위 1127~1162)이 남경(南京)에서 제위에 오르니, 이 이후를 남송(南宋)이라 한다.

고종의 치세 중 1147년 몽골국이 세워지고, 1206년에는 테무친이 제위에 올라 징기스칸(成吉思汗)이라 했다. 1279년에 남송이 멸망한 후 원(元)이 들어선다.

송(북송)이 멸망하게 된 원인을 제공한 왕은 휘종이었다. 그는 열렬한 도교 신자로 신선술에 대단한 흥미를 갖고 있었다. 휘종은 스스로 교주도군황제(敎主道君皇帝)라 칭하고 신소궁(神霄宮)을 전국에 세우도록 했다. 그는 불교 사원을 궁(宮)과 관(觀)으로 개조하여 스님이 그곳에 살도록 했다.[62] 그러니까 당나라와 마찬가지로 왕 차원의 도교 부흥 정책을 전개하여 불교와 도교의 습합에 앞장선 것이다.

당과 송 시대의 선종은 남북조 시대에서 형성되었던 불교와 유교의 습합보다 더욱 친숙하게 도교와 습합하여 전개되었다. 다시 말하면 불교적 생활 태도를 중국의 풍토에 맞게, 생활과 직결된 수행 방법으로 채택하였다고 볼 수 있다.

2) 〈다연〉과 다과

다연(茶宴)이란 남북조 이후 선종이 꾸준히 견지해 온 그윽하고 맑고 아늑한 가운데[幽深清遠][63] 임하풍류(林下風流)[64]를 추구하는 시대적 조류의 산물이다.

당나라 시대에는 연회에서 가장 핵심인 상차림을 정두(飣餖)라 했다.

---

62 한경수 역, 渡辺照宏 著,《불교사의 전개》, 불교시대사, 1992, pp. 235~236
63 유심청원幽深清遠) : 깊숙하고 그윽하면서 맑고 아득함
64 임하풍류(林下風流) : 자연에서 즐기는 풍류

정두란 음식을 고여 차리되 먹을 수 없고 보기만 하는 상차림으로, 간반(看盤)이라고도 한다. 간반의 음식이 무엇으로 구성되었는가는 당의 문화를 고스란히 이어받은 송(북송)의 연회를 들여다보면 짐작할 수 있다.

북송 최후의 천자 휘종(徽宗)의 생일잔치 때 환병(環餅)[65], 유병(油餅), 대추, 과자 등을 간반으로 한다고 하였다. 간반이란 그날 차린 찬품 중 가장 귀한 것으로 가장 귀한 것을 가장 아름답게 고여 담아 차려서 올려, 해탈하여 열반의 아름다운 피안(彼岸)의 세계에 계신 휘종을 돌보아주시는 신께서 드시게끔 한 음식이다. 따라서 간반의 차림새도 유심청원하지 않으면 안 된다. 속세를 벗어나는 탈속(脫俗) 풍류의 세계가 간반 차림이다.

환병, 유병, 대추, 과자로 구성된 차림은 차[茶]와 한 조가 되게끔 차린 것으로, 한반도에서는 이를 과안(果案) 또는 과반(果盤)이라 했다. 환병, 유병 등은 당나라 때 급속히 발달한 당과자류이다. 그 시대에 조리용 도구로 철 냄비가 등장함에 따라[66] 튀긴 음식이 급격히 보급 및 발달하였다. 당대의 당과자 발달에는 중국 전체에 걸쳐서 일반 서민에게까지 보통 음료가 된 차의 보급과도 밀접한 관련이 있다. 당과 송대의 차는 말차(抹茶)류이다. 이 말차는 대단히 쓰기 때문에 말차만 마시는 경우 위를 자극하였으므로 말차와 달콤한 과자는 반드시 한 조가 되어 올라야만 했다. 그로 인해 '다과(茶果)'란 말이 생겨났다.

그러니까 다연에서 가장 핵심이 되는 간반을 구성했던 찬품은 말차와 더불어 한 조가 되게끔 차린 〈소선 과(果, 유밀과)〉였다.

---

65 환병(環餅) :《齊民要術》에서는 세환병(細環餅)이라 하며, 밀가루와 꿀로 만든 일종의 유밀과로 기술되어 있음. 한구(寒具)라고도 함.
66 김상보,《한국의 음식생활문화사》, 광문각, 1997, p. 266

3. 백제의 〈소선〉 전개

1) 불교 전개와 우란분재, 팔관회, 육식 금지 사상

티베트계인 저족(氐族)이 세운 전진(前秦, 351~394)의 부견(苻堅, 재위 357년~385)이 372년에 승려와 경전을 고구려에 보냈다. 이는 한반도에 불교가 전파된 시초이다. 백제 불교는 침류왕(枕流王, 재위 384~385) 당시인 384년 호승(胡僧) 마라난타에 의해 동진(東晉)으로부터 전래되었다. 백제왕은 마라난타를 궁에 머물도록 하였고, 이듬해 10명의 백제승을 출가시켜 득도하게 할 정도로 국가적인 차원에서 불교를 장려하였다. 신라 법흥왕(法興王, 재위 514~540) 14년 이차돈의 순교 이후에 본격적으로 불교가 전파되었다.

삼국의 불교 상황은 이러하지만, 백제를 조명하여 그 전개를 살펴본다. 백제는 475년 9월에 고구려에게 한성이 함락된다. 이후 상좌평 여도(餘都)가 공주 웅진에서 왕위에 오르니, 바로 문주왕(文周王, 재위 475~477)이다. 문주왕 이전의 백제를 한성백제(B.C.18~A.D.475) 시대라고 한다. 불교가 전래되고 나서 91년 만에 한성백제 시대가 막을 내렸다. 한성이 넘어가게 된 계기는 장수왕(長壽王, 재위 412~491)이 도림(道琳)이라는 승려를 첩자로 백제에 잠입시켜 백제왕을 속여 혼란에 빠트렸기 때문이라고 한다. 이러한 사실로 미루어볼 때 고구려든 백제든 불교가 전래된 지 100년 정도에서 불교는 왕의 비호 아래 상당한 수준까지 포교 및 발전해 있었다고 볼 수 있다.

무령왕이 14세였을 때 한성이 함락되었다. 무령왕은 소년 시절에 한성의 불교적인 궁중 문화 속에서 성장하였다. 웅진에서 무령왕(武寧王, 재위 501~523)은 재위 기간에 화려하고 세련된 불교문화를 꽃피우던 남조(南朝) 양무제(梁武帝, 재위 502~549)와 돈독한 관계를 맺었으며, 이는 두말할 것도 없이 불교를 매개로 한 것이다.

양나라의 문물을 모범으로 하여 배우려는 백제인의 노력은 거의 모든 분야에서 나타났다. 사문(沙門) 발정(發正)은 502년에서 519년 사이에 양으로 건너가 사장(師匠)

을 찾아가 도를 배웠다. 그는 30년 동안 양에 머물면서 《화엄경(華嚴經)》과 《법화경(法華經)》을 강송(講誦)하였다.[67] 양의 관용(官用) 기와를 모델로 삼아 벽돌을 제작하기도 하고,[68] 실제로 남조(南朝) 묘제를 본떠 만든 무령왕릉 속의 벽돌은 무령왕 12년(512)에 제작하여 무령왕 사후 쓰였다.[69]

무령왕은 12년(512) 4월과 21년(521) 11월에 양으로 사신을 파견하였다. 양무제는 무령왕 21년 12월에 무령왕에게 '使持節都督百濟諸軍事寧東大將軍'이라는 작호를 주었다.[70] 이 작호는 무령왕의 지석 명문 모두에 특서되었다.

무령왕 21년 신라왕 모진(募秦)은 처음으로 양에 사신을 파견하여 방물을 봉헌하였다. 이때 백제 사신이 수행하였다.[71] 신라 진흥왕 33년(572)에 국가적 차원에서 연 팔관회는 무령왕 21년에 함께 보낸 신라 사신이 계기가 되었을 것이다. 신라보다 더 활발하게 양과 교류하였던 백제는 적어도 성왕 시대에는 《형초세시기》에 등장한 〈팔관회〉와 〈우란분재〉가 정착했다고 본다.

성왕(聖王, 재위 523~554) 8년(530)에 백제가 사비(부여)로 천도함에 따라 이후 사비 시대가 열리게 되는데, 성왕은 19년(541)에 양에 사신을 보내 《시경(詩經)》 연구의 전문가인 모시박사(毛詩博士)와 《열반경》에 밝은 승려, 공장(工匠), 화사(畫師) 등을 보내 주도록 요청하였다. 이후 다시 강례박사(講禮博士)를 청하여, 예학으로 이름이 높던 육후(陸詡)가 양무제의 명에 따라 백제에 파견되었다.[72]

---

67 이기동, 〈고대 동아시아 속의 백제문화〉, 《백제문화를 통해서 본 고대 동아시아 세계》, 공주대학교 백제문화 연구소, 2002, p.6
68 송산리 6호분 고분에서 발굴된 전(塼)에는 '梁官瓦爲師矣'라는 명문이 쓰여 있다.
69 戶田有二, 〈무령왕릉 연꽃무늬에 나타난 국제교류〉, 《백제문화를 통해서 본 고대 동아시아 세계》, 공주대학교 백제문화 연구소, 2002, pp.133~135
70 《三國史記》
71 《梁書》〈列傳〉〈新羅條〉; 西谷正, 〈무령왕릉을 통해서 본 고대 동아시아의 교류〉, 《백제문화를 통해서 본 고대 동아시아 세계》, 공주대학교 백제문화 연구소, 2002, p.14
72 이기동, 〈고대 동아시아 속의 백제문화〉, 《백제문화를 통해서 본 고대 동아시아 세계》, 공주대학교 백제문화 연구소, 2002, p.7

웅진 시대와 사비 시대의 백제 불교는 중국 남조와의 긴밀한 유대 관계 속에서 거듭 발전하면서 불교 사상이 국가 정책의 중요한 요인으로 등장한다. 법왕(法王)은 원년(599) 12월에 전국에 명을 내려 살생을 금하였다. 이에 따라 민가에서 키우던 조류(鳥類)도 놓아주게 하고, 수렵 도구마저 불태우게 하였다. 이듬해 정월에 크게 가물자, 왕은 칠악사(漆岳寺)에 가서 비가 오기를 빌었다.[73] 법왕 12년의 살생금지령과 이듬해 1월의 기우(祈雨)는 당시의 불교가 주술로서 한발과 수해의 방지 및 예방에 이용되고 있었음을 의미한다. 농업 피해를 최소한으로 줄이기 위한 정책이 국가의 중요한 일이었고, 그러한 정책 속에서 육식금지령이 동원되었다.

다시 말하면 살생이 원인이 되어 한발과 수해가 일어난다고 믿었기 때문에 살생을 금하여 한발과 수해를 방지하고자 했다. 살생금지령은 농업 국가에서 최선의 방책으로 동원되었다. 이는 농경 전개에서 그때까지의 수렵 등에 의한 살생을 죄라고 생각하는 불교 사상적 가치관의 성립이라고 말할 수 있다. 따라서 육식이 배제된 소선(素膳, 素食)이 자연스럽게 전개되었을 것이다.

살생 금지 사상을 구체화하기 위하여 행해진 것이 방생이었다. 이 공덕에 의하여 국가 수호, 벼 및 오곡의 풍요, 더욱이 왕위의 안정이 실현된다고 생각하였다. 이러한 사상은 불교가 최고조로 흥성했던 고려에까지 이어졌다.

이상의 사실은 지면 관계상 중요한 사항들만 열거한 것으로, 웅진 시대와 사비 시대의 불교가 매우 융성하였음을 뒷받침하는 내용이다. 이러한 분위기에서 우란분재와 팔관회는 당연히 세시풍속의 하나로 정착하였을 것이다. 왜냐하면 백제 사신을 따라서 양나라에 사신을 보낸 신라는 572년 국가가 주도하는 팔관회를 개최하였기 때문이다.[74]

---

73 《三國史記》
74 《三國史記》

2) 백제 귀족층의 선풍(仙風) 생활

도교에 관한 백제의 기록은 근초고왕(近肖古王, 재위 346~375) 시기에서 드러난다. 근초고왕은 아직기와 왕인을 일본에 보내《산해경(山海經)》을 비롯하여 도교에서 사용하는 기구인 횡도대경(橫刀大鏡)을 전했다.

무령왕릉에서 출토된 동경명(銅鏡銘)에는 다음과 같은 글이 실려 있어,[75] 왕실에서 추구했던 신선 사상을 엿볼 수 있다.

> 상방에서 거울을 만들었는데 참으로 매우 좋다. 위에 선인(仙人)이 계시
> 어 늙음을 모르는데 목마르면 옥천(玉泉)의 물 마시고 배고프면 큰 대추
> 를 드시니 수명이 금석(金石)과도 같다.

앞에서 언급하였지만 찻잎[茶葉, 苦荼]은 《신농본초경(神農本草經)》에서 상약(上藥)에 속한다. 나이를 먹어도 몸을 가볍게 하여 장수하고자 하는 내로경신(耐老輕身) 사상은 차를 성(性)이 냉(冷)하고 머리와 눈을 맑게 하며 소변을 잘 나오게 함으로써 해독(解毒)시키는 음료로 기정화시켰다. 또 선종에서도 차를 받아들여 선정(禪定)에 필수적인 음료가 되었다.

봉황(鳳凰)[76]은 상상상(想像上)의 상서로운 새이다. 닭의 머리, 뱀의 목, 제비의 턱, 거북의 등, 물고기의 꼬리, 몸과 날개는 오색 빛이 찬란한 새로 알려져 있다.

그런데 백제 담로 지역 수장(首長)에 해당하는 공주 고분군에서 동진(東晉, 317~420)에서 만든 찻병과 찻잔이 발굴되었다. 찻병은 뚜껑이 달려 있는데, 이 뚜껑이 닭

---

75 서정록,《백제금동대향로》, 학고재, 2001, p. 272
76 봉황(鳳凰) : 키는 6척, 몸과 날개는 오색 빛이 찬란하고 5음의 소리를 낸다고 함. 오동나무에 깃들이고 대 열매를 먹으며 예천(醴泉)을 마심. 성천자(聖天子)가 나타나면 이 새가 나타나는데, 뭇짐승들이 따라 모인다고 함. 수컷을 봉, 암컷을 황이라 함. 용, 거북, 기린과 함께 사령(四靈)을 이루며, 중국 고대의 전설에 많이 등장함.

머리 모양으로 되어 있어 계수호(鷄首壺)라 명명히였다. 닭 머리 뚜껑이 있는 병이라는 뜻에서 생긴 명칭이다. 실제로 그 모양이 닭 머리인지 봉황 머리인지는 현재로서는 판단할 수 없다. 다만 봉황의 머리도 닭 머리로 되어 있으므로 계수호라고 명명하기에는 부족한 점이 많다. 동진 시절 많은 사대부들이 현학(玄學, 노장학)에 심취하였다는 점에서 닭 머리보다는 봉황 머리가 아닐까 한다.

동진에서는 술로 연회를 할 때 술을 빨리 깨고 정신을 맑게 하려고 왕실과 귀족들 사이에서 차를 마시는 풍습이 크게 유행했다. 이렇게 된 배경에는 《신농본초경(神農本草經)》에 나타난 고채(苦菜, 茶)의 성질이 한(寒)하다고 하는 것과 깊은 연관이 있지 않을까 한다. 술의 성질이 대열(大熱)하기 때문에, 술 마신 후의 열기를 식히고자 차를 마셨던 것이다.

계수호를 사용하여 마셨던 차는 선종의 다게(茶偈) 차원이 아니라 현학(玄學)에서 나온 유유자적한 한거(閑居)를 즐기는 선풍 생활과 관련이 있다.

3) 백제 사회와 《제민요술》〈소식〉

(1) 사회상

백제는 근초고왕 시대인 369년 고구려군을 황해도 방면에서 성공적으로 저지하고, 371년 평양성으로 쳐들어가 고구려 고국원왕(故國原王, 재위 331~371)을 전사시킨다. 이즈음(대략 369년) 서남 해안 일대의 마한 잔존 세력마저 경략함으로써, 근초고왕은 백제를 매개로 하는 동아시아 교역 체계를 구축한다.

백제의 주요 관심사는 낙랑과 대방이 수행해 오던 동아시아 국제 교역의 중개였으므로, 요하(遼河) 서안에 요서군(遼西郡), 복건성 복주시에 진평군(晉平君)을 두어 북조와 남조와의 문물 교류를 매개하는 해양 거점 도시를 구축하고,[77] 369년경에는

---

77 강봉룡, 〈고대 한중일 관계에서 백제의 역할〉, 《백제문화를 통해서 본 고대 동아시아 세계》, 공주대학교 백제

왜왕에게 칠지도(七支刀)를 보내는 등 왜(倭)와 수교하였다. 또한 372년에는 해상으로 동진(東晉)에게 사신을 보내어 정식으로 동진과도 수교한다.[78]

백제가 요하 서안에 둔 요서군은 산동반도 바로 위에 해당하는 지역으로 고대 동이족(東夷族) 집단이 살던 곳이다. 좁쌀을 주된 작물로 하여 고대 국가를 건설했던 동이족은 산동반도를 포함하는 중국의 동해안 지역과 황해 연안에 골고루 분포하여 살고 있었다. 한반도와 중국의 산동(山東), 강소(江蘇)[79], 절강(浙江)[80], 회하(淮河)[81]의 바닷가 해안가에 살고 있던 동이족들은 문화의 중심지가 해안가였다. 그 때문에 동이족은 해양을 통해 교류 및 교역하고 있었다. 《관자(官子)》는 춘추전국 시대 고조선이 산동의 제(齊)나라와 고조선의 특산물인 문피(文皮)를 교역하였다고 전하고 있다.[82]

진(秦)나라의 시황제가 6국을 병합하여 중국 대륙을 통일하고 전국(戰國) 시대가 막을 내렸을 때, 일부 동이인들은 중국에 동화되고 진의 통일을 거부하는 다른 일부는 어려움을 견디지 못해 황해를 건너 한반도로 이주하였다. 요동(遼東)과 산동(山東)의 연(燕), 조(趙), 제(齊)에 살던 상당수의 사람들이 진(秦)의 영역 밖으로 이동하여 마한, 진한, 변한의 구성원이 되었다.[83]

황해를 사이에 두고 일어났던 당시의 인구 이동이 얼마나 심각했는지는 일본의 사례를 통하여 여실히 드러난다. 서부 일본의 경우 기원전 3세기에서 기원후 7세기까지 1,000년 동안 거주한 일본 열도 원주민과 대륙에서 건너온 이주민의 비율

문화 연구소, 2002, p.74
78 근초고왕은 372년 6월 동진으로부터 '鎭東將軍領樂浪太守'를 제수받음.
79 강소(江蘇) : 강소성(江蘇省). 상해(上海), 남경(南京)을 대표하는 중국 동남부 황해 연안의 섬.
80 절강(浙江) : 절강성(浙江省). 항주(杭州)를 대표하는 중국 동남부 황해 연안의 섬.
81 회하(淮河) : 회수(淮水)라고도 함. 하남성(河南省) 남부에서 발원하여 여러 지류를 합친 후 강소성을 지나 대운하로 흘러 이어지는 강.
82 윤명철,《한국해양사》, 학연문화사, 2003, p.55
83 《三國志》〈東夷傳〉

은 1:9에서 2:8이있다. 그러니까 원주민보다 이주민의 수가 압도직이있으며 이들 모두는 배를 타고 온 후손들이다.[84]

이상의 사실들은 근초고왕이 요하 서안에 요서군을 두기 전에도 황해를 사이에 두고 중국 동해안과 한반도의 서해안 사이에서 인구 이동이 왕성하게 일어났으며 그 결과 문화의 교류도 왕성하였음을 알려준다. 중국의 사서는 다음과 같이 전하고 있다.[85]

백제

삼한이 있는데 하나는 마한, 또 하나는 진한, 다른 또 하나는 변한이다. 변한과 진한은 각각 12국으로 되어 있다. 마한은 54국으로, 대국은 만여 가(家), 소국은 수천 가로 총 10여 만 호로 구성되어 있으며 백제는 그중 하나이다. 요서(遼西)와 진평(晉平) 2군의 땅에 백제군을 두었다. 다스리는 곳의 성을 고마(固麻)라 하고 읍을 담로(擔魯)라 하였다. 모두 22담로가 있었고 모두 자제(子弟) 종족이 다스렸다.
《양서》〈제이전〉

근초고왕이 요서군을 둔 다음 약 150년 뒤에 나온《제민요술》〈소식〉은 중국인만의 산동반도 음식 문화라고 보기가 어렵다. 동북아시아의 음식 문화뿐만 아니라 중국의 남조와 북조의 음식 문화를 포괄한다고 보아야 한다.

(2) 백제인과 공유한《제민요술》〈소식〉
저(菹)란 침채류를 말한다.

---

84 윤명철, 《한국해양사》, 학연문화사, 2003, p.74
85 《梁書》〈諸夷傳〉

《제민요술》에 기술된 저 가운데 배추와 순무 등 동북아시아에서 생산되는 지채류(漬菜類)[86]를 재료로 하여 만드는 저가 있다는 점이 주목된다. 이를테면 '숭함저(菘鹹菹)'와 '숭근라복저(菘根蘿蔔菹)'가 그것인데, 이들은 (배추+소금+물), (배추뿌리+무+소금+물)로 침하여 만든 소위 염저(鹽菹)이다.

《제민요술》에 기록된 '축이(鱁鮧)'가 동북아시아의 동이족 집단들이 가공 및 저장해 먹었던 단순 소금 절임 젓갈이라는 점에서, 염저 역시 단순 소금 절임 저이기 때문에 동북아시아의 동이족 집단들이 만들어 먹었던 것이 아닐지 필자는 판단하고 있다.[87]

《제민요술》에는 염저 외에 '촉개함저(蜀芥鹹菹)'와 '촉인(蜀人)'의 장과법(藏瓜法)'이라는 촉저(蜀菹)도 기술되어 있다. 촉이란 후한(後漢)이 망하고 나서 유비가 사천성을 근거지로 해서 다스리던 삼국 시대의 촉한(蜀漢)을 가리킨다. 그러니까 촉저는 사천성에서 만들어 먹던 저라는 이야기이다. 삼국 시대의 교류로 사천산이 산동에 전해진 것이다.

촉개함저는 (갓+소금+메기장가루죽+보리누룩가루+물)로 만들어 숙성시킨 것이고, '촉인의 장과법'은 (과+백미죽+소금)으로 만든 것이다. 이들 모두는 (소금+곡물로 만든 죽)에 채소를 넣어 익힌다는 공통점이 있다. 그런데 이 촉저가 백제인 수수보리(須須保利)에 의하여 일본에 전해져 일본은 이를 수수보리지(須須保利漬)라 하였다.[88] 일본의 수수보리지는 (순무+쌀죽+소금)으로 만든 것을 말한다. 일본 나라 시대에 일본에서 만들어 먹던 지류(漬類)는 염지(鹽漬), 조지(糟漬), 장지(醬漬), 초지(醋漬), 수수보리지가 있었다.[89]

이상과 같은 내용은 백제인이 염저뿐만 아니라 촉저도 담가 먹었으며, 어쩌면

---

86 김상보, 《한국의 음식생활문화사》, 광문각, 1997, p.104
87 김상보, 《부여의 전통음식조사연구 보고서》, 부여군, 2005, p.52
88 《延喜式》(927)과 나라(奈良, 710~794)의 목간에 '須須保利漬(소금+채소+전분)'가 기록되어 있음
89 《延喜式》(927);나라 시대의 목간

제민요술에 기록된 장지, 초지, 조지(槽菹) 등도 가공식으로 먹었을 기능성이 큼을 암시한다. 현재 남은 우리의 김치류 문화를 보면 동치미는 염저류, 장아찌류는 장저·초저·조저 등의 흔적이 아닐까 한다.[90]

백제는 다루왕(多婁王, 재위 28~77) 6년인 33년에 나라 남쪽의 주와 군에 쌀을 논농사로 짓도록 명하였다. 비류왕(比流王, 304~344) 27년인 330년에는 김제에 논농사를 위한 대규모 저수지인 벽골제를 마련하여,[91] 쌀을 주식으로 하면서 쌀로 만든 음식 문화가 발달한다. 다음의 중국 사서는 이를 뒷받침한다.

> 대부분 화식(火食)하지 않는다.[92]
> 부세(賦稅)는 포(布), 견사(絹絲), 마(麻), 미(米) 등으로 한다.
> 오곡, 잡과, 채소, 주례(酒醴), 효찬(肴饌), 약품 등이 많다.[93]

화식(火食)은 찜, 구이, 삶음 등의 조리법을 택한 음식이고, 냉식(冷食)은 회(膾), 젓갈, 저(菹)류, 포(脯) 등을 말한다. 채소들이 많은데 불로 익혀 먹지 않는다는 것은 채소를 소금으로 절여 침채(沈菜)로 만들거나 기타 장아찌류로 만들어 냉식(冷食)함을 뜻한다.

당시의 오곡은 기장·차조·메조·보리·콩이었고 쌀은 별개였다.[94] 쌀밥과 저(菹)류, 오과인 배·밤·은행·대추·복숭아 등 모두는 소선(素膳) 감이다. 밤은 특히 거율(巨栗)이 있다. 하였다.[95] 부여에 있는 궁남지(宮南池)에서 출토된 유물 중 복숭아씨가

---

90 《齊民要術》
91 《三國史記》卷23〈百濟本紀〉第一;윤무병,〈김제 벽골제 발굴 보고〉,《백제연구》제7집, 충남대학교 백제연구소, 1978, p.91
92 《隋書》〈百濟傳〉
93 《周書》〈異域傳〉
94 권태원,〈백제의 사회풍속사고찰〉,《백제연구》, 제9집, 충남대학교 백제연구소, 1978, p.91
95 《北史》〈東夷傳〉;《隋書》〈百濟傳〉

유난히 많은 사실에서 왕족과 귀족들은 오과 중에서도 복숭아를 즐겨 먹은 것으로 보인다. 대추와 복숭아는 선과(仙果)류의 범주에 들어간다. 선식(仙食)을 위한 것으로도 생각할 수 있다.

한반도에서 전개된《제민요술》〈저〉류는 쌀밥을 먹기 위한 각종 밥반찬으로 가공되고, 한편에서는 순무 등 침채류 재료를 제외한 다른 농수산물(채소, 김, 미역, 다시마, 버섯, 대두 등)로《제민요술》의 〈소식〉 조리법도 공유하지 않았을까 한다. 《제민요술》〈저〉를 백제인과 공유하였다면 〈소식〉도 함께 공유한 문화라고 보고 싶다.

4. 통일 신라의 선종 정착과 〈소선〉

1) 선종과 다생활, 중삼과 중구 세시

선정(禪定)에 의지하여 깨달음을 얻고자 하는 종파인 선종(禪宗)은 문자(文字)에 의지하지 않고 좌선을 닦아 자신이 본래 가진 성품을 체득하는 종교이다(不立文字 見性成佛). 왕즉불(王卽佛) 사상인 화엄종(華嚴宗, 敎宗)과 달리 누구나 깨달으면 부처가 될 수 있다는 것이었기 때문에, 선종은 중앙의 진골 귀족에 근거를 둔 교학불교의 전통과 권위에 대항하면서 통일 신라 사회에서 크게 유행하였다.

실천과 수행을 중시하는 선종에서, 탈속(脫俗)하여 정진(精進)할 때 성공적인 수행을 위하여 정진 음식이 반드시 요구되었으며, 이는 두말할 필요 없이 육류가 배제된 소선(素膳)과 차[茶]였다. 경덕왕(景德王, 재위 742~765) 때의 기사는 차를 마시면서 수행했던 신라승들의 모습을 보여준다.[96]

---

96 이병도 역,《三國遺事》,〈記異〉,〈景德王忠談師表訓大德〉

딩(唐)에서 《도덕경(道德經)》[97] 등을 보내니 왕이 예를 깊추어 빈있다. 왕이 나라를 다스린지 24년에 오악(五岳)과 삼산(三山)의 신들이 간혹 현신(現身)하여 전정에서 왕을 모시더니, 3월 3일(삼짇날)에 왕이 귀정문(歸正門) 누상(樓上)에 납시어 좌우에 묻기를, "누가 영복승(榮服僧, 위의(威儀)가 있는 승려)을 모셔 올 것인가."라고 하였다. 이때 마침 위의가 깨끗한 한 대덕(大德, 덕이 높은 고승(高僧))이 길에서 배회하고 있었다. 좌우가 그 대덕을 모셔와 왕에게 보이니 왕이 이르기를, "내가 말한 영승(榮僧)이 아니다."라고 하여 돌려보냈다. 다시 한 사람의 승려가 납의(衲衣)를 입은 채 앵통(櫻筒)을 지고 남쪽에서 왔다. 왕이 기뻐하여 누상으로 맞이하여 그 앵통 속을 들여다보자, 다구(茶具)가 담겨 있었다. 당신이 누구냐고 물었다. 그러자 충담(忠談)이라고 답하였다. 또 어디에서 왔냐고 물으니 아뢰기를, "제가 매양 중삼(重三, 3월 3일)과 중구(重九, 9월 9일)에 차[茶]를 달여서 남산 삼화령(三花嶺)의 미륵세존(彌勒世尊)에 드리는데, 오늘도 드리고 돌아오는 길입니다."라고 하였다. 왕이 "나에게도 차 한 잔을 주시겠습니까?"라고 하니, 충담은 곧 차를 달여서 드렸다. 그 차의 맛이 비상하였고 그릇 속에서는 색다른 향기[異香]가 풍겼다.

위의 글은 3월 3일과 9월 9일 다게(茶偈)를 올리고, 승려들 간에 음다(飮茶) 생활을 하고 있었음을 보여준다.

차는 선덕왕(宣德王, 재위 780~785) 때 심기 시작하였으나, 홍덕왕(興德王, 재위 826~835) 3년(828) 당나라에 갔다가 돌아온 사신 대렴(大廉)이 차나무 씨앗을 가지고 와서 왕이 지리산에 심게 하였고, 이때 이르러 매우 성행하였다고 하므로[98] 대중들이 차생활

---

97 老子,《道德經》
98 《三國史記》〈新羅本紀〉卷10

을 일반적으로 하게 된 시기는 828년 이후이다.

　충담스님이 달여서 경덕왕께 드린 차는 당나라에서 수입한 물품이 아니었을까 생각한다. 차가 수입품이었다면 상당히 고가였을 테지만, 승려와 귀족들은 선정(禪定)을 위해 차생활을 하고 있었다. 그런데 중삼과 중구에는 미륵세존에 차를 올린다고 했다. 중삼, 중구는《형초세시기(荊楚歲時記)》에 기록되어 있는 세시 중 하나이다. 이는 진흥왕(眞興王, 재위 539~576) 33년(572) 겨울 10월 20일에 전쟁에서 죽은 병졸들을 위하여 7일 동안 전국적으로 연〈팔관연회〉와 함께,[99] 세시 행사로서 자리하고 있었음을 뜻한다. 제3장에서도 기술하겠지만 형초세시기에 기록된 세시와 음식을 간단히 살펴본다.

　　원단(元旦) : 초백주, 도소주, 엿, 오신반(五辛盤), 부우산(敷于散), 도탕(桃湯),
　　날계란 1개, 콩과 삼씨 볶은 것
　　정월 인일 : 일곱 종류 나물국
　　정월 보름 : 콩죽, 콩떡
　　이월 팔일(석가탄신일) : 팔관재계(八關齋戒)를 함
　　한식(寒食) : 엿, 보리죽, 나물
　　삼월 삼일 : 곡수연(曲水宴), 쑥국, 설미병(屑米餅)[100]
　　사월 팔일 : 욕불(浴佛)과 용화회(龍華會)
　　오월 오일 : 창포주
　　하지 : 종(粽)[101]
　　유월 복날 : 탕병(湯餠)

---

99 《三國史記》〈新羅本紀〉卷4
100 설미병(屑米餅) : 시루떡
101 종(粽) : 각서(角黍)라고도 함. 찹쌀가루에 대추 등을 넣어 대나무 잎이나 갈잎에 싸서 찐 떡.

칠월 보름 : 우란분재(盂蘭盆齋), 오과백미

구월 구일 : 국화주

시월 일일 : 기장국

십일월 중동 : 함저(鹹菹, 김치를 담금)함

동지 : 팥죽

십이월 : 조왕신에게 돼지와 술로 제사, 납제(臘祭)

섣달 그믐 : 고기 안주와 나물[102]

    남조 양나라 시대에 나온 형초세시기에 기술된 세시 중 중삼과 중구 및 팔관회를 신라 사회에서 공유하였다면, 우란분재를 포함한 다른 세시도 공유했을 것이다.

2) 어떠한 〈소선〉을 만들었을까

(1) 절편, 인절미, 시루떡

    통일 신라 시대 승려들이 조리 기술을 익히는 것은 보살의 보시[布施]를 수행하는 방편이었다. 보시란 깨끗한 마음으로 법이나 재물을 아낌없이 사람에게 베푸는 것을 말한다. 불교 사원에서 수행하는 사회사업은 보시 외에도 자비(慈悲, 작은 한 마리의 벌레라 할지라도 사랑하고 가엽게 여기는 것), 복전(福田, 복을 낳게 하는 밭이라는 뜻, 三寶[103]를 공양하고 부모의 은혜에 보답하며 가난한 사람을 불쌍히 여겨 베푼 선행의 결과로 생기는 福德), 일여평등(一如平等, 평등하고 차별이 없음) 등의 불교적 근본 사상을 바탕으로 하여 실행하였다.

    9세기 초엽이 되면 승장(僧匠)들을 직능별로 박사, 조박사, 대장, 부장 등으로 칭했다. 관등이 없는 승장이나 일반 장인들에게도 4~6두품의 기술관들에게 칭했던

---

102 《荊楚歲時記》

103 三寶 : 佛, 法, 僧을 뜻함

박사(博士)라 하였으므로[104] 조리 기술을 지닌 스님 조리사들도 박사라 불렸을 것이다. 이러한 박사 칭호는 당나라의 영향이다. 북송의 휘종 치세의 번창기를 기록한 《동경몽화록(東京夢華錄)》에도 안주를 만들어 파는 조리사를 다반박사(茶飯博士, 다반은 술안주용 일품요리다), 양주박사(量酒博士)라 하였다.[105]

보시를 위해 조리 기술을 익힌 스님 박사들은 끊임없이 소선(素膳, 素食)을 연구하여 보급하였을 것이다. 구체적인 자료는 없지만, 통일 신라의 이 소선 문화는 고려로 이어졌을 것이기 때문에, 고려의 찬란한 차[茶]를 둘러싼 유밀과(油蜜果)를 포함하는 조과(造果), 그 밖의 소선은 스님 박사들이 연구해 낸 결과물일지도 모른다.

당시의 찬품을 문헌을 통해서 유추해 보자.

신문왕(神文王, 재위 681~692) 3년인 683년, 신문왕이 일길찬 김흠운의 작은딸을 맞아들여 부인으로 삼을 때 납채(納采) 예물로 보내는 식품이 삼국사기에 기록되어 있다.[106]

米, 油, 蜜, 酒, 密祖, 豉, 脯, 醢[醯] 합하여 135擧
租 150車

쌀[米], 참기름[油], 꿀[蜜], 술[酒], 메주[密祖], 말린 청국장[豉], 포[脯], 식해[醢]는 전부 저장할 수 있는 식재료로, 이들이 납채 예물이 되었다는 것은 당시 사람이 살아가는 데에 있어 가장 중요한 것이었음을 시준한다.

쌀로 무엇을 만들어 먹었을지는 그 당시 상황을 단순하게 생각해도 밥, 떡, 술, 엿 등의 과자이다. 밥과 술은 논외로 하고, 떡에 대한 기록은 효소왕(孝昭王, 재위

---

104 박남수,《신라수공업사》, 신서원, 1996, pp. 238~303
105 《東京夢華錄》卷2
106 《三國史記》〈新羅本紀〉卷8

692~702년) 때의 '설병(舌餠)'이다.[107] 舌은 가루를 뜻하므로 屑과 통한다. 즉 설병은 시루떡이다. 밤, 복숭아, 오얏, 잣 등의 과실이 있었는데, 궁정 업무를 총괄하는 관사에 남도원궁(南桃園宮)이라는 복숭아 재배 과수원을 특별히 두어 관리한 것으로 미루어 백제와 마찬가지로 복숭아는 특별히 애식했던 과일로 보인다.[108] 이 과일 등을 부재료로 해서 만든 시루떡을 생각할 수 있다. 698년에서 926년까지 있었던 발해에서는 배와 포도를 넣고 시루떡을 만들었으며, 시루떡의 모양과 맛이 뛰어났다고 한다.[109] 당시 발해와 신라의 왕성한 교역을 생각할 때 신라의 사정도 마찬가지였을 것이다.

찹쌀가루 또는 멥쌀가루에 밤, 대추, 꿀 등을 합하여 시루떡을 만들 때 팥, 콩, 깨 등으로 만든 고물을 재료로 하여 다양한 시루떡을 만들었다고 생각된다. 이들은 차공양[茶偈]시 올리거나 차와 함께 먹는 중요한 조과류의 범주 안에 넣어도 무방하다.

물론 시루떡의 재료가 쌀이나 찹쌀로 국한되지는 않았다. 백제와 마찬가지로 기장, 차조, 보리, 메조, 콩의 오곡을 재배하였고, 곡식이 귀할 때는 소나무 껍질 소위 송고(松古, 송기)도 먹었다.[110] 쌀로 시루떡을 만드는 사회라면 이들을 재료로 한 각종 떡도 만들 수 있다.

삼국사기에 기록된 유리왕(儒理王, 재위 24~57) 원년(24)에 나오는 '태자 유리왕과 석탈해가 서로 왕위를 사양하다가 마침내 떡을 깨물어 여기에 나타나는 잇자국으로 이빨의 수를 헤아려 유리가 왕위에 올랐다'라는 기록에서 나오는 떡[111]은 절편류라고 설명되고 있다.[112]

---

107 《三國史記》〈新羅本紀〉卷2
108 《三國史記》〈新羅本紀〉卷39
109 《발해국지장편(渤海國志長編)》卷17〈식화고(食貨考)〉
110 눌지왕(訥祇王) 16년(432) 곡식이 귀하여 소나무 껍질을 먹음(《三國史記》〈新羅本紀〉).
111 《三國史記》〈新羅本紀〉卷1
112 김상보, 〈한성백제시대의 음식문화〉, 《향토서울》 제63호, 2003, p.70

끈기가 찰진 찹쌀을 포함한 찰진 곡물은 시루를 사용하여 수중기로 찌면 점착력과 응고력이 강한 점성의 전분질이 된다. 이것을 절구 속에 넣고 찧어 보다 부드러운 질감의 떡인 소위 인절미를 만들 수 있다.[113] 완성된 인절미는 서로 들러붙기 때문에 고물이 필요하다. 떡고물이 없으면 방형의 인절미는 만들 수 없고, 여기에서 나타나는 것이 삼국 시대 초기에 지대한 관심 속에 등장하는 숙(菽, 콩)이다.[114] 숙은 메주의 재료 외에도 콩가루로 만들어져 인절미의 고물이 되었을 것이다. 중국의 경우 한나라 때에 분자(粉餈)라는 콩가루 고물을 묻힌 인절미를 상식하였다.[115]

(2) 참기름으로 튀겨 만든 〈다시마 튀김〉

참기름은 너무도 귀하여 마루 밑에 묻어 감추고 긴히 쓸 때를 대비하였다.[116] 그렇기에 신문왕은 납채 예물로 참기름을 보냈다.

《제민요술》〈소식〉에는 고전자채(膏煎紫菜)라는 찬품명을 붙인 자채 튀김이 있다. 자채는 김, 감태, 미역, 다시마류이다. 이 당시 튀김 기름이 참기름인지 들기름인지는 분명치 않은데, 양자 모두를 식재료로 쓰고 있기 때문에 구분하기가 쉽지 않다.

한편 통일 신라 시대인 8세기에는 해인(海人)이라는 잠수하는 자가 있어 잠수어법으로 특정 해조류를 전문으로 채취하는 해양 전업 집단이 있었다. 그리고 배를 이용하여 다시마를 딴 후 배 위에서 건조하여 저장용 다시마를 만들기도 하였다.[117] 제민요술이 530년경에 나왔으니 거의 200년이 지나서 스님 박사들은 저장 다시마를 귀한 참기름으로 튀겨 소선의 한 찬품으로 만들지 않았을까 한다.

---

113 김상보, 《한국의 음식생활문화사》, 광문각, 1997, p.245
114 일성왕(逸聖王) 6년(139) 가을 7월에 서리가 내려 콩[菽]을 해쳤다(《三國史記》〈新羅本紀〉).
115 김상보, 〈한성백제시대의 음식문화〉, 《향토서울》 제63호, 2003, p.62
116 《三國遺事》卷5, 〈感通善律還生〉, '…또 첩이 인세에 있을 때 호마유(胡麻油)를 마루 밑에 묻어 두었고…바라건대 법사께서는 그 기름을 취하여 불등(佛燈)을 켜고…'
117 大葉藻 生新羅國深海中 葉如水藻而大海人以繩繫腰沒水取之 立月以後有大漁傷人 不可取也(《本草拾遺》, 713~741;《南海藥譜》, 8세기)

5. 《거가필용(居家必用)》〈소식〉

1) 사회상

징기스칸(成吉思汗, 재위 1206~1227)은 몽골족을 통일한 힘으로 동과 서를 침공하여 상당한 영토를 확보하였다. 서방 원정에서 돌아와 서하(西夏)를 멸망시키고 금나라를 치고자 했을 때 한인(漢人)들을 모두 죽이려고 하였다. 요(遼)나라의 왕족으로 북경에 붙잡혀 있던 야율초재(耶律楚材, 1190~1244)는 한인을 모두 죽여서 토지를 초지로 하기보다 한인을 살려 두고 일하게 해서 이들에게서 세금을 거두는 편이 몽골인의 살림을 풍족하게 할 것이라고 건의했다.

징기스칸은 건의를 받아들였다. 야율초재는 한문화, 유교, 불교, 도교를 공부한 지식인이었다. 그는 징기스칸과 그의 후계자인 오고타이[太宗]를 도와 수준이 높은 한인 문화를 받아들이게 하고, 제도를 정비하며 교통시설을 개선하는 등 다방면에 걸쳐 나라의 기반을 닦는 데에 공헌했다.

원 세조(世祖, 재위 1260~1294) 쿠빌라이 칸은 1264년 수도를 몽고에서 연경(燕京, 北京)으로 옮기고, 1271년 국호를 원(元)이라 칭했다. 그는 1279년 남송(南宋)을 격파하여 승리한다. 이러한 대승리에도 실상 그가 소유했던 땅은 징기스칸이 차지했던 대제국이 아니라 내몽고, 외몽고, 송, 안남, 티베트 정도에 불과하였다.

쿠빌라이 칸 즉위 후 이미 대제국은 내분으로 찢어진 상태였으며, 원은 반복되는 내란으로 90년 만에 멸망한다. 쿠빌라이 칸 시대에 나온 책이 바로 《거가필용사류전집(居家必用事類全集)》이다. 이 책은 《거가필용》 또는 《필용》이라고도 한다. 제민요술만큼 우리의 음식 문화에 지대한 영향을 미친 책이다. 《거가필용》에는 징기스칸이 정복한 방방곡곡으로부터의 음식문화를 총망라하여 기술되어 있다고 할 정도로 다양한 찬품들이 기술되어 있다.

필자는 거가필용의 내용 중 〈소식〉 부분을 기술하고자 한다. 이 〈소식〉은 제민요술 이후 수, 당, 송대를 거치면서 내려오는 소식의 내용을 망라하는 것으로, 《거가필용(居家必用)》〈소식〉은 당시까지의 소식 문화 전체를 포괄하는 것으로 판단해도 좋다.

2) 《거가필용》〈소식〉

(1) 옥엽갱(버섯국)

> 玉葉羹
> 每十分乳團二箇薄批方勝切入豆粉拌煮熟蘑菇絲四兩天花桑莪各二兩山
> 藥半熟去皮甲葉切四兩笋甲葉切四兩糟薑片切三兩椀內間裝燙過熱汁澆

> 10인분으로 유단[118] 2개를 얇게 깎는다. 모난 것이 썰기에 좋다. 콩가루를 넣어서 섞는다. 삶아 익힌 주름버섯[119]채 4냥, 느타리버섯과 뽕나무버섯 각각 2냥, 반숙하여 껍질을 벗겨 미늘[120]처럼 썬 산약[121] 4냥, 미늘처럼 썬 죽순 4냥, 술지게미에 절인 생강편 3냥(이상 모두)을 사발에 사이사이 담아 꾸미고, 뜨거운 즙을 붓는다.

익힌 버섯(주름버섯, 느타리버섯, 뽕나무버섯)을 주재료로 하여 부재료로 반쯤 익힌 산약과 죽순을 더하여 유단, 콩가루, 생강편으로 양념해서 뜨거운 육수를 부어 만든 국이다.

---

118 유단(乳團) : 일종의 치즈?
119 마고(蘑菇) : 송이버섯과의 주름버섯
120 갑엽(甲葉) : 갑옷의 미늘
121 산약(山藥) : 마 서여(薯蕷)의 땅속줄기

(2) 선생(면근과 분피국수)

膳生

每十分生麵觔一塌手按薄籠內先鋪粉皮灑粉絲抹過將麵觔鋪粉皮上蒸熟
用油抹過候冷切三寸長細條三色粉皮各一片如上切熟麵觔一塊切絲笋十
根切絲蘑菇三兩絲油炒簇裝碗內盪過熱汁澆

10인분에 생면근[122] 1덩어리를 쓴다. 손으로 눌러 얇게 만든다. 대나무
찜기에 먼저 분피[123]를 깔고 분사[124]를 뿌려서 살짝 눌러 준 다음 면근을
분피 위에 올려 펴고 쪄서 익힌다. 기름을 발라 식혀서 3치 길이로 가
늘고 길쭉하게 썬다. 3가지 색의 분피 3장을 위와 같이 썬다. 익힌 면
근 1덩어리도 채로 썬다. 죽순 10개를 채로 썰고, 주름버섯 3냥도 채로
썰어 기름에 볶는다. (이상 모두를)사발에 모아 담아 꾸미고 뜨거운 즙을
붓는다.

면근과 분피로 국수를 만들고 웃기로 삼색 분피채, 기름에 볶은 죽순채와 주름
버섯채를 담아 장식하여 뜨거운 육수를 부어 만든 국수이다.

(3) 단유갱(이유식, 우유죽)

斷乳羹

---

122 면근(麵觔, 麵筋) : 밀가루를 물로 반죽하여 속에 함유한 전분과 수용성 물질을 씻어 제거하면 탄력이 있는
    물질이 남는데, 이것이 면근임. 이 면근은 혼합 단백질, 글루텐(gluten)임.
123 분피(粉皮) : 팥가루 또는 녹두 녹말로 만든 피. 팥전분 분피.
124 분사(粉絲) : 분피를 가늘게 채 썬 것

牛乳一升銀石器熬候凝入碗用薑塩可供兩分

우유 1되를 은그릇이나 돌그릇에 담아 졸인다. 엉기면 사발에 담는다.
생강과 소금으로 간하여 두 사람이 먹을 수 있다.

우유로 만든 이유식이다.

(4) 가관폐(곤약을 튀겨 만든 허파순대)

假灌肺
蒟蒻切作片焯過用杏泥椒薑醬醃兩時許揩淨先起葱油然後同水研乳椒薑
調和勻蒟蒻煠過合汁供

곤약[125]을 편으로 썰어 푹 데친다. (이것에)진흙처럼 만든 행인, 산초, 생
강, 장을 넣어 2시각 동안 재워 두었다가 깨끗이 씻는다. 먼저 파기름을
만들고 물을 합하여 유(乳), 천초, 생강 간 것을 넣고 골고루 섞는다. 곤
약을 튀겨 즙을 끼얹어 차린다.

관폐(灌肺)는 양의 허파로 만든 일종의 허파순대이다. 가(假)[126]라는 글자가 붙어
가관폐라 한다.
'곤약을 사용하여 허파순대처럼 만든 것'으로 해석된다. 물에 삶은 곤약을 양념
장(행인가루+산초+생강+장)에 재웠다가 튀겨서 (파기름+물+유+천초+생강)으로 만든 즙을 끼

---

125 구약(蒟蒻) : 천남성과에 속하는 다년생 초본식물 마우(魔芋)의 덩이뿌리. 곤약. 약두(蒻頭)라고도 함.
126 가(假) : 거짓 가

얹은 음식이다.

(5) 소관폐(면근으로 만든 허파순대)

素灌肺

熟麵觔切肺樣塊五味醃豆粉內滾煮熟合汁供

익힌 면근을 허파 모양의 덩어리로 썰어서 양념[五味]에 재운다. 콩가루
에 버무려 끓는 물에 삶아 익혀서 즙을 끼얹어 차려낸다.

가관폐가 곤약으로 만든 허파순대라면 소관폐는 면근으로 만든 허파순대이다.
면근으로 만든 것에 素자를 붙인 것은 고기 대신에 고기처럼 먹는 대표적인 식품
이 면근임을 뜻한다. 익힌 면근을 양념장에 재웠다가 콩가루를 묻혀 삶아내어 그
릇에 담아 즙을 끼얹은 음식이다.

(6) 초선유제도(드렁허리처럼 만든 면근국수)

炒鱓乳虀淘

切細麵煮熟過水用麵觔同豆粉灑顏色水搜和捍餠細切焯熟如鱓魚色加乳
合虀汁澆麵供

가늘게 썬 국수를 삶아 익혀 물에 헹군다. 면근에 콩가루를 합하고 물
을 넣어 얼굴색이 나도록 반죽한다. 밀어서 가늘게 썰어 드렁허리 생선

의 색처럼 되도록 삶아 익힌다. (그릇에 담아)유(乳)에 침채국물[127] 합한 것
을 부어 차려낸다.

면근에 콩가루를 합하여 반죽한 것을 칼국수로 얇게 썰어 삶아 익힌 것(드렁허리
생선 대용)에 가늘게 썰어 익힌 밀가루 칼국수를 합하여 그릇에 담아 국물(우유+김칫국
물)을 부어서 내는 음식이다.

(7) 산약걸달(산약국수)

山藥飩䬾

每面一斤熟山藥一斤薑汁一兩豆粉一合入水搜和如水滑麵硬骨魯搥砑開
切作籌子入豆粉臥定案上搓約長尺許下鍋煮熟合葷素汁任用

밀가루 1근에 익힌 산약 1근, 생강즙 1냥, 콩가루 1홉을 합한다. 물을
넣어 수활면과 같이 아주 되게 반죽하여 밀대로 밀어 산자[128]처럼 썬다.
콩가루를 뿌려서 상위에 눕혀 놓고 비벼서 대략 1자의 길이로 늘린 다
음, 솥에 넣어 삶아 익힌다. (그릇에 넣고)향기가 있는 소(素)로 만든 고명과
즙을 임의대로 담는다.

익힌 산약과 밀가루를 넣고 1:1로 합하고 콩가루와 생강즙을 넣어 반죽한 다음
긴 막대 모양으로 썰어 늘려 삶아 익힌 것을 그릇에 담고, 소(素, 버섯이나 야채)로 만든

---

127 제즙(齏汁) : 소금에 절인 채소의 즙. 齏는 잘게 썬 채소에 소금을 합하여 절인 것. 우리의 김치와는 다르나,
　　단순 소금 절임 즙은 우리 고유의 침채 국물과 유사하다고 판단됨.
128 산자(籌子) : 대나무로 만든 고대의 계산용 막대

고명과 즙[129]을 올린 것이다.

(8) 산도(콩소만두)

酸餡
饅頭皮同褶兒較麤餡子任意豆餡或脫或光者

만두피는 주름지게 만든다. 크기는 소의 크기에 따라 만든다. 콩소는
콩의 껍질을 벗기거나 껍질이 있는 것으로 한다.

(9) 칠보도(7종류의 소를 넣고 만든 만두)

七寶餡
栗子黃松仁胡桃仁麵觔薑米熟菠荬杏麻泥入五味牽打拌滋味得所搦餡包

황률, 잣, 호두, 면근, 강미[130], 익힌 시금치, 살구에 깻가루를 합하여 양
념을 넣고 버무려 맛있게 만든다. 소를 쥐어서 싼다.

7종류의 소란 황률, 잣, 호두, 면근, 생강, 시금치, 살구이다. 여기에 깻가루와
양념을 넣고 소로 만들어 만두피에 싸서 쪄낸 만두이다. 여기서 면근은 고기 대용
이다.

---

129 훈소즙(葷素汁) : 소(素)로 만든 고명과 즙
130 강미(薑米) : 쌀알 크기로 썬 생강

(10) 채도(침채만두)

菜餡
黃虀碎切紅豆粉皮山藥片加栗黃尤佳五味拌打拌搦餡包

소금에 절인 채소[131]를 잘게 썬다. 팥가루 분피와 산약편에 황률을 넣으
면 훨씬 맛있다. 양념을 넣고 골고루 섞는다. 소를 쥐어서 싼다.

잘게 썬 절임채소에 (분피+산약+황률)을 넣고 양념을 합하여 소로 만들어 만두피에
싸서 쪄낸 일종의 침채만두이다.

(11) 관장만두, 포자, 혼돈, 각아, 삼패살

灌漿饅頭, 包子, 餛飩, 角兒, 糝孛撒餡倣此製造麻汁澆

(素菜로 만든)소를 넣고 장수로 삶은 만두,[132] 발효찐만두,[133] 물만두,[134] 교
자,[135] 삼(糝)으로 작고 동그란 만두[136]를 만들어서 깨즙을 끼얹는다. 각각
의 만두도 소채(素菜)로 만든 소를 넣고 만들면 소식이 될 수 있음을 설

---

131 황제(黃虀) : 소금에 절인 채소로 잘 익은 것
132 관장만두(灌漿饅頭) : 장수(漿水)로 삶은 만두. 장수란 채소나 좁쌀을 물에 담가 며칠 숙성시킨 것 또는 오래
      끓인 좁쌀 미음
133 포자(包子) : 소를 넣고 만든 발효하여 찐 만두
134 혼돈(餛飩) : 일종의 물만두. 제민요술에 만드는 법이 있음.
135 각아(角兒) : 교자(餃子)
136 삼패살(糝孛撒) : 糝은 쌀 등의 곡물가루, 孛는 별, 撒은 흩어짐을 뜻하니, 쌀가루 등으로 피를 만들어 소를 넣
      은 후 작고 동그랗게 만든 만두로 해석됨.

냉하였다.

(12) 징사당도(팥소만두)

澄沙糖餡
紅豆熰熟研爛淘去皮小蒲包濾極乾入沙糖食香搦餡脫或麵劑開做此餡造
澄糖千葉蒸餠

팥을 삶아 익혀 문드러지게 간다. 물에 일어서 껍질을 없앤 다음 모시
로 싸서 걸러 바싹 말린다. 사탕을 넣고 먹으면 향기로워 소를 만들기
위해서 쥐면 다 먹어버릴 정도이다. 밀가루 반죽을 펴서 사탕 넣은 팥
소를 넣어 만든다. 깨끗한 엿이나 천엽으로 만든 소를 넣고 쪄서 빵을
만들기도 한다.

설탕을 넣은 팥소로 만든 팥소만두이다.

(13) 두랄도(녹두소만두)

豆辣餡
菉豆磨破浸去皮蒸熟入油塩薑汁拌搦餡包

녹두를 갈아 물에 담가 껍질을 없앤 다음 익도록 찐다. 기름, 소금, 생강
즙을 넣고 섞어 소로 만들어 싼다.

생강즙, 기름, 소금을 넣은 녹두소로 만든 녹두소 만두이다.

(14) 감로병(꿀로 집청하여 잣 고물을 묻힌 튀김과자)

甘露餅
麵一斤上籠紙襯蒸過先以油水中停攪加餳汁傾入麵拌和豆粉爲粞捍作
薄餅細攢褶兒兩頭相唧縛住手按開再加粉粞骨魯搯砑圓油煤控起蜜澆
糝松仁

밀가루 1근을 대나무 찜기에 종이를 깔고 담아 찐다. 먼저 기름을 물에
넣어 섞은 다음 엿물(조청)을 합하여 넣고 반죽한다. 콩가루를 뿌리고 반
죽을 밀어 얇게 만들어 가늘게 주름을 접어서 양 끝을 서로 이어 붙여,
손으로 눌러 편다. 다시 콩가루를 뿌리고 밀대로 동그랗게 민다. 기름
에 튀겨 꿀을 발라 잣가루를 뿌린다.

밀가루에 꿀과 물, 참기름을 넣고 반죽한 것을 방형으로 만들어 기름에 튀긴 다
음 꿀로 집청하여 잣가루를 뿌린 것으로 우리의 약과와 흡사하다. 다만 감로병은
쪄서 익힌 밀가루에 조청과 물, 기름을 넣고 반죽한다는 점만이 다르다. 그냥 밀가
루로 반죽하느냐 쪄서 익힌 밀가루로 반죽하느냐의 차이다.

(15) 소유병(꿀소 튀김과자, 대추소 튀김과자)

素油餅
等倣肉油餅造餡用蜜或棗穰包

육유병과 같은 방법으로 만든다. 소는 꿀 또는 많은 양의 대추를 넣어
서 싸기도 한다.

꿀소나 대추소를 넣고 튀긴 빵이다.

(16) 양숙어(물고기 모양의 콩가루소 분피만두)

兩熟魚

每十分熟山藥二斤乳團一箇各研爛陳皮三片生薑二兩各剁碎薑末半錢塩
少許豆粉半斤調糊一處拌再加乾豆粉調稠作餡每粉皮一箇粉絲抹濕入餡
折掩捏魚樣油煠熟再入蘑菇汁內煮椵供糝薑絲茭頭

10인분마다 익힌 산약 2근과 유단 1개를 각각 문드러지게 간다. 진피 3
편과 생강 2냥을 각각 잘게 썬다. 여기에 생강가루 ½전, 소금 약간, 콩
가루 ½근을 합하여 풀처럼 반죽하고 다시 마른 콩가루를 넣어 뻑뻑하
게 반죽하여 소로 만든다. 분피 1개마다 분사(粉絲)를 축축하게 해서 붙
이고 소를 넣어서 접는다. 가장자리를 붙여 생선 모양으로 만든다. 기
름에 튀겨 익힌 다음 주름버섯즙에 넣고 삶아 접시에 담는다. 생강채와
무를 섞어 뿌려 차려낸다.

분피를 만두피로 삼아 콩가루에 산약, 유단, 진피, 생강, 소금을 넣고 반죽한 것
을 소로 넣고 생선 모양으로 만든 다음 튀겨내어 주름버섯즙에 넣고 한소끔 끓인
찬품이다.

(17) 수박록포(면근으로 만든 사슴고기포 조림)

酥煿鹿脯

每十分生麵觔四堝細料物二錢韭三根塩一兩紅麯末一錢同剁爛如肉色

溫湯浸開搓作條煮熟絲開醬醋合蘑菇汁醃片時控乾油煎却下醃汁同炒乾

10인분에 생면근 4덩어리를 사용한다. 세료물[137] 2전, 부추 3뿌리, 소금 1냥, 홍국가루 1전을 합하여 고기색과 같이 되도록 문드러지게 두드린다. (이것을)따뜻한 물에 담가서 펴고 비벼서 길쭉한 막대처럼 만들어 삶아 익힌다. 하나하나 펴서 장, 초를 합한 주름버섯즙에 잠시 재웠다가 건져 말려 기름에 지진다. (이것에)재웠던 즙을 넣고 국물이 없도록 지져낸다.

생면근에 양념, 부추, 소금, 홍국가루를 합하여 곱게 다져 길쭉하게 사슴포처럼 만들어 (주름버섯즙+장+초)에 재웠다가 지져낸 음식이다.

(18) 함시(볶음장)

醎豉
熟麵觔絲碎笋片木耳薑片或加蘑菇桑莪蕈下油鍋炒半熟傾入擂爛醬椒沙糖少許粉牽焗熟候汁乾供

채로 썰어 익힌 면근채, 잘게 썬 죽순편과 목이버섯, 생강편, 혹은 주름버섯과 뽕나무버섯을 준비한다. (이것을)기름을 두른 냄비에 담아 절반 정도 익힌 다음에 문드러지게 간 천초, 장, 초를 조금 넣는다. 밀가루를 넣어 걸쭉하게 익힌다. 즙이 마르면 차려낸다.

---

137 세료물(細料物) : 곱게 만든 조미료

밀가루, 면근채, 죽순, 목이버섯, 생강편을 기름에 볶아 만들되, 양념으로 천초, 장, 초를 넣고 만든 일종의 볶음장이다.

(19) 대즙함시(즙이 있는 볶음장)

帶汁醎豉
制造同上加浸蘑菇汁菠荣少許帶汁供

위의 함시와 같은 방법으로 만들되, 주름버섯즙을 더하여 담근다. 여기에 시금치를 조금 넣는다. 즙이 있는 채로 차려낸다.

(20) 적포(면근포 꼬치 양념구이)

炙脯
熟麵觔隨意切下油鍋掠炒以醬醋葱椒塩料物擂爛調味得所醃片時用竹簽
插慢火炙乾再蘸汁炙

익은 면근을 뜻하는 바대로 썬다. 기름을 두른 냄비에 담아 살짝 볶는다. 장, 초, 파, 천초, 소금, 양념을 합하여 문드러지게 갈아 넣고 알맞게 간해서 잠시 재웠다가 대나무 꼬치로 꿴다. 뭉근한 불로 굽고 다시 양념즙에 담갔다가 굽는다.

양념하여 익힌 면근을 대꼬치에 꿰어 구운 면근포 꼬치 양념구이다.

(21) 적심(버섯 꼬치 양념구이)

炙蕈

肥白者湯渫過握乾塩醬油料等拌如前炙之

통통하고 흰 것(버섯)을 뜨거운 물에 씻어낸 후 손으로 쥐어짜 물기를 없
앤다. 소금, 장, 기름, 양념 등을 섞어서 적포와 같이 꼬치에 꿰어 굽는다.

양념한 버섯을 대꼬치에 꿰어 구운 버섯 꼬치 양념구이다.

(22) 주저심(술을 넣은 양념으로 만든 버섯 양념구이)

酒炸蕈

逐根栽立沙土內米泔潑經宿令鮮潤脆軟絲開用炒葱油薑橘絲塩醬料物酒
攪勻炸熟供不用醋

모래흙에 세운 나무뿌리마다 쌀뜨물을 뿌린다. 하룻밤이 지나면 신선
하고 윤택하며 부드럽고 연한 실이 핀다. 볶은 파기름, 생강과 귤채, 소
금, 장, 조미료, 술을 골고루 섞어서 구워 익혀 차려낸다. 초는 넣지 않
는다.

양념 속에 술을 화합하여 구운 버섯 양념구이이다.

(23) 가현자(연밥과 마름을 기름으로 지져 만든 즉석 조개구이)

假蜆子
鮮蓮肉不切菱肉剉骰塊焯過物料醃油爁楪供

신선한 연밥은 썰지 않는다. 마름은 주사위처럼 자른다. 데쳐서 양념에 재운다. (그릇에 담고)기름을 부은 접시에 불을 붙여서 차려낸다.

양념한 연밥과 마름을 식사 때 즉석에서 기름을 사용하여 구워 먹도록 한, 조개 처럼 만든 찬품이다.

(24) 잡골두(양념한 유단+콩가루+밀가루를 튀겨서 만든 물렁뼈 모양의 요리)

煠骨頭
乳團豆粉生麵一斤塩醬茴香橘皮椒末和勻蒸熟切作骨頭樣油煠却入醬淸
汁擂炒熟大麻子加沙糖合汁慢火爁入少麵牽不須用油麻子炒不熟令人瀉

유단, 콩가루, 밀가루 1근에 소금, 장, 회향, 귤피, 천초가루를 골고루 화합하여 쪄서 익힌다. 골두(관절의 물렁뼈)[138] 모양으로 썰어서 기름에 튀긴다. 맑은 간장에 갈아서 볶아 익힌 대마씨와 사탕을 넣은 즙을 끼얹어 뭉근한 불로 조린다. 밀가루를 약간 넣어 걸쭉하게 만든다. 대마씨를 쓸 때 반드시 기름으로 볶을 필요는 없지만 익히지 않으면 설사하게 된다.

밀가루에 유단, 콩가루, 양념을 넣고 쪄서 익힌 후 물렁뼈 모양으로 썰어 기름에 튀긴 다음 갈아서 익힌 대마씨와 간장, 설탕으로 만든 소스를 끼얹어 다시 한번 살짝 끓인다. 이때 밀가루를 약간 넣어 걸쭉하게 만든다.

---

138 골두(骨頭) : 관절 위의 물렁뼈

(25) 잡산약(쌀가루 옷을 입힌 산약튀김)

煠山藥

熟者切作段粉牽內蘸摻梔子水拌的粔煠熟供

익힌 산약을 썰어 편으로 만들어 밀가루를 넣고 반죽한다. (이것에)치자
물을 섞은 곡물(쌀)가루로 옷을 입혀 튀겨서 차려낸다.

치자물을 들인 가루로 옷을 입혀 튀긴 산약튀김이다.

(26) 가어회(면근으로 만든 생선회)

假魚膾

薄批熟麵觔用薄粉皮兩箇牽抹濕上下夾定蒸熟薄切別染紅粉皮縷切笋絲
蘑菇絲蘿蔔薑絲生菜香菜間裝如春盤樣用鱠醋澆

익힌 면근을 얇게 썬다. 얇은 분피 2장이 잘 붙도록 물을 바르고 위아래
사이에 (면근을)잘 끼워서 익도록 찐 다음 얇게 썬다. 별도로 붉게 물들인
분피를 가늘게 썰고, 죽순채, 주름버섯채, 무채, 생강채, 생채, 향채를
춘반[139] 모양과 같이 사이사이에 아름답게 담는다. 회로 먹을 때 초를
쳐서 먹는다.

분피 사이에 면근을 끼워 넣고 쪄서 생선회처럼 썬 것을 그릇에 담고, 채를 썬

---

139 춘반(春盤) : 음식을 돌려 담는 데에 쓰이는 식기로 원형의 큰 접시이다.

나양한 채소를 그 사이사이에 춘반 모양으로 아름답게 담아 초를 쳐서 먹는, 생선 회 대용으로 차린 찬품이다.

(27) 수정회[140](경지버섯으로 만든 삶은 돼지껍질회)

水晶膾
瓊芝荣洗去沙頻換米泔浸三日畧煮一二沸入盆研極細下鍋煎化濾去滓
候凝結縷切如上簇盤用醋澆食

경지의 모래를 제거하고 씻어서 쌀뜨물을 자주 갈아주며 3일 동안 담가
둔다. 대략 1~2번 끓도록 삶아 동이에 넣고 곱게 갈아 냄비에 담아 녹
을 때까지 끓인 다음 걸러서 찌꺼기를 제거한다. 엉기면 가늘게 썰어서
가어회처럼 대나무반에 돌려 담는다. 먹을 때 초를 쳐서 먹는다.

경지[141]버섯을 삶아 묵처럼 만들어, 앞의 가어회처럼 담고 초를 쳐서 삶은 돼지
껍질회 대용으로 차린 찬품이다.

(28) 가수모선(곤약으로 만든 해파리냉채)

假水母[142]線
以蒟蒻切絲滾湯煼如上裝簇膾醋澆食

---

140 수정회(水晶膾) : 원래 수정회는 돼지껍질에 물을 붓고, 껍질이 녹을 때까지 오랫동안 끓여 그 국물을 식혀
　　묵과 같이 만든 것을 말함(《거가필용》).
141 경지(瓊芝) : 영지버섯과 비슷한 것으로 백지(白芝) 혹은 옥지(玉芝)라고도 한다.
142 수모(水母) : 해파리

곤약을 채로 썰어 끓는 물에 데쳐내어 수정회처럼 모아 담는다. 회로
먹을 때 초를 쳐서 먹는다.

이상《거가필용》〈소식〉을 살펴보았다. 갱류, 국수류, 튀김류, 만두류, 찐빵류,
숙편, 회류, 구이류, 볶음류로 분류하여 재료를 보니 다음과 같았다.

주름버섯, 느타리버섯, 뽕나무버섯, 경지버섯, 목이버섯
산약, 죽순, 무, 시금치, 향채, 연밥, 마름, 곤약
우유, 유단
콩가루, 밀가루, 밀국수, 녹두, 팥, 참깨, 쌀

면근, 분피 분사
잣, 대추, 황률, 호두, 살구
부추, 파, 홍국, 술, 생강, 소금, 행인, 장, 파기름, 진피, 회향, 귤피, 초,
치자, 기름
조청, 꿀, 설탕
대마씨, 튀김기름, 지짐기름
소금에 절인 채소와 국물(이상 52종)

52종 가운데 면근, 밀가루, 분피, 곤약, 산약, 버섯류, 연밥, 마름은 주재료로 분
류된다.

〈표 8〉《거가필용》〈소식〉중 갱류

	음식명	주재료	부재료	양념			
				유단	콩가루	생강	소금
1	옥엽갱; 버섯국	주름버섯	느타리버섯, 산약, 뽕나무버섯, 죽순	○	○	술지게미에 절인 생강편	×
2	단유갱; 이유식 우유죽	우유				생강	○

〈표 9〉《거가필용》〈소식〉중 국수류

	음식명	주재료	부재료	양념	비고
1	선생;면근과 분피국수	생면근, 분피	분피, 분사, 죽순, 주름버섯	기름	
2	초선유제도;드렁허리처럼 만든 면근국수	면근	밀국수, 콩가루	침채국물, 유(乳)	假
3	산약결달;산약국수	산약, 밀가루	콩가루, 소(素)로 만든 고명	육수, 생강즙	

〈표 10〉《거가필용》〈소식〉중 튀김류

	음식명	주재료	부재료		양념	비고
1	가관폐; 곤약을 튀겨 만든 허파순대	곤약		튀김 기름	행인, 산초, 생강, 장, 파기름, 유	假
2	양숙어; 물고기 모양의 콩가루소 분피만두	분피, 분사	산약, 유단, 콩가루	〃	진피, 소금, 생강	假
3	잡골두; 양념한 (유단+콩가루+ 밀가루)로 튀겨서 만든 물렁뼈 모양의 과자	밀가루	유단, 콩가루	〃	소금, 장, 회향, 귤피, 천초가루, 대마씨, 설탕, 밀가루	假
4	감로병;꿀로 집청하여 잣고물을 묻힌 튀김과자	〃	조청, 콩가루, 잣, 기름	〃	꿀	

5	소유병1;꿀소 튀김과자	〃	꿀	〃	
6	소유병2;대추소 튀김과자	〃	대추	〃	
7	잡산약; 쌀가루 옷을 입힌 산약튀김	〃	밀가루, 쌀가루	〃	치자물

<표 11> 《거가필용》〈소식〉 중 만두와 찐빵류

	음식명	주재료	부재료	양념
1	산도;콩소만두	밀가루		○
2	칠보도;7종류의 소를 넣어 만든 만두	〃	황률, 잣, 호두, 면근, 강미, 시금치(살구+참깨가루)	○
3	채도1;침채만두	〃	소금에 절인 채소	○
4	채도2	〃	팥가루분피, 산약, 황률	○
5	관장만두	〃		○
6	포자;발효찐만두	〃		○
7	혼돈;물만두	〃	소채(素菜)	○
8	각아;교자	〃		○
9	삼패살	〃		○
10	징사당도;팥소만두	〃	팥	설탕
11	두랄도;녹두소만두	〃	녹두	기름, 소금, 생강즙

<표 12> 《거가필용》〈소식〉 중 숙편

	음식명	주재료	부재료	양념	비고
1	소관폐;면근으로 만든 허파순대	면근	콩가루	양념장	假

〈표 13〉《거가필용》〈소식〉 중 회류

	음식명	주재료	부재료	양념	비고
1	가어회;면근으로 만든 생선회	면근, 분피	죽순채, 주름버섯채, 무채, 생강채, 생채, 향채	초	假
2	수정회;경지버섯으로 만든 삶은 돼지껍질회	경지버섯	〃	〃	假
3	가수모선;곤약으로 만든 해파리 냉채	곤약	〃	〃	假

〈표 14〉《거가필용》〈소식〉 중 포, 적포, 구이류

	음식명	주재료	부재료	양념	비고
1	수박록포;면근으로 만든 사슴고기포 조림	생면근	지짐기름	부추, 소금, 홍국가루, 장, 초, 주름버섯즙	假
2	적포;면근포 꼬치 양념구이	익힌 면근		기름, 장, 초, 파, 소금, 천초, 조미료	假
3	적심;버섯 꼬치 양념구이	버섯		소금, 장, 기름, 조미료	
4	주저심;술을 넣은 양념으로 만든 버섯 양념구이	버섯		파기름, 생강, 귤채, 소금, 장, 술, 조미료	
5	가현자;연밥과 마름을 기름으로 지져 만든 즉석 조개구이	연밥, 마름		양념	假

〈표 15〉《거가필용》〈소식〉 중 볶음류

	음식명	주재료	부재료	양념
1	함시1;볶음장	면근채, 죽순편, 목이버섯, 밀가루	기름	천초, 장, 초, 생강편
2	함시2;볶음장	면근채, 주름버섯, 뽕나무버섯, 밀가루	〃	천초, 장, 초, 생강편
3	대즙함시;즙이 있는 볶음장	면근채, 시금치, 주름버섯, 뽕나무버섯, 밀가루	〃	천초, 장, 초, 생강편, 주름버섯즙

〈표 8〉에서 〈표 15〉까지는《거가필용》〈소식〉을 조리별로 분류하였다.

〈표 9〉, 〈표 10〉, 〈표 12〉, 〈표 13〉, 〈표 14〉의 비고에 가(假)라고 쓰인 음식들은 식물성 재료를 이용하여 동물성 재료로 만든 것 같이 만든 찬품이다. 예를 들면 가수모선은 곤약으로 해파리냉채와 같이 만들어, 그릇에 담을 때에도 해파리냉채를 담듯이 담아 초를 끼얹어 먹도록 했다. 가(假)가 붙은 음식은 《동경몽화록》에도 등장하여 휘종의 천녕절 생일잔치에서 제6의 수주(壽酒)를 올릴 때 술안주로 가원어(假元魚, 자라처럼 만든 음식)가 나오고, 제8의 수주를 올릴 때 술안주로 가사어(假沙魚)가 등장한다.[143]

드렁허리, 양허파, 생선, 물렁뼈, 돼지껍질, 해파리, 사슴고기 육포, 조개 대신에 소채(素菜)로 이들의 맛이 나게끔 만들어 소식의 범주에 넣고 있다. 《제민요술》〈소식〉이 나온 지 700년이 지난 후에 《거가필용》〈소식〉이 나온 점을 감안한다면 700년 동안 소식은 실로 엄청나게 발달했다. 그 뒤에는 물론 불교 선종의 영향이 있다.

6. 고려 시대의 문헌 자료와 〈소선〉

1) 《고려사절요》를 통해서 본 〈소선〉

고려 시대에는 승려의 지휘 아래에서 노비가 사원의 잡역을 수행하고 농업 생산에 사역되었다. 각 절의 토지에서 생산된 쌀, 밀, 보리, 조, 대두, 소두, 참깨, 들깨, 메주, 시, 참기름, 두부, 장아찌, 마늘, 파, 산나물, 버섯류, 꿀, 산초(山椒, 川椒), 산약, 차, 과일 등이 주요 농산물이었다.

《고려사절요》를 통해서 보자.

---

143 《東京夢華錄》〈天寧節〉

① 군인과 민간인에게 차[茶]를 선물하다(태조 14년 팔월).

② 최응(崔凝)은 항상 재소(齋素)하였다(태조 15년).

③ 떡, 쌀, 콩을 길 가는 사람에게 보시하다(광종 19년).

④ 성종께서 미음, 두붓국, 술을 길 가는 사람들에게 보시하였다(성종 원년).

⑤ 성종께서 공덕재(功德齋)를 위하여 친히 차와 보리를 맷돌로 간다고 하오니(성종 원년)

⑥ 최지몽이 졸하였다. 쌀 300섬, 보리 200섬, 차[茶] 200각(角) 등을 부의로 내려 주었다(성종 10년).

⑦ 최승로가 졸하였다. 부의로 면(麵) 300섬, 멥쌀 500섬, 뇌원다(腦原茶) 200각, 대다(大茶) 10근 등을 내려 주었다(성종 8년).

⑧ 종묘에서 기우(祈雨)한 후 도살 금지를 명하였다(현종 2년).

⑨ 승려가 술을 빚어 담그는 것을 금하였다(현종 원년).

⑩ 춥고 배고픈 백성에게 면(麵), 소금, 장을 주었다(현종 9년).

⑪ 군인에게 차[茶]를 주었다(현종 9년).

⑫ 절에서 승려가 술을 마시고 풍악을 울리는 것을 금하소서(현종 12년)

⑬ 사원에서 술 빚는 일을 금하였다(현종 12년).

⑭ 장의사, 삼천사, 청연사에서 술로 빚은 쌀이 합하여 360섬(현종 18년)

⑮ 나물을 캐는 것을 금하였다(정종 2년).

⑯ 인삼 300근(정종 2년)

⑰ 굶주리는 사람을 위해 쌀, 조, 메주, 소금을 주어 구제하다(문종 6년).

⑱ 범패를 부르는 마당은 파밭과 마늘밭이 되었으며(문종 10년)

⑲ 죽과 소채를 갖추어서 길손에게 시여하다(문종 18년).

⑳ 시중 소태보에게 금그릇, 은그릇, 술, 꽃, 음악을 하사하여 잔치하게 하다(숙종 원년).

㉑ 승려들이 술과 파를 팔고(인종 9년)

㉒ 대부시(大府寺)의 유밀(油蜜)이 없어지다(의종 11년).[144]

---

144 《高麗史節要》;김상보,《조선왕조 혼례연향 음식문화》, 신광출판사, 2003, p.44

①, ⑤, ⑥, ⑦, ⑪은 차[茶]에 관한 글이다. 뇌원다(腦原茶), 대다(大茶), 다(茶) 등의 명칭이 나온다. 뇌원다는 뇌원산(産) 차를 말하며, 대다는 크게 만든 차인데 이때의 차는 말차용이다.

③, ④, ⑤, ⑥, ⑦, ⑨, ⑩, ⑫, ⑬, ⑭, ⑮, ⑯, ⑰, ⑱, ⑲, ㉑, ㉒는 쌀·콩·보리·조·밀가루, 떡·미음·죽, 술, 장·메주·두부·소금, 인삼·소채·파·마늘·나물, 참기름·꿀에 대한 기술이다. 이들 모두는 술을 제외하고 소선이거나 소선을 만들기 위한 식자재들이다.

그런데 ⑭를 보면 장의사, 삼천사, 청연사라는 절에서 쌀 360섬으로 술을 빚었다고 했다. 당시 술만을 전적으로 빚어 파는 절이 있었음을 나타낸다. 실제로 ㉑은 승려들이 술과 파를 판다고 했다. 이러한 일이 가능했던 것은 앞에서도 언급하였지만 술이 선가(仙家)의 약으로 취급받았기 때문이다. 불교와 도교의 습합에 의한 결과물이다.

⑮에 등장하는 나물은 산채 즉 산나물을 가리킨다. 들나물이라면 구태여 나물을 캐는 것을 금지할 필요는 없다.

왕실에서 굶주린 백성을 위해 보시할 때 주된 식품은 ③의 떡·쌀·콩, ④의 미음·두붓국·술, ⑰의 쌀·조·메주·소금, ⑲의 죽·소채이다. 이들을 다시 요약하면 곡식은 쌀·조·콩이고, 음식은 떡·미음·두붓국·술이며, 조미료는 메주와 소금으로 나타난다. 이들은 당시 음식을 만들 때 가장 기본 재료가 쌀과 조, 콩 외에 메주와 소금이었음을 암시한다.

㉒에서 등장하는 대부시(大府寺)는 고려 시대 궁중의 재화(財貨)를 맡아보던 관아이다. 1157년 유밀과(油蜜果)를 만드느라 대부시에 저장했던 참기름과 꿀이 전부 소진되었으므로 여러 사원으로부터 참기름과 꿀을 거두어 초(醮)[145]와 재(齋)에 사용하기

---

145 초(醮) : 성신(星辰)에게 지내는 도교적 제사. 초제(醮祭).

도 하였다.[146] 국가에는 참기름과 꿀이 떨어져도 사원에는 참기름과 꿀이 있었다.

당(唐)에서는 승(僧)이 미장(未醬)[147]을 주로 만들었는데, 경산사(徑山寺)[148]에서 최초로 만들었다는 산사미장(山寺未醬)은 대두와 보리로 된장을 만든 다음 월과(越瓜), 목이버섯, 생강, 소금을 넣고 발효하였다.[149] 즉 장에 박아 만든 장과(醬果, 장아찌)류이다. 고려 시대 사원에서도 양조업(술, 된장, 간장, 초)을 담당하였다면, 이 생산물들을 이용하여 만든 각종 장과도 사원의 주요 생산품이었을 것이다.

이상 《고려사절요》의 기술은 다음과 같이 요약할 수 있다.

소선(소식)
떡, 미음, 죽, 술, 차[茶], 두붓국

소선의 재료
쌀, 콩, 보리, 조, 밀가루(밀)
인삼, 소채, 산채, 파, 마늘, 두부
장, 메주, 소금, 꿀, 참기름

파와 마늘이 소선의 재료에 들어가는지 아닌지에 대해서는 추후 검토를 요망한다. ⑱ 항목에 나온 '범패를 부르는 마당은 파밭과 마늘밭이 되었으며'는 사원 마당에 재배해서는 안 되는 파와 마늘을 재배하였다는 것인데, 당시 일부 사원은 파와 마늘을 양념에 쓰고자 재배하였음이 확인된다.

---

146 《高麗史》卷18, 毅宗 11年 10月 任寅條
147 일본에서는 말장(末醬, 메주)을 미장(未醬)이라 했다.
148 경산사(徑山寺) : 중국 오산(五山)의 하나. 절강성(浙江省), 임안현(臨安縣)에 있음.
149 寺島良安,《和漢三才圖會》卷105, 1992, 平丹社

2) 시문집, 수필집 등을 통해서 본 〈소선〉

① 이인로(李仁老, 1152~1220)의《파한집(破閑集)》

한구(寒具),[150] 사탕(砂糖), 송지(松芝),[151] 복령(茯苓), 다(茶)를 구초(口焦, 입마름)의 약으로 쓰다.

② 최자(崔滋, 1188~1260)의《보한집(補閑集)》

승원마다(僧院磨茶, 승원에서 차를 갈다); 밤[栗], 잣[松], 겨자[芥子], 소순(蔬芛, 나물로 쓰는 죽순), 순채(蓴菜)

③ 이규보(李奎報, 1168~1241)의《동국이상국집(東國李相國集)》

다마(茶磨, 차 가는 멧돌), 전다공양(煎茶供養), 다과(茶果)
죽순, 오이, 가지, 순무, 파, 아욱, 박
밤[栗], 앵두, 송화
단오전주(端午奠酒)[152]

④ 이제현(李齊賢, 1287~1367)의《역옹패설(櫟翁稗說)》

---

150 한구(寒具) : 제민요술에는 세환병(細環餠)이라고 함. 유밀과의 하나.
151 송지(松芝) : 송이(松茸)
152 단오전주(端午奠酒) : 단옷날 베푸는 술

맑은 술에 노란 국화꽃을 띄워 마신다.

동지두죽(冬至豆粥, 동짓날에 먹는 팥죽)

⑤ 이색(李穡, 1328~1396)의《목은집(牧隱集)》

동지두죽, 점반(粘飯),[153] 점서(粘黍)[154]

팔관다식, 전다(煎茶), 유두일의 차[茶]와 단자(團子)

창포주, 중양국주(重陽菊酒, 9월 9일에 마시는 국화주)

두부

꿀물[蜜水], 장수(漿水)

⑥ 권근(權近, 1352~1409)의《양촌집(陽村集)》

감, 오가피, 오미자, 수박

율무[薏苡]

두부, 순채, 생강

축채(蓄菜, 김장)

⑦《노걸대(老乞大)》[155]

우리 고려 사람은 습면(濕麵) 먹는 것은 익숙하지 않으니 건면(乾麵, 만두) 먹는 것이

---

153 점반(粘飯) : 찹쌀로 지은 밥.

154 점서(粘黍) : 차기장으로 지은 밥.

155 《노걸대(老乞大)》 : 중국을 여행하려고 고려인이 1346년에 편찬한 중국어 교재.

어떻소.

이상 시문집과 수필집 등을 통하여 살펴본 내용을 다음과 같이 요약한다.

〈소선〉

술(창포주, 중양국주 등), 차, 유두차

다과(茶果), 한구, 팔관다식, 유두단자, 사탕

두부, 동지두죽, 점반, 점서, 만두[乾麪], 침채[蓄菜]

밤, 잣, 앵두, 감

〈소선의 재료〉

송화, 오미자, 율무

나물로 쓰는 죽순, 순채, 오이, 가지, 순무, 파, 아욱, 생강, 겨자

다과와 팔관다식, 유두단자란 말은 차[茶]를 마실 때 과(果, 菓)와 한 조로 등장했고, 팔관연 때 다식(茶食)이 반드시 차려지며, 또 유두날 유두차를 마실 때 차를 위해 특별히 만든 떡이 단자임을 나타낸다.

창포주는 단옷날 마시는 세시주로, 이규보가 쓴 《동국이상국집》에서 등장하는 단오전주(端午奠酒)이다. 중양국주는 9월 9일에 만든 국화꽃술이다. 이로써 단옷날에는 창포주, 유두날에는 유두차, 중구에는 중양국주를 마시고 세시를 즐겼음을 알 수 있다.

동지두죽은 동짓날 먹는 팥죽이다. 축채(蓄菜)는 겨울에 저장하려고 만드는 김치, 즉 침채이다.

우리는 여기서 앞서 신라 항목에서 기술한 《형초세시기》에 등장하는 삼짇날, 중구날 외에 단오, 유두, 동지, 김장 등의 세시풍속이 형초세시기의 세시와 마찬가지

로 고려 시대에 자리를 잡았음을 확인할 수 있다. 형초세시기의 세시풍속 영향을 엿볼 수 있는 대목이다.

《노걸대》에 등장하는 건면(乾麵)을 보자. '고려 사람들은 습면 먹는 것에는 익숙하지 않고 건면 먹는 것에는 익숙하다'라고 했다. 습면(濕麵)은 한마디로 말하면 국수류이고, 건면은 만두이다. 고려 민중들이 만두를 즐겨 먹었다는 이야기이다.

《거가필용》에도 만두류를 〈건면식품(乾麵食品)〉 항목에 넣고 있다.

IV
다례(茶禮)와 주례(酒禮)가 결합한
고려 왕실의 〈다연(茶宴)〉

1. 사회상

삼국 시대에 들어온 불교는 1392년에 고려가 패망할 때까지 전성기를 맞았으며, 고려는 1,000년이 넘는 불교문화 역사 속에 있었다.

사회 중생 구제를 목표로 한 대승(大乘)불교가 발전하여 여타 민속 신앙의 요소를 수용하여 새로운 불교적 사상체계를 구축한 밀교(密敎)가 전개되었다. 또한 밀교가 전개되어 불교문화의 발전이 촉진되었다. 불교 사상을 기본으로 한 불교문화는 고려 왕조 내내 왕공(王公)부터 일반 백성에 이르는 모든 계층의 귀의를 받아 굳건한 기반을 구축하였으며,[156] 고려 시대는 그 절정기였다.

선종(禪宗)은 이미 통일 신라 시대 말경에 호족 세력과 연결되어 있었다. 경주를 벗어난 호족 세력들은 각 지방에 선종 사원을 광범위하게 세웠다. 잘 알려진 이야기지만, 호족 출신인 태조 왕건(太祖 王建, 재위 918~943)도 선종 구산(九山)의 하나인 이엄(利嚴)[157]의 수미산문(須彌山門) 소속이었다. 왕건은 도선(道詵, 827~898)을 비롯한 많은

---

156 박용운, 《고려시대사 上》, 일지사, 1998, p.19
157 이엄(利嚴) : 신라 말의 스님. 진성여왕 10년(896) 당나라에 가 도응(道膺)의 선문(禪門)에서 심인(心印)을 받고 귀국, 고려 태조가 초청하여 구산(九山)의 하나인 해주(海州) 수미산을 개산(開山)함.

선승(禪僧)들과 긴밀한 관계를 맺으면서 선종 문화의 뿌리를 굳건히 내리도록 했다. 물론 고려 사회에는 교종(敎宗)과 선종이 공존하였다.

고려 시대의 사원은 사원경제(寺院經濟)라는 거대한 부를 소유하였다. 사원의 재산에서 가장 큰 비중을 차지하는 것은 대토지(大土地)였다. 이들 토지의 생산물을 이용하여 상업, 직포업(織布業), 제와업(製瓦業), 양조업(釀造業), 제염업(製鹽業) 등으로 부를 창출하여 거대한 재력을 갖고 있었다.[158] 양조업이란 된장, 간장, 초, 술 등을 포괄한다. 두부만 전문적으로 만드는 조포사(造泡寺)도 있었다.

지증(智證)대사가 기증한 안락사(安樂寺)를 볼 때,[159] 이미 8세기에 선종 사원의 전장(田莊)이 보인다. 고려 시대에 들어서는 교종과 선종 모두 사원이 대토지를 소유했다.

통도사(通度寺)[160]는 47,000보(步) 규모의 농장을 소유하고 장생표(長生標) 12개를 설치하였다. 농장에는 지대 수납과 감독을 담당하는 중간 관리인인 직간(直干)이 전답과 다원(茶園)을 경작 및 감독하여 농산물과 차[茶]를 거두어들였다.[161] 장생표가 설치된 영역 안의 산림, 전야(田野), 농민은 사원의 배타적 지배를 받았다.

사원은 토지에서 들어오는 각종 농산물, 사원에 예속된 많은 노동력을 동원하여 재생산한 두부·된장·간장·장아찌류·참기름·초·술, 그 외 품질이 좋은 직물류와 기와 등을 생산하여 자가 수요분 이외에는 판매하였으며, 고리대(高利貸)를 하여 막대한 수입을 올렸다. 고려의 사원은 사원경제라고 일컬을 정도로 경제적인 면에서 커다란 비중을 차지했다.[162]

---

158 李炳熙, 〈高麗前期 寺院田의 分給과 經營〉, 《韓國史論》, 서울대학교 국사학과, 1988, p.29
159 김창석, 〈통일신라기 田莊에 관한 연구〉, 《韓國史論》, 서울대출판부, 1991, p.62
160 통도사(通度寺) : 신라 선덕여왕 15년(645)에 자장법사(慈藏法師)가 세움. 경상남도 양산시 하북면 지산리 영취산에 있는 31본산(本山)의 하나.
161 김창석, 〈통일신라기 田莊에 관한 연구〉, 《韓國史論》, 서울대출판부, 1991, p.64
162 박용운, 《고려시대사 上》, 일지사, 1998, p.351

경제적 부를 축적한 사원의 중요한 역할과 기능은 향사(享祀), 즉 제(齋)였다.[163] 재를 올릴 때 공양 음식은 노비 등 사원에 예속된 노동력을 이용하여 대토지에서 생산된 풍부한 농산물을 재료로 삼아 만든 정진음식(精進飮食) 즉 소선(素膳)이다.

고려 시대 사원의 주요 지출은 상주재죽(常住齋粥)에 드는 비용이었다.[164] 즉, 극도로 내핍생활을 하며 정진(精進)할 때 승(僧)이 먹는 정진음식인 죽과 재(齋)를 올릴 때 드는 비용이 사원의 주요 지출이라는 의미이다. 이처럼 재는 사원의 중요한 역할 중 하나였다.[165]

사원이 이러하였다면 고려 왕실은 과연 어떻게 운영되었을까?

고려 왕실은 살아 있는 제석인 왕을 둘러싼 이상적인 행정체계를 채택 및 응용하였다. 내제석원(內帝釋院)과 외제석원(外帝釋院)을 두어, 왕이 탄생하면 왕을 보호하는 도량을 외제석원에서 마련하였고, 왕의 죽음이 임박하면 내천왕사(內天王寺)로 거처를 옮겨 지내다 돌아가셨다.[166]

왕은 천사라는 중간자를 내세워 제석궁과 궁 사이를 통하는 자격을 부여받았다.[167] 왕의 이승이 궁이라면 저승은 제석천의 선견성이었다.[168] 왕이 거처하는 궁전은 현실의 제석궁이며 왕은 곧 살아 있는 제석(帝釋)이었다.

제석이고자 했던 왕의 통치 행위가 잘못되면 하늘[天], 선조(先祖), 제신(諸神)들은 왕에게 꾸지람을 내린다. 사람들은 이 꾸지람이 한재(旱災), 황충[蝗], 장마, 우박, 서리, 벼락 등과 같은 천재지변으로 나타난다고 생각하였다. 일단 천재지변이 생기면 선조의 보살핌을 받고 신령(神靈)을 고무시키기 위하여

163 李炳熙, 〈高麗前期 寺院田의 分給과 經營〉, 《韓國史論》, 서울대학교 국사학과, 1988, pp. 54, 56
164 李承休는 看藏寺에 7~8結의 토지를 시납하여 常住齋粥의 비용으로 삼게 하였다. (李承休, 〈看藏寺記〉, 《高麗名賢集》 1, 성균관대학교대동문화연구원, 1686, pp. 583~585
165 김상보, 《조선왕조 혼례연향 음식문화》, 신광출판사, 2003, p. 46
166 《高麗史節要》 成宗 16年 10月條
167 《三國遺事》 〈感通〉
168 편무영, 《한국불교민속론》, 민속원, 1998, pp. 61~63

① 종묘와 사직, 산천에 제사를 지낸다.

② 도량[道場]과 재(齋)를 올린다.

③ 초제(醮祭, 星辰에게 지내는 제사)를 올린다.

④ 승(僧)에게 반승(飯僧, 밥을 먹임)한다.

⑤ 죄인을 사(赦)한다.

⑥ 노인을 우대하고 불쌍한 사람을 구휼하기 위하여 시여(施與)한다.

⑦ 도살(屠殺)을 금한다.

⑧ 왕은 상선(常膳)을 줄이고 소선(素膳, 素食)을 든다.

⑨ 왕은 풍악을 철폐한다.

⑩ 왕은 정전(正殿)을 피한다.

⑪ 왕은 충신을 쓰고 간신을 버린다.

⑫ 관리들은 자기 직책에 충실하고 조심한다.

등을 하고자 하였다.[169] 성신생활(精進生活)을 하면서 나라를 디스리는 지침이기도 하다. 도살을 금지하고 상선을 줄이거나 소선을 드는 행위는 정진생활을 실행하기 위한 기본적인 항목이다. 정진(精進)을

> 정신을 가다듬어 악행을 버리고 선행을 닦음.
> 잡념을 버리고 한마음으로 불도를 닦아 게으름이 없음.
> 몸을 깨끗이 하고 마음을 가다듬음.
> 어육을 삼가고 채식함.

으로 해석한다면[170] 위에서 열거한 12가지 사항은 모두 정진에 해당한다. 다시 말하면 왕의 통치는 엄격한 정진생활 실천이 요구되었으며, 왕이 엄격한 정진생활로 통치하고자 할 때 일반 백성들에게도 정진생활을 강요한다. 왕이 백성의 모범이 되고자 하는 것이 정진생활이다.

제석이고자 했던 왕과 대사원이 있던 고려 사회의 474년 동안은 불교문화가 어느 시대보다도 가장 찬란했다. 따라서 이러한 사회적 분위기에서 나온 음식 문화의 소산은 찬품이든 식자재든 거의 소선 문화의 토대 위에서 꽃피운 결과라고 생각해도 좋다.

---

169 《高麗史》; 김상보, 《조선왕조 혼례연향 음식문화》, 신광출판사, 2003, pp. 35~36
170 김상보, 《조선왕조 혼례연향 음식문화》, 신광출판사, 2003, pp. 35~37

2. 도리천의 세계를 구현한 고려 왕실의 〈다연〉

통일을 완수한 고려 태조 왕건은 이 땅에 제석세계(帝釋世界, 도리천의 수미산정)를 실현하고자 하였다. 제석천의 주된 거처인 도리천(忉利天)[171]의 수미산(須彌山)[172]에는 선견성(善見城)이라는 왕궁이 있고, 왕궁 주변에는 천주, 군, 현, 촌 등의 천계 행정 구역이 있어 사천왕과 그 권속들을 제석의 신하거나 제석을 수호하는 무장으로 간주하였다.[173]

고려 왕실은 제석을 둘러싼 이상적인 행정체계를 채택 및 응용했다. 왕의 이승이 궁궐이라면 저승은 제석천의 선견성이었다. 따라서 왕이 거처하는 궁궐은 현실의 제석궁으로, 제석궁에서 펼쳐지는 연향에서 도리천의 세계를 표현하고자 하였다.

고려 시대의 불교문화는 고려 왕조 내내 왕부터 백성까지 모든 계층의 귀의를 받아 군건한 기반을 구축했으나, 정치 행위를 하는 데에 있어서는 여전히 유교가 대세였다.

한편으로 사람들 마음에는 영원히 살고자 하는, 불로장생을 바라는 도교적 정신관도 여전히 팽배했다. 유교, 도교, 불교가 결합한 사회 구조는 통일 신라 시대와 다름이 없었다. 왕실에서 행한 연향의 구조도 유교, 도교, 불교가 결합한 풍류로 전개되었으나, 핵심은 도리천의 세계를 펼쳐서 얻고자 하는 수복강녕(壽福康寧)이었다.

---

171 도리천(忉利天) : 욕계육천(慾界六天)의 둘째 하늘. 수미산 꼭대기에 있는데, 중앙에 제석천(帝釋天)이 사는 선견성(善見城)이 있고, 사방에 팔천(八天)씩 모두 삼십 삼천이 있다.
172 수미산(須彌山) : 불교의 세계관에서 세계 한가운데에 높이 솟아 있는 산. 꼭대기에는 제석천이 살고, 중턱에는 사천왕이 살고 있다고 함. 금, 은, 유리, 파리의 사보(四寶)로 이루어져 북쪽은 황금, 동쪽은 백은, 남쪽은 유리, 서쪽은 파리(玻璃, 수정)로 되어 있다. 해와 달이 주위를 회전하여 보광(寶光)을 반사하여 사방을 물들인다고 함.
173 서윤길, 〈고려의 제석신앙〉, 《불교학보》, 제15집, 동국대학교 불교문화연구소, 1978, p. 49

1) 조화로 장식한 과안(果案)과 말차(抹茶)

약사여래불(藥師如來佛)[174]은 동방정유리국(東方淨瑠璃國)의 교주이다. 그는 중생의 질병과 고통을 구제하려 12종류의 원(願)을 세우고 법약(法藥)을 주는 분이다. 약사여래불은 불로장생을 중요한 해탈 과정의 하나로 본다. 불로장생하여 해탈하면 하늘에서는 꽃비[雨花, 散花, 天花]가 내리고, 그 꽃을 얻으면 성불(成佛)하게 된다.

꽃비에 등장하는 꽃은 연꽃, 모란(부귀장춘富貴長春), 장미(부귀장춘), 복숭아꽃(장명부귀長命富貴), 수선화(신선부귀神仙富貴) 등이다. 이들 꽃이 있는 극락정토 수미산은 금, 은, 유리, 수정 등 4종류의 보물로 장식되어 있다. 하늘에서는 음악이 들리고 대지는 아름다운 황금색이다. 부처님의 가르침을 전하려는 학(鶴)[175], 공작(孔雀), 봉황(鳳凰)[176], 앵무, 나비 등의 초충(草蟲)[177]들이 노래를 부르며, 주야로 세 번씩 천상의 꽃이 떨어진다.[178]

수미산에 존재하는 이러한 꽃과 새 그리고 초충은 상화(床花)를 위한 조화(造花)로 만들어져, 유밀과를 고여 담은 각 찬품에 꽂아 과안을 장식한다.

과안(果案)은 네모반듯하고 발 높은 상이다. 돌아가서서 수미산에 계신 제석신(帝釋神)인 조상신을 접대하고자 말차(抹茶)와 함께 올리는 상차림이다. 제석신은 강림하셔서 다의례(茶儀禮)를 통하여 말차와 과(果)를 드시게 된다. 이 다례(茶禮, 茶儀禮)는 불교 의례에서 행하는 다게(茶偈)에 해당한다.

---

174 약사여래불(藥師如來佛) : 약사유리광여래(藥師瑠璃光如來)라고도 함. 12대서원(大誓願)을 발하여 중생의 질병을 구제하고 법약(法藥)을 준다는 여래. 보통 왼손에는 약병을 들고, 오른손으로 시무외(施無畏)의 인(印)을 맺고 있음.

175 학(鶴) : 불단을 장식하는 새. 수미산에서 사는 새 중의 하나. 은하수까지 날아오를 수 있고, 1,600년 동안 먹지 않고도 살 수 있으며, 암수가 정답게 보고만 있어도 잉태하는 새로 알려져 있음.

176 봉황(鳳凰) : 수미산에 사는 상상의 새. 아무리 배가 고파도 죽은 것이나 좁쌀 등을 먹지 않는 청렴한 성품을 지닌 새로 알려져 있음.

177 초충(草蟲) : 극락에 존재하는 곤충류

178 김상보, 《사상으로 만나는 조선왕조 음식문화》, 북마루지, 2015, pp.54~55

신께서 잡수시고 남기신 차와 과는 연회장에 초빙된 빈객(賓客)들이 음복하며, 먹은 참석자들은 수복강녕하게 된다. 빈객이든 진지를 올리는 자든 무용수든 참석자 모두는 머리에 꽃을 꽂고 다례를 올리는 장소를 도리천의 세상으로 만든다.

2) 다례(茶禮)와 주례(酒禮)는 하나의 뿌리에서 출발한다

차와 술은 불로장수를 위한 약이었음을 앞서 기술하였다. 도교를 믿는 사람들 사이에서 술은 몸을 따뜻하게 하고 혈액순환을 도와줄 뿐만 아니라 신선과 만나게 하는 중요한 음료였다. 차는 내로경신(耐老輕身) 사상에서 몸을 가볍게 하여 장수하게 하는 하나의 선인(仙人) 음료로 기정화하였다.

술의 성(性)이 대열(大熱)인 반면, 차는 성이 냉(冷)하다. 차는 머리와 눈을 맑게 하며 소변을 잘 나오게 하고, 술의 열성(熱性)을 풀어주는 중요한 음료였다. 그래서 차와 술은 술좌석에서 한 조가 되게끔 구성되었으며, 술이 있는 곳에는 반드시 차가 동반되었다.[179]

술을 곁들이는 왕실 연향 의례에서 자연스럽게 다례의(茶禮儀)와 주례의(酒禮儀)가 펼쳐졌으며, 의례 구성은 약이라는 성격을 드러내는 하나의 뿌리에서 출발한다. 원칙적으로 고려 왕실 연향에서 다례는 다게(茶偈)에서 나왔다. 그러므로 연향의 구조에서 다의례는 주의례보다 먼저 진행되었다. 연향의 출발은 차 올리기부터 시작했다는 이야기이다. 다게와 같은 성격의 다의례를 장엄하게 진행하기 위하여 차린, 상화로 장식한 화려한 과안(果案)은 말차와 한 조가 되게 차려졌다. 그날 차려지는 모든 상차림 중 과안은 가장 핵심적인 차림이었다.

---

179 김상보,《사상으로 만나는 조선왕조 음식문화》, 북마루지, 2015, p.43

3) 〈다연〉이었던 〈팔관회〉와 〈연등회〉

살아 있을 때도 제석이고 돌아가서도 제석신(帝釋神)임을 자처했던 고려왕이 참석하는 팔관회와 연등회의 연향은 살아 있는 제석인 왕과 돌아가신 제석신(조상신)이 함께하는 연회이다.

〈표 16〉《고려사(高麗史)》에 나타난 팔관회와 연등회의 소회(小會)

구분	팔관회, 11월 15일 중동(仲冬)	연등회, 2월 15일 중춘(仲春)
진전(眞殿) 참배	• 진전(眞殿) 법왕사(法王寺)에서 선조께 참배 • 과안을 차림 • 헌다(獻茶) • 술 3헌(三獻)과 삼미(三味) • 음복(飮福)	• 진전 봉은사에서 선조의 진전 참배 • 과안을 차림 • 헌다 • 술 3헌과 삼미 • 음복
백희(百戲)	• 선인전(宣仁殿)에서 백희(百戲)	강안전(康安殿)에서 백희
다례(茶禮)	• 진다(進茶)와 진다식(進茶食) • 사다(賜茶)와 사다식(賜茶食)	
주례(酒禮)	• 진삼작(進三爵)과 진삼미수(進三味數) ※ 세 번째 진작 때 삼미로 쌍하(雙下)를 올림 • 사주(賜酒)와 행주(行酒)	

〈표 17〉《고려사(高麗史)》에 나타난 팔관회와 연등회의 대회(大會)

구분	팔관회	연등회
다례(茶禮)	• 진다와 진다식 • 사다와 사다식	• 진다 • 사다
주례(酒禮)	• 삼헌작(三獻爵)과 삼미(三味) ※ 세 번째 진작 때 삼미로 쌍하를 올림 • 삼잔(三盞)의 사주와 행주	• 삼헌(三獻)의 진작과 삼미(三味) ※ 세 번째 진작 때 삼미로 쌍하를 올림 • 삼잔의 사주와 행주

진화(進花)	• 12송이 꽃을 진화(進花) • 사화(賜花), 대화(戴花)	• 12송이 꽃을 진화 • 사화, 대화
주례(酒禮)	• 진작과 진미수 • 사주와 행주, 사선과(賜宣果)	• 진작과 진미수 • 사주와 행주, 사선과
사봉약(賜封藥)	• 사봉약	• 사봉약

태조 왕건은 고려를 세우면서 거의 모든 제도에서 신라의 것을 모범으로 삼았다.[180] 팔관회와 연등회 역시 신라의 제도를 이었다. 소회(小會)와 대회(大會)로 나누어져 열린 이들 연향에서 팔관회로 예를 들어본다.

곤룡포를 갖추어 입은 왕은 화려한 과안이 차려진 진전(眞殿)인 법왕사(法王寺)에서 과안에 차려 놓은 유밀과와 말차로 다례를 행한다. 헌다(獻茶)이다. 이후 술 3헌과 안주를 올리고, 조상신께서 드시고 남기신 술을 복주(福酒)로 하여 음복한다. 이처럼 신과 합체하는 의례 행위가 곧 소회이다. 그런 다음 왕은 자황포로 옷을 갈아입는다. 이어서 갖가지 무용과 잡희가 연기장에 출현하여 어우러지는 백희(百戲)로 연회장을 정화한 후, 왕에게 말차와 다식을 올리고 왕은 참석자들에게 말차와 다식을 내린다.

이후 왕에게 술 3작(爵)과 술안주 삼미(三味)를 올리는데, 세 번째 진작(進爵)에는 술안주로 두 개를 한 조로 올린 발효찐만두인 쌍하(雙下)가 제공되고, 왕과 군신들 간에 헌작(獻爵)과 사주(賜酒) 및 행주(行酒)가 이루어진다. 쌍하는 《동경몽화록》〈천녕절〉에서도 등장하는 술안주이다(<표 16>).[181] 차와 술은 약이었으므로 진작(進爵)을 헌수주(獻壽酒)라고도 했다.

행사를 마친 왕은 법왕사를 떠나 궁으로 돌아와서 대회(大會)를 맞는다. 대회하는 날 선인전(宣仁殿)에는 소회와 마찬가지로 화안(花案), 과안(果案), 말차(抹茶), 주준

---

180 《高麗史節要》卷1
181 《東京夢華錄》〈天寧節〉

(酒樽, 술 단지), 술안주를 갖춘다. 배일 및 배치는 소회 때와 같게 한 후 다례(茶禮), 주례(酒禮), 진화(進花), 사화(賜花), 대화(戴花, 머리에 꽃을 꽂음), 주례, 봉약(封藥)의 반사(頒賜)로 구성된다(<표 17>).[182]

소회와 대회에서 말차와 과안을 술과 술안주보다 앞서 올리는 이유는 다게(茶偈)에서 보여주는, 차가 지니는 성수(聖水)의 의미에서 찾아야 할 것 같다. 팔관회의 연향에서 주체는 술과 술안주가 아니라 말차와 유밀과였기 때문에 주연(酒宴)이 아니라 '다연(茶宴)'이라고 볼 수 있다. 다연에서 살아 있는 제석이든 돌아가신 제석신이든 이들에게 차를 올리는 행위는 다게와 같은 성스러움에서 출발하였다. 다시 말하면 다례를 중핵으로 하는 <팔관회>는 <다연>이다.

팔관회와 연등회에서 다례와 주례는 조선의 연향으로 이어졌다. 조선 왕실은 고려 왕실의 연회 구조를 속례(俗禮)로 받아들였지만, 의례 구조는 숭유주의에 따라 유학 형태로 취하여야만 했다. 그래서 취한 것이 주공(周公)이 말한 《의례(儀禮)》속의 의례 구조였다.

《국조오례의(國朝五禮儀)》는 세종(世宗, 재위 1418~1450)의 명을 받아 허주(許稠) 등이 편찬에 착수하고, 세조(世祖, 재위 1455~1468) 때 강희맹(姜希孟) 등의 손을 거쳐 성종(成宗, 재위 1469~1494) 5년(1474)에 신숙주(申叔舟), 정척(鄭陟) 등이 조선 개국 82년 만에 완성했다. 국조오례의를 만들도록 처음으로 명한 왕이 세종이므로 개국한 지 20여 년 후에 편찬을 시작한 것이다.

다시 말하면 국조오례의가 의례를 기반으로 하였다고는 하나, 시대적 상황상 고려 왕실의 의례를 속례(俗禮)로 받아들일 수밖에 없었고, 따라서 조선 왕실의 의례는 고려의 의례를 계승하고 유교적 요소를 첨부했다고 볼 수 있다.

고려 왕실은 팔관회든 연등회든 소회와 대회로 나누어 연회를 치렀다. 양자 모두는 본격적인 행사 전에 다례를 행하였다. 소회의 주목적은 돌아가서서 이미 제

---

182 《高麗史》;김상보, 《사상으로 만나는 조선왕조 음식문화》, 북마루지, 2015, p.74

석신(帝釋神)이 되신 선대왕의 진전(眞殿)에 나아가서 다례를 행하고 술 3헌을 헌작하는 것이었다. 이후 대회에서는 다례 후 주례, 진화 등이 이루어졌다.《국조오례의》〈빈례(賓禮)〉에서 보여주는 다례의, 주례의, 진찬안(進饌案), 진화(進花), 대화(戴花, 머리에 꽃을 꽂음) 등은 고려 왕조가 도리천 세계를 펼치고자 했던 팔관회의 소회 때 헌다, 주례의, 진과안(進果案, 진찬안에 해당)과 대회 때 진화, 대화로 드러난다.

조엽수림 문화(照葉樹林文化) 속의 한반도

1. 조엽수림 문화란

조엽수림 지대는 인도 동북부, 히말라야산맥의 남산(南山) 기슭, 양자강 연안, 버마(미얀마), 타이 북부, 한반도 남쪽, 그리고 일본이다. 이들 지역은 조엽수림 문화를 바탕으로 한 공통적인 식문화(食文化)가 있다.

구석기 시대에 오랫동안 수렵과 채집으로 먹을 것을 얻던 인류는 산과 들에서 야생 식물의 종자와 과일, 토란 등을 채취하면서 식물이 성장하고 번식하는 방식을 이해하게 되었다. 생활이 어느 정도 정주화되었을 때, 인류는 먹고 남아서 버린 식물체의 일부나 씨앗에서 싹이 돋고, 이들이 생육하여 다시 먹을 수 있는 열매와 토란이 생기는 모습을 보고 배울 기회가 생겼다. 이러한 지식이 거듭 쌓이면서 먹을 수 있는 식물을 직접 재배하게 되었으며 작물이 탄생하였다. 인류는 약 1만 년 전부터 작물을 재배하고 농경을 시작했을 것으로 추측된다. 그러나 작물 재배는 단순한 일이 아니다. 토지를 개간하고 작물의 생육을 관리하는 등 기술을 생각해 내야 한다. 이렇게 되기까지 거듭 쌓이는 상당한 지식이 필요하였다.[1]

동남아시아의 열대 강우림에서 닭, 돼지, 토란 등을 중심으로 하는 근재농경문

---

[1] 김상보, 《한국의 음식생활문화사》, 광문각, 1997, pp. 38~39

화(根栽農耕文化)가 북쪽으로 전파하여 온대림인 조엽수림대(照葉樹林帶)에 도달하자, 이 지역의 온도와 비 오는 양의 유형에 의하여 식물 패턴이 결정되었다. 아울러 조엽수림대에서는 인간만이 지니는 독특한 민족 문화가 생겨났다. 이렇게 조엽수림대에 형성된 민족 문화를 조엽수림 문화라 한다([그림 6], [그림 7]). 조엽수림 지대에서는 상록의 떡갈나무, 모밀잣밤나무, 감나무, 동백나무 등 넓은 잎의 나무가 자란다. 이 잎들은 태양 아래에서 조명을 받듯이 반짝반짝 빛난다. 사람들은 이 빛나는 나뭇잎으로 뒤덮인, 대부분 산악지대에서 산악적인 성격을 가지고 살면서 야생의 도토리, 칡, 고사리, 토란류, 쑥, 차, 밤, 개암, 자두, 감 대추 등을 식용 작물로 했다.

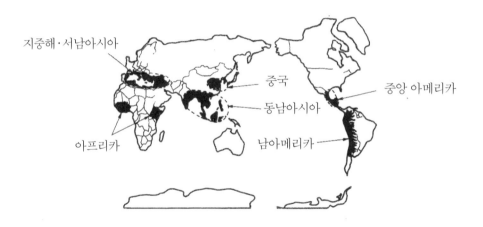

[그림 6] 세계의 재배식물과 농경의 기원지(掘田滿 外 編《世界有用植物事典》, 平凡社, 1989, p.1253)
　　　동남아시아에서 생긴 문화를 근재농경 문화(根栽農耕文化)라 한다.
　　　서아프리카 사바나 지대에서 생긴 문화를 사바나 농경 문화라 한다.
　　　지중해와 서남아시아에서 생긴 문화를 지중해 농경 문화라 한다.
　　　중앙아메리카와 남아메리카에서 생긴 문화를 신대륙 농경 문화라 한다.
　　　조엽수림 문화는 [그림 7] 참조.

[그림 7] 조엽수림대의 분포(中尾佐助, 《栽培植物と農耕の起源》, 岩波新書, 1992, p.63)

　도토리, 칡, 고사리, 토란류의 식용화에는 수쇄(水碎)의 기술이 필요하다. 이 지극히 간단한 가공법도 원시인에게는 쉽지 않았다. 토란류를 으깨는 일은 돌로 쉽게 할 수 있지만, 다음 단계인 전분질을 흘려 침전시켜 전분을 모으는 작업에는 반드시 그릇이 필요하다. 또 많은 물이 필요하므로 물가에 모여 살아야 한다. 조엽수림대는 열대 강우림 지대만큼 물이 풍부하지 않기 때문에 많은 물을 사용해야만 하는 이 기술은 사람들이 생활하는 장소가 한정되도록 영향을 미쳤다. 가을이 되면 도토리류가 많은 산림에서 많은 식량이 떨어지고 야생의 토란류, 칡, 전분 등을 수쇄하는 기술 덕분에 식량을 쉽게 획득하고 생활이 안정되었다.

　이 지역에서 농경을 개시한 시기는 대략 6,000년에서 8,000년 전이라고 추정된다.[2] 앞서도 간단히 기술히었지만, 동남아시아의 근재농경 문화가 조엽수림대에 이르러 환경 변화에 따라 기본 농경에 복합적으로 변화가 일어났다. 그로 인해 조엽수림 지대에서는 근재농경 문화의 기본 작물인 타로와 얌을 받아들여 재배하였다. 또한 사바나 농경 문화에서 자라고 있던 벼, 조 등이 전파되어 들어오자 논농사[水田]와 같은 지극히 특색 있는 농경 문화를 형성하였다.

조엽수림 문화에 근재농경 문화와 사바나 농경 문화의 복합은 석기 시대의 채집경제 단계부터 청동기 사용 단계까지 연속으로 이루어졌다. 한편 이들 문화 전파의 연속성 위에 다시 지중해 농경 문화가 전파되어 조엽수림 문화 지대에는 4종류의 농경 문화 복합 현상이 일어난다.[3]

한반도의 재배 작물 상황은 조엽수림 문화 지대라는 환경에서 근재농경 문화와 사바나 농경 문화가 대략 신석기 시대 말까지 복합하여 전래 및 발전하였다. 철기 시대까지는 지중해 농경 문화가 전래하였으며, 조선 중기에는 신대륙 농경 문화가 전래하여 복합적으로 발전하였다([그림 6]).

2. 조엽수림 문화 속에서 전개된 주요 식자재

1) 쌀[稻]

서아프리카 사바나 지대에서 전파된 벼는 인도의 동해안 또는 인도 북부 아삼(Assam)부터 중국의 운남(雲南)이 아시아 벼의 재배 기원지가 되어 B.C. 4000년경 양자강 일대에서 재배되기 시작하였다.

---

2 김상보, 《한국의 음식생활문화사》, 광문각, 1997, p.38
3 中尾佐助, 《栽培植物と農耕の起源》, 岩波新書, 1992, p.68

한반도는 B.C.2400년 무렵부터 B.C.2100년경 사이에 벼를 재배하였다. 이때의 벼는 밭벼, 즉 육도(陸稻)로 자바니카(Javanica)이다.[4] 이후 B.C.800년 무렵 전후 청동기 시대, 한반도 서북 지방에서는 본격적으로 농경 생활이 이루어졌다. B.C.700년경에서 B.C.600년경 무렵의 것으로 추정되는 부여군 송국리 유적 수혈식(竪穴式) 주거 내에서 단립(短粒) 자포니카(Japonica)형 탄화미 400g 정도와 반달형 돌칼 등이 출토되었다. 이 탄화미는 논벼[水稻, 水田稻作]의 산물로 보고 있다.[5]

역시 청동기 시대의 것으로 보이는 울산광역시 무거동 옥현 유적에서는 주거 50동 이상과 소규모 논농사 유구[水田遺構]가 확인되고, 용수로(用水路)와 휴반(畦畔)을 수반했다.[6]

마한 사회의 벼가 밭벼 자바니카에서 논벼 자포니카로 바뀌었다고는 하나, 논농사로 벼를 재배하기보다는 화전[燒田]으로 밭을 일구어 밭벼를 훨씬 많이 재배했을 것이다. 밭에서 재배하여 생산하는 밭벼는 내건성(耐乾性)이 강하므로, 수리시설이 없는 동남아시아 산악 지역을 중심으로 재배되는 중요한 밭작물이다.[7]

일본의 경우 죠몬[繩文, 신석기 시대] 중기에 화전으로 일군 밭에서 자바니카형 밭벼가 재배되었다. 이 자바니카 밭벼는 적미(赤米)이다. 이것을 재배하였던 죠몬인은 인류학 및 문화적으로 남방과 관계가 깊다. 한반도에서 신석기 시대에 화전으로 일군 밭에서 재배한 밭벼 역시 자바니카이다.[8] 적미 밭벼는 생산성이 논벼보다 현저히 떨어지지만, 논농사 기술이 발달하지 않았거나 수분이 적은 산악지대에서는 자바니카를 선호할 수밖에 없다. 그러나 수평이 유지되는 평지, 풍부한 노동력, 용수로와 배수로 설비를 갖출 수 있는 기술적 조건만 충족한다면 생산력이 떨어지

4 경기도 고양시 및 경기도 김포시의 토탄층에서 Javanica 볍씨가 출토되었으며, B.C.2400~B.C.2100년경의 것으로 추정됨.
5 박순발, 〈갑천의 고대문화〉, 《갑천의 문화유산》, 대전 서구문화원, 1995, pp.47~48
6 原田信男, 《コメを選んだ日本の歴史》, 文春新書, 2006, p.56
7 山崎耕宇 外, 《世界有用植物事典》, 平凡社, 1989, pp.750~756
8 原田信男, 《コメを選んだ日本の歴史》, 文春新書, 2006, pp.50~53

는 밭벼보다는 논벼를 생산할 수 있는 논농사로 전환을 꾀하고자 하였을 것이다. 아마도 한반도에서 자바니카 밭벼는 일본과 마찬가지로 일찍이 중국 남쪽 또는 동남아시아에서 이주한 집단이 전파하였을지도 모른다.[9]

청동기 시대 송국리 유적과 울산광역시 무거동 유적에서 나온 온대 계열의 자포니카는 논농사를 위한 논 만들기, 모내기, 수량 조절, 벼 베기 등 다양한 과정을 거쳐서 생산되었으며, 밭벼로 재배된 남방 계열의 자바니카와 다른 전파 경로를 거쳐 한반도에 들어온 새로운 품종군이다. 이 자포니카는 중국 양자강 하류에서 한반도 서해안 중남부에 전해졌을 가능성이 있다.[10]

논농사는 수평이 유지되는 평지와 충분한 수량이 확보되어야 한다. 백제와 마한 사회가 점유했던 땅은 다른 어떤 지역보다도 논농사의 조건을 자연적으로 훌륭하게 갖춘 곳이었다. 한강, 금강, 영산강이 주는 풍부한 수량과 넓은 평야 지대는 논농사가 발전하는 길을 열었다.

삼국사기에는 백제 다루왕(多婁王, 재위 28~77) 6년(33)에 나라 남쪽의 주(州)와 군(郡)에 영을 내려, 논[水田]을 만들게 하였다는 기록이 있다. 그때까지 대체로 밭농사로 벼를 재배하고 논농사는 소규모로 이루어졌으나, 국가적 차원에서 본격적으로 대형 논농사로 전환하였음을 의미한다. 이는 주식이 좁쌀이고 수확량이 적은 자바니카 밭벼가 잡곡이던 청동기 시대와 달리, 수확량이 많은 논농사로 생산한 자포니카가 점차 주식이 되는 시대가 도래하였음을 나타낸다.[11]

비류왕(比流王, 재위 304~344) 27년(330)에 연인원 322,500명을 동원하여 만든 1,120만여 평의 김제(金堤) 벽골제(碧骨堤)가 대변하듯, 백제는 다루왕이 33년에 왕명을 내려 본격적으로 논농사를 짓기 시작했고, 300년 후 기술이 발달하여 최대의 저수지를

---

9 原田信男,《コメを選んだ日本の歴史》, 文春新書, 2006, p.54에서 죠몬 시대 육도를 재배하던 사람들은 인류학 및 문화적으로 남방과 관계가 강하였음을 시준한다고 하였다.

10 윤명철,《한국해양사》, 학연문화사, 2003, pp.49~50

11 김상보, 〈식생활〉,《한성백제사 5》, 서울특별시사편찬위원, 2008, pp.275~276;《三國史記》卷23, 〈百濟本紀〉第 1

건설했다.[12] 그에 따라 백제 중기에는 쌀이 주된 곡식으로 자리 잡았다.

아프리카→인도→운남 고원 지대→양자강→한반도로 이어지는 양자강 계열의 야생종은 자포니카(Japonica, 粳)형과 인디카(Indica, 籼)형으로 나누어진다. 인디카형이 먼저 생기고 기온이 비교적 낮은 지역에서 인디카형은 자포니카형으로 바뀌었다.[13] 지금의 찹쌀에 해당하는 찰기가 있는 찰벼[糯]는 후한(後漢) 초기에 나타났으며, 차진 곡물의 개발과 이용은 조엽수림 지대에서만 나타나는 현상이기도 하다.[14]

쌀은 다른 곡물보다 맛이 탁월하고 영양가도 높다. 그뿐만 아니라 계획 재배가 가능하고 계량, 수송, 분배, 보존성이 탁월하다. 이러한 까닭에 권력자와 도전(稻田, 논농사)이 연계된 이후 벼 외의 다른 곡물이 잡곡이 되고 벼가 주 곡식이 되었다.

물론 이전 청동기 시대 화전[燒田] 혹은 수전(水田, 논농사)에서 재배된 벼는 각 지역 수장(首長)의 권위를 계승하기 위한 의례를 상징하는 음식으로 활용했을 것이다. 쌀을 도정하면 백색이 나타나는 특징이 있고 백색은 깨끗하다는 인식이 있어서 신에게 올리는 공물이 되었다. 절구나 절굿공이를 이용하여 탈곡한 후에 순백색이 되도록 도정에 도정을 거듭한 쌀을, 시루를 사용하여 수증기에 찌면 의례 음식으로서 영적(靈的)인 식품이 되어 가장 귀한 신에게 바치는 찬품이 되었을 것이다.[15] 좁쌀이 주식이었던 청동기 시대에는 쌀이 지극히 적게 수확되었고, 《의례(儀禮)》를 쓴 시절에도 쌀은 가찬(加饌)으로 올랐던 귀한 것이었다.[16]

이러한 귀한 식자재였던 쌀은 논농사 사회가 성립된 이후에도 그러한 성격이 변함없이 계승되어, 신에게 바치는 가장 중요한 공물(밥, 떡, 과자 등)이 되어 현재에 이른다.

---

12 윤무병, 〈김제 벽골제 발굴 보고〉, 《백제연구》 제7집, 충남대학교 백제연구소, 1978, p.67
13 陳文華, 渡部武編, 《中國の稻作起源》, 六興出版, 1989
14 中尾佐助, 《栽培植物と農耕の起源》, 岩波新書, 1992, p.68
15 김상보, 《한국의 음식생활문화사》, 광문각, 1997, p.178
16 《儀禮》〈公食大夫禮〉

마지막으로 쌀의 재배 과정에서 행해시는 일런의 농경의례(agricultural rites)를 살펴보자.

농경의례는 농작물의 생육과 풍요를 기원하고 수확을 감사하는 것이 목적이며, 사람들이 희망을 이루려고 행하는 강화의례(强化儀禮)이다. 곡물을 의인화한 죽음과 재생이 중요한 동기가 되었다. 토지에 뿌린 씨앗이 발아하여 생육하고 드디어 많은 열매를 맺은 후 사멸하는 과정을 관찰함으로써, 곡물에도 영혼과 정령이 머물며 이들이 해마다 '죽으나 다시 살아난다'는 관념에서 나왔다.

벼에서 싹이 나고 성장하는 봄과 여름에는 작물의 무사생장(無事生長)을 빌고, 농사일을 모두 마친 가을에는 벼 수확을 감사하는 제의(祭儀)가 생겨 농경의례로 정착하였다.

도작의례는 지배적 생활관습이 되어왔으며, 민간신앙이 연중행사의 근간(根幹)적 구실을 하였다. 봄에는 볍씨 담그기, 묘판 만들기, 볍씨 뿌리기, 모내기 등에 따른 파종의례(播種儀禮)를 행했다. 여름에는 단오제(端午祭), 농신제(農神祭), 유두제(流頭祭), 풋굿, 기우제(祈雨祭) 등 성장의례(成長儀禮)를 하였다. 가을에는 천신(薦新), 제천의식(祭天儀式, 추석) 등의 수확의례(收穫儀禮)를 하고, 겨울에는 세말(음력 12월)부터 정월 상원(上元)에 걸쳐 거행하는 예축의례(豫祝儀禮)를 행하며 면면히 이어졌다.

이러한 의례는 각 가정에서 행하는 개별의례와 특정한 날을 정하여 집단원 전체가 공동으로 행하는 집단의례로 대별된다. 세시음식(歲時飮食)은 농경의례와 음식 생활 문화를 연결하는 대표적인 집단의례이다.[17]

2) 논농사가 가져다준 젓갈과 식해

530년경에 산동성(山東省) 고평현(高平縣)의 태수였던 가사협(賈思勰)이 기술한 《제

---

17 김상보, 《한국의 음식생활문화사》, 광문각, 1997, pp. 181~185

민요술(齊民要術)》에는 어장(魚醬)과 자(鮓)가 들어 있다. 어장은 젓갈이고 자는 식해
(食醢)이다.

어장은 (민물생선生鮮[18]+소금+양념①+누룩)으로 만든 것과, (건어+소금+누룩), (민물새우+소금
+쌀밥), (민물게+소금+양념②)로 분류된다. 여기서 양념①은 생강·귤피·술이고, 양념②
는 여뀌와 생강이다.

자는 (민물생선+쌀밥+소금+양념①), (민물생선+쌀밥+소금), (건어+쌀밥+소금+양념②), (어린 돼지고
기+쌀밥+소금+양념③)으로 나누어진다. 양념①은 귤피·수유·술이고, 양념②는 수유이
며, 양념③은 생강·수유·마늘이다.

이밖에 《제민요술》이 나오기 약 700년 전, 한나라 무제(武帝)가 동이족을 쫓다가
동이족이 만들어 먹던 조기·상어·숭어 등의 내장을 소금에 절인 젓갈을 먹어보고
'축이(鰝鰖)'라는 이름을 붙였다는 내용이 《제민요술》에 기술되어 있다.

鰝鰖
昔漢武帝逐夷至於海濱聞有香氣而不見物令人推求乃是漁父造魚腸於坑
中以至土覆之法香氣上達取而食之以爲滋味逐夷得此物因名之蓋魚腸醬也
取石首魚鮂魚鯔魚三種腸肚胞齊淨洗空著白鹽令小倚鹹內器中密封置日
中夏二十日春秋五十日冬百日乃好熟時下薑酢等
《齊民要術》

축이
옛날 한 무제가 오랑캐를 쫓아 해변에 이르렀을 때,[19] 어디선가 향기가
나서 사람을 시켜 찾아보게 하였더니 어부가 구덩이에서 어장을 만드

---

18 생선(生鮮)은 민물에서 잡은 싱싱한 잉어나 가물치 등 천어(川魚)를 가리킴.
19 이(夷)는 오랑캐를 가리키고, 해변에 살던 오랑캐를 쫓던 중이었으므로

는 것이었다. 흙을 덮어 밀봉한 후 향기가 올라오면 먹는데 맛이 있었다. 오랑캐를 쫓아가 얻게 되었으므로 '축이'란 이름을 붙였다. 물고기 내장으로 만든 장(醬)이다. 조기·상어·숭어 3종류의 위·장·알집을 깨끗이 씻어 살이 약간 짤 정도로 흰 소금만을 뿌려 그릇에 담아 밀봉하여 햇볕에 놓는다. 여름에는 20일, 봄과 가을에는 50일, 겨울에는 100일이면 익는다. 먹을 때는 생강, 초 등을 넣는다.

《제민요술》

제민요술에서 소개한 어장(魚醬) 중에서 소금만 넣고 만든 어장은 이 〈축이〉밖에 없다. 한 무제 때 동이족들은 축이와 같은 바다생선 내장에 소금을 넣고 발효시켜 만든 장을 먹었다는 이야기가 성립된다.

그런데 이시게 나오미치(石毛直道)는 식해(食醢)와 어장(魚醬)이 논농사와 밀접한 관계가 있음을 간파하고, 이들 식해와 어장은 몬순 기후 조건을 갖추면서 이모작과 삼모작이 가능한 동남아시아 수전 도작 문화의 산물임을 보고한 바 있다. 식해와 어장은 동남아시아에서 전해졌을 가능성이 있다는 것이다.[20] 운남(雲南)에서 메콩강을 따라 라오스, 타이, 베트남, 미얀마에 남하한 일군의 벼[稻] 전파 루트는 메콩 계열[21]이다. 이 메콩 계열의 논농사 전파 메인 루트는 메콩강 본류에 따라서 있다고 생각할 수 있고, 그곳이 많은 식해와 어장을 섭취하는 지역과 일치한다는 뜻이다.

쌀밥이 원료인 식해의 기원을 고찰하려면 초기의 논농사와 관련이 깊은 장소를 상정해야만 한다. 이렇게 보면 동남아시아는 초기 논농사와 식해 문화의 centre가 완전히 일치한다.

운남(雲南)에서 남하한 도작이 인도차이나반도에서 논농사 도작[水田稻作]으로 정

---

20 石毛直道,《魚醬とナレズシの研究》, 岩波書店, 1990
21 渡部忠世,《アジア稲作の系譜》, 法政大学出版局, 1983

착했을 때, 몬순의 사이클과 밀접한 관계인 수전 어업이 이 지방에서 발달한다. 이곳에서 계절에 따라 어획량이 다른 민물생선을 보호하기 위해 민물생선을 원료로 한 어장과 식해를 만드는 기술이 발달하지 않았을까 생각하면서, 식해는 동남아시아에서 양자강 유역으로 북상한 식품이라고 가정한다.[22]

이로 미루어 《제민요술》을 쓴 가사협은 어장과 자(鮓, 식해)를 기술할 때 530년경 동이족들이 먹던 〈바다생선 내장 젓갈〉과 양자강 유역에서 만들어 먹던 민물생선 젓갈, 민물생선 식해를 소개했다고 볼 수 있다. 즉 어장에서는 두 가지 형태의 문화 산물인 북방 동이족의 바다생선 젓갈과 양자강 이남의 민물생선 젓갈을, 식해에서는 양자강 이남의 민물생선 식해를 기술한 셈이다.

이색(李穡, 1328~1396)은 《목은집》에 실은 〈대사구두부래향(大舍求豆腐來餉)〉에서 "…물고기 순채는 남방 월(越)나라를 생각나게 하고, 양락(羊酪)은 북방 오랑캐를 생각나게 하네."라고 하였다. 월나라는 중국 춘추 시대 열국의 하나이다. 기원전 601년부터 사서(史書)에 등장하나, 기원전 5세기 구천(句踐)[23] 때에 북방의 오(吳)나라를 멸망시키고 강소(江蘇)와 산동(山東)에 진출하였다. 기원전 334년 초(楚)나라에 멸망했다.

이색의 글에서 보여주는 물고기 순채를 식해(食醢, 鮓, 민물생선+쌀밥+소금)로 해석한다면, 식해는 월나라 식품이고 월나라가 존재했던 기원전 601년에서 기원전 334년 사이에 한반도에 전해졌을 가능성이 크다. 물론 민물생선 식해(큰 민물생선+쌀밥+소금)가 한반도에 전해졌을 때 당연히 수전도작과 민물 생선 젓갈(작은 민물생선+쌀밥+소금)도 함께 하였을 것이다. 이후 한반도 서쪽에 근거지를 둔 사람들이 민물생선 식해를 자포니카형의 수전도작과 함께 죠몬[繩文, 신석기 시대] 말기 일본에 전했으며, 한반도에서 건너간 도래인들 덕에 일본은 새로운 야요이[彌生, B.C.2~3세기부터 A.D.2~3세

22 김상보 역, 石毛直道 저,《魚醬과 食醢의 연구》, 수학사, 2005, pp. 303~304
23 구천(句踐) : 중국 춘추 시대 월나라 제2대 왕. 재위 기간은 기원전 496~기원전 465년.

기까시] 문회를 구축하였다 한다.[24]

식해의 경우 1900년대 초까지도 즐겨 먹는 식품의 하나로 각광받았다. 《동국세시기(東國歲時記)》(1849)에는 다음과 같은 기록이 있다.[25]

강남 사람들은 유반(遊飯)을 반(盤)으로 만들기를 좋아하는데, 유반은 밥 밑에 자(鮓), 포(脯), 회(膾), 적(炙) 등을 빼지 않고 넣는다. 이것이 반의 골동(骨董)이다.

유반은 나들이할 때 가지고 다니는 지금의 도시락 형태이다. 도시락을 만들 때 밥, 식해(鮓), 포, 회, 구이를 담는다는 것이다. 식해는 서울에 사는 사람들이 미미(美味)한 귀한 음식의 하나로 여겼던 듯하다. 도시락에까지 넣을 정도로 맛있는 음식으로 대접받고 있었던 것 같다.

원래 식해의 재료는 민물생선이었지만, 1923년경에는 바다에서 나는 갈치나 멸치로 식해를 만들어 먹을 정도로 대중화되었다.[26]

시골서 메루치식해와 갈치식해라 하는 것이 이것이니 소금과 쌀로만 만드는 것이니라.

《조선무쌍신식요리제법》

한편 제민요술에 기술된 (민물새우+쌀밥+소금)으로 만든 하장(蝦醬)은 전라남도의 향토 음식에서 토하젓으로 등장한다. 해남과 영암의 장암정 마을에서는 강과 논에

---

24 原田信男, 《コメを選んだ日本の歴史》, 文春新書, 2006, p.72

25 洪錫謨, 《東國歲時記》, 1849

26 이용기, 《朝鮮無雙新式料理製法》, 영창서관, 1923, p.204

서 잡은 새우, 즉 토하를 재료로 하여 (토하+찹쌀밥+고춧가루+생강+마늘+소금)으로 토하젓을 만든다.[27] 토하젓은 민물새우에 소금을 합하여 삭힌 후 찹쌀밥과 토하젓을 3:1로 합하여 4~5일 동안 삭혔다가 먹는 음식으로 알려져 있다.[28]

여기서 다시 〈축이〉 시대로 돌아가 보자.

좁쌀을 주 작물로 하여 고대 국가를 건설한 동이족 집단은 중국의 동해안 지역과 황해 연안에 골고루 분포하여 살고 있었다. 한반도와 중국의 산동(山東)·강소(江蘇)·절강(浙江)·회하(淮河)의 해안가에 살던 동이족들은 문화의 중심지가 해안가였기에 축이와 같은 바다생선 내장 젓갈을 부식으로 먹었다. (바다생선 내장+소금)으로 만든 〈바다생선 내장 젓갈〉은 채소 가공으로도 이어져 (순무+소금물)로 만든 침채류가 탄생하였으며, 필자는 이 침채류 역시 동이족의 문화 산물로 본다.

중국을 최초로 통일한 은(殷) 왕조가 산동성의 신석기 문화와 중요한 공통적 특징이 있음을 보고한 것을 근거로 한다면,[29] 은 왕조를 세운 집단은 원래 산동성을 거점으로 하여 살던 동이족이었다. 이 동이족 집단이 산동에서 생활할 때 이들도 (바다생선 내장+소금)으로 만든 축이를 먹었을 것이며, 이들이 중국 내륙으로 진출하면서 축이 대신에 소, 노루, 사슴 등으로 만든 육장인 해(醢)를 만드는 문화로 성장하지 않았을까. 이를 대변하는 문헌이 《의례(儀禮)》〈공식대부례(公食大夫禮)〉이다. 《의례》는 주(周)나라 초기에 만들어졌다. 은 왕조를 멸망시키고 주(周) 왕조를 세웠다 하지만, 원래 주나라는 은 왕조 서쪽 주원(周原)에 있던 제후국 중 하나였다. 즉 주나라 초기에 만든 《의례》는 은 말기 상류층에서 형성했던 문화의 산물이라고 말할 수 있다.

이러한 각도에서 본다면 〈공식대부례〉의 육장(肉醬)은 어장(魚醬)보다 늦게 생겨

27 이장섭, 〈음식과 식생활문화〉, 《한국의 향촌민속지(Ⅱ)》, 정신문화연구원, 1995, p.74
28 김상보, 《생활문화 속의 향토음식문화》, 신광출판사, 2002, p.163
29 張光直, 《中國青銅時代》, 香港中文大學中國文化研究所, 1989, pp.92~122

난 셈이다. 순무 소금 절임[菁葅], 부추 소금 절임[韭葅], 창포 뿌리 소금 절임[昌本]에 각종 육장을 곁들여 상을 차리고, 또 육회(肉膾)에 육장을 찍어 먹도록 배선하였던 공식대부례의 상차림에서 육장은 음식의 간을 위한 중요한 역할을 담당하였다.[30]

결론적으로 말하면 현재 우리가 먹는 젓갈은 크게 두 가지 유형에서 출발하였다. 하나는 '축이'와 같은 (바다생선 내장+소금)이고 다른 하나는 (민물생선+쌀밥+소금)이다. (바다생선 내장+소금)은 (바다생선 내장 또는 바다생선+소금)이 되어 발전하여 지금에 이르며, (민물생선+쌀밥+소금)은 식해와 젓갈로 분화하여 발전하였다.

3) 김장 김치로 발달한 《제민요술》의 〈촉개함저〉와 〈순무침채〉

〈촉개함저(蜀芥鹹葅)〉란 촉나라의 개(芥)로 만든 저(葅), 즉 침채류(沈菜類)이다. 촉(蜀, 221~263)은 촉한(蜀漢)이라고도 한다. 중국 삼국 시대에 유비(劉備)가 세운 나라이다. 지금의 사천, 운남, 귀주(貴州) 북부와 섬서(陝西) 일대를 차지했다. 제갈량이 보좌하여 한때 융성하다가 43년 만에 위(魏)에 망하였다.

그러니까 촉개함저는 중국 사천 일대에서 개(芥)를 재료로 만들어 먹던 침채류이다. 이것을 《제민요술》에서 '촉개함저'란 이름으로 재료와 만드는 법을 소개하였다.

사천은 일찍이 좁쌀·벼·기장·표주박·오이·참깨, 평지·수채(水菜)·밀·보리 전파의 중심지였다.

아프리카의 니제르강 유역이 근원지인 좁쌀·벼·기장·표주박·오이·참깨 등은 기원전 4000년경에서 기원전 3000년경에 에티오피아에 도달하여 인도 북부에 전파되었다. 이들은 조엽수림 지대와 동남아시아의 몬순 기후 지역으로 이동하는

---

30 김상보, 《음양오행사상으로 본 조선왕조의 제사음식문화》, 수학사, 1996, p.47; 《儀禮》 〈公食大夫禮〉

데, 첫 번째 기착지가 바로 사천분지이다.[31]

사천에서 고대부터 재배된 작물로 알려진 보리와 밀, 평지는 지중해 농경 문화에서 전파되었다. 인도 서북부에 있던 모헨조다로(Mohenjo-Daro)[32] 등 인더스 문명은 아리아인이 인도를 침입하기 전에 형성했던 도시 국가의 산물이다. 도시 국가를 형성할 수 있는 경제적 기반은 지중해 지역에서 전파된 밀과 보리 재배였다. 인더스 문명을 형성한 이들은 여기에 가축도 사육했다.

체채(体菜, 평지과), 수채(水菜, 겨자과) 등 평지속 유채 작물은 원래 지중해 지역에서 자라던 밀밭과 보리밭의 잡초였다. 평지는 티베트의 보리 농업에서도 잡초였으나, 중국의 사천분지에 도달하여 소채로 승격하였다고 알려져 있다. 티베트 옆 사천분지가 평지의 중심지이다.[33] 여기서 중심지란 중국에서 첫 번째 전파 기착지를 의미한다. 사바나 농경 문화의 산물인 벼·조·기장·오이·표주박·참깨 등과, 지중해 농경 문화의 산물인 평지·밀·보리 등이 전파된 첫 번째 기착지가 사천분지임을 나타낸다.

평지가 다만 사천의 중심지만을 경유해서 전파되지는 않았다. 밀과 보리 그리고 평지는 몇 개의 전파 루트가 있다. 이들 중 주요 전파 경로는 티베트와 사천분지를 거치는 루트 외에 시베리아 루트가 있다.

우리 민족이 일찍부터 먹었던 순무[菁根]침채와 담저(淡菹)의 주재료인 순무는 시베리아 루트를 따라 전파된 작물이며, 보리 역시 시베리아 루트로 전해진 작물이라고 판단된다.

중심지였던 사천 지역은 원래 중국 땅이 아니었다. 이 지역은 춘추 시대에 비로

---

31 中尾佐助, 《栽培植物と農耕の起源》, 岩波新書, 1992, pp. 160~175
32 Mohenjo-Daro 유적 : 파키스탄 신드(Sind) 지방 남부 인더스강 강가에 있는 인더스 문명의 도시 유적. 죽음의 언덕이란 뜻으로 기원전 2700~2000년경까지 번영함.
33 中尾佐助, 《栽培植物と農耕の起源》, 岩波新書, 1992, pp. 160~175

소 신(秦)[34]에 의해 중국에 편입되었다. 사천은 진, 한, 촉 왕조를 지탱하는 곡창지대였다.

사천분지를 포함하는 사천성은 현재도 중국 제일의 수도(水稻) 생산량을 자랑하지만, 쌀 생산의 기초인 수리(水利) 시설은 전국 시대 진의 지방 관리였던 이빙(李氷)이 사천의 수도인 성도(成都)의 민강(岷江)에 건설한 도강언(都江堰)이다. 도강언은 지금도 이용되고 있다.

쌀 외에 평지류 등은 고대부터 이 지역의 유명한 작물이다. 천초(川椒)라 불리는 산초(山椒)는 향신료로 유명하며, 자연이 준 혜택 덕에 고대부터 개발된 자공(自貢)의 지하 암염(岩塩)은 평지류의 가공 및 저장 발달에 절대적인 역할을 하였다. 아채(芽菜, 청채靑菜로 만든 반건성저半乾性菹), 동채(冬菜), 그리고 착채(搾菜, 갓으로 만든 반건성저), 포채(泡菜, 사천포채) 등은 배추, 순무, 흑갓 등과 암염이 결합하여 나온 침채류이다.[35] 암염(소금)과 결합한 이들 채소의 가공 및 저장이 발전한 배경은 쌀과 보리로 밥을 지어 입식(粒食)을 주식으로 삼은 것에 기인한다. 쌀밥과 보리밥의 반찬으로 채소를 이용한 저(菹, 침채류) 개발이 촉진되었다.

사천 지역에서 만들어 먹던 촉개함저를 제민요술에서 어떻게 소개하는지 살펴본다.[36]

葵菘蕪菁蜀芥鹹菹法
收菜時即擇取好者菅蒲束之作鹽水令極鹹於鹽水中洗菜即內甕中若先用
淡水洗者菹爛其洗菜鹽水澄取清者瀉著甕中令没菜把即止不復調和菹色

---

34 秦 : 춘추 전국 시대 중국의 한 나라. 시조 비자(非子)는 주(周)의 효왕(孝王)으로부터 진(秦), 곧 지금의 감숙(甘肅) 지방을 받음. 양공(襄公) 때인 기원전 771년에 비로소 제후가 됨. 정(政) 곧 시황제에 이르러 주 및 6국을 멸망시키고 통일함. 통일한 지 15년 만인 기원전 207년에 한고조(漢高祖)에게 멸망함.
35 世界有用植物事典編輯委員会, 《世界有用植物事典》, 平凡社, 1989, pp. 163~172
36 《齊民要術》, 530년경

仍青以水洗去鹹汁羹爲茹與生菜不殊其蕪菁蜀芥二種三日抒出之粉黍米
作粥淸擣麥麨作末絹篩布菜一行以麨末薄坌之卽下熱粥淸重重如此以滿
甕爲限其布菜法每行必莖葉顚倒安之舊鹽汁還瀉甕中葅色黃而味美作淡
葅用黍米粥淸及麥麨末味亦勝

아욱, 배추, 순무, 촉개함저법

채소를 거둘 때 좋은 것을 가려서 띠나 부들로 묶는다. 소금물을 극히
짜게 만들어서 채소를 씻어 즉시 항아리에 담는다. 만약 담수(민물)로 씻
으면 저(葅)가 물러진다. 채소를 씻은 소금물은 가라앉혀 맑은 물을 취하
여 항아리 속에 부어 채소를 누른다. 다시 휘젓지 않는다. 그렇게 하면 저
(葅)의 색이 파랗다. 물로 씻어 소금물을 뺀다. 데쳐서 부드럽게 하면 생
채(生菜)와 같다. 순무와 촉개(갓) 2종은 3일 만에 꺼낸다. 메기장가루로
말간 죽을 만든다. 맥혼(麥麨, 보리 누룩)을 빻아 가루로 만들어 비단 체로
친다. 항아리에 채소를 한 켜 담고 맥혼 가루를 얇게 뿌린 다음에 뜨거
울 때 메기장죽을 붓는다. 반복해서 항아리에 찰 때까지 넣는다. 채소
를 항아리에 담는 방법은 한 켜마다 줄기와 잎이 반대 방향이 되게 한
다. 처음의 소금물을 항아리에 다시 부으면 저(葅)의 색이 누렇게 되고
맛이 좋다. 담저(淡葅, 싱거운 침채)로 만들 때는 말갛게 쑨 메기장죽과 맥혼
가루를 넣으면 또한 맛이 좋다.

아욱, 순무, 배추, 갓(촉개)으로 간이 짠 침채를 만드는데, 이들 채소를 소금물로
절인 후 (메기장죽+보리 누룩 가루)와 합하여 발효한 음식이다.

메기장죽을 쌀밥으로 대체하여 만든 것이 민물생선 젓갈과 민물생선 식해인데,
촉개함저 역시 민물생선 식해와 민물생선 젓갈이 한반도에 전해질 때 함께하였을
가능성이 있다.

촉개함저는 식해형 김치로 이어지면서 오늘날 우리들이 만들어 먹는 통배추로 만든 겨울 김장 김치로 발전한다.

4) 대두(大豆)와 동국장(東國醬)

(1) 사바나 농경 문화에서 전래한 콩

사바나 지역이란 서아프리카 니제르강(Niger River) 유역부터 사하라 사막 남쪽을 지나 에티오피아 고원에 이르는 지역이다. 원칙적으로 사바나 농경 문화는 아프리카의 니제르강 유역이 근원지이다.

니제르강 유역에서 발생한 사바나 농경 문화는 B.C. 5000~4000년경으로 보고 있다. 피, 벼, 조, 수수, 참외, 가지, 수박, 표주박, 수세미, 오이, 참깨, 콩 등이 주력 산물이다.

B.C. 4000~3000년경 니제르강의 농경 문화는 에티오피아에 도달하여 에티오피아는 제2의 중심지가 되어 발전한다. 일단 에티오피아에 도달한 사바나 농경 문화는 그 초기에 북인도로 전파되었다. 전파된 콩류, 과채류, 잡곡류는 북인도의 조건에 맞는 재배 작물로 개발되었다. B.C. 1000년경에 다시 인도와 아프리카가 재배 식물을 급속하게 상호 전파하여 대략 근세와 같은 상태가 되었다.

사바나 농경 문화가 개발한 식료를 인간이 먹으려면 조리도구인 용기가 필요하다. 사바나 농경 문화는 지극히 초기 단계부터 물을 넣어서 가열할 수 있는 용기, 즉 토기 이용을 전제로 하였다. 토기와 함께 발달한 신석기 시대의 완전한 농경 문화이다.

따라서 콩을 식용하려면 물에 담가 부드럽게 하여 끓여야만 하므로, 콩은 토기의 발명 이후 인간의 식량 범주에 들었으며, 토기는 사바나 지대에서 발명되었다.

원칙적으로 콩류는 몬순 작물로 여름철에 재배된다. 대두(大豆)는 북인도를 거쳐 사천 양자강 원류를 중심으로 하는 조엽수림 지대에 전래한 후 개발된 품종으로 알려졌다.

(2) 대두(大豆)

콩은 영어로 soybean, 중국어로 대두(大豆) 또는 숙(菽)이다. 쌍자엽(雙子葉) 식물로 덩굴성 혹은 직립성의 콩과 식물이다. 현재 아프리카, 인도부터 동아시아, 동남아시아, 호주, 미국 등지에 10종 정도가 분포한다.

대두의 야생종은 알려지지 않았고, 현재의 대두는 덩굴콩에서 재배화된 재배종으로 되어 있다. 덩굴콩은 동아시아에 널리 자생하는데, 덩굴콩과 대두의 잡종이라 생각되는 중간형 *Glycine gracilis*가 중국 동북부 등에 반재배 및 잡초 상태로 발견된다. 이러한 점에서 재배종으로서 대두의 기원지는 중국 동북부부터 시베리아 아무르강 유역이라는 설이 있다. 또한 화북(華北)과 화중(華中)이 기원지라는 설도 있다. 재배형의 분화는 중국 남부에서 가장 현저하다.

(3) 중국에서 대두(大豆)와 시(豉)

재배사

중국에서는 B. C. 3000년경부터 대두를 재배하였다고 한다.

공자(孔子, B.C.551~B.C.479)가 쓴 《시경(詩經)》에는 기원전에 만주 일대에서 대두를 상식(常食)하였음을 나타내는 글이 있다. 대두는 이 책에서 숙(菽)으로 등장한다. 제나라 환공이 만주 남부의 산융(山戎)을 정복하여 콩을 가져와 융숙(戎菽)이라 이름을 붙였다고 하였다. 산융(山戎)은 춘추 시대에 지금의 하북성(河北省)[37]에 있으면서 연(燕)[38]나라와 제나라 등 여러 나라에 화를 끼친 종족이다.

---

37 하북성(河北省) : 지금의 북경이 중심지로, 천진(天津)을 포함함.
38 연(燕) : 춘추 시대에 하북을 영토로 삼았던 나라.

제(齊)나라는 B.C. 1046~221년 동안 중국 춘추(春秋, B.C.770~476) 시대 산동성 일대를 영토로 하여 다스리던 곳이다. 기원전 739년 32대에 그의 가신(家臣) 전씨(田氏)에게 빼앗겼다.

대두가 만주 일대에서 재배되었음을 밝힌 또 다른 자료로는 중국 전국 시대에 종횡가(縱橫家, 전국 시대에 외교 분야에서 활약한 제자백가를 말함)가 제후에게 논한 책략을 한나라 유향(劉向)이 나라 별로 모아 편찬한 《전국책(戰國策)》이 있다. 이 책은 '중국의 중북부 산서성에 자리 잡은 한(韓, B.C.403~230, 전국칠웅戰國七雄 중 하나)나라는 가난하여, 보리도 생산되지 않아 국민들은 콩만 먹고 살며 명아주와 콩잎으로 국을 끓여 먹는 살림살이'라고 기술했다.

어쨌든 후한이 220년에 망하고 나서 봉기한 촉한, 오, 위가 활약했던 삼국 시대가 끝날 때쯤 도교 도사들이 편찬한 《신농본초경(神農本草經)》에서는 대두(大豆)를 중약(中藥)으로 '허약함을 보하고 성(性)을 키우는 식품'에 넣고 독이 없다고 하였다. 이후 대두는 다음의 약성(藥性)을 지니는 불로장수를 위한 대표적인 식자재가 되었다.

끓여서 대두즙을 복용하면 귀(鬼)를 죽이고 일체의 독(毒)을 없앰.
식중독을 치료함.
약 복용 후의 해(害)를 치료함.
출산 후에 생기는 병과 부종을 제거함.
위장의 어혈을 풀어주어 가스를 제거함.
타박상 치료와 종기 치료에 사용함.
풍비(風痺)를 다스림.
안색을 좋게 하고 기력을 돋워줌.

중국의 시(豉)
시(豉)란 청국장류이다.

이규태(李圭泰)는 시(豉)에 대하여 다음의 글을 남겼다.

> 아프가니스탄 북부에 '구치족'이라는 유목민이 살고 있는데, 그들 식품
> 의 하나에 '씌'라는 일종의 된장이 있다.
> 이것은 콩을 삶아 낙타등에 실은 채 콩에서 하얀 실이 뽑힐 때까지 띄
> 운다. 실이 생긴 그 콩에 암염(巖鹽, 소금)가루를 섞은 것이다.
> 고대 중앙아시아를 휩쓸고 그 여세로 한반도에까지 밀려온 기마 유목
> 민족의 식품에 '씌'란 글자가 들어 있는 문헌을 발견하지 못하였으나,
> 이 '씌'가 유목 생활에 알맞고 시(豉)와 음이 같은 점으로 미루어 된장의
> 원조는 고대 기마 민족의 식품에 두어야 할 것 같다.

이규태(1933~2006)[39] 씨는 평생 언론인으로 살아온 분이다. 식품학자가 아닌 언론
인의 관점에서 쓴 글이지만, 필자의 소견으로는 시(豉, 청국장)의 기원을 깊이 생각하
여야 할 내용이라고 본다. 필자도 역시 시는 고대 기마 민족의 식품에서 유래하였
다고 판단하여 이 글을 실었다.

'시(豉)'란 자(字)는 한나라 시대에 사유(史游)가 편찬한 자서(字書)인 《급취편(急就篇)》
에 처음 언급하였으며, '염시(鹽豉)'라는 표현이 등장한다. 염시는 시에 소금을 넣고
만든 것이다.

같은 한나라 시대에 황제(黃帝)부터 무제(武帝)까지 역대 왕조의 사적(史跡)을 적은,
사마천(司馬遷)이 지은 역사책 《사기(史記)》〈화식전(貨殖傳)〉에도 "큰 도읍에서 1년 동
안 시(豉) 1,000홉[合]을 판매하는데, 그 이윤이 많을 때는 10분의 5이고 적을 때는

---

39 이규태(李圭泰) : 1933년 9월 6일 전라북도 장수 출생. 연세대학교 화공학과를 나와 언론계에 종사했다. 1998
년 문화관광부 세시풍속생활화추진협의회 위원, 2004년 대한언론인회 자문위원을 지냈다. 2002년 삼성언론
상 특별상, 2006년 은관문화훈장을 받음.

10분의 3이 된다. 다른 잡입(雜業)의 이윤이 10분의 2가 되지 않으니 시(豉)를 제조하는 자가 어찌 부자가 되지 않겠는가."라고 하였다. 《사기》의 시절 시(豉)는 판매되는 식자재였다.

시대가 조금 더 지나 후한 시대 허신(許愼)이 찬한 《설문해자(說文解字)》에도 시(豉)가 나오고, 유희(劉熙)가 쓴 《석명(釋名)》〈석음식(釋飮食)〉에서 "豉는 嗜(즐길 시)이다. 오미(五味)를 조화하는데 豉를 쓰면 그 맛을 즐길 수 있다. 따라서 제나라 사람들은 嗜와 같은 음(音)인 豉를 쓴다."라고 하였다. 한대에서 후한대에 걸쳐 시를 모든 음식의 간을 맞추는 조미료로 사용하였다는 이야기이다. 이 조미료 시는 다음 글에서도 나타난다.

위·촉·오 삼국 시대에 조조의 아들 조비가 황제가 되니, 그가 바로 위(魏) 문제(文帝)이다. 그는 문명(文名)이 높은 아우 조식(曹植)과 사이가 좋지 않아 아우를 처형하고자 하였다. 그는 아우에게 처형하는 마당에서 일곱 걸음[七步]을 걸을 동안에 시 한 수를 지으면 용서하겠다 하였다. 이때 조식은 골육상쟁(骨肉相爭)을 뜻하는 유명한 칠보시(七步詩)를 지었다.

> 콩을 삶아 이것으로 국을 끓이고
> 콩으로 만든 시(豉)로 조미한다.
> 콩을 삶는데 콩깍지를 태우니
> 솥 속의 콩이 운다.
> 다 같이 같은 뿌리에서 생겼는데
> 서로 삶기 무엇 그리 급할쏘냐[40]

《제민요술》속 산국(散麴)으로 만든 시

---

40 이성우, 《한국식품문화사》, 교문사, 1997, p.148의 글 인용

《제민요술(齊民要術)》을 통하여 시 제조 방법을 들여다보기로 한다.[41]

作豉法

陳豆彌好新豆尚濕生熟難均故也淨揚簸大釜煮之申舒如飼生豆搯軟止
傷熟則豉爛着淨地擇之冬宜小煖夏須極冷乃內蔭屋中聚置一日再入以
手剌豆堆中候看如人腋下煖便翻之…豆便內外均煖悉着白衣豉爲…揚
簸訖以大瓮盛半瓮水內豆著瓮中以把急抨之使淨…漉水盡委着席上先
多收穀䕅藏於此時內穀䕅藏於蔭屋窖中掊穀䕅藏作窖底厚二三赤許以蓬蒢蔽
窖內豆於窖中使一人在窖中以脚蹋…席覆之夏停十日春秋十二三日冬
十五日便熟

시 만드는 방법[作豉法]

묵은 콩을 사용하면 더욱 좋다. 해콩은 습기가 있어 골고루 익지 않기
때문이다. 깨끗이 까불어서 큰 가마솥에 넣어 삶는다. 가축 사료로 쓰
는 콩과 같이 천천히 삶는다. 문질러 봐서 무르게 되었으면 멈춘다. 지
나치게 익으면 시가 무른다. 건져내어 깨끗한 바닥에 펼쳐 넌다. 겨울
에는 약간 따뜻하게 하는 것이 좋고, 여름에는 극히 차게 하여 움집에
넣어 무더기로 쌓아 둔다. 하루에 두 번 들어가 콩 무더기에 손을 넣어
보아서 사람의 체온 정도로 따뜻해지면 뒤집어 준다. 콩의 안팎이 고루
따뜻해지고 전부 흰 곰팡이가 피면 시가 된 것이다. 키질이 끝나면 큰
독에 물을 반 정도 넣고 콩을 독에 넣는다. 이것을 써래로 재빨리 휘저
어 깨끗이 헹군다. 꺼내어 물이 완전히 빠지면 자리 위에 우선 쌓아 둔
다. 앞서 짚을 많이 거두어들였다가, 이때 짚을 움집의 구덩이에 넣는

41　賈思勰,《齊民要術》, 530년경

디. 짚을 2~3치(赤) 두께 정도로 깔아 구덩이 바닥을 만들고 그 위에 거적을 덮은 다음 콩을 넣는다. 한 사람이 구덩이에 들어가 발로 콩을 밟아 다진 다음 자리로 덮어준다. 여름은 10일, 봄·가을은 12~13일, 겨울이면 15일 만에 익는다.

무르게 삶은 콩을 움집에 넣고 흰 곰팡이 옷을 입을 때까지 발효시키고, 씻어서 다시 짚으로 바닥을 깐 구덩이에 담아 발효한 것이 《제민요술》의 시이다. 이 시를 햇볕에 널어 건조하는데 그대로 건조하면 담시(淡豉)이고, 소금·생강·천초·귤피·차조기·회향 등을 합하여 건조하면 염시(鹽豉)가 된다.

제민요술은 위의 작시법 외에도 〈식경작시법(食經作豉法)〉도 소개하고 있다. 《식경》은 삼국 시대에 출판된 책으로 알려져 있으나 현재까지 전해지지는 않는다. 〈식경작시법〉에서는 여름에 시를 만들어 곰팡이가 입혀지면 세 번 쪄서 말리는 것으로 되어 있다.

《제민요술》속 산국(散麴)으로 만든 청장(淸醬)

作醬法
用春種烏豆於大甑中燥蒸之氣餾…斸看豆黃色黑極熟乃下日曝取乾熱湯
於大盆中浸豆黃良久淘汰挼去黑皮漉而蒸之預前日曝白鹽黃蒸草蕎麥麴
令極乾燥大率豆黃三斗麴末一斗黃蒸末一斗白鹽五升蕎子三指一撮三種
量訖於盆中面向太歲和之…以滿爲限熟便開之臘月五七日正月二月四七
日三月三七日塊兩甕分爲三甕日未出前汲井花水於盆中以燥鹽和之率一
石水用鹽三斗澄取淸汁

두장 만드는 방법[作醬法]

봄에 심은 검정콩을 사용한다. 큰 시루에 넣고 마른 채로 찐다. 깨물어 보아 검정콩 배유의 색이 검게 되었으면 잘 익은 것이다. 꺼내어 햇볕에 쬐어 말려 둔다. 큰 푼주에 끓는 물을 넣고 여기에 말려 둔 콩을 담가 잠시 놓아둔 다음, 일어 씻으면서 비벼 검은 껍질을 제거하고 건져서 찐다. 장 담그기에 앞서 흰 소금, 황증[42], 초귤[43], 맥국[44]을 각각 햇볕에 바싹 말려 둔다. 비율은 대개 검정콩 1말에 누룩가루 1말, 황증가루 1말, 흰 소금 5되, 초귤씨[45]는 세 손가락으로 한 움큼의 비율로 한다. 푼주에 양을 잰 세 종류를 담아 태세[46] 방향을 향해 놓고 골고루 섞는다. 가득 찰 때까지 채워 넣는다. 익으면 연다. 12월이면 35일, 1월이면 28일, 3월이면 21일이면 익는다. 덩어리를 주물러 부수어, 두 항아리면 나누어 세 항아리로 만든다. 해뜨기 전에 정화수를 푼주에 붓고 여기에 마른 소금을 화합한다. 비율은 물 1섬에 소금 3말을 사용하고, 맑아지면 맑은 즙을 뜬다.[47]

씻지 않은, 물기가 전혀 없는 검정콩을 그대로 시루에 담아 익을 때까지 찐 다음 꺼내어 햇볕에 말린 것을 끓는 물이 든 푼주에 잠시 넣고 비벼 껍질을 제거하고 다시 시루에 담아 찐다. 여기에 누룩가루, 황증가루, 소금, 초귤씨를 합하여 항아리에 가득 담아 숙성한 후, 다시 항아리에 담고 소금물을 부어서 맑은 즙, 소위 청장

---

42 황증(黃蒸) : 《제민요술》에는 〈작황증법(作黃蒸法)〉이 기술되어 있다. "6~7월에 곱게 간 생 밀가루로 반죽하여 완전히 익혀 쪄내어 펼쳐서 식힌다. 이것을 펼쳐서 하루 전에 베어 두었던 물억새잎으로 그 위에 얇게 덮어 7일 만에 살펴보아 노란 곰팡이가 잘 피었으면 꺼내어 말린다."
43 초귤(草蒿) : 향을 내고 방부 효과도 있는 일년생 초목류.
44 맥국(麥麴) : 밀로 만든 누룩.
45 귤자(蒿子) : 초귤의 씨앗
46 태세(太歲) : 중국 점성학에서 사용하는 용어로서 목성과 정확히 반대편에 있는 가상의 별을 이름
47 賈思勰, 《齊民要術》, 530년경

(淸醬)을 뜨는 형태이다.

그러니까 검정콩 산국에 소금을 넣고 발효하지 않고, 밀 누룩가루와 역시 밀로 만든 황증가루를 넣어 발효를 촉진한다. 이렇게 밀 누룩을 넣으면 콩만으로 만든 장보다 단맛이 풍부하다.

(4) 동남아시아의 대두와 시

전통적으로 대두를 재배하던 지역은 동아시아, 히말라야의 남쪽 기슭, 동남아시아이다. 대두는 동아시아와 동남아시아의 수전도작을 동반한 작물이었으며 비록 축 수전도작 지대에서 민물생선과 함께 주요한 단백질원이었다.[48]

동남아시아의 경우 자바섬에서 말레이반도에 걸쳐서 tempe, 네팔은 kinema, 부탄은 sheuli sode, 아삼은 akuni, 미얀마 시암주는 peebout, 북타이는 tuanao라는, 소금을 넣지 않고 발효한 우리의 청국장 계통 식품을 먹는다.[49]

(5) 한반도의 대두와 시(豉)

재배사

백제는 일찍부터 오곡(五穀)에 대두가 포함되었다. 기장, 차조, 메조, 보리, 콩[菽]을 오곡으로 삼아 재배하고 있었다. 기루왕 23년(99)에는 가을의 대두가 서리 때문에 죽었다는 '운상살숙(隕霜殺菽)'으로 국가의 근심이 컸다.[50] 그러니까 기장과 조 그리고 보리와 대두가 가장 중요한 곡식이었고, 삼국 시대 초기에 이미 대두(大豆, 菽)는 지대한 관심 속에 있었다.

---

48 김상보 역, 石毛直道 저,《魚醬과 食醢의 연구》, 수학사, 2005, p. 346
49 김상보 역, 石毛直道 저,《魚醬과 食醢의 연구》, 수학사, 2005, p. 347
50 《三國史記》〈百濟本紀〉

신라 역시 같은 상황이었던 것 같다. 일성왕(逸聖王, 재위 134~154년) 6년(139) 가을 7월에 서리가 내려 콩을 해쳤고, 지증왕 10년(509) 가을 10월에 서리가 내려 콩을 해쳤다 하였다.[51]

고구려의 시

시의 첫 등장은 제민요술이 나오기 전인 408년에 완성한 고구려 덕흥리 고분벽화에 나타난 묘지명이다. "무덤을 만드는 데에 1만 명의 공력이 들었다. 날마다 소와 양을 잡고 술, 고기, 흰쌀밥을 이루 다 먹을 수가 없었다. 또 소금과 시를 한 창고분이나 먹었다."라고 하였다.

당시 국가의 공사에 먹거리로 동원된 시는 국민이 조세로 바친 공납품이라는 설도 있다. 덕흥리 고분의 주인공은 유주 자사를 지낸 관료 진(鎭)인데, 백성들은 자가소비용과 함께 공납으로 바칠 시까지도 만들었음을 뜻한다.[52] 덕흥리 고분에서 나타난 시는 소금을 넣지 않고 만들었으며, 그대로 속성으로 띄워서 먹을 때 소금을 넣고 먹는 담시(淡豉)로 보인다. 그래서 "소금과 시를 한 창고분이나 먹었다."라고 했다.

어쨌든 중국의 《사서(史書)》에서도 "고구려인은 장(藏)과 양(釀)을 잘한다"라고 하였다.[53]

발해와 고려의 시

조선 영조(英祖, 재위 1724~1776) 때의 학자 한치윤(韓致奫)이 지은 《해동역사(海東繹史)》는 《신당서(新唐書)》를 인용하여 책성(柵城, 발해의 수도)의 시(豉)는 발해의 명산물이라

---

51 《三國史記》〈新羅本紀〉
52 김상보, 《한식의 道를 담다》, 와이즈북, 2017, pp. 41~42
53 《梁書》〈高句麗傳〉. 《南史》〈高句麗傳〉

했나.[54]

숙성 기간이 짧은 덕흥리 고분의 시는 시간이 흘러 고려 시대에서도 꾸준히 등장하여 현종(顯宗, 1010~1031) 9년(1018)과 문종(文宗, 재위 1046~1083) 6년(1052)에는 굶주리는 백성들에게 구황 식품으로 시를 내렸다.[55]

조선의 시

1660년에 나온《구황보유방(救荒補遺方)》에는 시 만드는 방법을 다음과 같이 기술하였다.

> 콩 1말을 무르게 삶는다. 밀 5되를 찧어서 합한 다음 온돌에 넣어 띄운
> 다. 황의(黃衣, 노란 곰팡이)가 전면적으로 피면 내어 말린다. 이 말린 것에
> 소금 6되로 푼 따뜻한 소금물을 합한 다음, 양지바른 곳에 두어 자주 휘
> 저어 주면서 숙성시킨다.[56]

이 방법은 시를 만드는 방법이라기보다는 앞서 기술한 제민요술에 기술된 '산국으로 만든 청장'의 방법과 같다.

시는 조선 후기 사회가 되자 전국장, 청국장, 전국시라는 명칭으로 등장한다. 헌종(憲宗, 재위 1834~1849) 때 이규경(李圭景)이 쓴《오주연문장전산고(五洲衍文長箋散稿)》라는 책이 있다. 중국과 우리나라 등의 천문, 지리, 풍수, 관작, 궁실, 음식, 금수 등을 기록하고, 의심되거나 잘못된 것을 고증하고 해설한 이 책에서는 전국시를 다음과 같이 설명하였다.[57]

---

54 韓致奫,《海東繹史》
55 《高麗史》
56 《救荒補遺方》, 1660
57 李圭景,《五洲衍文長箋散稿》

하룻밤 사이에 만드는데, 나라에 전쟁이 나서 군사를 출동시킬 때 쉽게 만들어먹을 수 있어 전국장이라 했다.

현재 우리나라에서는 청국장이 보편적인 시의 명칭이다. 전쟁과 같은 유사시에 이용하기 쉬운 속성장이기 때문에 전국시(戰國豉), 전국장(戰國醬)이 되고, 점차 청국장으로 명칭이 변화했을 것이다.

(6) 병국(餅麴), 메주와 장

술을 빚으려고 만들었던 병국에서 유래한 메주

앞서 기술한 《제민요술》의 시와 장은 모두 흩임누룩 산국(散麴)을 발효 스타터(starter)로 사용하는데, 같은 책에는 술 양주에 동원하는 발효 스타터를 전부 떡누룩인 병국(餅麴)으로 만들고 있다.[58]

술 양주의 역사는 곡물의 싹 → 산국 → 병국을 발효 스타터로 하여 점진적인 전개 과정을 거친다. 중국은 오랫동안 곡물의 싹 즉 얼(糵)의 시대를 거쳐 지금으로부터 3,000년 전 무렵에는 좁쌀과 기장으로 만든 산국, 보리로 만든 산국이 술 양주에서 사용되는 일이 확립되어 있었다.

전국 시대 말 실크로드를 경유하여 화북(華北) 평야에 밀[麥]과 회전식 맷돌이 전해졌고, 드디어 기원 전후에 보편화되면서 거칠게 빻은 밀가루를 덩어리 형태로 성형하여 띄운 떡누룩 병국이 만들어진다. 그러나 5세기에 기술한 《방언(方言)》에는 좁쌀 산국과 보리 산국이 함께 소개되었다는 점에서, 적어도 5세기까지 산국과 병국은 공존하였다.[59]

---

58 賈思勰, 《齊民要術》
59 김상보, 《전통주인문학》, 헬스레터, 2022, p.63

밀가루 분식 습관이 완진히 정착한 시대에 나온《제민요술》에 열거된 50여 종의 술 양주에 사용된 누룩은 주로 밀을 원료로 날것 또는 볶아서 또는 찐 밀을 가루로 만들어 혼합하여 만든 떡누룩 병국이다.

밀과 대두를 낱알째 그대로 쪄서 곰팡이를 띄운 흩임누룩 산국은 황의(黃衣)라 불렀고, 오로지 시(豉)와 장(醬) 제조에 사용되었다.

입식(粒食)에서 분식(粉食)으로 식습관 변혁이 일어나, 양주에서 불가결한 요소인 누룩의 형태도 변화하여 병국이 탄생하였다.[60] 즉 제민요술이 편찬된 시대까지도 술 제조에는 병국을, 장 제조에는 산국을 사용하였다.

따라서 현재 우리가 아는 장누룩인 떡누룩 병국 메주는 술 제조용 병국이 탄생하고 나서 출현하였다고 필자는 판단한다. 메주가 등장하기 전에는 찌거나 삶은 콩에 곰팡이를 발효시킨 산국이었을 것이기 때문에, 술 양주 때 스타터가 산국에서 병국으로 진행된 것과 같은 이치이다.[61]

통일 신라 시대 병국 메주가 등장하다

제민요술에 등장한 산국으로 만든 장(醬)이 드디어 병국으로 만든 장으로 등장한다. 신라 신문왕(神文王, 재위 681~692) 3년(683), 신문왕이 김흠운의 딸을 신부로 맞이할 때 납채(納采, 신랑집에서 신부집에 혼인을 청하는 의례) 품목에 밀조(密祖)가 들어 있었다.[62] 밀조는 메주이다. 한반도는 밀을 재배하기에는 토양이 부적당했다. 밀가루는 너무나 귀하여 조선 말까지도 '진말(眞末)'이라 할 정도였다. 따라서 신문왕이 보낸 밀조의 재료는 100% 대두였을 것으로 짐작된다.

---

60 김상보,《한국의 음식생활문화사》, 광문각, 1997, p. 211
61 김상보,《전통주인문학》, 헬스레터, 2022, pp. 88~92
62 《三國史記》〈新羅本紀〉

푹 삶아 익힌 대두를 짓찧어 주먹만 한 크기로 빚어 띄워서 말린 것을 밀조(密祖), 밀장(密醬), 말장(末醬), 훈조(燻造), 며조, 메주라 했다. 장(醬)이란 메주에 소금물을 넣고 장시간 발효한 것으로, 간장과 된장으로 분리되지 않은 상태이다. 메주로 장을 만들 때 메주와 소금물의 비율에서 소금물보다 메주가 많으면 되다 하여 된장, 메주보다 소금물이 많으면 된장보다 맑다 하여 청장(淸醬), 또는 음식에 간을 맞춘다 하여 간장(艮醬)이라 했다.

납채 품목에는 밀조 외에 시도 포함되었다.[63] 제민요술에서도 염시, 혼시, 시즙, 장, 소금이 소식의 조미료가 되었기 때문에 시든 메주든 소선을 만들기 위한 주요한 조미료였을 것이다.

조선 시대의 메주와 동국장

통일 신라 시대에 등장한 메주는 밀이 귀하였으므로 100% 대두로 만들었을 것이다. 이 100% 대두로 만든 장을 조선 시대에는 동국장(東國醬)이라 하였다.[64] 1766년에 나온 《증보산림경제(增補山林經濟)》에서는 동국장법(東國醬法)을 다음과 같이 기술하였다.

동국장법 침장법(沈醬法)

① 항아리를 엎어놓고 항아리에 구멍이 있나 없나 연기를 내어 조사한다. 항아리는 새것보다 여러 해 쓰던 것이 좋다.

② 소금은 수개월 저장하여 간수를 흘러 내리게 한 것을 쓴다.

---

63 김상보, 《한식의 道를 담다》, 와이즈북, 2017, p.42
64 《增補山林經濟》, 1766

③ 물은 감천(甘泉)을 사용하는데, 펄펄 끓여 소금을 녹인다. 식으면 받쳐서 쓴다.

④ 메주 만들기

　㉠ 높고 마른 땅에 말밥통같이 긴 구덩이를 파 놓는다.

　㉡ 대두를 무르도록 삶아 절구에 잘 찧어 손으로 보통 수박 크기 정도(지름 6cm
　　 정도)의 덩어리로 만들고, 큰 칼로 절반으로 쪼개어 두께 1치(3cm 정도) 정도
　　 의 반월형(半月形)으로 만든다.

　㉢ ㉡을 ㉠의 구덩이 속에 매단다.

　㉣ 구덩이를 가마니나 풀로 덮고, 다시 비와 바람을 막도록 덮는다.

　㉤ ㉣이 스스로 열을 내고 옷을 입기를 기다렸다가 뚜껑을 열어서 1차로 뒤집
　　 어 주는데, 8~9차 뒤집어 주면 수십 일에 이르면 거의 다 마른다.

　㉥ ㉤을 꺼내서 바싹 말린 다음 장을 법대로 담는다.

⑤ 침장법

　메주 1말에 소금 6~7되, 물 1통을 준비한다.

　소독한 항아리에 메주를 담고 끓여서 식힌 소금물을 붓는다. 가을과 겨
　울에는 소금이 적어도 좋으나 봄과 여름에는 소금이 많은 것이 좋다.

⑥ 숙성된 장 다루는 법

　장독 속에 우물을 파서 괸 청장(清醬)을 매일 떠내어 다른 작은 항아리에
　담는다.

이상의 장 담그기는 대개 여름에 하며, 1840년에 나온 동국세시기에서는 "여름
의 침장(沈醬)과 겨울의 침장(沈藏)은 다 같이 인가(人家)에서 일 년의 계획[一年之計]"이

라고 하였다.[65]

조선 왕실은 절에서 만든 메주를 가져다가 장을 담갔는데, 절에서만 메주를 만들던 상고(上古) 시대[66] 관습이 조선 시대에도 이어졌기 때문이다.[67]

조선 왕조 말기에는 메주만 전문적으로 만드는 가게가 있어, 고종(高宗, 재위 1863~1907) 시대에는 창의문(彰義門) 밖의 메주 전문점에서 가져다 장을 담갔다고 한다. 대개 콩 1섬을 주고 메주 5말을 가져오게 하였으며 나머지는 보수로 삼았다.[68]

한편 메주는 구황식으로도 쓰였는데, 메주에 더덕과 도라지를 합하여 촉성구황장을 만들었다.[69]

5) 차[茶]

차는 보통 두 종류의 변종으로 분류된다. 하나는 키가 4m 이하인 저목(低木)으로 잎이 작고 둥글며 추위에 강하여 중국, 한반도, 일본에서 재배된다. 다른 하나는 잎이 크고 끝이 뾰족하며 키가 10m 이상인 고목(高木)이다. 추위에 약하며 인도 등에서 재배하고 홍차 제조에 쓴다.

차 종류를 제법으로 분류했을 때 생잎[生葉]을 즉시 가열 처리하는 비발효차(非醱酵茶)와 건조한 후 가공하는 발효차로 대별된다. 여기서 발효란 생잎이 함유한 효소로 찻잎 성분의 산화 반응을 일으키도록 함을 뜻하며, 이때 미생물은 관여하지 않는다.

비발효차로는 쪄서 만드는 말차(抹茶, 点茶), 옥로(玉露), 전차(煎茶), 번차(番茶)가 있

---

65 《東國歲時記》, 1840
66 상고(上古) 시대란 통일신라부터 고려 시대까지를 지칭한 것으로 사료됨.
67 《北學議》, 1778년경
68 이성우, 《한국식품문화사》, 교문사, 1997, p.159
69 《救荒切要》, 1639

고, 솥에 담아 덖어서 만드는 황차(黃茶, 황색 솜털로 덮인 어린잎으로 만든 차), 백차(白茶, 흰색 솜털로 덮인 어린잎으로 만든 차)가 있는데, 이들을 일반적으로 녹차(綠茶)라 한다.

발효차에는 녹차와 홍차의 중간에 해당하는 우롱차가 있다. 이 우롱차를 반발효차(半醱酵茶)라고도 한다. 대표적인 발효차는 홍차(紅茶)이다. 이밖에 보통 흑차(黑茶)라 부르는, 녹차에 누룩곰팡이(Aspergillus)를 번식시킨 보이방차(普洱方茶)와 육보차(六堡茶)가 있다.

중국차 중에서 녹차는 거의 부초제(釜炒製)이다. 300℃ 고온에서 볶아 쪄서[炒蒸] 만든다. 성분이 그다지 변하지 않게 가열하여 생잎의 녹색을 보존한다.

싹으로 만드는 옥로(玉露)는 녹색이 짙고 떫은맛이 적으며 감칠맛이 강하다.

말차(抹茶)는 어린싹을 비비지 않고 형태가 있는 채로 건조하여 돌절구로 가루를 내어 만든 차다. 분말로 만든 찻잎 자체를 물에 타서 마신다.

번차(番茶)는 성숙하고 단단한 찻잎을 덖어서 만든다.

중국에서 자라는 야생의 차나무는 운남(雲南)과 광서성(廣西省)[70]에서 해남도(海南島)까지 분포한다. 차가 음료로 널리 음용(飮用)되기까지는 오랜 세월이 걸렸다.

당(唐)에 이르자 중국 남북부 전체에 걸쳐 적어도 도시에서는 일반 서민에게도 차는 보통의 음료가 되었다. 수도 장안(長安, 지금의 西安)에서는 다관(茶館)을 차리고, 육우(陸羽)의《다경(茶經)》등 차 관련 도서도 나와 음다(飮茶) 문화를 조장하였다. 이와 관련하여 차 상인과 다관에서는 육우의 도자기로 만든 인형을 놓고 상매(商賣)의 수호신으로 삼았다.

차는 9세기에 중국인의 필수품이 되고 생산과 판매에 정부가 개입하여 차 상인들은 경제계에서 큰 힘을 가지기에 이르렀다.

---

70 광서성(廣西省) : 중국 서남경(西南境)에 있는 성. 베트남과 접함. 묘족(苗族), 장족(壯族), 요족(瑤族) 등 소수 민족이 삶.

육우는 차를 추차(麁茶, 番茶), 산차(散茶, 煎茶), 말차(末茶, 粉末茶), 단차(團茶, 固型茶)의 4종류로 열거하였다. 이는 당과 송 시대 차에 대한 기본적인 분류이다. 이중 단차는 이 시대의 독자적인 제품이었다. 단차는 질이 좋은 찻잎을 수분과 지방이 없어질 때까지 찐 다음에 물을 약간 첨가하여 으깨 형틀에 넣어서 고형화한 것이다. 단차는 조직이 치밀하기 때문에 납면다(蠟面茶)라고도 불렀으며 보통은 병차(餠茶), 편차(片茶)로도 불렀다고 한다. 궁중에 진상하는 물품에는 용과 봉황을 새겼기 때문에 용봉다(龍鳳茶)라 했고, 점다했을 때는 백색이었다.[71]

명(明) 태조 주원장(朱元璋, 재위 1368~1398)이 차의 공납을 금하면서 단차는 점차 사라지고 이후 녹차[散茶]가 보급되었다.

한반도는 중국 동진에서 백제로 차가 전래한 것을 계기로 차문화가 발전하였을 것이다. 동진에서 호승(胡僧) 마라난타가 백제 왕실에 불교를 전파한 이후 동진의 다문화(茶文化)가 유입되었음을 추정할 수 있는 것이 백제 담로 지역의 수장(首長)에 해당하는 공주 고분군에서 발굴되었다.[72] 동진제 다기인 계수호(鷄首壺)가 그것이다. 동진에서는 왕실과 귀족들 사이에서 차를 마시는 풍습이 크게 유행했다. 술을 빨리 깨고 정신을 맑게 하기 위함이다. 이로 미루어 백제의 왕과 귀족들은 동진 상류층의 차 마시는 풍습을 이어받아 음다 생활을 했다는 판단이 가능하다.

한편 음다에 대한 기록의 초출(初出)은 삼국사기에 등장하는 신라 선덕여왕(善德女王, 재위 632~647) 때이다. 이후 차의 수요가 늘어감에 따라 흥덕왕(興德王, 재위 826~836) 3년(828)에 김대렴(金大廉)이 당에서 차종자(茶種子)를 가지고 들어와 지리산에 심어, 비로소 음다 풍습이 성행하게 되었다.[73]

신라에서 선덕여왕 이후 음다 생활은 사원을 거점으로 하여 퍼져 나갔다. 충담

---

71 松下智, 《世界有用植物事典》, 平凡社, 1989, pp. 197~205
72 박순발, 2005, 〈공주 수촌리 고분군 출토 중국자기와 교차연대 문제〉, 《4~5세기 금강 유역의 백제문화와 공주 수촌리 유적》, 충청남도 역사 문화원, 2005, pp. 58~61
73 《三國史記》〈新羅本紀〉

(忠談)[74] 스님으로부터 차 한 잔을 얻어 마신 경덕왕이 월명사(月明師)[75]에게 차를 하
사하였다는 기록이 있다.[76] 경덕왕이 마신 차는 당 제품의 단다(團茶)로, 불에 구운
다음 깎아서 약절구로 빻아 가루로 만들어, 찻잔에 담아 뜨거운 물을 붓고 잘 휘저
어 녹인 말차이다.

고려 시대에 들어서 음다 생활은 상하를 가리지 않고 널리 유행하였다. 단다가
루[抹茶]를 찻잔에 점다(點茶)하여 물을 부어 휘저어 마시는 형태를 끽다(喫茶)라 하였
다. 사원은 차를 바치는 다촌(茶村)이 있었고, 궁중에는 차를 공급하는 관청인 다방
(茶房)이 있었다. 나라의 크고 작은 궁중연회는 차를 올리는 것으로 시작하는 다연
(茶宴)으로 치러졌고, 일반인도 보통 식사 때 항상 차를 곁들였으므로 일반 식사를
다반(茶飯)이라 하였으며,[77] 차 마시는 예절 즉 다례(茶禮)도 확립되었다.[78]

고려 시대 상류층의 음다 생활은 송나라 화남(華南)에서 납일(臘日)[79] 전후에 찻잎
을 따서 만든 단다인 납다(臘茶)를 마셨다. 왕실에서는 용과 봉황 무늬를 새긴 단다
에 금가루를 입힌 용봉다(龍鳳茶)를 가장 상등품으로 삼았다.

토산품으로는 전라남도 뇌원(腦原)이라는 곳에서 만든 단다인 뇌원차(腦原茶)와 우
수(雨水)[80]나 곡우(穀雨)[81] 사이를 전후하여 만든 단다인 작설차(雀舌茶)가 있었다. 이들
은 내수용이나 거란에 보내는 선물용으로 쓰였다.[82]

---

74 충담사(忠談師) : 신라 경덕왕 때의 스님. 향가작가. 왕명으로 《안민가(安民歌)》, 《찬기파랑가(讚耆婆郎歌)》
   를 지음
75 월명사(月明師) : 신라 경덕왕 때의 명승. 《도솔가(兜率歌)》의 작자. 경덕왕 19년(760) 4월에 두 개의 해가 나
   타나서 열흘이 지나도 사라지지 않으므로, 왕이 월명사를 불러 도솔가를 짓도록 하였다. 월명사는 도솔가를
   지은 후 사라졌다 함.
76 《三國遺事》〈景德王 忠談師 表訓大德〉
77 徐兢, 《고려도경(高麗圖經)》, 1123;《高麗史》
78 김상보, 《한국의 음식생활문화사》, 광문각, 1997, pp. 47~52
79 臘日 : 당시 동지 후 제3의 戌日, 조선 시대 태조 이후 未日로 바뀜.
80 雨水 : 입춘과 경칩 사이에 있는 절기. 양력 2월 19일경.
81 穀雨 : 청명과 입하 사이에 있는 절기. 양력 4월 20일경.
82 李奎報, 《東國李相國集》

고려는 고려청자 대부분이 다기(茶器)일 정도로 음다 문화가 발달하였다. 청자
찻잔에 말차를 넣고, 청자 다병에 담긴 감로수(甘露水)로 끓인 뜨거운 물을 붓고 대
나무를 가늘게 찢어서 만든 솔로 한 방향으로 휘젓는다. 그러면 찻잔 속에서 흰 구
름 같은 거품이 약 1~1.5㎝ 두께로 생긴다. 푸른 비취색 찻잔 속에 흰 구름이 떠
있는데, 그윽한 향기가 깃든 말차를 마시는 사람은 신선의 경지에 들게 된다.

중국에서 원나라 시대 이후 엽차(葉茶)를 즐기게 되면서, 1367년경 고려 말의 끽
다 풍속은 엽차 중심으로 바뀌었다. 단다 작설차가 엽차 작설차로 바뀌어 유교를
표방하는 조선 왕조로 이어졌다.

고려 왕조에서는 차나무 성장의 최적지로 바위틈과 자갈이 섞인 토양을 가진
화계를 꼽았다. 하여 관청에서 백성의 차를 강제로 뺏어가는 심각한 차의 주구(誅
求)가 화계를 중심으로 전개되었다. 백성들은 몸서리를 쳤고, 주구로 인한 병폐는
차 생산을 막아 버리는 계기가 되었다. 이후 숭유배불 정책을 표방하는 조선 왕조
가 세워지면서, 차는 불교와 함께 있었다는 이유로 정부 차원에서 배척당했다. 상
황은 조선 개국 50여 년 만에 사대부층이 끽다를 완전히 잊을 정도에 이르게 되었
다. 1,000년 동안 지속된 음다 문화가 처참한 모습이 되었다.

고려 왕실의 궁중의례를 속례로 고스란히 계승한 조선 왕실은 크고 작은 연회나
손님 접대 때 연회에 앞서 차가 올려지는, 소위 고려 왕실의 다연을 계승하였다.[83]

궁중에서 차는 속된 일을 떠나 한거(閑居)를 즐기는 풍류의 하나가 되어, 술과 함
께 중요한 위치를 차지하면서 명맥을 이어갔다. 여전히 작설차의 가치는 높아서
작설차 1근은 백미 3말 3되 3홉 값에 달하였다. 작설차는 경상도 고성·곤양·진주,
전라도의 광주·남원·남평·능주·담양·순창·창평의 민호(民戶)에게 진공시켰다.[84]

---

83 김상보, 《조선왕실의 풍정연향》, 민속원, 2016, pp. 201~204
84 《여지도서(輿地圖書)》, 1757

6) 쑥[艾]

중국에서는 쑥을 애(艾) 또는 호(蒿)로 부른다. 쑥은 다년초로 봄에 일찍 마른풀에서 녹색의 자태를 나타낸다. 이 돋아난 어린잎을 뜯어 삶아서 떡을 만드는데, 그 역사는 깊으며 쑥의 약이성(藥餌性)이 그 바탕에 있다.

550년경 종름(宗懍)이 쓴《형초세시기(荊楚歲時記)》에는 3월 3일 서국채(黍麴菜)로 국을 만들어 먹고 계절병을 누른다고 하였다.[85] 서국채란 서곡초(鼠曲草), 즉 떡을 만드는 쑥이다. 향모(香茅), 청명채(清明菜), 용모(茸母)라고도 한다. 기침, 가래, 천식 등에 효험이 있어 민간에서는 청명절에 쑥의 어린잎과 줄기를 가루 내어 부쳐 먹었다.[86]

7) 밤과 대추

지금부터 약 3,000년 전 중국 주나라 주공이 기술하였다는《의례(儀禮)》〈사혼례(士昏禮)〉에는 혼례 후 시부모님을 뵐 때 예물로 밤[栗]과 대추[大棗]를 올린다고 하였다.[87] 이 예물은 현재 우리나라에도 폐백이라는 형태로 이어지고 있다.

밤과 대추가 혼례 날 예물로 쓰이게 된 배경은 조엽수림 지대 산야에 광범위하게 자생하던 역사를 바탕으로 한다. 다시 말하면 밤과 대추는 늦어도 구석기 시대가 끝날 무렵인 약 10,000년 전부터 식량으로 먹은 작물이었다.

밤의 경우 같은 조엽수림 지대라 할지라도 한반도에서 자생하는 밤이 유난히 크고 단맛이 많았던 것 같다. 청동기 시대 말경 한반도 서쪽을 지배하던 한(韓)에서

---

85 唐愼微,《經史證類大觀本草》卷11
86 상기숙 역, 종름 저,《荊楚歲時記》, 집문당, 1996, p. 105
87 《儀禮》〈士昏禮〉

배[梨] 크기와 같은 대율(大栗)이 나온다고 중국의 사서가 기술하고 있다.[88]

이 땅에서 생산하는 밤은 연율(軟栗, 음력 8월산. 무栗이라고도 함), 생률(生栗, 음력 9월과 10월산), 피적률(皮荻栗, 껍질이 저절로 잘 벗겨지는 밤), 황률(黃栗, 껍질을 벗겨 햇볕에 바싹 말린 밤)로 구분하여 허균(許筠, 1569~1618)의 시절에도 상주의 피적률, 지리산의 주먹만 한 대율, 밀양의 대율 식으로 명품 밤에 대한 인식이 전국적으로 확산해 있었다.[89]

그래서 밤은 당연히 진공 대상이 되어 피적률은 경상도의 상주와 선산에서, 연율은 경상도 밀양에서, 생률은 전라도 옥구에서, 황률은 경상도 청도에서 진공(進貢)하였다.[90]

물론 이 진공된 밤은 산야에서 자생한 밤나무에서 채취한 것이 아니고 10년 계획으로 밤나무를 심어 육성한 결과물이다. 홍만선(洪萬選, 1643~1715)은 그의 저서《산림경제(山林經濟)》에서 '옛말에 10년 계획으로 나무를 심는다'라는 뜻에 따라 종수(種樹) 기술 취지를 설명하면서 밤 심는 방법을 소개하였다.[91]

밤나무

종자밤은 한 송이에 세 톨씩 들어 있는 것이 좋다. 반드시 가운데 박혔던 것을 골라 심어야 한다. 만일 양쪽에 있던 것이나 외톨밤을 심으면 송이마다 전부 한 톨씩만 여무는 외톨밤 밖에 달리지 않는다. 밤나무는 씨로 심고, 다음 해 봄에 옮겨 심는다. 접붙이기는 하지 않는다.

《산림경제》

연율이든 생률이든 불에 직접 구우면 목기(木氣)가 죽기 때문에 뜨거운 재에 묻

---

88 《三國志》〈魏志〉〈東夷傳〉
89 許筠, 《도문대작(屠門大嚼)》
90 《輿地圖書》, 1757
91 洪萬選, 《山林經濟》

어 구웠다. 그러나 푹 구워 익히지 않고 약간 설컹설컹한 상태(즙이 나오는 시점)에서 꺼내 먹었다. 푹 익히면 위장과 신장에 유익한 밤의 효능이 없어진다고 보았기 때문이다. 그리고 이렇게 구운 밤은 중국 사신 접대상이나 궁중연회 잔칫상에 올랐다.[92]

대추의 경우, 《시경(詩經)》[93]과 《주례(周禮)》[94]에 대추나무를 재배한 기록이 있고, 《제민요술》에도 재배법 및 과실 이용법이 자세히 나와 있다. 대추는 복숭아, 매실, 자두와 함께 중국에서 중요한 과수의 하나로 고대부터 자리를 잡았다.

신선 전설의 세계에서 대추는 장수과일로 인식되어, 신께 올리는 공물로 반드시 등장한다. 한 무제는 서왕모(西王母)[95]를 초빙하는 연석(宴席)에 대추를 준비했으며, 위·촉·오 삼국 시대 즈음에 나온 신농본초경에는 대추를 장수하게 만드는 상약(上藥)에 포함시켰다.[96]

한편 대추나무는 점복(占卜)의 도구로도 사용되어, 낙뢰에 부서진 대추나무를 점성반(占星盤)으로 사용하면 신령과 통하여 신의(神意)를 가장 잘 들을 수 있다 해서, 이 점복 도구를 풍천조지(楓天棗地)라 했다.

고대부터 상약으로 대접받던 대추는 한방에서 강장, 진통, 이뇨제로 쓰인다. 씨앗은 산조인(酸棗仁)이라 하여 진정과 최면 작용이 있어 다른 생약과 배합하여 불면증, 건망증, 구갈, 순환기계 질환, 허약 체질자의 다한(多汗), 변비에 사용한다.[97] 동의보감에 기술된 밤과 대추의 효능을 보자.[98]

92 김상보, 《조선왕실의 풍정연향》, 민속원, 2016, pp. 199~201
93 《詩經》: 오경(五經)의 하나. 공자가 편찬했다고 함.
94 《周禮》: 삼례(三禮)의 하나. 주공이 지음.
95 西王母: 중국 상대(上代)에 받들던 선녀의 하나. 성은 양(楊), 이름은 회(回). 한 무제가 장수(長壽)를 원하자 그를 가상히 여겨 하늘에서 선도(仙桃) 일곱 개를 가져다주었다고 함.
96 《神農本草經》; 김상보, 《약선으로 본 우리 전통음식의 영양과 조리》, 수학사, 2012
97 김상보, 《한국의 음식생활문화사》, 광문각, 1997, p. 59
98 許浚, 《東醫寶鑑》

밤

성질은 따뜻하다[性溫].

기(氣)를 더한다.

위기(胃氣)를 돕고, 위를 보(補)한다.

대추

성질은 따뜻하고[性溫] 맛은 달다[味甘].

위장을 보한다.

기에 도움을 준다.

건대추

성질은 평하고[性平], 맛은 달다[味甘].

속을 편안히 한다.

비위를 기르고 위장을 보한다. 오장을 보한다.

12경맥을 돕는다.

진액을 보한다.

모든 약과 화(和)한다.

조선 왕조는 전라도 구례·동복·순창·장수·화순, 충청도의 보은과 회인의 민호에게 대추를 진공하게 하였다.[99]

현재 밥, 국, 김치, 떡, 찜 등 각종 찬품에 밤과 대추가 식재료로 쓰이기도 한다. 이는 이들 재료를 넣고 만든 유구한 식문화사(食文化史)의 결과물이다.

---

99 《輿地圖書》, 1757

8) 감과 곶감

감을 시(柿)라 한다. 조엽수림 지대에서 구석기 시대부터 먹어 온 과일이다. 감은 채취 시기에 따라 명칭이 다르다. 음력 8월에 숙시(熟柿)가 되는 감을 조홍시(早紅柿)라 하고, 9월과 10월에 숙시가 되는 감을 홍시(紅柿)라 한다.

잘 익지 않은 감은 떫은맛이 난다. 수용성 탄닌이 있기 때문이다. 탄닌 세포가 응고, 수축, 갈변하여 불용성 탄닌이 되면 떫은맛을 느끼지 않게 된다. 그래서 탕(湯) 제거법, 동결법, 건조법 등 인공적인 방법으로 떫은맛을 없앴다.

떫은 감의 껍질을 벗겨 햇볕에 말리면 곶감[串柿][100]이 된다. 건조법으로 떫은맛을 제거하였다. 불에 말린 감을 오시(烏柿)라 하고, 햇볕에 말린 것을 백시(白柿, 乾柿, 黃柿)라 하는데, 백시에는 준시(蹲柿, 꼬치에 꿰지 않고 납작하게 말린 것)와 각시(角柿, 손으로 모나게 모양을 만들어 말린 것)가 있다.

백시는 말리는 동안 거죽에 흰 가루가 돋는다. 이 흰 가루를 시설(柿雪) 혹은 시상(柿霜)이라 한다. 익힌 감이든 말린 감이든 의약품이 발달하기 전에는 약으로 쓰였다. 이들의 약선적 효능을 보자.[101]

> 홍시
> 성질은 차고 냉하며[性寒冷], 맛은 달다[味甘].
> 심열(心熱)을 다스린다.
> 위(胃)를 연다. 토혈(吐血)을 그치게 한다.
> 주독(酒毒)을 풀고 술의 열독(熱毒)을 푼다.
> 입마름증과 목마름증을 그치게 한다.

---

100 串柿 : 말린 감을 꼬치에 꿴 감. 곶시→곶감이 됨.
101 許浚,《東醫寶鑑》

폐위(肺痿)를 다스린다.

오시
성질은 온난하다[性煖].
독을 죽인다.
금창(金瘡)과 화창(火瘡)을 다스린다.
통증을 다스린다.

백시
성질은 평(平)하다.
장위를 튼튼하게 한다.
비위를 튼튼하게 한다.
숙식(宿食)을 소화한다.
기미를 없애고 목소리를 좋게 한다.
숙혈(宿血)을 없앤다.

이러한 약선적 효능 덕분인지 홍시는 천신(薦新)[102]하거나 제례(祭禮)에 올렸고, 즐겨 생식하였으며, 건시 역시 제례에 올렸을 뿐만 아니라 경축 음식으로 과자의 역할도 하고, 각종 떡에 들어가는 부재료가 되었다.[103] 또 꿀물을 탄 냉수에 넣어 수정과라는 화채(花菜)가 되기도 하였다.[104]

---

102 薦新 : 새로 나온 식품을 먼저 신위에 올리는 일.
103 김상보, 《조선왕조 궁중의궤 음식문화》, 수학사, 1995, pp. 398~429
104 《園幸乙卯整理儀軌》, 1795

9) 산약

조엽수림 지대 산야의 숲 사이, 특히 녹색 숲을 형성하는 곳 전체에서 군락을 구성하는 종이다. 땅속에서 밝은 갈색을 띠며 육질이 풍부한 토란을 만든다. 때로는 길이 1~5m, 중량 3kg에 달하기도 하지만, 보통은 작다. 재배하는 토란과 달리 산에서 자생하기 때문에 산약(山藥)이라 불린다.[105] 2월과 8월에 뿌리를 캐어 쓴다.

산약이 가진 약선적 효능은 다음과 같다.[106]

성질이 평[性平]하고, 맛이 달다[味甘].
오장을 채워 허약한 몸을 보충한다.
근육과 뼈를 강하게 하여 기력을 키운다.
마음을 편히 하여 지혜를 기른다.

이러한 효능 덕분인지, 산약을 재료로 만든 떡을 산삼병(山蔘餠)이라고도 하였다.[107] 인조 8년(1630) 풍정연 때 연상(宴床)의 면협상(面俠床)에 올랐던 채(菜) 속의 산삼은 산약일 가능성이 있다.[108]

병으로는 서여병(薯蕷餠)이 있다. 산약을 익도록 쪄서 꿀을 합하여 절구에 넣고 방망이로 치대어 밤톨 크기로 떼어낸 다음 잣가루 고물을 묻혔다.[109]

이밖에 산약을 재료로 하여 반가에서 만들어 먹던 찬품으로는 산약을 갈아 꿀과 쌀가루를 넣고 만든 산약죽, 산약을 갈아 백반을 탄 물에 담가 하룻밤 재운 후 백

---

105 堀田滿, 《世界有用植物事典》, 平凡社, 1989, p.385
106 許浚, 《東醫寶鑑》
107 《新增東國輿地勝覽》, 1530
108 《豐呈都監儀軌》, 1630
109 《進饌儀軌》; 김상보, 《조선왕조 궁중의궤 음식문화》, 수학사, 1995, p.406

반물을 씻어내고 말려서 가루로 만들어 꿀을 합하여 풀을 쑤듯이 만든 산약의이(山藥薏苡, 산약응이), 산약을 산약응이 재료와 같이 가루로 만들어 꿀로 반죽한 후 다식판에 박아낸 산약다식(山藥茶食) 등이 있다. 이들은 물론 조선 왕실에서 만들어 먹던 것이 반가에 전해져 보급되었다고 보아도 좋다.[110] 산약은 건강한 식재료로서 다양하게 이용되고 있었다.

10) 참깨와 참기름

호마(胡麻)라고도 불리는 참깨는 실크로드를 거쳐 한반도에 들어온 작물이다. 백색, 황색, 검은색이 있다. 검은색 참깨는 흑임자(黑荏子)라 한다. 참깨의 기원지는 아프리카 니제르강 주변으로, 사바나 농경 문화의 산물이다. 재배 참깨의 원종(原種)은 인도에서 시작되어 분화 및 전파되었다. 인도에서 이슬람 세계로 전파된 참깨는 《천일야화(千一夜話, 아라비안나이트)》의 유명한 '알리바바 이야기, 열려라 참깨'를 낳기도 했다.

참깨는 지방과 단백질이 풍부하다. 지방 함유율은 50% 정도로 유과작물 가운데 가장 높다. 참깨에서 뽑아낸 기름이 참기름이다. 참[眞]기름[油]이란 명칭은 귀한 기름을 뜻한다. 올레인산(oleic acid), 리놀레산(linoleic acid)를 다량 함유한 반건성유이며, 튀김기름으로는 가장 상등(上等)이다.

참깨는 기원전 100년경 한 무제 시절 장건(張騫)에 의하여 실크로드를 거쳐 중국으로 전파되었다.[111] 이동 경로는 아프리카 사바나 지대→지중해→중국 실크로드→한반도라고 본다. 《제민요술(齊民要術)》〈소식(素食)〉에서는 참기름을 호마유(胡麻

---

110 김상보, 《조선왕실의 풍정연향》, 민속원, 2016, p.176
111 김상보, 《한국의 음식생활문화사》, 광문각, 1997, p.78

油) 또는 마유(麻油)라 부르고 찜할 때 양념으로 넣는다.[112]

한반도에서 고대 참기름[眞油]은 너무도 귀한 것이었으므로, 일반 민가에서는 참기름을 감추어 두고 불등(佛燈)을 켜는 데에 겨우 사용하였다.[113] 그런데 신문왕 3년(683), 신문왕이 김흠운의 작은딸을 맞아들여 부인으로 삼을 때, 납채(納采) 예물로 보내는 식품 중에 유(油)가 들어 있다.[114] 이 '유'는 바로 참기름이다. 신문왕 시절 상류층은 참기름을 양념으로 쓰거나 튀김기름으로 사용하였을 것이다. 물론 양념용이든 튀김용이든 소선(素膳)을 위한 식재료로 쓰였을 것이다.

11) 밀[小麥]

밀은 지중해 농경 문화(地中海農耕文化)의 산물이다. 지중해 동안(東岸) 지방의 야생 맥류로 형성한 테로파이트 디스크리맥스(therophyte disclimax) 초원에서 야생 맥류를 채집한 것이 지중해 농경 문화의 시작이다. 이 초원에는 화본과(禾本科) 일년초인 야생 맥류를 중심으로 많은 일년초가 섞여 있다. 야생의 소와 양 등 초식동물이 풀을 먹어서 야생풀의 생장력과 짐승들이 먹어서 줄어드는 풀의 양이 자연적 평형을 유지하고 있었다.

원시의 채집 경제 사람들이 이 풍부한 대초원에 들어가 야생의 열매를 채집하고 수렵하며 생활하면서 여기저기에 캠프를 치게 된다. 캠프를 치면 불을 피우게 되고, 불을 피우고 남은 재가 생긴다. 또한 캠프 주변에는 질소(N)를 함유한 인간의 배설물도 남는다. 이렇게 캠프는 대초원에서 섬과 같아 지금까지와는 다른 토양 조건을 만들어낸다. 이듬해 그곳에서는 주변과 다른 식물이 돋아나게 된다. 즉 인

---

112 《齊民要術》〈素食〉〈부한과(瓬漢瓜)〉
113 《三國遺事》卷5〈感通善律還生〉, 또 첩이 인세에 있을 때 胡麻油를 마루 밑에 묻어 두었고…원컨대 법사께서는 그 기름을 취하여 佛燈을 켜시고…
114 《三國史記》〈新羅本紀〉卷8

간이 만든 새로운 환경에 적응하기 위하여 돌연변이를 일으킨 식물군이 생긴다. 야초(野草)에서 잡초(雜草)로의 진화이다. 맥류(麥類, 밀과 보리류)는 야생에서 잡초로 또 재배식물로 변하였다.

이 야생식물이 잡초로 변하면서 맥류뿐만 아니라 복잡한 그룹의 무리가 맥류와 함께 잡초로 변해 재배화되었다. 문명이 점점 발전하면서 일군의 무리에서 유용작물과 무용작물이 구별되었는데, 잡초 작물군에서 맥(麥) 이외의 유용한 작물이 선택되었다. 이처럼 새로운 재배식물로 승격된 작물을 이차작물(secondary group)이라 한다. 대표적인 이차작물은 귀리류, 호밀류, 평지[油菜]류이다.

지중해 동안(東岸)부터 파키스탄 주변 사이의 유크라테스강(Euphrates)[115]과 티그리스강(Tigris)[116]의 고대 문명 발생지를 포함한 이들 지역은 밀과 보리를 주체로 하고, 소·양·염소 등 가축을 동반한 농경을 약 1만 년 전 신석기 시대에 시작하였다. 초기 맥(麥) 농경 촌락이다.

밀·보리·호밀·귀리, 완두·잠두콩, 갓·순무·배추·시금치 등은 이 지역의 대표적인 1년생 겨울 작물이다. 잡초성의 평지[油菜]인 갓, 무, 배추는 티베트로 보리가 전파될 때 보리농업의 잡초로서 중국에 도달하여 그곳에서 채소로 승격하였다. 맥류가 티베트로 전파된 초기에 보리가 들어오고 후에 밀이 전파되었다.

맥 재배를 중심으로 한 지중해 농경 문화가 농업 혁명을 일으켜 이집트, 메소포타미아, 페니키아, 페르시아 등 아시아의 서남부 및 동북아프리카를 포함하는 고대 오리엔트에서 오리엔트(Orient) 문명이 만들어졌다. 이때 농작물 중에는 아프리카의 사바나 농경 문화에서 가져온 여름 작물이 있었으며 대표적인 것이 참깨이

---

115 Euphrates : 아시아 서부의 큰 강. 아르메니아(Armenia)고원에서 발원하여 서쪽으로 흘러 튀르키예에 들어가 남하하여 시리아를 지나 메소포타미아(Mesopotamia)평원을 동남으로 흘러 티그리스강과 합하여 페르시아(Persia)만으로 들어감. 그 유역인 메소포타미아평원은 강물이 범람하여 땅이 비옥하여 바빌로니아, 아시리아 문명의 발상지임(2,800㎞).
116 Tigris : 소아시아와 메소포타미아를 흐르는 강. 아르메니아고원에서 발원하여 유프라테스강에 합류하여 페르시아만으로 흐름(1,950㎞).

다. 그러니까, 오리엔트 문명 시기 지중해 농경 문화와 사바나 농경 문화가 합쳐진 것이다.

합쳐진 문화는 유럽 알프스 이북 수림 지대와 동쪽 아시아 방면으로도 전파하여, B.C. 3000년경 아리안(Aryan)[117]이 인도에 고대 도시 문명을 이룩하였다. 맥을 재배하면서 가축을 사육한 도시 국가인 인더스(Indus) 문명을 세운 것이다.

여기서 다시 맥류를 검토해 보자.

유럽의 신석기 시대와 철기 시대에는 밀과 보리가 재배되어 식량으로 쓰였다. 고대 이집트에서도 밀과 보리를 재배하였다. 그러나 고대 인도와 중국은 보리만 재배하였다. 중국에서 맥(麥)이란 원래 보리를 지칭한다.

중국 문화에서 보리와 밀이 구별된 시기는 한나라 시대(漢代, B.C.206~A.D.25)이다. 중국에서 B.C. 2700년경 보리를 재배하여 식량화하였지만, 지금의 빵밀로 쓰는 제분용 밀은 실크로드를 거쳐 진(秦) 또는 한(漢)대에 전파되었다는 설이 유력하다. 이 전파된 빵밀은 제분하여 제민요술 시대에는 술을 만들기 위한 병국(餠麴, 떡누룩)을 비롯하여 국수, 만두, 과자 등의 재료가 되었다.[118]

중국 사서류에 등장하는 삼국 시대의 오곡은 기장[黍], 메조[粟], 차조[稷]. 보리[麥], 콩[豆, 菽]으로,[119] 쌀은 별개였다. 다만 쌀은 귀한 곡식의 하나인 잡곡으로, 백제 다루왕 6년(33)에 국가적 차원에서 도전(稻田)을 시행했고 비류왕 27년(33)에 김제 벽골제란 저수지가 만들어져 주식으로 자리를 잡는다.[120] 이전에는 메조[粟]가 주식이었다. 우리는 메조를 지금도 작은 쌀이란 뜻으로 '좁쌀'이라 부른다. 이렇듯 고대 한반도에서 보리는 오곡의 하나였으나 밀은 존재하지 않았다. 100년 전까지만 해도

---

117 Aryan : 인도 게르만 어족(語族). 협의로는 인도 게르만 어족 계열의 지파(支派)로, 처음 중앙아시아에 살다가 인도와 이란에 각각 정주한 민족을 가리킴.
118 《齊民要術》, 530년경
119 《後漢書》;《晉書》;《三國志》;《魏書》;《隋書》;《北史》;《周書》
120 《三國史記》〈百濟本紀〉

밀가루는 귀하디귀한 까닭에 진말(眞末)이라 했다.

밀은 배유 부분이 쉽게 부서지기 때문에 약간만 도정해도 으깨어져 가루가 되기 쉽다. 그렇기에 밀밥을 만들어 먹으려면 햇빛에 바싹 말린 후 물을 조금 첨가하여 부드럽게 한 다음에 가볍게 찧어 껍질을 제거하여야만 밥을 지어 먹을 수 있다. 이러한 복잡한 공정을 피하고 식재료로 쉽게 만드는 방법으로는 가루로 만드는 것이 최우선이다. 이때 체를 사용하여 밀가루와 밀기울을 분리한다. 그러므로 제분 역사에서 가루로 만드는 갈돌→맷돌→연자매와, 더 고운 가루를 얻기 위한 양모체→명주로 만든 깁체는 중요한 역사적 위치를 점한다.[121]

중국에서는 진나라와 한나라 시대에 맷돌과 깁체가 등장하고, 후한 시대에는 국수를 만들어 먹었으며 축력(畜力)을 이용한 맷돌이 삼국 시대에 등장한다. 당나라 시대에는 수차(水車)를 이용하여 밀가루를 만들었다.[122]

그런데 《일본서기(日本書紀)》에 따르면 스이코 천황(推古天皇, 재위 593~628) 18년(610)에 고구려에서 담징(曇徵)[123] 스님이 와서 그림 그리기를 가르치고, 나라[奈良]의 호류사(法隆寺) 금당(金堂)벽화도 그리는 한편 연애(碾磑) 만드는 법도 가르쳤다고 한다.[124]

이로 미루어보면 적어도 고구려 영양왕(嬰陽王, 재위 590~618) 시절, 고구려도 제분 기술이 있었다고 추정된다. 물론 이 제분 기술은 밀가루뿐만 아니라 쌀을 비롯한 다른 곡물가루에도 적용된다.

고려 시대에는 식미(食味, 맛있는 음식)로 십여 가지가 있었다. 그중 면식(麵食)을 으뜸으로 삼아 불교재(佛敎齋)든 유교 제례든 면을 올렸고,[125] 사찰은 면을 만들어 팔

---

121 김상보, 《조선왕실의 풍정연향》, 민속원, 2016, pp.188~189

122 김상보, 《한국의 음식생활문화사》, 광문각, 1997, p.92

123 曇徵 : 고구려의 승려. 화가. 고구려 영양왕(嬰陽王) 21년(610) 백제를 거쳐 일본으로 가 귀화함. 나라[奈良] 호류사(法隆寺) 금당(金堂)에 벽화 《四佛淨土圖》를 그렸음. 유교, 채색, 종이, 먹 만드는 법, 농구(農具) 등 당시의 문화를 일본에 전해줌.

124 《日本書紀》;김상보, 《한국의 음식생활문화사》, 광문각, 1997, p.245

125 《高麗史》〈禮法, 刑法〉

았다.[126] 그런데 면에는 건면(乾麵)과 습면(濕麵)이 있었다. 건면은 소를 넣고 만들어 불에서 쪄낸 만두류고, 습면은 국물을 합하여 먹는 국수류다.《노걸대(老乞大)》에는 "우리 고려 사람들은…습면 먹는 것에는 익숙지 않으니, 건면을 먹는 게 어떻소." 란 말이 등장한다.[127]

그래서일까 고려 왕실은 밀가루 반죽으로 만든 쌍하라는 발효찐만두를 팔관회 나 연등회 등 국가적인 행사에 세 번째 진작(進爵)에서 술안주로 올렸다.[128] 민중은 이 쌍하를 쌍화(雙花)라 했다. 유명한 고려 가요인 〈쌍화점(雙花店)〉은 고려 시대에 쌍화를 파는 만둣집이 있었음을 드러낸다.

雙花店에 雙花 사라 가고신던 回回아비 내 손모글 주여이다

팔관회에 등장한 쌍하는 조선 시대에 들어와 밀가루 반죽으로 만든 발효찐만두 인 상화(床花)가 되어, 조선 왕실에서 중국 사신을 접대할 때 올리는 귀한 음식의 하 나가 되었다.[129] 충혜왕(忠惠王, 재위 1330~1332, 1339~1344) 4년(1343) 10월 주방에 도둑이 들 어와 만두를 훔쳐 먹는 사건이 일어나기도 했다.[130]

어쨌든 한반도는 밀이 적게 나서 화북(華北)에서 수입하였으므로, 밀의 값은 대단 히 비쌌다. 그러므로 성례(成禮) 때가 아니면 밀가루를 재료로 한 찬품을 먹지 못하 였다.[131]

이러한 현상은 조선 왕조도 마찬가지여서, 왕실에서조차 밀가루로 만든 국수와 만두는 정말로 경축하는 행사 때 외에는 먹지 못하였고 대부분 메밀국수 또는 메

---

126 《高麗史》〈禮法, 刑法〉
127 《老乞大》;김상보, 《전통주 인문학》, 헬스레터, 2022, p.303
128 《高麗史》
129 《迎接都監儀軌》, 1609
130 《高麗史》忠惠王 4年 10月 條
131 徐兢, 《高麗圖經》, 1123

밀만두로 대체하였다.

조선 왕조는 소맥(小麥, 밀)은 전라도의 구례, 김구, 여산, 고부, 고산, 곡성, 김제, 남원, 담양, 동복, 만경, 무안, 무장, 부안, 옥과, 옥구, 용안, 운동, 익산, 장성, 정읍, 진산, 창평, 함평에서 진공하게 하였으며, 소맥미(小麥米, 밀쌀)는 전라도 고창, 광주, 능주, 무주, 순창, 임실, 임피, 전주, 태인, 화순, 홍덕에서 진공하게 하였다.[132]

거두어들인 밀은 술 제조용 누룩을 만들어 술양주에 쓰이고, 제분한 밀가루는 가례, 제례, 생일잔치, 사신 접대 등 성대한 연회에서 국수나 만두 그리고 유밀과를 만드는 데에 주로 쓰였다.

밀반죽피로 만든 일종의 물만두를 '수상화(水霜花)'라 하였고, 밀국수를 랑화(浪花)라 하였다.[133] 수상화는 물 위에 떠 있는 서릿발 같은 꽃이란 뜻이고, 랑화는 물결 같은 꽃이란 뜻이다. 밀가루에 달걀을 넣고 반죽하여 홍두깨로 얇게 밀어 썰어서 칼국수를 만들고 끓는 물에서 삶아 찬물에 헹구어 사리를 만든 다음, 볶은 오이와 표고버섯, 석이버섯, 반숙 달걀, 돼지고기 편육, 잣으로 교태하여 닭고기 국물을 부어 올린 것이 랑화이다.

이렇듯 술을 동반하는 격이 높은 연향에서 아름다운 이름을 갖춘 만두나 국수가 올려진 이유는 밀가루가 귀하여 값이 비싼 것에도 있었지만, 밀이 가진 약선적 효능도 한몫하였다. 다시 말하면 고급 술안주의 역할을 밀만두나 밀국수가 담당하였다.

밀[小麥]

성질은 약간 차거나 평하다[性微寒平].

맛은 달다[味甘].

---

132 《輿地圖書》, 1759
133 《園幸乙卯整理儀軌》, 1795

산기(肝氣)를 기른다.

번열을 없앤다.

조갈을 없앤다.

소변을 잘 나오게 한다. [134]

그래서 그런지 경제력이 있는 귀족층 반가에서도 술좌석에 밀국수를 냈다. 1670년경에 나온 《음식지미방》[135]에는 '랑화'가 '난면'이란 이름으로 변하여 "밀가루에 계란을 섞어 반죽하여 칼국수를 만들어 꿩고기 삶은 국물에 말아 쓴다."라고 하였다. 이 난면은 1800년대 말경에 나온 《시의전서(是議全書)》로 이어져 "밀가루를 계란황청에 반죽하여 얇게 밀어 머리털처럼 썰어 담아 건져내어 오미자국에 쓴다"라고 하였다.[136] 난면은 궁중음식 랑화가 반가로 전해지면서 어떤 변화가 일어났는지를 보여주는 한 예이다.

뭐니뭐니해도 밀가루를 재료로 하여 만든 가장 귀한 찬품은 유밀과(油蜜果)가 아닐까 한다. 이에 대해서는 후술한다.

12) 소[牛]

한편 지중해 농경 문화의 산물인 소는 히말라야 이남 지역에서 히말라야 및 인도를 거쳐 중국에 도착하였다. 지중해에서 보리와 함께 인도에 도착한 소는 인더스 문명을 세우게 되고, 이어서 중국 사천 지역에 도착한 다음 한반도에 도달한다. 한반도와 사천 지역의 문화 교류가 일어난 셈이다. 소는 맥(麥)보다 빨리 멀리까지

---

134 許浚, 《東醫寶鑑》
135 음식디미방(1670년경)의 원래 뜻은 음식지미방(飮食知味方)이었다고 본다.
136 《是議全書》, 1800년대 말경

전파하여 동남아시아에는 물소[水牛]로 들어가고, 한반도에도 물소로 B.C.3000~B.C.1400년 사이에 전파되었다. 후에는 원우(原牛)가 들어왔다.

한반도를 중심으로 나타나는 석관묘와 고인돌이 중국 사천 주변에서 보인다는 사실에서 한반도 청동기 시대 동이인들은 발해 연안에서 하서(河西)[137] 회랑을 통과해 지금의 사천으로 이동하거나, 사천의 문화가 동북아시아로 이동하였음을 추정할 수 있다. 청동기 시대의 부단한 교류는 소가 한반도까지 오게 되는 계기가 되었다고 볼 수 있다.

이러한 각도에서 본다면 앞서 기술한 촉개함저도 촉나라 시대보다 훨씬 이전부터 교류를 통하여 사천에서 동북아시아로 전파되었을 가능성이 있다. 그 시기는 소의 전파 시기와 맞물려 있을 것이다. 즉, 사천 문화는 해로를 통해서 마한 사회로, 육로를 통해서 동북아시아로 전해지는 두 가지 유형의 전파 루트가 있었다는 이야기이다.

---

137 河西 : 중국 황하(黃河) 서쪽 땅을 총칭함. 주로 감숙성(甘肅省) 서부 지역으로, 몽골 사막 지대를 북쪽에 둔 오아시스 지대.

조엽수림 문화를 대변하는 《형초세시기(荊楚歲時記)》속의 음식 문화

1. 중국 남조(南朝)의 사회상

서진이 멸망하고 동진이 건국되어 한인(漢人)의 귀족 문화가 남방으로 대규모로 이동하여 문화의 꽃을 피웠지만, 동진도 멸망한다. 이후 송(宋), 제(齊), 양(梁), 진(陳)으로 바뀌다가 수(隋)로 통일된다.

남조 시기였던 동진, 송, 제, 양, 진대에는 북조와 마찬가지로 불교가 매우 번성하여 낙양 못지않은 사찰을 건강(남경)에 세우고 많은 경전이 번역되었다.[138]

《형초세시기》는 양(梁) 시대에 생존했던 종름(宗懍)의 작품이다. 그는 25세쯤 양무제(武帝) 왕조에서 왕부기실(王府記室)과 서기관(書記官)을 겸하여 무제와 30년 가까이 긴밀한 관계를 유지한다.

《형초세시기》는 형초(荊楚)의 세시를 적은 책이다. 형초는 형강(荊江)이 흐르는 초국(楚國)의 땅이다. 지금의 호북성(湖北省)과 호남성(湖南省) 일대이다. 초국은 춘추 시대 오패(五霸)의 하나였고, 전국 시대에는 칠웅(七雄)의 하나가 된다. 양자강 중류의 땅을 차지하여 호북성 영(郢)을 수도로 하였다가 진(秦)에 망하였다. 무왕(武王) 이래 500여 년 동안 이어졌다. B.C.704년에 세워져 B.C.202년에 멸망하였다. 그러니까

---

138 한경수 역, 渡辺照宏 著, 《불교사의 전개》, 불교시대사, 1992, p.157

종름은 초나라 때부터 종름이 살던 남북조 시대까지 면면히 이어지던 민속적 연중행사(年中行事)를 형초세시기로 기록을 남겼다고 볼 수 있다.

형초세시기에는 각(各) 본(本)에 모두 주(註)가 있다. 이 주는 두공섬(杜公瞻)이 썼다고 전해진다. 두공섬은 수나라 시대 사람이다. 형초세시기의 내용은 형초 지방의 풍물고사(風物故事) 위주이나, 두공섬은 남북의 세시 풍물을 비교하여 주를 기술하였다.[139]

다시 종름이 살던 양나라로 돌아가 보자.

양 무제는 황제면서 승려였던 것으로 알려져 있다. 그는 옹주(雍州)[140]의 자사(刺史, 주지사州知事)였는데 제나라의 혼란을 틈타 양나라로 명명하고 황위에 올랐다. 그는 재위하던 약 50년 동안 백제와도 교류하는 등 국력을 과시했지만, 후경(侯景)의 모반을 겪는다. 양 무제의 재능은 남조의 모든 왕을 통틀어 최고였으나 불교에 과도하게 낭비하였으며, 이는 망국의 원인 가운데 하나가 되었다. 무제의 신앙으로 건강(남경)에는 남중국에서 사원이 가장 많이 지어졌다. 무제는 사원에서 반야경과 열반경 등을 강론하고 《어주대품반야경(御注大品般若經)》을 저술하기도 하였다.[141]

511년에 그는 주육(酒肉)을 금하는 법령을 공포한다. 517년에는 국가의 제사에 살아 있는 동물을 죽여서 바치는 희생을 금지하고 밀가루나 과일, 야채 등 소채(素菜)를 식재료로 할 것을 명령한다. 518년에는 승려에게 전면적으로 육식과 살생을 금지할 것을 명하고,[142] 그뿐만 아니라 동물을 사랑하는 정신에서 시의(侍醫)에게 약재료로서의 동물 사용을 금하기도 하였다. 우란분재(盂蘭盆齋)를 공개적으로 거행하게 된 시기도 이 무렵부터라고 알려져 있다.[143][144]

---

139 상기숙 역, 종름 저, 《형초세시기(荊楚歲時記)》, 집문당, 1996, p. 23
140 옹주(雍州) : 현재의 섬서(陝西). 감숙(甘肅)의 두 성과 청해성(靑海省)의 일부분.
141 한경수 역, 渡辺照宏 著, 《불교사의 전개》, 불교시대사, 1992, pp. 158~159
142 상기숙 역, 종름 저, 《형초세시기(荊楚歲時記)》, 집문당, 1996, p. 66
143 한경수 역, 渡辺照宏 著, 《불교사의 전개》, 불교시대사, 1992, p. 159
144 육식의 전면 금지를 기록한 경전으로는 《대반열반경(大般涅槃經)》과 《범망경(梵網經)》 등이 있다.

2. 《형초세시기》의 〈팔관재계〉와 〈우란분재〉

1) 2월 8일, 팔관재계(八關齋戒)

二月八日釋氏下生之日
迦文成道之時信捨之家建八關齋戒車輪寶蓋七變八會之燈平旦執香花遶
城一匝謂之行城

2월 8일은 석가탄신일이다.

가문[145]의 불교 진리를 완전히 깨달았을 때, 불교에 귀의하는 자는 팔관
재계하며, 차륜,[146] 보개,[147] 칠변팔회의 등을 단다. 이른 아침 향화(香花)
를 들고 성을 따라 한 바퀴 도는데 이를 이르기를 행성(行城)이라 한다.

2월 8일 석가탄신일에 하는 행사 중의 행사로 팔관재계를 들고 있다. 팔관재계
는 팔관계 또는 팔계라고도 한다. 8가지를 금지한다[關]는 뜻이다.

살생하지 말 것
도둑질하지 말 것
음(淫)하지 말 것
망령된 말을 하지 말 것
술을 마시지 말 것

---

145 가문(迦文) : 석가문불(釋迦文佛)의 약칭.
146 차륜(車輪) : 불가어. 윤보(輪寶)로 부처의 보기(寶器). 금, 은, 동, 철.
147 보개(寶蓋) : 불가어. 보목으로 장식한 햇빛 가리개. 불보살(佛菩薩), 강사(講師), 독사(讀師)의 좌석 위에 침.

향수를 뿌리고 장식하는 일과 가무(歌舞)를 보지도 듣지도 말 것

높고 넓은 침상에서 잠자지 말 것

시절 음식이 아니면 먹지 말 것

이상은《아함경전(阿含經典)》[148]에 나오는 계율로서의 팔계이다. 이 계율을 온전히 지키는 것이 해탈의 열쇠가 되고 열반성(涅槃城)에 도달하는 관문(關門)이 된다. 인도에서는 매월 7일마다 팔관회를 행하다가 후에는 월 2회, 7일과 15일에 설계(說戒) 또는 포살(布薩, Uposatha)[149]이라는 모임을 가졌다. 이 모임에서는 팔계의 준수 여부를 반성하고 설법을 들으며, 다시는 계(戒)를 범하지 않기로 맹세하는 의식을 진행하였다.

양 무제는 이 포살을 국가적 행사의 하나로 중시하고 팔관재회(八關齋會)를 대대적으로 열도록 하였다. 죄과(罪過)를 없애는 모임, 즉 무차대회(無遮大會)[150]라는 이름이 이때 채택되었다.[151]

종름은 양 무제 치하에서 관료로 일하면서 당시 대대적으로 연 2월 8일의 팔관재회를 형초세시기에 기록하였다. 특히 '살생하지 말 것'은 팔계의 첫 번째로 등장할 정도로 매우 중요한 계율이었다.

2) 화식(華飾)과 〈소식(素食)〉으로 구성된 우란분재 상차림

七月十五日 僧尼道俗悉營盆供諸佛

---

148 아함경전(阿含經典) : 석가모니의 언행록(言行錄). 아함경이라고도 함.

149 포살(布薩) : 승려가 서로 설계(說戒)하고 참회하는 의식.

150 무차대회(無遮大會) : 성범(聖凡), 도속(道俗), 귀천(貴賤), 상하(上下) 구별 없이 일체 평등으로 재시(財施)와
   법시(法施)를 행하는 대법회.

151 이기영,《한국의 불교》, 세종대왕기념사업회, 1999, p.48

7월 15일 승(僧),[152] 니(尼),[153] 도(道),[154] 속(俗)[155]은 모두 분(盆)[156]을 마련하여 제불에게 공양한다.

按云

'有七葉功德並幡花歌鼓果食逄之蓋由此也'

經又云

'目連見其亡母生餓鬼中即以鉢盛飯往餉其母食未入口化成火炭遂不得食 目連大叫馳還白佛 佛言

"汝母罪重非汝一人所奈何當須十方衆僧威神之力至七月十五日當爲七 代父母厄難中者具百味五菓以著盆中供養十方大德"

佛勅衆僧皆爲施主祝願七代父母行禪定意然後受食是時目連母得脫一切 餓鬼之苦目連白佛未來世佛弟子行孝順者亦應奉盂蘭盆供養佛言大善'

안(按, 두공섬의 註)

두공섬의 주

'칠엽공덕[157]을 드리면서 더불어 번(幡, 깃발), 꽃, 음악[歌鼓], 과식(果食)을 바 치는 것은 모두 이로부터 유래한다.'

경에서 또 이르기를

---

152 승(僧) : 출가한 사람.
153 니(尼) : 불교에 출가한 여자, 즉 비구니.
154 도(道) : 불교에 출가한 신도.
155 속(俗) : 불교에 출가하지 않았으나 믿음이 깊은 남녀.
156 분(盆) : 음식을 저장하는 그릇이라는 뜻이 있음.
157 칠엽공덕(七葉功德) : 우란분으로 공양하여 고통의 세계에 계시는 7대 부모의 영혼을 구제하여 복락(福樂)이 있게 함.

'목련이 돌아가신 어머니가 아귀(餓鬼)[158] 가운데 사시는 것을 보고 곧 바리에 음식을 담아 어머니께 드렸다. 음식이 어머니 입에 들어가기 전 화탄(化炭)으로 변하여 마침내 먹을 수가 없었다. 목련[159]이 크게 울부짖으며 달려서 돌아가 부처님께 아뢰었다. 부처님께서 말씀하시기를 "너의 어미는 지은 죄가 너무 무거워 너 한 사람으로는 어찌할 수가 없다. 마땅히 십방[160] 중승(衆僧)의 위신(威神)의 힘이 필요하다. 7월 15일에 이르러 7대의 부모가 위난(危難) 중에 있는 자를 위하여 마땅히 백미(百味)[161] 오과(五菓)[162]를 갖추어 분에 담아 십방의 대덕(大德, 부처)에게 공양하라." 부처님께서 중승(衆僧)에게 명하여 모두 시주(施主)[163]하게 하여 7대 부모를 축원하는 선정(禪定)[164]의 뜻을 행한 연후에 음식을 받게 하였다. 이때 목련의 어머니는 모든 아귀의 고통에서 벗어날 수 있었다. 목련이 부처님께 미래세(未來世)의 불제자와 효순을 행하는 자 역시 우란분을 받들어 응당 공양해야 할 것이라 아뢰었다. 부처님께서 매우 좋다 하셨다.' 그리하여 후대의 사람들은 이로부터 널리 화식(華飾, 아름답게 꾸밈)하였다. 나무를 조각하고 대나무를 쪼개서 (아름답게 하였다) 엿, 밀랍, 전채(剪綵, 비단을 오림)로 꽃과 잎의 모형을 만들었는데 그 세공의 정교함이 극에 달하였다.[165]

---

158 아귀(餓鬼) : 파율(破律)의 악업(惡業)을 저질러 아귀도(餓鬼道)에 빠진 귀신. 몸이 앙상하게 마르고 목구멍이 바늘구멍과 같아서 음식을 먹을 수가 없어 늘 굶주린다고 함.

159 목련(目連) : 목련존자(目連尊者). 부처의 10대 제자 중 한 사람. 인도인으로 성은 바라문(婆羅門). 지옥에 떨어진 어머니를 구하기 위해 시아귀회(施餓鬼會)를 베풀었으며, 이는 우란분회의 유래이다.

160 십방(十方) : 시방이라고도 함. 동, 서, 남, 북, 동남, 동북, 서남, 서북, 상, 하 10개 방위.

161 백미(百味) : 100은 하도(河圖)와 낙서(洛書)의 결합수. 여기에서는 정성껏 마련해서 만든 많은 찬품을 가리킴.

162 오과(五菓) : 복숭아[桃], 배[梨], 은행[杏], 밤[栗], 대추[棗] 또는 이들과 비슷하게 만든 조과.

163 시주(施主) : 승려 또는 절에 물건을 베풀어 주는 일.

164 선정(禪定) : 참선(參禪)하여 삼매경(三昧境)에 이름. 정신을 집중함.

165 상기숙 역, 종름 저,《형초세시기(荊楚歲時記)》, 집문당, 1996, pp.131~133

앞부분은 형초세시기에 기술된 원문이고, 뒷부분은 두공섬이 붙인 주이다. 그러니까 두공섬이 생존했던 북조의 수나라 시대에 우란분재를 거행하는 상차림에는 깃발, 꽃, 과식(果食)이 오르고 공양 중 음악을 동반하며, 이때 비단으로 만든 꽃과 잎, 엿과 밀랍으로 만든 꽃과 잎이 100미의 음식에 꽂히고, 음식 담는 그릇은 나무와 대나무를 쪼개서 아름답게 만들어 사용했다는 이야기이다. 마치 고려나 조선 왕조의 잔치에 우리(亏里)에 음식을 고여 담아 상화(床花)를 꽂아 차리는 과반(果盤)을 연상케 한다.

100미의 100은 《주역(周易)》에서 하도(河圖)의 55와 낙서(洛書)의 45를 결합한 숫자이다. 하도는 천도(天道)를 가리키고 낙서는 지도(地道)를 가리키니, 100미가 상징하는 의미는 이 세상에서 먹을 수 있는 모든 음식[饌品]을 뜻한다. 이 100미를 동물성이 아닌 식물성 재료로 만들어 올렸는데, 대표적인 찬품은 과식(果食)이다.

과식은 과일뿐 아니라 밀가루 또는 찹쌀가루, 엿, 기름, 꿀을 재료로 과일 모양으로 만든 일종의 튀김과자도 포함한다. 우리나라에서는 이를 유밀과(油蜜果)라 한다. 《제민요술》〈소식〉 항목은 아니지만 같은 책의 〈병(餅)〉 항목에 유밀과류가 다수 기재되어 있는 사실로 미루어보아, 양나라나 수나라 시대에도 이들 유밀과는 분명히 존재하였다고 판단된다.

찬(粲)

用秫稻米絹羅之蜜和水水蜜中半以和米屑厚薄令竹杓中下先試不下更與
水蜜作竹杓容一升許其不節稬作孔竹杓中下瀝五升鐺裏膏脂煮之熟三分
之一鐺中也
《齊民要術》

찹쌀가루를 사용한다. 비단으로 꿀을 걸러 물과 합하는데, 물과 꿀을 반

반으로 하여 찹쌀가루에 섞는다. 농도는, 대나무 국자에 담아 흘려 보아
흐르지 않으면 다시 꿀물을 넣어 흐르도록 만든다. 대나무 국자 용량은
1되로 그 바닥에 작은 구멍을 뚫는다. 대나무 국자에 반죽을 담아 (기름이
든)5되들이 구리솥에 떨어뜨려 튀겨낸다. 솥 안에 ⅓ 정도 넣는다.
《제민요술》

고환(膏環, 粔籹)

用秫稻米屑水蜜溲之强澤如湯餠麵手搦團可長八寸許屈令兩頭相就膏油
煮之
《齊民要術》

찹쌀가루에 물과 꿀을 넣어 반죽하는데 탕병면과 같이 단단하게 한다.
손으로 주물러 길이 8치 정도의 덩어리로 만든다. 양 끝을 서로 합하도
록 구부려서 기름에 튀긴다.
《제민요술》

세환병(細環餠, 寒具), 절병(截餠, 蝎子)

皆須以蜜調水溲麵若無蜜煮棗取汁牛羊脂膏亦得用牛羊乳亦好令餠美脆
截餠純用乳溲者入口即碎如凌雪
《齊民要術》

모두 꿀을 탄 물로 밀가루를 반죽한다. 만약 꿀이 없으면 삶은 대추즙
을 취해서 사용한다. 소나 양의 기름을 넣는다. 소나 양의 유(乳)를 넣으

먼 병의 맛을 좋게 하고 연하게 한다. 절병은 우유만 넣고 반죽한 것이
다. 입에 넣으면 곧 부서지는데 눈이 녹는 것과 같다.

《제민요술》

찬과 고환은 찹쌀가루에 꿀물을 넣고 반죽하여 기름에 튀겨낸 것이고, 세환병은
밀가루에 꿀물과 기름을 합하여 반죽한 다음 기름에 튀긴 것이며, 절병은 밀가루
에 꿀물과 우유를 넣고 반죽하여 튀긴 것이다.

밀가루로 아름답게 과일 모양을 만들어 우란분재 등의 공양 음식으로 올린 배경
은 불교가 지닌 차안(此岸)의 세계관과 피안(彼岸)의 세계관에 있다. 차안의 세계란
속세 일체를 포괄하는 세계로, 생과 사의 세계이다. 속세를 일체 포괄하므로 세속
인의 정신세계를 포괄한다. 모두 더없이 불결하고 비천하며 비참하다. 피안의 세
계란 이승의 번뇌를 해탈하여 열반에 도달하는 경지의 세계이다. 피안의 세계는
순결무구하고 즐겁고 고상하다. 차안과 피안이라는 세계는 부정적인 현실세계와
긍정적인 이상세계이다.

피안 즉 이상세계에 대하여 《화엄경(華嚴經)》에서는 다음과 같이 말한다.

五百寶器自然盈滿

金器盛銀銀器盛金

玻瓈器中盛滿硨磲

硨磲器中盛滿玻瓈

瑪瑙器中盛滿珍珠

珍珠器中盛滿瑪瑙

《華嚴經入法界品》

500의 보배 그릇은 자연적으로 가득 차 있네. 금그릇에는 은이 담겨 있

고 은그릇에는 금이 담겨 있으며 파려[166] 그릇에는 차거[167]가 가득 차 있

고 차거 그릇에는 파려가 가득 차 있네. 마노[168] 그릇에는 진주가 가득

담겨 있고 진주 그릇에는 마노가 가득 담겨 있네.

《화엄경입법계품》

열반의 세계인 극락세계는 금, 은 파려(수정), 석영, 진주, 옥이 가득한 연화보수

(蓮花寶樹)의 행복한 천당이다.[169]

두공섬이 주에서 기술한 우란분재에서 화식(華飾)은 극락과 열반의 세계로 간 7

대 부모들이 계신 곳을 나타내기 위한 장식이다. 이 장식에 엿으로 만든 꽃과 잎,

밀랍으로 만든 꽃과 잎, 비단을 칼(가위)로 오려 만든 꽃과 잎으로 상차림을 장식했

으며, 장식한 음식은 나무나 대나무로 만든 아름다운 그릇 분(盆)에 담긴다.

우란분재를 통하여 나타난 소식(素食)의 범주는 복숭아·배·은행·밤·대추로 구

성된 오과와 《제민요술》〈소식〉을 기반으로 하여 과일 모양으로 만든 각종 유밀

과를 포함한 백미(百味)이다.

3. 《형초세시기》의 세시 음식 문화

550년경 《형초세시기(荊楚歲時記)》를 저술한 종름(宗懍)은 부친 고지가 재판 중 법

을 어겨 대신 속죄하는 의미로 종신토록 채식을 한 사람으로도 유명하다. 이 예로

보면 당시 죄인을 자처할 경우 정진(精進)하는 의미로 채식하는 것이 일반적인 현

---

166 파려(玻瓈) : 유리, 수정.

167 차거(硨磲) : 옥돌로 만든 수레.

168 마노(瑪瑙) : 석영

169 정상홍·임병권 역, 葛兆光 저, 《禪宗과 中國文化》, 동문선, 1991, p. 210

상이었넌 것으로 보인다.

　조엽수림 문화 지대에서 형성된 형초세시기의 세시 풍속이 음식을 중심으로 어떻게 전개되었는지 보고, 헌종(憲宗, 재위 1835~1849) 15년(1849)에 홍석모(洪錫謨)가 한반도의 세시 풍속을 기술한《동국세시기(東國歲時記)》의 세시 음식과 비교해 본다.

《형초세시기》, 550년경

　　원단(元旦, 음력 1월 1일) : 초백주(椒栢酒), 도탕(桃湯), 도소주(屠蘇酒), 교아당(膠牙餳), 오신반(五辛盤), 당(糖)에 버무린 볶은 삼씨[麻子]와 콩[大豆 혹은 小豆].

　　1월 7일[170] : 칠종갱(七種羹).

　　1월 15일 : 두미(豆糜).

　　한식(寒食)[171] : 엿을 만듦[造餳], 대맥죽(大麥粥, 보리죽), 나물을 먹음[食生菜].

　　3월 3일 : 곡수연(曲水宴), 용설판(龍舌粖, 꿀시루떡), 서국채즙갱(黍麴菜汁羹, 쑥국).

　　5월 5일 : 창포주(菖蒲酒).

　　5월 하지(夏至) : 종(糉, 角黍).

　　6월 복날[伏日] : 탕병(湯餠).

　　7월 15일 : 우란분회(盂蘭盆會), 과식(果食)으로 재(齋)를 올림.

　　9월 9일 : 국화주(菊花酒), 이(餌).

　　10월 1일 : 마갱(麻羹, 깨죽), 서확(黍臛), 두반(豆飯, 콩밥).

　　11월 중동(仲冬) : 여러 가지 채소로 함저(鹹菹, 소금에 절여 저[김치]를 만듦).

　　12월 동지(冬至) : 적두죽(赤豆粥, 팥죽). 조신(竈神)에게 술과 작은 돼지로 제

---

170 정월 7일은 인일(人日, 사람날)이다. 정월 1일은 닭날, 2일은 개날, 3일은 양날, 4일은 돼지날, 5일은 소날, 6일은 말날이다. 사람날인 7일에는 날씨의 흐리고 맑음에 따라 그해의 풍작을 점친다.
171 동지에서 105일이 지나면 바람이 심하고 큰 비가 있어 한식(寒食)이라 함.

사함.

초백주(椒栢酒)는 초주와 백주를 말한다. 초주는 산초 열매로 빚은 술이고, 백주는 잣나무 잎[栢葉]으로 빚은 술이다. 모든 역(疫, 염병과 온역)을 없애는, 장수를 위해 마시는 술이다.

도탕(桃湯)은 복숭아나무의 잎과 가지, 줄기에 물을 합하여 끓여 만든 탕이다. 이 탕을 마셔 벽사(辟邪, 邪鬼를 물리침)를 기원하였다.

도소주(屠蘇酒)는 도라지, 방풍, 산초, 육계 등을 넣고 빚은 술이다. 사기(邪氣)를 물리쳐 전염병을 예방하고, 장수하기 위하여 마시는 술이다.

교아당(膠牙餳)은 전분에 엿기름[麥芽]를 넣고 고아 만든 엿으로, 치아를 튼튼하게 한다 하여 먹는다.

오신반(五辛盤)은 오훈채(五葷菜)라고도 한다. 불가에서는 마늘, 달래, 무릇, 세파, 대파이고, 도가에서는 무릇 또는 부추, 자총이, 마늘, 평지, 염교, 고수풀, 운대(雲薹) 중 다섯 가지를 오훈으로 하였다. 그러니까 오신 또는 오훈이란 자극성이 있는 맛을 가진 다섯 가지 소채를 의미한다.

볶은 삼씨와 볶은 대두, 볶은 소두를 당(糖)에 버무려 먹는 것은 악기(惡氣) 즉 전염병을 물리치기 위함이다.

이처럼 사람들은 전염병을 물리치기 위해 초백주, 도탕, 도소주, 교아당, 오신반, 당에 버무린 볶은 콩을 음력 1월 1일에 먹었으며, 일 년 내내 치아가 튼튼하기를 염원하며 교아당 즉 엿을 먹었다.

인일(人日, 사람날)에 먹는 칠종갱(七種羹)은 일곱 가지 나물로 끓인 국이다.

정월 보름에 먹는 두미(豆糜)는 팥죽이다.

3월 3일에 행하는 곡수연(曲水宴)을 유상곡수지음(流觴曲水之飮)이라고도 한다. 궁중 후원에서 베풀던 잔치에서 유래하였다. 음력 3월 3일 문무백관이 흐르는 물에 앉아 임금이 띄운 술잔이 자기 앞에 오기 전에 시를 짓고 잔을 들어 술을 마셨다. 유상(流觴)이란 물 위에 흐르는 술잔[流杯]에 술을 가득 채워 물에 띄움을 의미한다. 상서롭지 못한 기운을 제거하기 위함이 곡수연의 목적이다.

후한 장제(章帝, 재위 75~88) 때 평원(平原)의 서조(徐肇)가 3월에 삼녀를 얻었는데 3일만에 모두 잃었다. 마을 사람들이 괴이하게 여겨 모두 술을 들고 동쪽으로 흐르는 물가에서 깨끗이 씻고 제액(除厄)한 후 흐르는 물에 술잔을 띄웠다. 곡수연의 유래이다.

3월 3일 사민(四民)[172]들은 연못이나 강 등으로 나와 맑은 물에 술잔을 띄워 곡수지음(曲水之飮)을 하였고, 이후 이를 곡연(曲宴)이라 칭하기도 하였다. 신라 포석정(鮑石亭)[173]도 곡수지음에서 유래한다. 고려 때에는 곡연이라 하여 간단한 연회를 뜻하기도 하였다.

용설판(龍舌粋)은 설미병(屑米餠, 舌米餠)이라고도 한다. 꿀을 넣고 만든 시루떡이다. 계절병을 막기 위하여 먹는 떡이다.

서국재즙갱(黍麴菜汁羹)은 쑥국이다. 서국채는 쑥을 가리키며 청명채(淸明菜)라고도 한다. 쑥은 기침, 가래, 천식 등에 좋은 약재이기도 하다. 3월 3일에는 기관지 계통의 질병을 예방하려 쑥국을 먹는다.

5월 5일에 마시는 창포주(菖蒲酒)는 창포 뿌리를 잘게 썰거나 가루로 만들어 술에 침출한 침출주이다. 천남성과(天南星科)에 속한 다년생 풀인 창포는 뿌리를 약재로 쓴다. 창포주는 5월의 독기를 막기 위해 마신다.

하지에 먹는 종(糭)은 각서(角黍)라고도 한다. 찹쌀가루에 대추 등의 소를 넣고 댓잎이나 갈잎에 싸서 쪄낸 떡이다. 여름 더위를 이겨내 오래 살기를 기원하면서 먹는다.

---

172 사민(四民) : 백성의 네 가지 계급이나 신분. 사농공상(士農工商).
173 포석정(鮑石亭) : 통일 신라 시대 이후 역대 왕공(王公)이 전복 모양으로 생긴 돌 홈의 유상곡수(流觴曲水)에 잔을 띄우고 시를 읊으며 놀던 곳.

복날[伏日]¹⁷⁴에 먹는 탕병(湯餠)은 탕면(湯麵), 삭병(索餠), 온면(溫麵), 자병(煮餠)이라고도 한다. 소위 칼국수류이다.

우란분회 때 올리는 과식(果食)은 과실 혹은 과실 모양의 식물(食物)을 말한다. 과실 모양의 식물(食物)은 밀가루, 꿀, 기름으로 만들고 소엽아(笑靨兒)라고도 한다. 우리나라에서는 이를 유밀과(油蜜果)라 한다. 과실 혹은 과실 모양의 식물을 합하여 우란분회에 올리는 찬품을 백미오과(百味五果)라 했다. 백미란 아주 많은 음식이고 오과(五果)는 도(桃, 복숭아), 이(梨, 배), 행(杏, 은행), 율(栗, 밤), 조(棗, 대추)이다.

9월 9일에 먹는 국화주와 이(餌)는 장수를 기원하며 먹는다. 국화주는 찹쌀밥에 국화꽃과 누룩을 합하여 빚는 술이다. 액을 쫓기 위해 마신다. 이(餌)는 고병(糕餠)으로 시루떡이다.

마갱(麻羹)은 참깨[胡麻, 脂麻, 麻]로 만든 죽인 지마죽(芝麻粥)이다. 서확(黍臛)은 기장을 넣고 끓인 걸쭉한 갱으로, 서자갱(黍子羹)이라고도 한다. 두반(豆飯)은 소두(小豆, 팥)를 넣고 지은 팥밥이다. 이들 모두는 음력 10월 1일에 귀신을 쫓기 위해 먹는다.

음력 11월을 중동(仲冬)이라고도 한다. 이달은 함저(鹹菹)를 담근다. 함저란 순무나 아욱 등의 잡채(雜菜)를 소금물에 침(沈)하는 것을 말한다. 우리나라의 김장 김치[沈藏沈菜]에 해당한다. 형초세시기 시절의 함저는 찹쌀을 볶아 찧어서 가루로 만들고, 참깨로 기름을 내어 합하여 침채에 넣고 버무려 담가 돌로 눌러 익힌다. 저(菹, 침채)의 맛은 달고 부드러우며 국물이 새콤하다고 한다. 침채를 금채고(金釵股)라고도 하며, 술을 깨게 하는 데에 좋다고 한다.

동지(冬至)¹⁷⁵에는 적두죽(赤豆粥)을 먹는다. 우리는 팥죽이라고 한다. 질병과 천재지변은 음양의 질서가 깨져 발생한다고 생각하여, 음이 가장 성한 시기에 팥죽을

---

174 복날[伏日] : 삼복(三伏)을 말함. 하지 후 제3일의 경일(庚日)을 초복(初伏), 제4의 경일을 중복(中伏), 입추 후 제1의 경일을 말복(末伏)이라 함.
175 동지(冬至) : 밤이 가장 길고 낮이 가장 짧은 날.

믹어 음양의 조화를 이루고자 하였다. 팥죽의 저색은 양(陽)이기 때문에 귀신을 물리친다고 생각하였다.

또 동짓날에는 조신(竈神)에게 술과 돼지고기를 차려 제사하였다. 조신을 한반도에서는 조왕신이라고 한다. 전한 선제(宣帝, 재위 B.C.73~B.C.49) 때 효성이 지극하고 품성이 자애로운 음자방(陰子方)이란 사람이 있었다. 그가 납일(臘日) 새벽에 밥을 짓는데 조신의 형상이 나타났다. 그는 조신에게 두 번 절하고 경사로움을 얻었다. 집에 누런개[黃犬]가 있어 이것으로 제사하여 황양 음씨(黃羊陰氏)가 되었다.

그후 세세로 복을 받았으므로 이후 속인(俗人)들이 다투어 조신에게 제사를 드렸다. 그래서 노부(老婦)의 제사라고도 한다. 제물 중 올리는 떡을 벽악병(辟惡餅)이라 한다. 악기를 물리치기 위한 떡[餅]이란 뜻이다.

4. 《동국세시기(東國歲時記)》의 세시 음식 문화

《동국세시기》, 1849년

원일(元日, 음력 1월 1일) : 초백주, 도소주, 교아당, 백병(가래떡), 병탕(餅湯, 떡국), 증병(甑餅, 팥시루떡), 진산채(進山菜)

상원(上元, 음력 1월 15일, 보름) : 적두죽(팥죽), 작절(嚼癤), 유롱주(牖聾酒, 귀밝이술), 약반(藥飯, 약밥), 진채식(陳菜食), 복리(福裏), 오곡잡반(五穀雜飯)

노비일(2월 15일) : 송편[松餅]

3월 : 두견화전(杜鵑花煎, 熬餅寒具), 화면(花麵), 수면(水麵), 탕평채(蕩平菜), 수란(水卵), 웅어회[葦魚鱠], 복어갱[河豚羹], 서여증식(薯蕷蒸食, 산마찜), 과하주(過夏酒), 소주(燒酒), 산병(饊餅), 환병(環餅), 증병(甑餅), 사마주(四馬酒)

4월 8일 : 석남엽증병(石楠葉甑餅), 자두(煮豆, 찐 콩), 증편(蒸片, 술떡)

4월 : 어채(魚菜), 어만두(魚饅頭)

5월 단오(端午, 戌衣日) : 술의떡(수리취떡, 쑥절편), 침장(沈醬)

6월 15일 유두일(流頭日) : 유두연(流頭宴), 수단(水團), 건단(乾團), 상화병(霜花餅), 연병(連餅), 유두면(流頭麵), 구장(狗醬, 개장), 복죽(伏粥, 팥죽)

7월 15일 백종(百種, 盂蘭盆會) : 오과백미(五果百味)

8월 15일 추석(秋夕) : 황계(黃鷄), 백주(白酒)

9월 15일 중구(重九) : 국화전(菊花煎), 화채(花菜)

10월 5일 말날[午日] : 적두증병(赤豆甑餅, 팥시루떡)

10월 : 우유락(牛乳酪), 난로회(煖爐會, 煖煖會), 만두, 변씨만두(卞氏饅頭), 증병(甑餅), 연포(軟泡), 애탕(艾湯, 쑥국), 애단자(艾團子, 쑥구리단자), 밀단고(密團餻), 건정(乾飣, 강정), 침저(沈菹, 김장)

11월 동지 : 동지적두죽(동지팥죽), 전약(煎藥), 골동면(骨董麵, 비빔국수), 골동갱(骨董羹), 골동지반(骨董之飯, 遊飯), 냉면(冷麵), 수정과(水正果), 동침(冬沈, 동치미)

12월 : 납육(臘肉)

  원일에 먹는 초백주, 도소주, 교아당은 《형초세시기》와 같다. 진산채는 봄눈[春雪]이 녹을 때 산속에서 자연히 나는 채인 움파, 산갓[山芥], 신감채(辛甘菜)를 진상하는 것을 말한다.

  정월 보름날 먹는 작절(嚼癤)은 이를 튼튼히 하고 부스럼이 나지 않도록 염원하는 마음에서 호두, 밤, 은행, 잣, 순무를 씹어먹는 것이다. 유롱주(牖聾酒)는 귀밝이술이라고도 한다. 식구 모두 귀가 밝아지라고 데우지 않은 청주(淸酒)를 한 잔씩 마신다. 약반(藥飯)은 장수를 염원하는 음식이다. 그래서 도가(道家)의 장수식품인 대추, 꿀, 잣 등을 찹쌀과 합하여 시루에 담아 쪄냈다. 약밥이라고도 한다. 진채식(陳菜食)은 앞으로 닥칠 더위에 병을 앓지 않도록 염원하면서 저장했던 건박오가리, 건버섯, 건갓잎, 건무를 나물로 만들어 먹는다. 복리(福裏)는 복을 기원하면서 채잎[菜葉]

과 김[海衣]으로 밥을 싸 먹는 것이다. 오곡잡반(五穀雜飯)은 곡식 다섯 종류를 합히여 밥을 지어 먹는 것이다. 춘사(春社)에 곡식의 생육을 빌고자 올렸던 사반(社飯)을 음복하여 서로 나누어 먹던 옛 풍속에서 기원한다. 춘분과 추분에서 가장 가까운 앞뒤의 무일(戊日)을 사일(社日)이라고 하는데, 봄의 사일제를 춘사(春社)라 하고 가을의 사일제를 추사(秋社)라고 한다. 추사에는 곡식의 수확을 감사하였다.

2월 15일 노비날 먹는 송편[松餠]은 이삭을 미처 털어내지 않은 곡식인 화간곡(禾竿穀)을 털어내어 쌀가루를 만든 후 익반죽한다. 밤, 콩, 대추, 팥, 꿀 등으로 만든 소를 넣고 손바닥 크기로 빚어서 솔잎을 사이사이에 깔고 쪄낸 다음 찬물에 행구어서 참기름을 바른다. 남녀 노비들에게 나이순대로 먹인다.

3월에 마시는 과하주(過夏酒)는 술 파는 집에서 이 술을 만들어 매주명(賣酒名)으로 삼았다. 진달래꽃, 복숭아꽃, 송순(松筍)을 넣고 봄에 양주하여 여름에 마시도록 한 술이다.

동국세시기 시절의 소주(燒酒)는 공덕옹막(孔德甕幕)[176]에서 1,000개의 술 항아리에 든 삼해주(三亥酒)[177]로 만든 것이 가장 유명하였다. 관서 지방에서는 감홍로와 벽향주, 해서 지방에서는 이강고, 호남에서는 죽력고와 계당주, 호서에서는 노산춘이 유명하였다.

환병(環餠)은 쑥을 넣고 둥글게 만든 쑥절편이다. 청호원병(菁蒿圓餠) 또는 마제병(馬蹄餠)이라고도 한다. 증병(甑餠)은 대추와 찹쌀가루로 만든 대추 찰시루떡이다.

4월 8일 초파일에 먹는 석남엽증병(石楠葉甑餠)은 산매자나무, 팽나무, 들쭉나무의 어린잎을 넣고 만든 시루떡이다.

6월 15일 유두일에 먹는 수단(水團)은 흰 가래떡을 구슬 모양으로 썰어 꿀물에 담

---

176 공덕옹막(孔德甕幕) : 공덕동의 옹막.
177 삼해주(三亥酒) : 정월 상해일(上亥日)에 찹쌀죽을 만들어 식혀서 누룩가루와 밀가루를 합하여 독에 담고, 중해일(中亥日)에 찹쌀가루와 멥쌀가루를 쪄서 식힌 다음 덧술을 하고, 하해일(下亥日)에 찐 멥쌀밥을 식혀 다시 덧술을 하여 익힌 고급술. 춘주(春酒)라고도 함.

고 잣을 띄운 음청류이다.

건단(乾團)은 각서(角黍)가 변형된 것이다. 상화병(霜花餅)은 밀가루 반죽에 꿀과 화합한 콩과 깨를 소로 하여 빚어 찐 일종의 발효찐빵이다. 연병(連餅)은 밀가루 반죽을 얇게 밀어 오이소를 넣고 말아서 싼 후 기름에 튀기거나, 꿀과 화합한 콩과 통깨를 소로 하여 말아 싸서 기름에 튀긴 것이다.

유두면(流頭麵)은 오색물을 들여 만든 밀가루 반죽을 구슬 모양으로 빚어 3개씩 색실로 꿰어 몸에 차거나 문설주에 걸어서 악신(惡神)을 예방했다.

7월 15일에 행하는 부모님께 올리는 재를 고려 때에는 우란분회(盂蘭盆會)라 하고, 조선에서는 백종(百種)이라 하였다.

9월 9일 중양절에 먹는 화채(花菜)는 채로 썬 배와 유자에 석류와 잣을 합하여 꿀물에 탄 음청(飮淸)류이다.

10월의 우유락(牛乳酪)은 궁중 내의원에서 우유락을 만들어 10월 1일부터 정월까지 나라에 진상하고 모든 기신(耆臣)에게 제공하였다.

난로회(煖爐會)는 숯불을 피운 화로에 석쇠를 올려 놓고 참기름, 간장, 계란, 파, 마늘, 고춧가루로 양념한 소고기를 구우면서 화로에 둘러앉아 먹는 모임이다. 추위를 막기 위함이다. 난란회(煖煖會)라고도 한다.

변씨만두(卞氏饅頭)는 밀가루 반죽을 밀어 세모지게 만든 만두이다. 변씨가 시작한 만두라 하나, 궁중에서 만들어 먹던 병시(餠匙, 숟가락으로 떠먹는 떡)**178**가 민중으로 전파되는 과정에서 변씨만두가 된 것으로 짐작한다.

11월에 먹는 골동지반(骨董之飯)은 유반(遊飯)이라고도 한다. 여러 음식을 한 그릇에 담아 놀러 갈 때 가지고 가는 일종의 도시락이다.

냉면(冷麵)은 동치미 국물에 메밀국수를 합하고 배추김치와 돼지고기를 얹어 만든 냉국수이다.

---

178 《園幸乙卯整理儀軌》, 1795

수정과(水正果)는 생강물에 건시를 넣고 개핏가루와 잣을 띄워 미시는 음청류이다.

이상 《형초세시기》와 《동국세시기》에 기술된 세시 음식을 중심으로 살펴보았다. 이들은 시대가 1,300년이나 차이가 난다. 그럼에도 이들 양자에는 비슷한 부분이 〈표 18〉과 같이 드러난다.[179]

〈표 18〉《형초세시기》와 《동국세시기》에서 공통으로 등장하는 세시 음식

문헌 월	《형초세시기》, 550	《동국세시기》, 1849
1월	세찬과 세주:교아당, 도소주, 적두죽(팥죽)	세찬과 세주:교아당, 도소주, 팥죽, 진채식 (칠종갱의 영향)
2월	칠종갱	
3월	용설판(꿀시루떡)	시루떡(증병)
5월	창포주, 종(각서)	창포주*
6월	탕병(복날)	구장(복날)
7월	우란분재(백미오과)	백종(우란분회), 백미오과
9월	국화주, 시루떡	국화주* 국화전
11월	함저(鹹菹)	침저(沈菹)
12월	적두죽(팥죽)	적두죽(팥죽)

*《동국세시기》에서는 기록되지 않으나, 고려의 세시 음식으로 기록됨(김상보, 《전통주 인문학》)

1월과 12월에서 보여주는 적두죽(팥죽)은 팥으로 만든 죽이며, 팥은 조엽수림 문화의 산물이다.

한반도에서 현재까지도 전개되는 팥죽 의례는 크게 세 종류로 분류된다. 하나는 동짓날과 세시에 먹는 의례이고, 다른 하나는 초상집 의례이며 또 다른 하나는

---

179 상기숙 역, 종름 저, 《형초세시기(荊楚歲時記)》, 집문당, 1996;洪錫謨, 《東國歲時記》

이사한 다음의 의례이다.

　이들 의례 모두는 귀(鬼)를 쫓으려는 의도와 관련이 있다. 특히 동짓날에는 팥죽을 끓여 주택 주위에 산포하면 병에 걸리지 않는다고 한다. 이는 형초세시기에 나타난 기록과 일치한다.

　　　冬至日 量日影 作赤豆粥 以禳疫

　　동짓날에는 해그림자를 재며, 붉은 팥으로 죽을 쑤어 역귀를 쫓는다.[180]

　한반도에서는 지금도 붉은 팥을 사용하는 의례를 행하며, 이는 중국 강남에서 전파되었음을 보고한 다음의 기록이 있다.[181]

　　조선 반도 중부와 남부는 중국 강남의 고대 문화와 친연(親緣) 관계에 있
　　으며, 계보적으로 연결되어 있다. 소두를 동반하는 의례를 포함하는 농
　　경의례 등은 곡물 재배 방법이 전파되었을 때 그 의례도 민중의 수준에
　　서 수용되었다.…이 민중에서 수용된 의례 위에 불교와 유교 사상이 뿌
　　리를 내림으로써 이중 구조의 문화를 형성하였다.

　팥은 중국의 조엽수림 지대에서 전파되었으며, 한반도 중부와 남부에 팥을 재배하는 방법이 전파되었을 때 붉은 팥을 사용하는 의례가 민중에 수용되었다는 내용이다. 붉은 팥 관련 의례가 전래된 시기는 일본보다 훨씬 앞섰다. 일본에서 소두는 약 2,000년 전 서일본에서 집중적으로 나타난다. 서일본의 죠몬[繩文] 시대에

---

180 宗懍,《荊楚歲時記》, 550년경
181 熊谷治,〈朝鮮半島におけるアズキに關する儀禮 習俗〉,《朝鮮学報 92》, 1979

한반도에서 전해오는 농경 관세 문화 요소가 열려 있었기 때문이다.

팥은 중국 사천과 운남이 원산지로 추정된다. 중국에서는 3,000년보다 훨씬 전에 재배되었던 품종이다. 팥은 적색 이외에 검정색, 백색, 황록색 품종이 있다. 붉은 팥으로 만든 팥밥, 팥시루떡, 팥죽은 귀(鬼)를 쫓는 것과 깊은 관계가 있어 동짓날 팥죽 의례, 초상집 의례, 이사 후 의례, 10월 고사떡 의례 등 각종 의례에 널리 올린다. 이러한 붉은 팥을 사용한 의례는 우리나라뿐 아니라 일본에도 2,000년 전부터 전개되었을 가능성이 있다. 다시 말하면, 일본에서 발견되는 2,000년 전의 팥은 한반도에서 전래하였다는 것이다.[182]

이로 미루어 보면 우리의 소두 재배 역사는 일본보다 훨씬 앞서서, 청동기 시대로 상정한다면 중국의 초나라 시대 이후부터 한반도의 삼한 시대 사이 어느 시점이 될 것이다. 초나라는 양자강 중류의 땅을 차지하고 있었다. 《형초세시기》의 무대이자 《초사(楚辭)》[183]의 무대이기도 하다. '붉은 팥죽으로 귀신을 쫓는다', '쑥으로 독을 몰아낸다', '복숭아 가지로 귀신을 몰아낸다'와 같은 풍습은 현재까지도 한반도에서 행하고 있다.

우리가 팥죽 이외에도 쑥떡, 팥시루떡을 즐겨 먹는 것, 또 11월에 김장하기 등의 근원은 《형초세시기》와 깊은 관련이 있다고 볼 수 있다. 바로 조엽수림 문화의 흐름 속에 우리 음식 문화의 역사가 놓여 있었다.

---

182 小山修三, 〈古代·中世の食事〉, 《世界の食べもの 12》, 朝日新聞社, 1984, p. 173
183 《楚辭》: 중국 초(楚)나라 굴원(屈原)의 사부(辭賦)와 그의 문하생 및 후인(後人)의 작품을 모은 책.

제4장
조선 왕조의 다연

I

연향(宴享) 의례와 의궤(儀軌)

연향(宴享)은 연향(燕享)이다. 宴(燕)은 음(陰)이고, 享은 양(陽)이다. 연(燕)은 더불어 마시는 합음(合飮)을 뜻하고, 이때 행주(行酒) 의례가 수반된다. 향(享)은 헌(獻)의 의미로 헌수주(獻壽酒)하여 봉상(奉上)하는 공검(恭儉)을 나타낸다. 봉상하고 합음하는 궁중 연향은 반드시 의례(儀禮)라는 범주 안에서 행해진다.

조선 왕조는 예악관(禮樂觀)에 기초하여 《주례(周禮)》에 비견되는 《경국대전(經國大典)》을 조선 왕조의 기본 법전으로 하여 성종(成宗, 재위 1469~1494) 16년(1485)부터 시행하였다. 또한 두우(杜佑, 735~812)[1] 가 만든 《통전(通典)》 체제를 따르고 《의례(儀禮)》를 살펴서 성종 5년(1474)에 편찬된 《국조오례의(國朝五禮儀)》는 조선 왕조 전기(全期) 동안 궁중의례에서 중심 역할을 담당하였다. 이는 《경국대전》〈예전(禮典)〉에 '무릇 의주(儀註, 典禮 절차)는 오례의(五禮儀)를 준용한다.'라고 명시되어 있기 때문이다. 이후 《국조오례의》에 없던 것을 보완하여 영조(英祖, 재위 1724~1776) 20년(1744)에 개정판인 《국조속오례의(國朝續五禮儀)》가 편찬되었으며 이는 1910년 한일 병합 때까지 궁중의례의 중심이 되었다.

오례의란 가례(嘉禮), 길례(吉禮), 빈례(賓禮), 흉례(凶禮), 군례(軍禮)에 대한 전례 절차이다. 가례는 혼례, 생일잔치, 왕의 등극 주년 기념 등의 예이고, 길례는 제례이며,

---

1 杜佑 : 중국 唐代의 정치가.

빈례는 중국 사신 등과 같은 국가적인 손님 접대 예이고, 흉례는 상례(喪禮), 군례는 군대의 예절이다.

나라에 오례에 해당하는 국가 행사가 있을 때 그 행사를 주관하는 임시 관청이 설치된다. 임시 관청은 행사가 끝나면 폐지하는데, 이 관청을 도감(都監)이라 했다. 진찬(進饌)이 있을 때는 진찬도감(進饌都監), 명나라 사신을 영접할 때는 영접도감(迎接都監), 혼례가 있을 때는 가례도감(嘉禮都監), 상례가 있을 때는 국장도감(國葬都監) 등을 설치했다.

각 도감에서는 행사를 치르는 과정 전부를 우선 날짜순으로 기록하고 이를 등록(謄錄)이라 하였으며, 등록을 기반으로 후일 의궤(儀軌)를 만들었다. 궁중의 연향식 문화를 알려 주는 〈의궤〉는 《영접도감의궤(迎接都監儀軌)》, 《가례도감의궤(嘉禮都監儀軌)》, 《진연의궤(進宴儀軌)》, 《진찬의궤(進饌儀軌)》, 《원행을묘정리의궤(園幸乙卯整理儀軌)》, 《풍정도감의궤(豊呈都監儀軌)》 등이 있다.

불행하게도 이들 의궤 중 태조(太祖, 재위 1392~1398) 원년인 1392년부터 선조(宣祖, 재위 1567~1608) 33년인 1600년까지의 것들은 임진왜란(1592~1598)으로 인하여 소실되어 전해지는 것이 없고 1600년대 초부터 1910년까지 약 300년 간의 의궤는 많은 양이 보존되어 있다.

따라서 연향식 의궤를 통한 연구는 1600년대 이후의 것만이 가능하다. 이들의 기록 내용은 계사(啓辭, 임금에게 올리는 상주 문서), 전교(傳敎, 왕의 명령)를 월일 순으로 배열하고 참가한 인원들의 직위와 성명을 서열에 따라 정리하였다. 물론 의궤의 전례(典禮) 기록은 국조오례의를 기반으로 하였다.

거래된 각종 문첩(文牒)들은 종류와 월일 순으로 분류하고, 행사에 소요된 경비, 물목, 찬품(饌品, 음식) 내용, 찬품의 재료와 분량, 기용, 음악, 의례 절차, 의례 때 행해진 무용 등을 기록하였다.

조선 왕실의 음식 문화 연구는 연향식 의궤를 통하여야만 가능하다. 이를 통해서 혼례식, 영접식, 연회식, 일상식을 구명(究明)할 수 있다. 또한 찬품의 종류, 재료, 분량을 알게 하며 이들을 통하여 조리법도 재현할 수 있을 뿐만 아니라 상차림, 기용, 찬품에 꽂는 상화(床花), 찬품과 관련된 의례 절차도 밝힐 수 있다.

《국조오례의》가 예악관(禮樂觀)을 기초로 하였듯이 각종 의궤 역시 예악관을 기초로 하였다. 예(禮)는 덕(德)과 연결되어 땅[地, 土]의 상징인 음(陰)에서 나왔으며, 악(樂)은 도(道)와 연결되어 하늘[天]의 상징인 양(陽)에서 생겨났다. 즉, 예악관이란 곧 도덕관(道德觀)이기도 하다.

의궤의 예악관(禮樂觀)

예(禮)와 악(樂)은 정치를 행하는 중요한 근본이자 나라를 다스리는 기본이기도 하였다. 예로서 가정과 국가의 질서를 이루어 상하의 위계질서를 세움으로써 가정, 사회, 국가를 단합시켜 올바른 정치를 하고자 하였다. 또한 악으로 성인(聖人, 왕)의 성정(性情)을 기르고 사람과 신을 화합하게 하는 근본으로 삼았다.

연향을 음과 양으로 분류하면 향(享)은 양(陽)이고 연(燕)은 음(陰)인데, 향은 악과 통하고 연은 예와 통한다. 곧 천지지도(天地之道)는 음양지도(陰陽之道)이고 예악지도(禮樂之道)이다.

양(陽)	하늘[天]	도(道)	악(樂)	향(享)	정신	술
음(陰)	땅[地]	덕(德)	예(禮)	연(燕)	육체	술안주

사람과 사람이 모여 행사를 치를 때 세상이 아름답게 꾸며지도록 질서를 정해서 합하여야 하며 이 질서를 예(禮)라 했다.[2] 그러니까 의궤에서 보여주는 禮, 곧 전례(典禮) 절차는 그 행사를 아름답게 꾸미도록 사람과 사람 사이의 질서를 구현한 것이다.

---

2 《周易》〈山火賁〉

우레[雷]란 하늘 밑에 있는 양기(陽氣)이다. 우레가 떨치면 비가 내려 땅 위의 농산물이 자라고 번식한다. 우레가 땅 위로 나와 떨치는 기쁨을 표현한 것(悅樂)이 악이다. 땅 밑의 양기가 위로 올라와 싹이 트고 꽃이 피어 지상 만물이 기뻐하고 즐거워하는 것이다.[3]

선왕(先王)이 우레가 땅에서 나와 떨치는 것을 보고 악(樂)을 만들었으며, 악과 더불어 예(禮)를 사용하여 상제에게 성대하게 제사를 드리고 조상께 제사한다고 하였다.

雷出地奮豫 先王以作樂崇德 殷薦之上帝以配祖考[4]

이렇듯 제사(연향은 제사 후 음복하는 행위)에서 예와 악을 사용하는 것은 음과 양이 소통하여 천하가 태평해지기를 바람에서다. 양(樂, 天)과 음(禮, 地)이 사귀어 서로 도와 부족한 것을 더하여 평안해진다는 것이다.

---

3 《周易》〈雷地豫〉,〈地雷復〉
4 《周易》〈雷地豫〉

III
동일한 흐름 속에서 전개된 왕실의
〈빈례〉와 〈가례〉 상차림

빈례(賓禮)는 손님 접대 예(禮)이고 가례(嘉禮)는 혼례와 생일잔치 예(禮)이다. 오례(五禮) 중 군례(軍禮)를 제외한 가례, 빈례, 길례(吉禮), 상례(喪禮)는 음식이 가장 중요한 핵심을 차지하는 공통된 구조를 지닌다.

그러나 음식이라는 공통된 구조를 지닌다고 하더라도 가례와 빈례, 그리고 길례와 상례는 성격이 다르므로 양상도 완전히 다르다. 즉 빈례와 가례, 길례와 상례가 각각 동일한 흐름에 있다. 본 장에서는 길례와 상례는 다음의 기회로 미루고, 〈의궤〉를 바탕으로 한 가례와 빈례를 중심으로 본다.

1. 1609년《영접도감의궤》〈빈례〉 상차림

1609년은 광해군(光海君, 재위 1608~1623) 원년이다. 이해 4월 25일에 1608년 돌아가신 선조께 황제가 내린 시호(諡號)를 전하기 위해 사제천사(賜祭天使)가 경성에 입경하여 5월 6일 본국으로 돌아갔다. 6월 2일에는 광해군 책봉의 용건으로 책봉천사

(冊封天使)[5]가 입경하여 6월 19일 환국하였다.[6] 당시 명나라 사신을 천사(天使)라고 할 정도로 극존칭을 쓴 이유는 종계변무(宗系辨誣)라는 일에 휘말려 있었기 때문이다.

고려 말 우왕(禑王, 재위 1374~1388) 14년(1388) 5월, 우왕은 우군도통사로 이성계(李成桂)를 임명하고 좌군도통사로 조민수(曺敏修)를 임명하여 명나라를 치러 군대를 보냈다. 이들은 압록강 중류에 있는 위화도(威化島)에 출정하였다. 그러나 물이 불어나고 질병이 있음을 이유로 이성계는 왕명(王命)과 팔도도통사 최영(崔瑩)이 내린 진군 명령에 반대하고 조민수와 함께 회군하였다. 위화도 회군(威化島回軍)이다. 이성계는 회군 후 최영을 유배하고, 우왕을 강화로 보냈으며, 우왕의 아들 창왕(昌王)을 즉위시켜 조선 왕조의 기반을 닦았다. 이후 공양왕(恭讓王, 재위 1389~1392)이 왕위에 올랐으나 얼마 못 가 고려가 망하고 이성계가 조선 왕조를 건국하여 왕위에 오르니 태조(太祖, 재위 1392~1398)이다.

명나라는 조선 왕조를 건국한 이성계를 고려의 권신이던 이인임(李仁任, ?~1388)의 아들로 생각하여 명나라의 《태조실록(太祖實錄)》과 《대명회전(大明會典)》에 그대로 기술하였다. 이인임은 고려 공민왕(恭愍王, 재위 1351~1374) 때 홍건적[7]을 쳐서 일등 공신이 되었으나 우왕(禑王) 때 충신을 몰아내고 매관매직을 자행하여 최영과 이성계 등에 의하여 사형당했다.

이성계의 입장에서는 사형을 당한 이인임이 이성계의 조상으로 되어있으니, 명나라에 종계변무(宗系辨誣, 종계가 잘못된 것에 대하여 억울함을 변명함)를 하여 《태조실록》과 《대명회전》을 정정할 것을 계속 요구하였다. 그러나 명나라는 고칠 수 없다고 거절하였다. 이러한 상태가 지속되는 가운데 선조 17년(1584) 5월에 종계변무를 위한

---

5 명(明)나라에서 보내는 사신은 조선 국왕의 즉위 승인, 왕세자 책봉 승인, 사시(賜諡, 시호를 하사함), 명 황제
   의 등극, 황태자나 황태후 책봉 등을 알리는 조서(詔書, 임금의 명령을 쓴 문서) 등을 목적으로 왔음. 천사(天
   使)란 천국(天國, 명나라)에서 온 사신(使臣)을 말함.
6 선원보감편찬위원회, 《璿源寶鑑 III》, 啓明使, 1989, p.678
7 홍건적(紅巾賊) : 붉은 두건을 쓴 까닭에 이러한 명칭이 붙음. 원말(元末) 순제(順帝) 11년(1351)에 하북(河北)
   의 한산동(韓山童)을 두목으로 하여 일어난 도적의 무리. 한반도에도 고려 말 2차에 걸쳐 침범함.

주청사(奏請使) 황정욱(黃廷彧) 등을 보내어 《태조실록》에 실린 잘못된 내용을 고쳤으며, 20년(1587)에는 유홍(俞泓)이 고쳐진 《대명회전》을 가지고 돌아왔다. 이때 왕은 친히 모화관(慕華館)[8]까지 나가 칙사를 맞아들이고, 종묘(宗廟)에 종계개정(宗系改正)을 고하는 제사를 올린다.

조선은 조선 왕조 개국 초부터 이성계가 이인임의 아들이 아니므로 명나라의 《태조실록》과 《대명회전》의 내용을 고쳐 달라고 명나라에 주청하면서, 대놓고 드러나지는 않았으나 명나라는 조선에 지배적인 위치로 군림하게 되었고, 명은 종주국(宗主國)으로 종주권을 행사하였다. 따라서 조선은 명나라에서 온 사신인 천사를 명 황제 대하듯 접대하였다. 이러한 접대는 병자호란(1636) 전까지 지속되었다.

명나라에서 사신이 오면 일정한 틀 안에서 연향을 베풀었다. 모화관(慕華館)에서 영조칙의(迎詔勅儀) 후의 연향만으로 보면, 하마연(下馬宴, 환영연), 익일연(翌日宴), 인정전청연(仁政殿請宴), 회례연(回禮宴), 별연(別宴), 상마연(上馬宴, 환송연), 전연(餞宴)이 있었다. 물론 이들은 공식적으로 반드시 행하는 7차의 연향이다. 이상의 연향 중 가장 성대히 차린 것이 하마연(환영연)이었다. 돌아갈 때 행한 상마연(환송연)에서도 상차림의 규모는 같다.

1) 향례(享禮)를 위한 연상(宴床)([그림 8-1])

(1) 연상(宴床)

찬품	기수	고임 높이	행
중박계(中朴桂)	4기	9치	1행
약과(藥果)	5기	7치	2행

---

8 모화관(慕華館) : 조선 왕조 때 중국 사신을 영접하던 곳. 돈의문 밖 서북쪽에 있었는데, 세종 12년(1430)에 구조를 고쳐서 이 이름으로 함. 지금의 영천 독립문 근처.

건시자(乾柿子), 대조(大棗) 실백자(實柏子), 황률(黃栗) 실진자(實榛子), 실미자(實檷子)	각각 1기씩 합 6기	4치	3행

(2) 좌협상(左俠床)

찬품	기수	고임 높이	행
홍망구소(紅望口消) 2기, 유사망구소(油沙望口消) 2기	4기	7치	1행
백다식(白茶食) 2기, 전단병(全丹餠) 2기	4기	5치	2행
운빙(雲氷) 1기, 적미자아(赤味子兒) 2기, 송고미자아(松古味子兒) 1기	4기	3치	3행

(3) 우협상(右俠床)

찬품	기수	고임 높이	행
홍마조(紅亇條) 2기, 유사마조(油沙亇條) 2기	4기	7치	1행
송고마조(松古亇條) 2기, 염홍마조(染紅亇條) 2기	4기	5치	2행
율미자아(栗味子兒) 1기, 적미자아(赤味子兒) 2기, 유사미자아(油沙味子兒) 1기	4기	3치	3행

(4) 면협상(面俠床)

	찬품	기수	고임 높이	행
어육(魚肉)	건문어(乾文魚) 1기, 건치(乾雉) 1기, 편포(片脯) 1기, 전복(全鰒) 1기	4기		1행
건남(乾南)	회전복(灰全鰒) 1기, 계란(鷄卵) 1기, 압자(鴨子) 1기, 계아(鷄兒) 1기, 양간(羊肝) 1기	5기		2행
전어육(煎魚肉)	저육(猪肉) 1기, 소작(小雀, 참새) 1기, 채(菜) 1기, 산구(山鳩, 산비둘기) 1기, 중생선(中生鮮) 1기	5기		3행

(5) 소선(小膳)과 진염수(進鹽水)

소선 찬품	수량	반수(盤數)	진염수 찬품	기수
우갈비(牛乫非), 우전각(牛前脚), 영통(靈通, 염통), 부화(夫化, 허파), 간(肝), 태두(太豆, 콩팥)		1반	당안염수 (唐雁鹽水)	2기
양(羊)	1마리	1반	소만두 (小饅頭)	1기
당안(唐雁, 기러기)	1마리	1반		

(6) 대선(大膳)

찬품	수량	반수
볼기(乶只)를 합한 우후각(牛後脚)		1반
저(猪, 돼지)	1마리	1반
당안(唐雁)	1마리	1반

(7) 상화(床花, [그림 8-2])

상화 꽂는 상	상화 종류
연상(宴床), 좌협상(左俠床) 우협상(右俠床)	금은로지(金銀露紙)로 만든 대화(大花)와 중화(中花)견으로 만든 향화초충(香花草蟲)

좌협상(左俠床)이란 연상(宴床)을 왼편에서 보좌하는 상이고, 우협상(右俠床)은 오른편에서 보좌하는 상이다. 면협상(面俠床)은 연상 맞은편에서 보좌하는 상이다. 좌협상, 연상, 우협상에 차린 찬품은 중박계, 약과, 홍망구소, 유사망구소, 홍마조, 유사마조, 송고마조, 백다식, 전단병, 적미자아, 율미자아, 유사미자아, 송고미자아 등 유밀과(油蜜果)와 건시자, 대추, 황률, 잣, 개암, 비자 등 목과(木果)류이다.

유밀과는 중박계, 약과, 망구소류, 마조류, 다식류, 미자아류인데, 중박계와 약과는 연상에만 차린 것으로 보아 이들이 유밀과의 원조 및 대표가 아닌가 한다. 역시 연상에만 차린 건시자, 대추, 황률, 잣, 개암, 비자는 점점과(點點果)라고도 하였다.[9] 나무에서 생산된 과일을 인공적으로 만들어 유밀과라 칭했기 때문에[10] 점점과는 木果라 해도 무리가 없다.

면협상을 구성하는 찬품은 어육(魚肉), 건남(乾南), 전어육(煎魚肉)이다. 어육은 육포(肉脯)와 어포(魚脯)를 말하며, 건남은 간남(肝南)이라고도 하여[11] 빈(賓, 손님)의 남쪽에 차리는 가장 핵심적인 찬을 가리킨다. 간남이 어떻게 조리되었는지는 기록이 없어 분명하지 않지만, 찜이나 숙편이 아니었을까 한다. 1800년대 말의 《시의전서》를 보니 〈간납부〉라 적고 전유어, 수란, 수육, 어채 등에 대하여 기술하였다. 여기에서는 전어육이 별도로 존재하기 때문에 찜 또는 수육이라고 보면 양간수육, 회전복찜, 수란, 압자수육, 계아수육 등으로 설명할 수 있다.

소선(小膳)은 연회를 시작할 때 조상신께 드리는 술안주이다. 그런데 고기를 안주로 하면 고기와 함께 먹을 탕이 곁들여져야 하므로 소선과 한 조가 되게 차린 것이 진염수(進鹽水)이다. 아름다운 탕(鹽水)을 신께 올리고(進) 이때 소만두도 함께 차렸다. 소선은 수육[熟치]으로 삶은 양 1마리가 1반(盤)에 담겨 안주의 주인공이 되고, 삶은 소갈비 1짝에 삶은 소 앞다리 1개, 심장 ½편, 허파 ½편, 간 ½편, 콩팥 ½편을 고물로 하여 1반(盤)에 담았다. 소의 오른쪽 ½ 분량이다. 기러기 1마리도 수육이 되어 1반에 담겨, 합 3반을 발 높은 상 하나에 차렸다.

대선(大膳)은 연회가 끝난 다음 신에게 마지막으로 드리는 술안주이다. 수육으로 삶은 돼지 1마리가 대선의 주인공이 되어 1반에 담긴다. 삶아 익힌 소의 오른쪽 볼기 ½부와 삶은 소 뒷다리 1개를 1반에 담고, 기러기 1마리도 수육이 되어 1반에 담겨 합 3반을 발 높은 상 하나에 차렸다.

소선과 대선의 삶은 수육을 합해 보니 소 ½마리, 양 1마리, 돼지 1마리, 기러기

9 《迎接都監儀軌》, 1634, 1643
10 김상보, 《한식의 道를 담다》, 와이즈북, 2017, p. 56
11 《迎接都監儀軌》, 1609

2마리 분량이다. 이렇듯 소의 오른쪽 ½ 분량만 사용한 이유는 나머지 소의 왼쪽 ½ 분량으로 맛있는 찬[庶羞, 가찬]을 만들기 위함이다.[12]

이상의 수육이 조선 왕실에서 제례에 올렸던 법을 채택하였다고 본다면, 모든 수육감은 7체(體)로 잘라 껍질째 삶아 익히는데,[13] 양과 돼지의 7체는 양쪽 어깨[兩肩], 양쪽 갈비[兩脇], 양쪽 넓적다리[兩髀], 등심[脊]이다. 반(盤)에 담을 때는 맨 끝에 넓적다리 둘, 한가운데에 등심, 양쪽 갈비, 그리고 양쪽 어깨를 담는다.[14] 공(公)이 대부(大夫)에게 식사를 대접한 의례를 기록한《의례(儀禮)》〈공식대부례(公食大夫禮)〉에서도 같은 방법으로 수육을 만들어 담는다고 하였다.

2) 연례(宴禮)를 위한 술안주

(1) 11미수와 11작행과([그림 8-4], [그림 8-5])

11잔의 행주(行酒) 때마다 2상의 안주상이 올랐다. 1상은 초미(初味)부터 11미(十一味)까지의 미수이고, 다른 1상은 11번의 미수를 차릴 때마다 미수와 한 조가 되게끔 배선된 11작행과이다.

① 11작행과

포(脯)	전복절(全鰒折), 건문어절(乾文魚折), 건치(乾雉折)
유밀과(油蜜果)	연운빙과(軟雲氷果)
목과(木果)	잣[實栢子], 생이(生梨, 배), 호두[胡桃]
정과(正果)	정과(正果)

---

12 《儀禮》〈公食大夫禮〉; 김상보, 《음양오행사상으로 본 조선왕조의 제사음식문화》, 수학사, 1996, p.48
13 《世宗實錄》, 卷20
14 《世宗實錄》, 卷20;《儀禮》〈公食大夫禮〉

② 미수

면(麵)	세면(細麵)
만두(饅頭)	어만두(魚饅頭)
탕(湯)	당저장포(唐猪醬泡), 계아장포(鷄兒醬泡) 생선어음탕(生鮮於音湯), 해삼어음탕(海蔘於音湯), 생선전탕(生鮮煎湯) 당저염수(唐猪鹽水), 산저염수(山猪鹽水), 녹육염수(鹿肉鹽水), 당안염수(唐雁鹽水), 연장육탕소염수(軟獐肉湯小鹽水), 당압자염수(唐鴨子鹽水)
찜[蒸]	생부어증(生鮒魚蒸), 건해삼증(乾海蔘蒸), 숙전복(熟全鰒)
숙편(熟片)	장육숙편(獐肉熟片), 압자숙편(鴨子熟片), 계아숙편(鷄兒熟片)
볶음[卜只]	생복자기(生鰒煮只), 전복자기(全鰒煮只), 생낙제자기(生落蹄煮只), 홍합자기(紅蛤煮只)
구이[炙伊]	전병(煎餠), 산저설야멱(山猪雪夜覓), 증생선소(蒸生鮮燒), 녹육적(鹿肉炙), 장육적(獐肉炙), 생치적(生雉炙), 금린어적(錦鱗魚炙), 생복적(生鰒炙), 생선적(生鮮炙)
채(菜)	채(菜), 침채(沈菜)
떡[餠]	산삼병(山蔘餠), 송고병(松古餠), 자박병(自朴餠), 정함경단병(丁含敬丹餠)
유밀과(油蜜果)	연약과(軟藥果), 연행인과(軟杏仁果), 운빙과(雲氷果), 연미자아(軟味子兒), 소동계(小童桂), 양면과(兩面果)
정과(正果)	정과(正果)
목과(木果)	배[生梨], 잣[實栢子], 밤[生栗], 증황률(蒸黃栗), 대추[大棗], 곶감[乾柿子], 호두[胡桃], 개암[實榛子]
기타	꿀[蜜], 강초장[薑醋]

11잔의 행주 때 〈11미수(味數)〉로 해서 초미(初味)부터 11미(十一味)까지 술안주가 제공된다. 즉 첫째 잔 행주 때 초미, 둘째 잔 행주 때 이미(二味)로 진행하여 열한 번째 행주 때 십일미의 술안주가 제공된다.

11작행과란 11미수를 올릴 때 부족하다 싶은 안줏감을 보완하는 찬품이다. 그래서 미수에 부족한 포(脯)를 중심으로 차려진다[그림 8-4].

면, 만두, 탕, 찜, 숙편, 볶음, 구이, 채, 떡, 유밀과, 정과, 목과 등으로 구성된 술안주 차림인 11미수를 보면, 초미는 세면, 이미는 당안염수, 삼미는 생선어음탕,

사미는 이만두, 오미는 당저염수, 육미는 생선전탕, 칠미는 당압자염수, 팔미는 산저염수, 구미는 연장육탕소염수, 십미는 생낙제자기, 십일미에서는 녹육염수가 주인공이다([그림 8-5]). 즉 술안주의 주인공은 탕이라는 이야기이다.

당안염수, 당저염수, 산저염수, 연장육탕소염수, 녹육염수 등의 명칭은 〈진염수〉에서도 설명한 바와 같이 기러기, 멧돼지, 노루, 사슴 등을 재료로 하여 만든 '아름다운 탕', 다시 말하면 '맛있는 탕'이란 의미를 함축한다.

초미에서 올리는 녹두 녹말 국수인 세면(細麵)은 조선 왕실 대부분의 연향에서 초미의 술안주가 된다.[15] 첫째 잔 행주 때 술안주로 반드시 세면을 차린 이유는 면이 불로장수를 기원하는 의미가 있는 것과 더불어 녹말의 성(性)이 한(寒)하기 때문에 술의 성(性)인 열(熱)과 어울리는 술안주로서의 의미도 있기 때문이다.[16]

(2) 소선(素膳) 미수와 진염수([그림 8-6], [그림 8-7])

① 소선 미수

광해군(光海君)은 1608년에 돌아가신 아버지 선조(宣祖)에 대한 예의로 명나라 사신을 위한 환영연[下馬宴]에서 연례 때 소선으로 차린 11미의 미수를 안주상으로 차리도록 했다.

면	세면(細麵)
만두	병시(餠匙)
탕	전두포(煎豆泡), 백중편두포(白蒸片豆泡) 석이어음탕(石茸於音湯), 석이탕(石茸湯), 우두포어음탕(隅豆泡於音湯), 표고탕(蔈古湯), 순채탕(蓴菜湯), 만전탕(滿煎湯), 진이어음탕(眞茸於音湯), 대송이염수(大松茸鹽水)

---

15 김상보, 《조선왕조 궁중의궤 음식문화》, 수학사, 1995
16 김상보, 《약선으로 본 우리전통음식의 영양과 조리》, 수학사, 2012, p.70

숙편	편두포전숙편(片豆泡煎熟片), 녹두숙편(菉豆熟片), 전두포숙편(煎豆泡熟片)
구이	전병(煎餠), 진이증소(眞茸蒸燒) 점적(粘炙), 신감채적(新甘菜炙), 편두포관적(片豆泡貫炙), 곤포적(昆布炙), 전두포적(煎豆泡炙), 녹두적(菉豆炙), 백두포적(白豆泡炙)
채	채(菜), 침채(沈菜), 궐채(蕨菜)
떡	산삼병, 송고병, 자박병, 정함경단병
유밀과	연약과, 연행인과, 운빙과, 연미자아, 소동계, 양면과
정과	정과(正果)
목과	배, 잣, 밤, 호두, 곶감, 대추, 증황률, 개암
기타	꿀, 강초장

② 진염수

진염수 찬품	기수
대송이염수(大松茸鹽水)	2기
소만두삭(小饅頭槊)	1기

　면, 만두, 탕, 숙편, 구이, 채, 떡, 유밀과, 정과, 목과 등으로 구성된 소선(素膳) 술안주 차림인 〈11미수〉를 보면, 초미는 세면, 이미는 대송이염수, 삼미는 석이어음탕, 사미는 병시, 오미는 만전탕, 육미는 녹두분자기, 칠미는 대송이염수, 팔미는 진이어음탕, 구미는 석이탕, 십미는 표고탕, 십일미는 진이자기가 주인공이다. 소선(素膳)에서도 술안주의 주인공은 탕으로 구성된다.

　물론 이들 찬품의 재료는 모두 식물성이고 육류가 배제되었다([그림 8-6]). 소선과 함께 차리는 진염수도 대송이를 재료로 맛있는 탕을 만들고자 했다. 진염수에서 함께 차리는 소만두삭(小饅頭槊)은 식물성 재료로 소를 넣고 만든 작은 만두 2개를 한 조로 하여 차린 것이다.

　다시 〈11미수〉로 돌아와, 이들 찬품을 만든 재료는 다음과 같다.

녹두, 찹쌀, 밀가루, 거피팥, 점(粘, 밀 gluten)

두부

순채, 신감채, 고사리, 순무

표고버섯, 석이버섯, 참버섯[眞茸], 송이버섯, 산삼, 죽순

다시마

송고(송기), 꿀, 강초장(薑醋醬), 참기름

배, 잣, 밤, 황률, 호두, 곶감, 대추, 개암, 정과

(3) 일반 찬품과 소선(素膳) 찬품의 재료 분석

이상 열거된 찬품명을 중심으로 어떠한 재료를 사용하였는지 분석한 것이 〈표 19〉이다.

〈표 19〉 미수에 나타난 일반 찬품과 소선(素膳) 찬품의 재료 구성

	일반 찬품의 재료	소선(素膳) 찬품의 재료
곡류	밀가루, 찹쌀, 거피팥, 녹두	밀가루, 찹쌀, 거피팥, 녹두, 점(粘, 밀 gluten)
수육류	양, 돼지, 멧돼지, 노루, 사슴, 소	
조육류	오리, 계아(연계), 참새, 산비둘기, 꿩, 기러기	
포류	건문어, 전복, 건치, 육포	
난류	계란	
어패류	전복, 회전복, 생복, 해삼, 건해삼, 홍합 생선, 낙지, 붕어, 금린어(쏘가리)	
채류	채, 침채, 산삼	채, 침채, 산삼 고사리, 순채, 죽순, 신감채
두부류		두포, 편두포, 우두포
버섯류		송이버섯, 석이버섯, 진이(참버섯), 표고버섯
해채류		다시마

목과류	배, 곶감, 대추, 밤, 황률, 잣, 개암, 비자, 호두	배, 곶감, 대추, 밤, 황률, 잣, 개암, 호두
기타	송고(송기), 꿀, 생강, 초, 간장, 참기름, 정과	송고(송기), 꿀, 생강, 초, 간장, 참기름, 정과

　〈표 19〉는 연향식을 위한 각종 찬품을 만들 때 들어가는 양념 재료를 배제하고 단순히 찬품명만 보고 만들었지만, 그래도 일반 찬품과 소선 찬품의 주재료에 차이가 있음을 보여준다.

　일반 찬품에서는 두부류, 버섯류, 해채류가 없고, 소선 찬품에서는 수육류, 조류, 난류, 어패류가 없다. 즉 소선(素膳)이란 수육류, 조류, 난류, 어패류를 금기(taboo) 식품으로 배제한 것이다.

3) 다례(茶禮)를 위한 과반(果盤)(〈표 20〉)

〈표 20〉 다례(茶禮)를 위한 과반(果盤)

전유아	생선전유아(生鮮煎油兒)
포	건치절(乾雉折), 전복절(全鰒折), 건문어절(乾文魚折)
유밀과	약과(藥果)
목과	배〔生梨〕, 잣〔實柏子〕
정과	정과〔正果〕

　[그림 8-1]이 조상신께 올리는 과안(果案)이라면, 〈표 20〉은 주연(酒宴)의 장에서 벌어지는 다례(茶禮)를 위한 과반이다.

　1634년에 나온 《영접도감의궤》에는 주례와 다례를 같은 성격으로 기술하여 술안주 미수를 다례 때도 올린다고 하였다.[17] 다례와 주례의 뿌리는 같다는 생각에서

---

17 《迎接都監儀軌》, 1634

줄발한 것이다.

그럼에도 1609년에는 사신 접대 연례(宴禮)에서 미수와 과반을 구분하여 차렸다. 전유아, 포, 유밀과, 목과, 정과로 구성된 규모가 작은 과반 차림이다(<표 20 >).

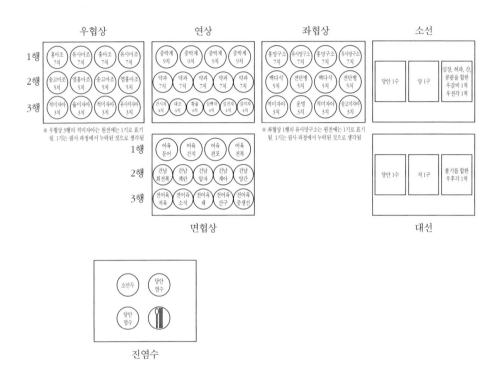

[그림 8-1] 1609년 명나라 사신을 위한 상마연(上馬宴)과 하마연(下馬宴)의 1인분 연상(宴床).
《영접도감의궤》, 1609, 필자 작성 그림)

* 《가례도감의궤》의 배설에서는 대선은 우협상 옆에, 소선은 대선 아래에 놓도록 제시되었다. 여기에서는 《국조오례의》〈빈례〉에 나오는 전례 절차에 준한다.

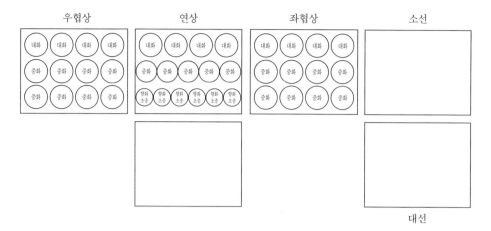

[그림 8-2] 1609년 명나라 사신을 위한 상마연과 하마연의 1인분 연상 상화(床花). (《영접도
감의궤, 1609, 필자 작성 그림)

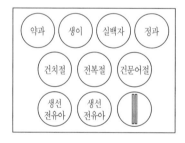

[그림 8-3] 1609년 명나라 사신을 위한 상마연과 하마연의 1인분 진다행과(《영접도감의궤,
1609, 필자 작성 그림)

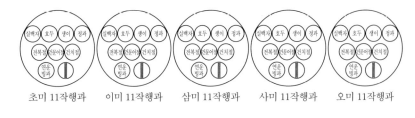

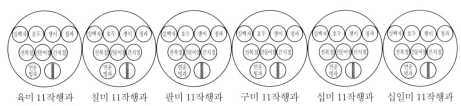

[그림 8-4] 1609년 명나라 사신을 위한 상마연과 하마연의 1인분 11작행과(《영접도감의궤, 1609, 필자 작성 그림)

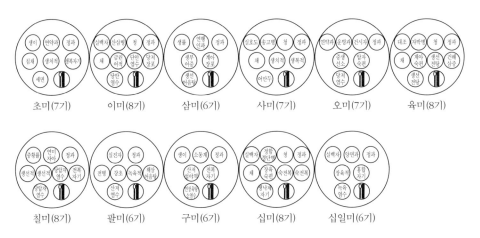

[그림 8-5] 1609년 명나라 사신을 위한 상마연과 하마연의 1인분 미수(味數). (《영접도감의궤, 1609, 필자 작성 그림)

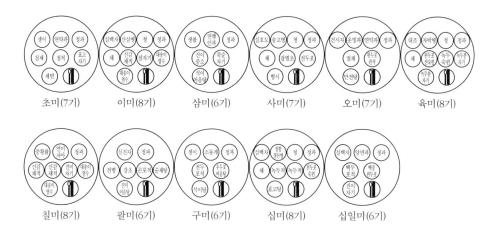

초미(7기) 　 이미(8기) 　 삼미(6기) 　 사미(7기) 　 오미(7기) 　 육미(8기)

칠미(8기) 　 팔미(6기) 　 구미(6기) 　 십미(8기) 　 십일미(6기)

[그림 8-6] 1609년 명나라 사신을 위한 하마연에서 왕(光海君)에게 올린 소선(素膳)으로 구성
된 미수(필자 작성 그림)

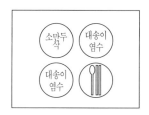

[그림 8-7] 1609년 명나라 사신을 위한 하마연에서 소선(素膳)으로 마련한, 왕(光海君)에게
올린 소선(素膳)과 한 조가 되게 차린 염수(鹽水)(필자 작성 그림)

2. 1630년《풍정도감의궤》〈가례〉상차림

《풍정도감의궤(豊呈都監儀軌)》는 46세를 맞은 인목대비의 생일잔치연의 전말을 기록한 의궤이다. 인조(仁祖, 재위 1623~1649) 7년(1629)은 정묘호란(丁卯胡亂)을 겪은 데다가 연이은 심각한 가뭄으로 흉년이 들어, 심액(沈詻) 등 대신들은 풍정 올리는 일 자체를 폐지하도록 청할 정도였다.[18] 그러나 인조는 "천하 때문에 어버이에 대해 검약할 수 없음은 옛사람들의 지론(至論)으로, 응당 해드려야 할 성대한 예를 오랫동안 올리지 못했다는 것은 미안스러운 일이며, 무엇보다도 어버이를 위한 일이므로 그만둘 수 없다."라고 하며 강행하였다.[19] 그러니까 풍정연(豊呈宴)이란 성대한 잔치인데, 이를 나라의 사정으로 오랫동안 올려드리지 못함에 따라 더 이상 미룰 수 없어 1630년에는 인목대비께 풍정연을 올려드렸다는 이야기이다.

풍정연은 고려 왕실의 유습으로 유지되어 온 연회이다. 조선 왕조 초기까지도 성행하였다. 중종(中宗, 재위 1506~1544) 무렵부터 풍정연은 대왕대비, 왕대비 등 내전의 장수를 축원하여 올리는 내연(內宴)과 외연(外宴)인 진연(進宴)으로 구별되었는데 풍정연은 진연보다도 물자와 참가 인원의 규모가 큰 예연(禮宴)이 되었다.[20] 조선 왕조의 마지막 풍정연은 임진왜란 이후 인조 8년(1630)에 인목대비 생일잔치 연회로 치른 풍정연이었으며, 이후 예제를 재정비하는 과정을 겪으면서 진연으로 축소되었다. 이는 검소와 절용의 미덕을 계승하여 예연을 가능한 한 간소하게 치르고자하는 데에 있었다.[21]

어찌 되었든 1630년에 마지막으로 열린 풍정연은 고려 왕실의 유습으로 유지되었던 연회로, 조선 왕실에서 열린 생일잔치 연회 중에서 가장 규모가 컸다.

---

18 《仁祖實錄》仁祖 7年 10月 丙戌條
19 《仁祖實錄》仁祖 7年 9月 庚寅條, 甲辰條
20 박정혜, 《조선시대 궁중 기록화 연구》, 일지사, 2000, p. 160
21 김상보, 《조선왕실의 풍정연향》, 민속원, 2016, pp. 14~15

1) 향례(享禮)를 위한 연상([그림 9-1])

(1) 연상(宴床)([그림 9-1])

찬품	기수	고임 높이	행
중박계(中朴桂)	4기	1자	1행
백산자(白散子) 3기, 홍산자(紅散子) 2기	5기	8치	2행
소홍마조(小紅亇條) 3기, 유사마조(油沙亇條) 2기	5기	6치	3행
건시자(乾柿子), 대조(大棗), 호두(胡桃), 실백자(實柏子), 실진자(實榛子), 생률(生栗)	각각 1기씩 합 6기	4치	4행

(2) 좌협상(左俠床)([그림 9-1])

찬품	기수	고임 높이	행
대홍망구소(大紅望口消) 2기, 대유사망구소(大油沙望口消) 2기	4기	8치	1행
백다식(白茶食) 2기, 전단병(全丹餠) 3기	5기	6치	2행
소유사망구소(小油沙望口消) 3기, 소홍망구소(小紅望口消) 2기	5기	5치	3행
운빙(雲氷), 첨수(添水), 적미자(赤味子), 백미자(白味子), 송고미자(松古味子), 유사미자(油沙味子)	각각 1기씩 합 6기	4치	4행

(3) 우협상(右俠床)([그림 9-1])

찬품	기수	고임 높이	행
대홍마조(大紅亇條) 2기, 대유사마조(大油沙亇條) 2기	4기	8치	1행
송고마조(松古亇條) 3기, 염홍마조(染紅亇條) 2기	5기	6치	2행
소백산자(小白散子) 3기, 소홍산자(小紅散子) 2기	5기	5치	3행
운빙 1기, 첨수 1기, 적미자 1기, 백미자 1기, 유사미자 1기, 율미자(栗味子) 1기	각각 1기씩 합 6기	4치	4행

(4) 면협상(面俠床)([그림 9-1])

찬품		기수	고임 높이	행
채(菜)	채	4기		1행
어육(魚肉)	정향포(丁香脯) 1기, 백조포(白條脯) 1기, 건문어(乾文魚) 1기, 건사어(乾沙魚) 1기, 건대하(乾大鰕) 1기	5기		2행
건남(乾南)	세창(細昌) 1기, 계아(鷄兒) 1기, 계란(鷄卵) 1기, 중족(中足) 1기, 숙전복(熟全鰒) 1기	5기		3행
전유어(煎油魚)	압자(鴨子) 1기, 양간(羊肝) 1기, 생선(生鮮) 1기, 산구(山鳩) 1기, 도비(都飛) 1기	5기		4행

(5) 소선(小膳)과 진염수(進鹽水)([그림 9-1])

찬품	수량	반수(盤數)	비고	진염수 찬품
우갈비 1척(隻), 고물로 소의 간(肝), 콩팥[太豆], 허파[肺花], 지라[萬化], 염통[靈通] 각각 ½편(片)		1반	우전각(牛前脚) 1척이 누락됨	누락됨
양(羊)	1마리	1반		
당안(唐雁, 기러기)	1마리	1반		

(6) 대선(大膳)([그림 9-1])

찬품	수량	반수	비고
우후각(牛後脚)	1척	1반	소의 볼기(乶只) ½부가 누락됨
돼지[猪]	1마리	1반	
당안(唐雁)	1마리	1반	

(7) 상화(床花)([그림 9-2])

상화 꽂는 상	사화봉(絲花鳳) 수량
연상(宴床), 좌협상(左俠床), 우협상(右俠床)	공작(孔雀) 4, 대봉(大鳳) 8, 소봉(小鳳) 15, 백학(白鶴) 15, 나화초충(羅花草蟲) 12, 실과초충(實果草蟲) 6

앞서 기술한 《영접도감의궤》를 통하여 본, 빈례를 위한 향례 상차림과 거의 비슷한 구조지만 《풍정도감의궤》에서는 진염수에 대한 기록이 없다. 소선을 올릴 때는 진염수도 함께 배선되기 때문에[22] 기록이 누락된 것으로 본다. 또한 소선에서도 우전각(牛前脚, 소의 앞다리)이 누락되었다고 보는데, 그 이유는 대선에서 우후각(牛後脚, 소의 뒷다리)이 있기 때문이다. 소선과 대선을 합해 오른쪽 소 ½마리 분량을 차리는 것이 당시의 정도였으므로, 대선에서도 역시 우볼기(牛𦜴只, 소의 우둔살)가 누락되었다고 본다.

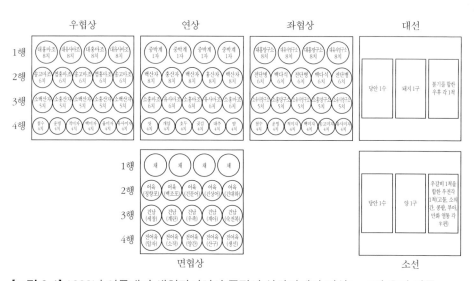

[그림 9-1] 1630년 인목대비 생일잔치연인 풍정연 상차림에서 연상(宴床)에 올린 찬품(《풍정도감의궤》, 1630, 필자 작성 그림)

22 《樂學軌範》

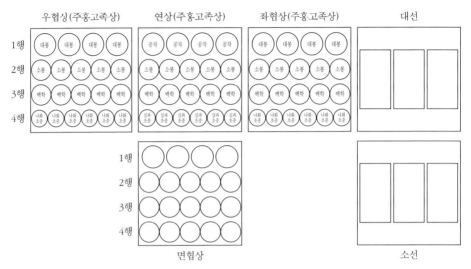

우협상(주홍고족상)　　　연상(주홍고족상)　　　좌협상(주홍고족상)　　　대선

1행	대봉　대봉　대봉　대봉	공작　공작　공작　공작	대봉　대봉　대봉　대봉
2행	소봉　소봉　소봉　소봉　소봉	소봉　소봉　소봉　소봉　소봉	소봉　소봉　소봉　소봉　소봉
3행	백학　백학　백학　백학　백학	백학　백학　백학　백학　백학	백학　백학　백학　백학　백학
4행	나화초충	실과초충	나화초충

면협상　　　　　　　　　　소선

[그림 9-2] 1630년 인목대비 생일잔치연인 풍정연 상차림에서 연상(宴床)의 상화 60개(《풍정도감의궤》, 1630, 필자 작성 그림)

2) 연례(宴禮)를 위한 술안주

《풍정도감의궤》에서는 사방반아(四方盤兒), 중원반(中圓盤), 미수(味數) 9도(度)를 차린다고만 기술되어 있고, 구체적인 찬품 내용은 기록되지 않았다. 그리고 사방반아와 중원반은 절육반(折內盤)이라 하였다.[23] 이로 미루어보면 연례에서 술 행주는 9번이고, 미수는 초미(初味)부터 구미(九味)까지로 구성되며, 미수와 함께 배선되는 상이 절육((折內, 포)으로 구성된 사방반아와 중원반이다. 이에 대한 구체적인 내용은 다음 항에서 기술한다.

---

23 《豐呈都監儀軌》, 1630; 김상보, 《조선왕실의 풍정연향》, 민속원, 2016, p. 231

3) 다례(茶禮)를 위한 과반

《풍정도감의궤》에서는 과반(果盤)을 차린다고만 기술되어 있고 구체적인 찬품 내용은 없다.

3. 1744년《가례도감의궤》〈가례〉상차림

1) 향례(享禮)를 위한 연상([그림 10-1])

(1) 연상(宴床)([그림 10-1])

찬품	기수	고임 높이	행
중박계(中朴桂)	4기	1자	1행
백산자(白散子) 3기, 홍산자(紅散子) 2기	5기	8치	2행
홍마조(紅亇條) 3기, 유사마조(油沙亇條) 2기	5기	6치	3행
건시자(乾柿子), 대조(大棗), 황률(黃栗), 실백자(實柏子), 실진자(實榛子), 실비자(實榧子)*	각각 1기씩 합 6기	4치	4행

* 1744년《가례도감의궤》에는 육색실과라 적고 오색실과만 기록되어 있음. 육색실과란 잣, 대추, 밤, 건시, 진자, 비자를 지칭함.

(2) 좌협상(左俠床)([그림 10-1])

찬품	기수	고임 높이	행
유사망구소(油沙望口消) 2기, 홍망구소(紅望口消) 2기	4기	8치	1행
백다식(白茶食) 3기, 전단병(全丹餠) 2기	5기	6치	2행
유사망구소(油沙望口消) 3기, 소홍망구소(小紅望口消) 2기	5기	5치	3행

찬품	기수	고임 높이	행
운빙(雲氷), 첨수(添水)*, 백미자아(白味子兒), 송고미자아(松古味子兒), 적미자아(赤味子兒), 유사미자아(油沙味子兒)	각각 1기씩 합 6기	4치	4행

* 좌협상 4행에는 첨수가 포함되어 원래 6기였으나(《가례도감의궤》, 1627, 1651, 1696), 1718년 《가례도감의궤》부터 누락되어 1906년까지 이어짐.

(3) 우협상(右俠床)([그림 10-1])

찬품	기수	고임 높이	행
유사마조(油沙亇條) 2기, 홍마조(紅亇條) 2기	4기	8치	1행
송고마조(松古亇條) 3기, 홍마조(紅亇條) 2기	5기	6치	2행
소홍산자(小紅散子) 2기, 소백산자(小白散子) 3기	5기	5치	3행
운빙, 첨수*, 백미자아(白味子兒), 송고미자아(松古味子兒), 적미자아(赤味子兒), 유사미자아(油沙味子兒)	각각 1기씩 합 6기	4치	4행

* 좌협상 첨수 참조

(4) 면협상(面俠床)([그림 10-1])

찬품		기수	고임 높이	행
채(菜)	수근(水芹), 청근(菁根), 길경(桔梗), 실산삼(實山蔘)	각각 1기씩 4기		1행
어육(魚肉)	중포(中脯), 대전복(大全鰒), 건문어(乾文魚), 건사어(乾沙魚), 건치(乾雉)	각각 1기씩 5기		2행
건남(乾南)	생안(生雁), 계아(鷄兒), 계란(鷄卵), 생치(生雉), 숙전복(熟全鰒)	각각 1기씩 5기		3행
전어육(煎魚肉)	압자(鴨子), 장후각(獐後脚), 구자(鳩子), 중생선(中生鮮), 소작(小雀)	각각 1기씩 5기		4행

(5) 소선(小膳)과 진염수(進鹽水)([그림 10-1])

찬품	수량	반수(盤數)	비고	진염수 찬품
우갈비(牛乫非) 1척(隻), 우전각(牛前脚) 1척		1반	소의 간, 콩팥, 허파, 지라, 염통 각 각 ½편이 누락된 것으로 사료됨	누락됨
양(羊)	1마리	1반		
압자(鴨子)	1마리	1반		

(6) 대선(大膳)([그림 10-1])

찬품	수량	반수
우후각(牛後脚)1척, 우볼기(牛乶只) ½부		1반
돼지[猪]	1마리	1반
압자(鴨子)	1마리	1반

(7) 상화(床花)([그림 10-1])

상화 꽂는 상	사화봉(絲花鳳) 수량
연상(宴床)	공작(孔雀) 4, 대봉(大鳳) 8
좌협상(左俠床)	소봉(小鳳) 15, 백학(白鶴) 15
우협상(右俠床)	나화초충(羅花草蟲) 12, 실과초충(實果草蟲) 6

2) 동뢰연(同牢宴)을 위한 술안주

(1) 미수(味數)와 미수사방반(味數四方盤)([그림 10-3])

1744년 《가례도감의궤》에는 미수와 미수사방반만 기술되어 있고, 찬품 내용은

없다. 따라서 1749년 《어제국혼정례(御製國婚定例)》의 내용을 차용한다.[24]

[미수]

미수 찬품(《어제국혼정례》, 1749)

	추복탕(搥鰒湯)	1상에 1기	2상 합하여 2기
초미	전복자기(全鰒煮只)	〃	〃
	산삼병(山蔘餠)	〃	〃
	추청(追淸)	〃	〃
	약과(藥果)	〃	〃
	생이(生梨)	〃	〃
	백자(柏子)	〃	〃
	수정과(水正果)	〃	〃
이미	세면(細麵)	〃	〃
	생치자기(生雉煮只)	〃	〃
	전유어(煎油魚)	〃	〃
	송고병(松古餠)	〃	〃
	추청(追淸)	〃	〃
	행인과(杏仁果)	〃	〃
	황률(黃栗)	〃	〃
	수정과(水正果)	〃	〃
삼미	장육자기(獐肉煮只)	〃	〃
	어만두(魚饅頭)	〃	〃
	자박병(自朴餠)	〃	〃
	추청(追淸)	〃	〃
	전은정과(煎銀正果)	〃	〃

---

24 《御製國婚定例》, 1749

삼미	대조(大棗)	〃	〃
	산삼채(山蔘菜)	〃	〃
	수정과(水正果)	〃	〃

[미수사방반]

미수사방반 찬품(《어제국혼정례》, 1749)

대구어절(大口魚折)	1상에 1기	2상 합하여 2기
문어절(文魚折)	1상에 1기	2상 합하여 2기

(2) 중원반과 과반(果盤)([그림 10-4])

1744년《가례도감의궤》에는 중원반과 과반만 기술되어 있고, 찬품 내용은 없다. 따라서 1749년《어제국혼정례(御製國婚定例)》의 내용을 차용한다.[25]

[중원반]

중원반 찬품(《어제국혼정례》, 1749)

전복절(全鰒折)	1상에 1기	2상 합하여 2기
인복절(引鰒折)	1상에 1기	2상 합하여 2기
건치절(乾雉折)	1상에 1기	2상 합하여 2기
전유어(煎油魚)	1상에 1기	2상 합하여 2기

---

25 《御製國婚定例》, 1749

[과빈]

과반 찬품(《어제국혼정례》, 1749)

		1상에 1기	6상 합하여 6기
문어절(文魚折)		1상에 1기	6상 합하여 6기
전복절(全鰒折)		〃	〃
건치절(乾雉折)		〃	〃
약과(藥果)		〃	〃
생이(生梨)		〃	〃
생률(生栗)		〃	〃
석류(石榴)		〃	〃
정과(正果)	생강정과		2상 합하여 2기
	동과정과		〃
	천문동정과		〃

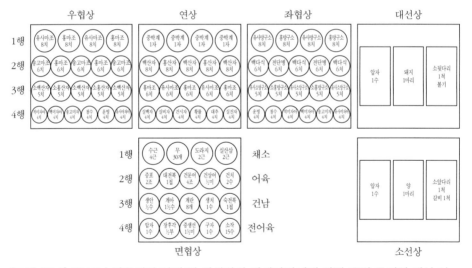

[그림 10-1] 1744년 사도세자 가례 때 왕세자와 왕세자빈에게 각각 올린 동뢰연 대상 상차림도(《가례도감의궤》, 1744, 필자 작성 그림)

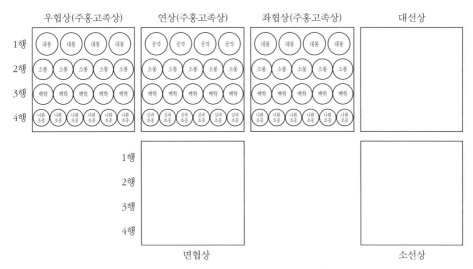

[그림 10-2] 1744년 사도세자 가례 때 왕세자와 왕세자빈에게 각각 올린 동뢰연 대상 상화도(《가례도감의궤》, 1744, 필자 작성 그림)

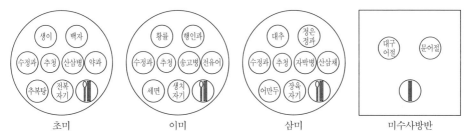

[그림 10-3] 1744년 사도세자 동뢰연 때 왕세자와 왕세자빈에게 각각 올린 미수와 미수사방반도(《가례도감의궤》, 1744, 필자 작성 그림)

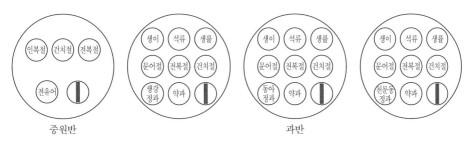

[그림 10-4] 1744년 사도세자 가례 때 왕세자와 왕세자빈에게 각각 올린 중원반과 과반 상차림도(《가례도감의궤》, 1744, 필자 작성 그림)

4. 빈례와 가례의 연향 상차림 찬품 비교

〈표 21〉 빈례(1609)와 가례(1630)의 향례 때 차린 과안, 소선 대선 찬품 비교

	과안(果案)				소선(小膳)	대선(大膳)
	연상(宴床)	좌협상(左俠床)	우협상(右俠床)	면협상(面俠床)		
빈례, 1609 《영접도감의궤》 〈영접연〉	중박계 4기 약과 5기 실과 6기	홍망구소 2기 유사망구소 2기 백다식 2기 전단병 2기 적미자아 2기 송고미자아 1기 운빙 1기	홍마조 2기 유사마조 2기 송고마조 2기 염홍마조 2기 적미자아 2기 유사미자아 1기 율미자아 1기	어육 4기 건남 5기 전어육 5기	양 1마리 기러기 1마리 우갈비 1척을 합한 우전각 1척 소의 심장, 허파, 간, 콩팥의 고물	돼지 1마리 기러기 1마리 소 볼기를 합한 우후각 1척
가례, 1630 《풍정도감의궤》 〈생일잔치연〉	중박계 4기 백산자 3기 홍산자 2기 소홍망구소 3기 유사마조 2기 실과 6기	대홍망구소 2기 대유사망구소 2기 백다식 2기 전단병 3기 소유사망구소 3기 소홍망구소 2기 첨수 1기 운빙 1기 적미자 1기 백미자 1기 송고미자 1기 유사미자 1기	대홍마조 2기 대유사마조 2기 송고마조 3기 염홍마조 2기 소백산자 3기 소홍산자 2기 첨수 1기 운빙 1기 적미자 1기 백미자 1기 율미자 1기 유사미자 1기	채 4기 어육 5기 건남 5기 전어육 5기	양 1마리 기러기 1마리 우갈비 1척을 합한 우전각 1척 소의 심장, 허파, 간, 콩팥, 지라의 고물	돼지 1마리 기러기 1마리 소 볼기를 합한 우후각 1척

　　풍정연은 고려 왕조의 유습임을 앞글에서 밝힌 바 있다. 〈표 21〉에서는 1630년에 행한 인목대비 생일잔치연인 풍정연을 기록한 《풍정도감의궤》와 1609년 명나라 사신 환영연을 기록한 《영접도감의궤》를 바탕으로, 향례 때 차란 과안(果案)과 소선, 대선의 찬품 내용을 비교하였다.

빈례(영접연)와 가례(생일잔치연)에서 향례 때 차린 상차림은 거의 비슷하나, 다만 찬품의 종류와 기수(器數)에서 영접연 쪽이 약간 적을 뿐이다. 그러니까 빈례와 가례의 상차림은 완전히 똑같지는 않지만 거의 비슷한 흐름으로 전개되었으며, 풍정연이 고려 왕조의 유습이었기 때문에 이 화려한 차림 형태는 영접연에서도 반영되었음을 알 수 있다.

IV

《국조오례의》〈빈례(賓禮)〉[26]

1. 다례의(茶禮儀)[27]

1) 전례(典禮) 절차

분예빈시(分禮賓寺)[28]는 사자의 교의(交倚, 검게 칠한 의자)[29]를 태평관(太平館)[30] 정청(正廳)[31] 동쪽 벽에 서쪽을 향하여 설치한다.

액정서(掖庭署)[32]는 전하의 어좌(御座, 붉게 칠한 의자)를 서쪽 벽에 동쪽으로 향하여 설치하고, 향안(香案)을 북쪽 벽에 설치한다.

---

26 《국조오례의》〈빈례(賓禮)〉는 조정 사신(朝廷使臣)에 대한 접대 의례이다. 朝廷使臣에서 조정은 일반 통념의 조정이 아니라 종속국(從屬國)에서 종주국(宗主國)인 황제(皇帝)의 조정을 지칭함. 즉 황제의 사신.

27 다례의라는 명칭은 필자가 쓴 것임.

28 分禮賓寺 : 예빈시(禮賓寺)의 일을 나누어 맡던 분사(分司). 빈객(賓客) 등의 연향에 필요한 닭, 돼지 등의 가축을 기름.

29 交倚 : 의자(倚子)와 같이 의지하는 좌석(座席). 여기에서는 의자로 보임.

30 太平館 : 조선 왕조 때 중국 사신이 우리나라에 와서 머물던 객관(客館). 오늘날 서울의 태평로(太平路)에 있었음.

31 正廳 : 관청의 주 건물.

32 掖庭署 : 조선 왕조 때의 관아. 왕명 전달. 임금이 쓰는 붓과 벼루 공급, 대궐 열쇠 보관, 대궐 뜰의 설비 등을 맡던 잡직(雜職) 기관. 고려의 액정국(掖庭局)을 계승함.

사옹원(司饔院)³³은 주정(酒亭)³⁴을 청(廳) 안의 남쪽 가까이에 북쪽으로 향하여 설치한다.

전하(殿下)가 태평관에 이르러 편전(便殿)으로 들어간다.

시각이 되면 좌통례(左通禮)³⁵가 고개를 숙이고 엎드려 꿇어앉아 외판(外辦)³⁶을 아뢴다.

전하가 여(輿, 수레)를 타고 나선다.

산선(繖扇)³⁷과 시위(侍衛)³⁸는 평상 의례같이 한다.

좌통례와 우통례는 전하를 인도한다.

전하께서 중문(中門) 밖에 이르러서 여에서 내린다.

사자가 문에 이르면 전하가 읍양(揖讓)³⁹하고 사자도 읍양한다.

사자는 문 오른쪽(동쪽 문)으로 들어가고 전하는 문 왼쪽(서쪽 문)으로 들어간다.

정청에 도착하여 사자는 동쪽에 있고, 전하는 서쪽에서 사자에게 읍(揖)⁴⁰한다. 사자는 답하여 읍한다. 사자가 교의에 앉으면 전하도 어좌에 앉는다.

산선을 청(廳) 밖 서쪽 가까이에 벌여 놓고, 호위하는 관원은 모두 교의

---

33 司饔院 : 조선 왕조 때 어선(御膳) 및 대궐 안의 공궤(供饋)에 관한 일을 맡던 관아. 고종 32년(1895) 전선사(典膳司)로 고침. 주원(廚院), 상식사(尙食司).

34 酒亭 : 연회장에 설치한 술을 다루는 곳으로 술단지, 술잔 등을 갖춤.

35 左通禮 : 조선 왕조 통례원(通禮院)의 으뜸 벼슬. 정3품.

36 外辦 : 임금이 거동할 때 의장, 호롱 등을 제자리에 정돈하게 시키는 일.

37 繖扇 : 임금이 거동할 때 따르는 의장의 하나로 우산같이 만들었고 임금이 앞서 감.

38 侍衛 : 임금을 모시어 호위함. 또는 그러한 사람.

39 揖讓 : 읍하는 동작과 사양하는 동작. 읍하여 자기를 낮춤.

40 揖 : 인사하는 예의 하나. 공수(拱手)한 손을 얼굴 앞으로 들고 허리를 앞으로 공손히 구부렸다 펴면서 내림.

뒤에 빌어 신다. 승지(承旨)[41]는 호위하는 모든 관원 앞 남쪽 기끼이에 고개를 숙이고 엎드린다. 사관(史官)[42]은 그 뒤에 있는다. 대의장(大儀仗)[43]을 뜰의 동쪽과 서쪽에 벌여 놓는다. 군사(軍士)를 계단 뒤 및 뜰의 동쪽과 서쪽, 안팎의 문에 모두 도식(圖式)과 같이 벌여 세운다.

사옹원제조(司饔院提調)[44] 한 사람이 다병(茶瓶)을 받들고, 또 다른 한 사람은 다종반(茶鍾盤, 찻잔이 담긴 쟁반)을 받들고 함께 들어간다. 다병을 받든 사람은 주정의 동쪽에 서고, 다종반을 받든 사람은 주정의 서쪽에 선다.

제거(提擧)[45] 두 사람이 과반(果盤)을 받드는데, 한 사람은 정사(正使)의 오른쪽에 북쪽 가까이에서 남쪽으로 향하여 서고, 다른 한 사람은 부사(副使)의 왼쪽에 남쪽 가까이에서 북쪽으로 향하여 서서 과반을 놓는다.

제조(提調)는 과반을 받들고 전하의 오른쪽에 남쪽 가까이에서 북쪽으로 향하여 서서 과반을 놓는다.

제조는 또 다른 제조가 따른 찻종지를 받아 꿇어앉아서 전하에게 올리는데, 이때 전하는 어좌에서 일어나 약간 앞으로 나와 서서 받는다.

정사가 교의에서 일어나 약간 앞으로 나와 선다.

전하가 찻종지를 들고 정사 앞으로 가서 정사에게 차를 올린다.

정사는 찻종지를 읍하고 받아 임시로 통사(通事)[46]에게 준다.

---

41 承旨 : 조선 왕조 승정원(承政院)의 도승지(都承旨), 좌승지, 우승지, 좌부승지, 우부승지, 동부승지(同副承旨)를 총칭함.
42 史官 : 조선 왕조 춘추관(春秋館)의 별칭. 사초(史草)를 쓰는 관원.
43 大儀仗 : 儀仗은 의식에 쓰는 보검(寶劍), 일산(日傘), 월부(月斧), 현학기, 고자기(鼓字旗) 등 무기 또는 물건. 대의장이란 가장 성대한 의장을 뜻함.
44 提調 : 각 사(司) 또는 각 청(廳)의 관제상(官制上) 우두머리가 아닌 사람이 그 관아의 일을 다스리게 하던 벼슬. 종1품 또는 2품의 품질(品秩)을 가진 사람이 되는 경우를 일컬음. 정1품이 되면 도제조(都提調), 정3품 당상(堂上)이 되면 부제조(副提調)라 함. 여기서는 사옹원 소속 제조.
45 提擧 : 조선 왕조 사옹원의 종3품 벼슬.
46 通事 : 조선 왕조의 통역관.

제조는 또 다른 제조가 따른 찻종지를 받아 꿇어앉아서 전하에게 올리는데, 이때 전하는 어좌에서 일어나 약간 앞으로 나와 서서 받는다.

부사가 교의에서 일어나 약간 앞으로 나와 선다.

전하가 찻종지를 들고 부사 앞으로 가서 부사에게 차를 올린다.

부사는 읍하고 찻종지를 받는다.

전하는 물러난다.

제조가 찻종지에 차를 받아 서서 정사에게 올린다.

정사는 찻종지를 들고 전하 앞으로 가서 올린다.

제조는 물러나 주정(酒亭)을 뒤로하여 주정의 서쪽으로 가서 북쪽을 향하여 꿇어앉는다.

전하가 서서 찻종지를 받는다.

통사는 임시로 받은 찻종지를 정사에게 서서 올린다.

정사가 찻종지를 받는다.

사자(정사와 부사)가 교의에 앉는다.

전하도 어좌에 앉는다.

정사, 부사, 전하는 차[茶]를 마신다.

차를 다 드시면 제거 두 사람은 각각 서서 정사와 부사에게 과(果)를 올린다.

제조는 꿇어앉아 전하에게 과(果)를 올린다.

올리고 난 후 모두 과반을 들고 나간다.

제거 두 사람이 정사와 부사 앞으로 가 서서 찻종지를 받아 다반(茶盤)에 올려놓고 갖고 나간다.

제조는 전하 앞으로 가서 꿇어앉아 찻종지를 받아 다반에 올려놓고 갖고 나간다.

이상의 다례의를 요약하여 [그림 11]로 그려 분석히였다. [그림 11-1]은 전하가 정사와 부사에게 차를 올리는 장면이다.

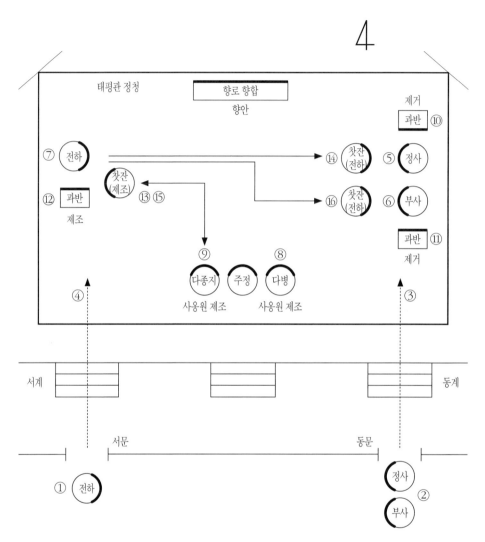

[그림 11-1] 명나라 사신을 위한 조선 왕실의 잔치에서 전하가 정사와 부사에게 차[茶]를 올리는 장면(《국조오례의》 卷5, 필자 작성 그림).
※◯ 서쪽을 향하는 것을 나타냄.

그림 속의 ①은 태평관 편전에 들어가 계시던 전하가 시간에 맞추어 정청에 도착하여 서문(西門, 左門) 밖에서 동쪽으로 사신(정사와 부사)에게 읍양하고 있다.

②는 정사와 부사가 시간에 맞추어 태평관 정청에 도착하여 동문(東門, 右門) 밖에서 서쪽으로 전하에게 읍양하는 장면이다.

③은 사신이 동문을 거쳐 동쪽 계단을 사용하여 정청으로 들어가는 장면이다.

④는 사신에 이어 전하가 서문을 거쳐 서쪽 계단을 사용하여 정청으로 들어가는 장면이다.

⑤는 정사가 정청 안 동쪽 벽 가까이에 설치한, 검게 칠한 의자 앞에서 서쪽으로 선 장면이다.

⑥은 부사가 정청 안 동쪽 벽 가까이에 설치한, 검게 칠한 의자 앞에서 서쪽으로 선 장면이다.

⑦은 전하가 서쪽 벽 가까이에 설치한 의자(붉게 칠한 어좌) 앞에서 동쪽으로 선 장면이다. 이후 전하는 사신(정사와 부사)에게 읍하고, 사신도 전하에게 읍한 다음 사신이 전하에 앞서 의자에 앉고, 전하가 의자에 앉는다.

⑧은 사옹원제조가 다병(茶瓶, 찻물이 들어 있는 병)을 받들고 주정(酒亭)의 동쪽에서 북쪽을 향하여 선 장면이다.

⑨는 사옹원제조가 다종반(茶鍾盤, 찻종지가 든 반)을 받들고 주정의 서쪽에서 북쪽을 향하여 선 장면이다.

⑩은 제거가 정사의 오른쪽에서 남쪽을 향하여 서서 과반(果盤)을 놓는 장면이다.

⑪은 제거가 부사의 왼쪽에서 북쪽을 향하여 서서 과반을 놓는 장면이다.

⑫는 제조가 전하의 오른쪽에서 북쪽을 향하여 서서 과반을 놓는 장면이다.

⑬은 ⑧의 제조가 다병의 차를 찻종지를 든 ⑨의 제조에게 따라주고, ⑨의 제조는 꿇어앉아 찻종지를 올린다. 전하는 일어나 찻종지를 받고 있다.

⑭는 찻종지를 든 전하가, 의자에서 일어나 약간 앞으로 나와 선 정사 앞으로 가서 정사에게 찻종지를 올리고 있다. 정사는 찻종지를 받아 통사(통역사)에 임시로

맡긴다.

⑮는 ⑧의 제조가 다병의 차를 찻종지를 든 ⑨의 제조에게 따라주고, ⑨의 제조
는 전하 앞으로 가서 꿇어앉아 찻종지를 올린다. 전하는 일어나 찻종지를 받는다.

⑯은 찻종지를 든 전하가, 의자에서 일어나 약간 앞으로 나와 선 부사 앞으로 가
서 부사에게 찻종지를 올리고 있다.

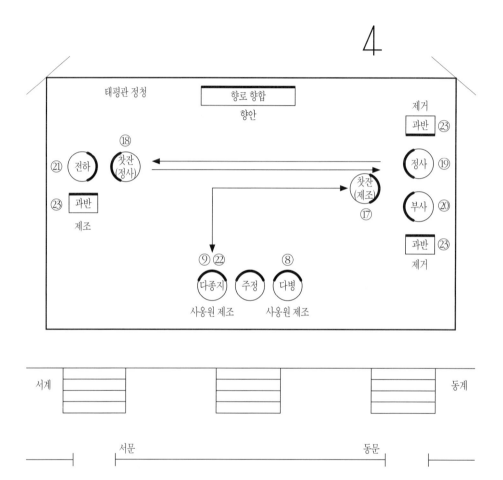

[그림 11-2] 명나라 사신을 위해 조선 왕실에서 연 잔치에서 정사가 전하에게 차[茶]를 올
린 후 제조가 전하에게, 제거가 정사와 부사에게 과(果)를 올리는 장면(《국조오례
의》卷5, 필자 작성 그림).

[그림 11-2]는 전하가 사신에게 찻종지를 올리는 일이 끝난 후 정사가 전하에게 찻종지를 올리는 장면이다.

⑰은 ⑧의 제조가 다병의 차를 찻종지를 든 ⑨의 제조에게 따라주고, ⑨의 제조는 정사 앞으로 가서 찻종지를 올린다. 정사는 일어나 찻종지를 받는다.

⑱은 찻종지를 든 정사가, 어좌에서 일어나 약간 앞으로 나와 선 전하 앞으로 가서 전하에게 찻종지를 올리고 있다.

⑲는 정사가 본인의 자리로 돌아가서 통사가 갖고 있던 찻종지를 받아들고 의자에 앉는 장면이다.

⑳은 찻종지를 든 부사가 의자에 앉는 장면이다.

㉑은 찻종지를 받아 든 전하가 어좌에 앉는 장면이다. 이후, 정사, 부사, 전하가 차를 마신다.

㉒는 제조가 물러나 주정을 뒤로하여 주정의 서쪽으로 가서 꿇어앉아 있는 장면이다.

㉓은 제거가 서서 정사와 부사에게, 제조가 꿇어앉아 전하에게 과반의 과(果)를 올리는 장면이다. 이후 제거와 제조는 과반을 들고 퇴장하며, 또 제거와 제조는 정사와 부사 및 전하에게 가서 찻종지를 받아 다반에 올려놓고 갖고 나간다.

[그림 11]는 조선 왕실이 국빈(國賓)을 접대할 때, 본격적인 연향을 시작하기 전에 엄격한 질서 속에서 전개되는 다례의를 나타낸 것이다.

손님(사신)은 동쪽 문과 계단을, 주인(전하)은 서쪽 문과 계단을 사용하여 정청으로 들어간다. 손님은 동쪽 벽 가까이 설치한 의자 앞으로 가고, 주인은 서쪽 벽 가까이 설치한 의자 앞에 가서 마주 선다. 주인이 손님에게 읍하고 손님도 주인에게 읍하여 인사한 다음 손님이 먼저 앉은 후 주인이 앉는 순서로 의자에 앉아 다례의가 전개된다.

손님을 주인보다 앞서 다례의 장소에 올라가도록 하고 주인은 손님의 뒤를 따라

가며, 이때 주인은 손님에게 주인의 계단인 동쪽 계단과 주인의 자리인 동쪽 자리를
양보한다. 이는 손님이 귀한 신분임을 주인이 자각하고 있다는 의지의 표현이다.

　다례의에서 배설되는 음식과 기용(器用)은 차가 들어 있는 다병(찻병)과 다종지(찻
종지, 찻잔)가 담긴 다종반(일종의 쟁반), 차와 함께 먹도록 준비한 유밀과 등이 차려진
과반(果盤)이다. 1609년 명나라 사신을 위한 환영연 접대 상차림을 예로 들면 약과,
과일, 정과, 건어물, 전유아로 구성된 [그림 8-3]의 〈진다행과〉가 과반에 해당할
것이다.

　찻종지와 과반을 나르는 사람도 엄격히 구분하여, 종1품인 제조는 차를, 정3품
인 제거는 과반을 담당하였다. 단 전하에게만은 제조가 과반을 담당하였다.

　주인이 서 있는 손님에게 가서 찻종지를 드리고 본인의 자리로 돌아간다. 이후
손님 역시 서 있는 주인에게 가서 찻종지를 드리고 본인의 자리로 돌아간다. 손님
이 찻종지를 들고 의자에 앉으면, 주인도 뒤이어 찻종지를 들고 의자에 앉아 차를

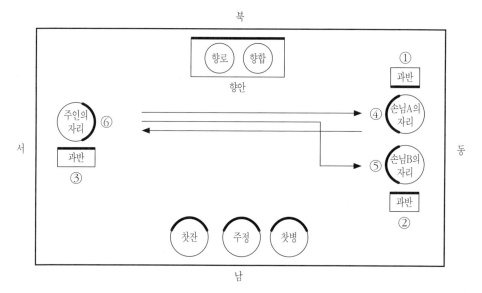

[그림 11-3] 향안, 주정, 손님과 주인의 자리 배치 및 과반과 찻종지 배선 순서
《국조오례의》 卷5, 필자 작성 그림

마시는데, 이때 제조와 제거는 과반 앞에서 대기한다. 차를 다 마시면 제거는 손님에게 과(果)를 올리고, 제조는 꿇어앉아 전하에게 과를 올린다.

　손님과 전하가 과를 다 먹으면 제조와 제거는 과반을 들고 퇴장한다. 또 제거는 손님에게 가서 찻종지를 받아 들고, 제조는 전하에게 가서 꿇어앉아 찻종지를 받아 다반(茶盤)에 올려 담아서 갖고 나가는 것으로 다례의가 완성된다. 다례의에서 향안, 주정, 손님과 주인의 자리 배치 및 과반과 찻종지의 배선 순서를 간략하게 [그림 11-3]으로 나타냈다. 한 가지 덧붙일 것은 찻종지나 과를 올릴 때 전하에게만 꿇어앉아 올리는 이유는 왕에 대한 신하의 조선 왕조식 예법을 실행했기 때문이라고 보고 싶다.

　다례의를 다시 요약하면 다음과 같다.

　　전하(주인)가 정사(주빈主賓)에게 차를 올림
　　주빈인 정사가 정청 안 동쪽 벽 가까이 서쪽을 향하여 설치한 의자에 앉는다.
　　주인인 전하가 정청 안 서쪽 벽 가까이 동쪽을 향하여 설치한 의자에 앉는다.
　　전하가 찻종지를 들고, 의자에서 일어선 주빈인 정사 앞으로 가서 찻종지를 올린다.

　　전하(주인)가 부사(빈賓)에게 차를 올림
　　빈인 부사가 정청 안 동쪽 벽 가까이 주빈인 정사 좌석의 남쪽에 있도록 서쪽을 향하여 설치한 의자에 앉는다.
　　주인인 전하가 찻종지를 들고, 의자에서 일어선 부사 앞으로 가서 찻종지를 올린다.

징사(수빈)가 전하(주인)에게 차를 올림

정사가 찻종지를 들고, 의자에서 일어선 전하 앞으로 가서 찻종지를 올린다.

정사(주빈), 부사(빈), 전하(주인) 순서로 의자에 착석한다.
정사(주빈), 부사(빈), 전하(주인)가 의자에 앉아 일시에 차를 마신다.

과(果)를 올림
제거가 정사와 부사에게 서서 과반(果盤)의 과를 올린다.
제조가 전하에게 꿇어앉아 과반의 과를 올린다.

제조와 제거가 과반과 찻종지를 물림
전하가 서 있는 손님에게 찻종지를 올린 다음 손님이 서 있는 전하에게 찻종지를 올린다. 즉 서로 서서 찻종지를 주고받는다. 그런 다음 의자에 손님, 전하의 순서로 착석하여 일시에 차를 마신다. 차를 다 마시면 제거는 손님에게, 제조는 전하에게 과반의 과를 올리면서 다례의가 완성된다.

2) 향안과 주정이 지닌 의미-음복연이었던 빈례연

향안(香案)은 향로(香爐)와 향합(香盒)을 올려놓는 네모지고 발이 높은 상이다. 왜 다례의에서 향안을 청 안 가운데의 북쪽에 배치하고 주정은 향안 맞은편에 두어 청 안의 남쪽에서 북쪽을 향하도록 진설하였을까? 북쪽은 신(神)이 계시는 장소이다. 다례의에서 진설된 향안과 주정은 주례의, 향례의, 연례의에서도 계속 그 자리에 놓인 상태에서 의례가 이어진다.
《예기(禮記)》〈교특생(郊特牲)〉에 다음의 글이 있다.

蕭合黍稷臭陽達於墻屋故既奠然後炳蕭合羶薌

《禮記》〈郊特牲〉

쑥[蕭]을 기장과 좁쌀에 혼합하여 태워 이 향기를 높이 상승시켜 지붕을 빠져나가 천공(天空)에 있는 양신(陽神)을 불러 모신다. 옛날(周대의 제사) 공물을 올린 연후에 쑥에 기장과 좁쌀을 합하여 태웠다.

《예기》〈교특생〉

쑥을 기장과 좁쌀에 혼합하여 태운 향기를 상승시키는 목적은 양신인 혼(魂)을 불러 모셔, 제향으로 올린 음식을 신께서 잡수시게 하기 위함이다.[47] 향로와 향합은 조선 왕조의 종묘(宗廟) 대제(大祭)나 능침(陵寢) 제사 때도 진설되는 것으로,[48] 양신을 불러 모시려면 반드시 존재해야만 했다. 다만 쑥에 기장과 좁쌀을 혼합하였던 것이 향(香)으로 대체되었다.

불교에서는 향(香), 등(燈), 화(花), 다(茶), 과(果), 미(米)로 구성하는 육법공양(六法供養)이 있다. 공양(供養)이란 불(佛)·법(法)·승(僧) 삼보(三寶)와 사장(師長, 스승), 죽은 자의 영혼(조상신 등)에게 공물(供物)을 바치는 일을 말한다. 유교의 제례 의식에 해당하는 것이 공양인 셈이다. 부처님께 공양하는 것을 불공(佛供), 부모에게 공양하는 것을 부모공(父母供), 스승에게 공양하는 것을 사공(師供)이라 한다. 향(香) 공양일 경우 제전(祭奠)의 신위 앞에서 향을 피우게 된다.

다례의에서 그날 연회장에 강림하시는 신을 위하여 북쪽에 향로와 향합을 올려놓은 향안(香案)을 진설하였다. 이는 《국조오례의》〈빈례〉에서 기록된 다례의의 의례 절차에서 신과 결부된 행위가 구체적으로 기록되어 있지 않다 하더라도, 고려

---

47 《禮記》〈郊特牲〉;김상보,《음양오행사상으로 본 조선왕조의 제사음식문화》, 수학사, 1995, p.306
48 김상보,《음양오행사상으로 본 조선왕조의 제사음식문화》, 수학사, 1995

왕조에서 연향 전에 행했던 신께 올리는 나례의를 속례로 받아들인 흔적이라고 볼 수 있다. 어쨌든 《국조오례의》〈빈례〉에서 본격적인 연향에 앞서 고려 왕실의 팔관연에서 보여 주었던 다례의를 행하는 셈이다.

주정(酒亭)은 술을 다루는 곳이다. 주준(酒尊, 술단지)과 술잔 등 주기(酒器)를 갖춘다. 주정의 주인공은 주준인 술단지이다.

주준은 북쪽에 계신 신위(神位)와 마주 보게 배설해야 함을 《예기》에서 다음과 같이 기술하였다.

凡尊必上玄酒唯君面尊
《禮記》〈玉藻〉

무릇 주준(酒樽)을 진설할 때는 반드시 현주(玄酒, 물)를 가장 높은 위치에 놓고, 이 주준의 정면에는 반드시 군(君, 神)이 앉도록 한다.
《예기》〈옥조〉[49]

북쪽에서 남쪽으로 향하여 신위(神位)를 모셔놓고, 맞은 편에 남쪽에서 북쪽으로 향하도록 주준(酒尊)을 진설한다는 것으로, 주준의 맞은 편이 신위의 자리이다. [그림 11-3]에서 보이는 주정의 배치는 이를 잘 반영한다.

결론적으로 말하면 《국조오례의》〈빈례〉의 다례의가 벌어지는 [그림 11-3]에서 향안과 주준의 배치 구성이 이후 주례의, 향례의, 연례의에서도 모두 같은 위치에 배설됨으로써, 빈례는 신이 강림한 상태에서 행해지는 음복연(飮福宴)이었음을 증명한다.

---

49 《禮記》〈玉藻〉; 김상보, 《음양오행사상으로 본 조선왕조의 제사음식문화》, 수학사, 1995, p.300

2. 주례의(酒禮儀)[50]

1) 전례 절차

다반과 과반을 가지고 나간 다음 잠시 후에 제거 두 사람이 주정의 동쪽과 서쪽으로 나누어 선다. 제조 이하는 주정 뒤에 벌여 선다.

전악(典樂)[51]이 가자(歌者)[52]와 금슬(琴瑟)[53]을 거느리고 들어와 동쪽과 서쪽 계단 아래에 선다.

풍악(風樂)이 울린다.

사옹원 관원 네 사람이 각각 진어(進御)할 주기(酒器, 술그릇)를 받들고 계단 아래로 가서 북쪽으로 향하여 선다. 제조 네 사람이 계단 위로 가서 차례로 주기를 전해서 받들고 들어와 소정(小亭, 酒亭)[54]에 놓는다.

가자 등 모두 계단 위로 올라와 선다.

풍악이 그치면 모두 앉는다.

제조 모두는 주정의 뒤로 물러나 선다.

제거 두 사람이 각각 과반(果盤)을 받들고 정사와 부사 앞으로 가서 한 사람은 정사 오른쪽의 북쪽 가까이에서 남쪽을 향하여 서고, 다른 한 사람은 부사 왼쪽의 남쪽 가까이에서 북쪽을 향하여 서서 과반을 놓는다. 과반을 올리려 할 때 풍악을 울린다.

제조가 과반을 받들고 전하 오른쪽의 남쪽 가까이에서 북쪽을 향하여

---

50 주례의라는 명칭은 필자가 쓴 것임.
51 전악(典樂) : 조선 왕조 장악원(掌樂院)의 정6품 잡직(雜職)의 하나.
52 가자(歌者) : 정재(呈才)의 한 가지. 또는 정재의 노래를 부르는 사람.
53 금슬(琴瑟) : 거문고와 비파.
54 소정(小亭) : 대정(大亭)보다 작은 주정(酒亭). 술단지, 술잔 등을 갖춘 연회장에 설치해 놓은, 술을 다루는 곳. 대개 대정은 양(陽), 소정은 음(陰)에 속함. 소정과 대정을 주정(酒亭)이라 함.

서서 과반을 놓는다. 과반을 올리려 할 때 풍악을 울린다.

제조는 제거가 따른 술잔을 받아 꿇어앉아 전하에게 올린다. 이때 전하는 어좌에서 일어나 약간 앞으로 나와 서서 술잔을 받는다.

정사가 교의에서 일어나 약간 앞으로 나와 선다.

전하가 술잔을 들고 정사 앞으로 가서 정사에게 읍하고 제1잔의 술잔을 올린다.

정사는 읍하여 답례(答禮)하고 술잔을 받는다. 정사는 부사에게 읍하고 부사는 읍하여 답례한다. 또 전하를 향하여 읍하면 전하는 읍하여 답례하고 술잔 받침을 받는다.

정사가 술을 마신 다음 전하에게 읍하고 전하도 읍하여 답례한다.

제조가 정사 앞으로 가서 꿇어앉아 빈 술잔을 받는다.

제거가 서서 정사가 술을 마실 때마다 과반의 과(果)를 정사에게 올린다.

제조는 제거가 따라 준 술잔을 받아 전하 앞으로 가서 꿇어앉아 전하에게 올린다. 이때 전하는 어좌에서 일어나 약간 앞으로 나와 서서 술잔을 받는다.

정사가 교의에서 일어나 약간 앞으로 나와 선다.

전하가 술잔을 들고 정사 앞으로 가서 정사에게 읍하고 술잔을 올린다.

정사는 읍하여 답례(答禮)하고 술잔을 받고 그대로 술잔을 다시 전하에게 돌려준다.

전하는 술잔을 받아 부사에게 읍하고, 부사는 읍하여 답례한다. 또 전하는 정사에게 읍한다. 정사는 읍하여 답례하고 술잔 받침을 받는다.

전하가 술을 마시고 정사에게 읍한다. 정사는 읍하여 답례한다. 전하가 술을 마실 때마다 제조 이하는 모두 꿇어앉는다.

제조가 전하 앞으로 가서 꿇어앉아 빈 술잔을 받는다.

제조가 과반의 과(果)를 꿇어앉아서 전하 앞으로 올리는데, 전하가 술을 마실 때마다 과를 올린다.

제조는 제거가 따라준 술잔을 받아 전하 앞으로 가서 꿇어앉아 전하에게 올린다. 이때 전하는 어좌에서 일어나 약간 앞으로 나와 서서 술잔을 받는다.

정사가 교의에서 일어나 약간 앞으로 나와 선다.

전하가 술잔을 들고 정사 앞으로 가서 정사에게 읍하고 술잔을 올린다.

전하가 술잔 받침을 받는다.

정사는 읍하여 답례하고 술을 마신다.

제조는 정사 앞으로 가서 꿇어앉아 빈 술잔을 받는다.

제거가 과반의 과를 정사에게 올린다.

정사가 읍하면 전하도 답례하여 읍한다.

제조는 제거가 따라 준 술잔을 받아 전하 앞으로 가서 꿇어앉아 전하에게 올린다. 이때 전하는 어좌에서 일어나 약간 앞으로 나와 서서 술잔을 받는다.

부사가 교의에서 일어나 약간 앞으로 나와 선다.

전하가 술잔을 들고 부사 앞으로 가서 부사에게 읍하고 술잔을 올린다.

전하가 술잔 받침을 받는다.

부사는 읍하여 답례하고 술을 마신다. 부사가 읍하면 전하도 답례하여 읍한다.

제조는 부사 앞으로 가서 꿇어앉아 빈 술잔을 받는다.

제거가 과반의 과를 부사에게 올린다.

제조는 제거가 따라준 술잔을 받아 전하 앞으로 가서 꿇어앉아 전하에게 올린다. 이때 전하는 어좌에서 일어나 약간 앞으로 나와 서서 술잔을 받는다.

정사가 교의에서 일어나 약간 앞으로 나와 선다.

선하가 술산을 들고 성사 앞으로 가서 성사에게 읍하고 술산을 올린다.

전하가 술잔 받침을 받는다.

정사는 읍하여 답례하고 술을 마신다.

정사가 읍하면 전하도 읍하여 답례한다.

제조가 정사 앞으로 가서 꿇어앉아 빈 술잔을 받는다.

제거가 과반의 과를 정사에게 올린다.

정사와 부사가 교의에 앉는다.

전하가 어좌에 앉는다.

풍악이 그친다.

두목(頭目)[55]과 시종관(侍從官)에게 주과(酒果)를 준다.

두목은 별청(別廳)에서 접대한다.

위의 주례의를 요약하여 [그림 12]로 나타냈다.

[그림 12-1]은 전하가 정사와 부사에게 헌작(獻爵)하는 장면이다.

①은 풍악이 울리는 가운데, 제거가 정사의 오른쪽에서 남쪽을 향하여 서서 과반(果盤)을 놓고 있다.

②는 제거가 부사의 왼쪽에서 북쪽을 향하여 서서 과반을 놓고 있다.

③은 제조가 전하의 오른쪽에서 북쪽을 향하여 서서 과반을 놓고 있다.

④는 제거가 술잔에 술을 부어 제조에게 술잔을 올리고 있다.

⑤는 제조가 잔 받침을 갖춘 술잔을 가지고 전하 앞으로 가서 꿇어앉아 올리고, 전하는 일어나 받고 있다.

⑥은 전하가 잔 받침을 갖춘 술잔을 들고, 의자에서 일어나 약간 앞으로 나와 선

---

55 두목(頭目) : 사신을 수행해서 온 무역하는 사람.

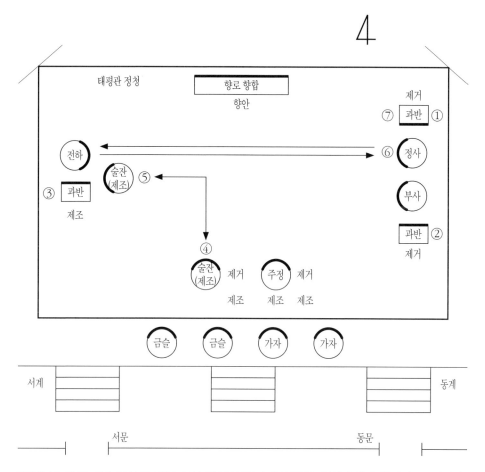

[그림 12-1] 명나라 사신을 위한 조선 왕실의 잔치에서 전하가 정사에게 헌작하고, 제거가 정사에게 안주를 올리는 장면(《국조오례의》 卷5, 필자 작성 그림).

정사 앞으로 가서 제1잔의 술을 올리고, 전하는 정사에게서 술잔 받침을 받아 들고 있는 가운데 정사가 서서 술을 마시고 있다.

⑦은 제거가 술을 마신 정사에게 과반에 차려진 안주를 올리고 있다.

[그림 12-2]는 정사가 전하에게 초작(酢爵)하는 장면이다.

⑧은 제거가 술잔에 술을 부어 제조에게 술잔을 올리고 있다.

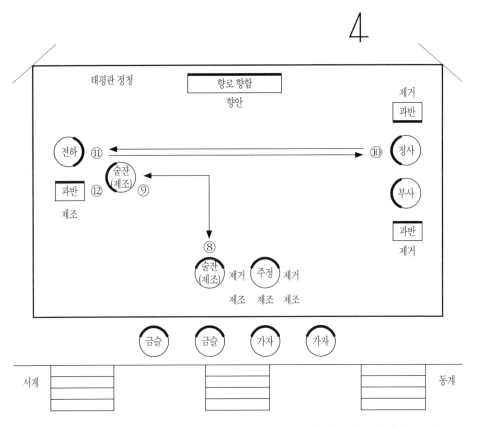

[그림 12-2] 명나라 사신을 위한 조선 왕실의 잔치에서 정사가 전하에게 초작하고, 제조가 전하에게 안주를 올리는 장면(《국조오례의》卷5, 필자 작성 그림).

⑨는 제조가 잔 받침을 갖춘 술잔을 가지고 전하 앞으로 가서 꿇어앉아 올리고, 전하는 일어나 받고 있다.

⑩은 전하가 잔 받침을 갖춘 술잔을 들고, 의자에서 일어나 약간 앞으로 나와 선정사 앞으로 가서 술잔을 올린다. 정사는 술잔을 받고는 그대로 술잔을 전하에게 돌려준다. 술잔 받침은 정사가 가지고 있다.

⑪은 전하가 술을 마시는 장면이다.

⑫는 술을 마신 전하에게 제조가 꿇어앉아 과반에 차려진 안주를 올리고 있다.

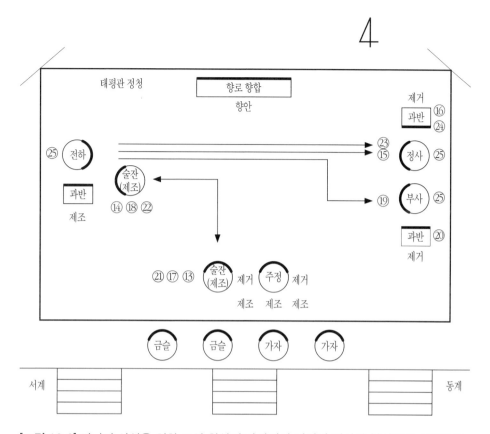

[그림 12-3] 명나라 사신을 위한 조선 왕실의 잔치에서 전하가 정사와 부사에게 수작하고, 제거가 정사와 부사에게 안주를 올리는 장면(《국조오례의》 卷5, 필자 작성 그림).

[그림 12-3]은 전하가 정사와 부사에게 수작(酬爵)하는 장면이다.

⑬은 제거가 술잔에 술을 부어 제조에게 술잔을 올리고 있다.

⑭는 제조가 잔 받침을 갖춘 술잔을 가지고 전하 앞으로 가서 꿇어앉아 올리고, 전하는 일어나 받고 있다.

⑮는 전하가 잔 받침을 갖춘 술잔을 들고, 의자에서 일어나 약간 앞으로 나와 선 정사 앞으로 가서 술잔을 올린다. 전하가 술잔 받침을 받아 들고, 정사는 술을 마신다.

⑯은 제거가 술을 마신 정사에게 과빈에 차려진 안주를 서서 올리고 있다.

⑰은 제거가 술잔에 술을 부어 제조에게 술잔을 올리고 있다.

⑱은 제조가 잔 받침을 갖춘 술잔을 가지고 전하 앞으로 가서 꿇어앉아 올리고, 전하는 일어나 받고 있다.

⑲는 전하가 잔 받침을 갖춘 술잔을 들고, 의자에서 일어나 약간 앞으로 나와 선 부사 앞으로 가서 술잔을 올린다. 전하는 부사에게서 술잔 받침을 받아 들고, 부사는 술을 마신다.

⑳은 제거가 술을 마신 부사에게 과반에 차려진 안주를 서서 올리고 있다.

㉑은 제거가 술잔에 술을 부어 제조에게 술잔을 올리고 있다.

㉒는 제조가 잔 받침을 갖춘 술잔을 가지고 전하 앞으로 가서 꿇어앉아 올리고, 전하는 일어나 받고 있다.

㉓은 전하가 잔 받침을 갖춘 술잔을 들고, 의자에서 일어나 약간 앞으로 나와 선 정사 앞으로 가서 술잔을 올린다. 전하는 정사에게서 술잔 받침을 받아 들고, 정사는 술을 마신다.

㉔는 제거가 술을 마신 정사에게 과반에 차려진 안주를 서서 올리고 있다.

㉕는 정사에 이어 부사가 의자에 앉고, 이어서 전하가 어좌에 앉는 장면이다. 풍악이 그친다.

조선 왕조가 국빈을 접대할 때, 향례 시작 전에 다례의 다음으로 전개된 주례의를 나타낸 것이 [그림 12]이다.

다례의가 끝난 직후 금슬(거문고와 비파)과 가자(노래 부르는 사람)를 동원한 가운데 헌작(獻爵), 초작(酢爵), 수작(酬爵)이 이루어진다.

주인이 먼저 주빈에게 잔 받침을 갖춘 술잔을 헌작하며, 주빈은 서서 받는다. 술을 마실 때 주빈은 술잔만 들고 서서 마시고, 술을 마시는 동안 주인은 주빈의 잔 받침을 들고 있는 것이 주례(酒禮)임을 보여 준다. 헌작에 이어 전개되는 초작과 수작에서도 술을 마시는 동안은 술잔을 드린 쪽이 잔 받침을 일관되게 들고 있다.

주례의를 다시 요약한다.

풍악이 울리고 정사, 부사, 전하 순으로 과반(果盤)을 올린다.

제1잔
〔주인인 전하가 주빈인 정사에게 헌작(獻爵)([그림 12-1])〕
전하가 서 있는 정사에게 가서 잔 받침을 갖춘 술잔을 올린다.
전하는 정사가 술을 마시는 동안 술잔 받침을 받아 들고 있다.
정사가 서서 술을 마신다.
제거가 과반(果盤)에 차려진 안주를 서서 정사에게 올린다.

〔주빈인 정사가 주인인 전하에게 초작(酢爵)([그림 12-2])〕
전하가 서 있는 정사에게 가서 잔 받침을 갖춘 술잔을 올린다.
정사는 술잔을 그대로 전하에게 돌려준다.
정사는 전하가 술을 마시는 동안 술잔 받침을 받아 들고 있다.
전하가 서서 술을 마신다.
제조가 꿇어앉아 과반에 차려진 안주를 전하에게 올린다.

〔주인인 전하가 수작(酬爵)([그림 12-3])〕
① 주인인 전하가 주빈인 정사에게 수작
전하가 서 있는 정사에게 가서 잔 받침을 갖춘 술잔을 올린다.
전하는 정사가 술을 마시는 동안 술잔 받침을 받아 들고 있다.
정사가 서서 술을 마신다.

제거가 과반에 차려신 안주를 서서 정사에게 올린다.

② 주인인 전하가 빈인 부사에게 수작

전하가 서 있는 부사에게 가서 잔 받침을 갖춘 술잔을 올린다.

전하는 부사가 술을 마시는 동안 술잔 받침을 받아 들고 있다.

부사가 서서 술을 마신다.

제거가 과반(果盤)에 차려진 안주를 서서 부사에게 올린다.

③ 주인인 전하가 주빈인 정사에게 또다시 수작

전하가 서 있는 정사에게 가서 잔 받침을 갖춘 술잔을 올린다.

전하는 정사가 술을 마시는 동안 술잔 받침을 받아 들고 있다.

정사가 서서 술을 마신다.

제거가 과반에 차려진 안주를 서서 정사에게 올린다.

주빈 정사, 빈 부사, 주인 전하 순서로 의자에 앉는다. 풍악이 그친다.

헌작은 주인이 주빈에게 술을 올리는 것이고, 초작은 주인이 주빈에게 올린 술을 주빈이 마시지 않고 도로 주인에게 초(酢)하는 것이며, 수작은 주인이 주빈과 빈에게 수(酬)하는 것이다.

여기까지의 과정을 《국조오례의》〈빈례〉에서 '제1잔'이라 했는데, 주인인 전하가 수작 부분에서 주빈인 정사에게 두 번 술을 올림으로써 헌작에서 1잔, 수작에서 2잔, 합하여 3잔의 술이 된다. 주례의와 3잔의 술 마심은 〈고려 왕조〉에서 행한 〈팔관회〉〈소회〉의 연속선상에 있다.

주례의에서 제공된 술안주 〈과반〉은 1609년 명나라 사신을 위한 환영연 접대 상차림으로, 예를 들면 [그림 11-3]의 진다행과에 해당할 것이다.

2) 〈주례의〉에서 음악과 술 3잔

《국조오례의》〈빈례〉에서 다례의가 끝나고 주례의로 돌입할 때 전악(典樂)이 가자(歌者)와 금슬(琴瑟)을 거느리고 들어와 풍악을 울리면서 시작한다. 거문고와 비파가 연주되는 가운데 노래를 부르는 가자가 동원되는 주례의는 어디에서 유래했으며 또 3잔의 술 또한 근거가 무엇일까.

음악에 대하여 《예기(禮記)》에는 다음의 글이 있다.

> 賓入大門而奏肆夏 示易以敬也 卒爵而樂闋 孔子屢歎之 奠酬而工升歌
> 發德也 歌者在上 匏竹在下 貴人聲也 樂由陽來者也 禮由陰作者也 陰陽
> 和而萬物得
> 《禮記》〈郊特牲〉

제후(諸侯)가 천자(天子)로부터 연향에 초대받을 때, 우선 손님(제후)이 묘당(廟堂)의 문을 들어오면 사하곡(肆夏曲)을 연주하기 시작한다. 이 곡은 이 연향이 화기가 충만한 가운데 엄숙한 기분이 있음을 잘 표현한다. 손님이 정상(庭上)에 이르러서 천자(天子)로부터 술잔을 받아 마시고(헌작) 반배를 올리고(초작) 음악이 멈춘다. 공자는 이 의례가 정말로 잘 만들어졌다고 감탄하였다. 천자는 손님에게 술을 수(酬)하고, 악공(樂工)이 당에 올라가 손님의 덕을 발양(發揚)하는 내용의 노래를 한다. 당상(堂上)에는 노래하는 사람(歌者)이 노래를 부르고, 당하(堂下)에는 피리(匏竹) 부는 사람들이 반주한다. 이는 사람의 목소리(聲)를 귀하게 여기는 까닭이다. 음악은 양(陽)에서 왔고, 예(禮)는 음(陰)에서 생겼다. 이는 음과 양이 화합하여 만물이 얻어짐을 뜻한다.

《예기》〈교특생〉[56]

연향에서 음악이 있음은 음[禮]과 양[樂]이 화합하여 만물이 안태(安泰, 得)하기 때문으로, 예(禮)가 있을 때는 악(樂)이 있어야 함을 강조하고 있다. 그러니까 주례(酒禮)라는 의례(儀禮)에서 당상에서는 가자가 노래하고 당하에서는 악공들이 반주한다고 하였다. 이는 《국조오례의》〈빈례〉에서 보여 주는, 술을 동반하는 의례에서 왜 금슬과 가자를 동반하는지에 대한 이해를 돕는다.

술 3잔에 대하여 《예기》에서 "예(禮)는 3(三)을 중대시한다."[57]라고 하면서 주(酒) 삼작(三爵)의 의미를 다음과 같이 강조한다.

君若賜之爵則越席再拜稽首受登席祭之飮卒爵而俟君卒爵然後授虛爵
君子之飮酒也受一爵而色灑如也二爵而言言斯禮已三爵而油油以退　退
則坐取屨隱辟而後屨坐左納右坐右納左
《禮記》〈玉藻〉

군공(君公)이 혹시 술잔(爵)을 사하면(賜) 좌석을 나와 두 번 절하고 머리를 숙여 받은 다음 자리로 돌아와 술을 제사 지내고 다 마신다. 군공이 술을 다 마시기를 기다리고 나서 빈 술잔을 받는다. 군자의 음주에서 군공으로부터 1작을 받으면 표정이 엄숙하고, 2작에서는 화기애애하며, 3작에서는 느긋한데 예의로 3작으로 그치고 퇴출한다. 퇴출할 때는 문 입구에서 무릎을 꿇고 신발을 집은 후 사람에게는 보이지 않도록 신을 신는다. 우선 왼쪽 무릎을 꿇고 오른발에 신고, 다음에는 오른쪽을 무

---

56 《禮記》〈郊特牲〉;김상보, 《음양오행사상으로 본 조선왕조의 제사음식문화》, 수학사, 1996, p. 306
57 《禮記》〈鄕飮酒義〉;김상보, 《음양오행사상으로 본 조선왕조의 제사음식문화》, 수학사, 1996, p. 307

릎꿇고 왼발에 신을 신는다.

《예기》〈옥조〉[58]

　윗분이 술을 내려주시면 좌석에서 일어나 두 번 절하고 머리를 숙여 인사한 다음, 술잔을 받아 자기 자리로 돌아와 제사를 드리고 술을 마신다. 윗분은 술 마시기를 기다렸다가 빈 술잔을 받아 드는데, 이 술잔은 3잔으로 끝나야 예의라는 것이다. 이는 예(禮)는 3을 중대시한다는 말과 통한다.

3. 향례의(享禮儀)[59]

1) 전례 절차

　제조 두 사람이 찬안(饌案)을 맞들고 올리려 한다.

　풍악이 울린다. 전하가 정사 앞으로 가서 찬안을 올린다. 제조는 꿇어앉아 찬안을 올리는 일을 돕는다. 정사는 읍하고 전하는 답하여 읍한다.

　제조 두 사람이 찬안을 맞들고 부사 앞으로 가고, 전하가 부사 앞으로 가서 찬안을 올린다. 제조는 꿇어앉아 찬안을 올리는 일을 돕는다. 부사는 읍하고 전하는 답하여 읍한다.

　전하가 어좌 앞으로 돌아와 선다.

　제조 두 사람이 찬안을 맞들고 전하 앞으로 가고, 정사가 전하 앞으로 가서 찬안을 올린다. 부사가 따른다. 제조는 꿇어앉아 찬안을 올리는

---

58 《禮記》〈玉藻〉; 김상보, 《음양오행사상으로 본 조선왕조의 제사음식문화》, 수학사, 1996, p. 307
59 향례의(享禮儀)라는 명칭은 필자가 사용한 것임.

일을 돕는다. 전하가 읍하면 정사와 부사가 답하여 읍하고, 교의(좌식)에 앉는다. 전하도 어좌에 앉는다.

풍악이 그친다. 집사자 세 사람이 각각 화반(花盤)을 받들어 청(廳) 밖으로 나아간다. 사옹원 관원 두 사람이 화반을 전하여 받아 든다.

풍악이 울린다.

사옹원 관원 두 사람이 정사와 부사 앞으로 나누어 가서 서고, 통사(통역자)가 화반의 꽃을 정사와 부사에게 올린다.

근시가 화반을 전해서 받아 들고 전하 앞으로 가서 꿇어앉는다. 내시는 꿇어앉은 채로 전하에게 화반의 꽃을 올리는데, 앞서 통사와 내시는 일시(一時)에 꽃을 올린다.

풍악이 그친다.

왕세자가 들어와 주정 동쪽에 선다. 부제조가 술잔에 술을 채운다.

풍악이 울린다.

부제조는 꿇어앉아 왕세자에게 술잔을 올린다. 왕세자가 술잔을 들고 정사 앞으로 가서 선다. 정사가 교의에서 일어나고, 전하도 어좌에서 일어나서 읍한다. 왕세자가 서서 정사에게 제2잔의 술을 올린다. 정사가 답하여 읍하고 술잔을 받는다. 왕세자는 그대로 술잔 받침을 들고 있다. 정사가 마시면 왕세자는 빈 술잔을 받아 약간 뒤로 물러선다. 정사가 읍한다. 왕세자도 답하여 읍한다.

왕세자가 주정 동쪽으로 돌아와 북쪽으로 서서 부제조에게 빈 술잔을 준다.

부제조가 술잔에 술을 채운다. 꿇어앉아 왕세자에게 술잔을 올린다. 왕세자가 술잔을 들고 정사 앞으로 가서 읍하고 서서 정사에게 술을 올린다. 정사가 답하여 읍하고 술잔을 받아 들고 도로 왕세자에게 준다. 왕세자는 술잔 받침을 그대로 잡고 있다. 왕세자가 술잔을 받아 술을 마신 다음 빈 술잔을 들고 약간 물러나 읍한다. 정사도 답하여 읍한다.

왕세자가 주정 동쪽으로 돌아와 북쪽으로 서서 부제조에게 빈 술잔을 준다.

부제조가 술잔에 술을 채운다. 꿇어앉아 왕세자에게 술잔을 올린다. 왕세자가 술잔을 들고 정사 앞으로 가서 읍하고 서서 정사에게 술을 올린다. 왕세자는 그대로 술잔 받침을 든다. 정사가 답하여 읍하고 술잔을 받아 마신다. 왕세자가 빈 술잔을 받아 들고 약간 물러서면 정사는 읍한다. 왕세자가 답하여 읍한다.

왕세자가 주정 동쪽으로 돌아와 북쪽으로 향하여 서서 부제조에게 빈 술잔을 준다.

부제조가 술잔에 술을 채운다. 꿇어앉아 왕세자에게 술잔을 올린다. 왕세자가 술잔을 들고 부사 앞으로 가서 읍하고 서서 부사에게 술을 올린다. 왕세자는 그대로 술잔 받침을 든다. 부사가 답하여 읍하고 술잔을 받아 마신다. 왕세자가 빈 술잔을 받아 들고 약간 물러서면 부사는 읍한다. 왕세자가 답하여 읍한다.

왕세자가 주정 동쪽으로 돌아와 북쪽을 향하여 서서 부제조에게 빈 술잔을 준다.

부제조가 술잔에 술을 채운다. 꿇어앉아 왕세자에게 술잔을 올린다. 왕세자가 술잔을 들고 전하 앞으로 가서 꿇어앉아 술을 올린다. 전하가 술잔을 받고, 왕세자는 술잔 받침을 갖고 있다. 전하가 술을 마신다. 왕세자가 빈 술잔을 받아 들고 주정 서쪽으로 돌아와 물러서서 부제조에게 빈 술잔을 준다. 왕세자는 주정 뒤로 가서 동쪽으로 돌아와 선다.

부제조가 술잔에 술을 채운다. 꿇어앉아 왕세자에게 술잔을 올린다. 왕세자가 술잔을 들고 전하 앞으로 가서 꿇어앉아 술을 올린다. 전하가 술잔을 받고, 왕세자는 술잔 받침을 갖고 있다. 전하가 술을 마신다. 왕

세자가 빈 술잔을 빈아 들고 주정 시쪽으로 물러나 서서 부제조에게 빈
술잔을 준다.

왕세자가 나간다.

정사와 부사가 교의에 앉는다.

전하가 어좌에 앉는다.

풍악이 그친다.

제거가 공안(空案)을 정사의 찬안(饌案) 오른편과 부사의 찬안 왼편에 설
치한다.

제조가 공안을 전하의 찬안 오른쪽에 놓는다.

제조 세 사람이 각각 소선(小膳)을 받들고(각각 반盤이 3임) 올리려 한다.

풍악이 울린다.

전하가 정사 앞으로 가서 소선을 올리고, 제조는 꿇어앉아 소선을 올리
는 일을 돕는다. 정사가 읍하고 전하도 답하여 읍한다.

전하가 부사 앞으로 가서 소선을 올리고, 제조는 꿇어앉아 소선을 올리
는 일을 돕는다. 부사가 읍하고 전하도 답하여 읍한다.

전하가 어좌 앞으로 와서 돌아선다.

제조 세 사람이 각각 소선을 받들어 올리고, 정사는 전하 앞으로 가서
소선을 올린다. 부사가 따른다. 제조는 꿇어앉아 소선을 올리는 일을
돕는다. 전하가 읍한다. 정사와 부사가 답하여 읍한다.

정사와 부사가 교의에 앉는다.

전하가 어좌에 앉는다.

제거가 정사와 부사 앞으로 가서 소선의 고기를 썰고, 제조가 전하 앞
으로 가서 꿇어앉아 소선의 고기를 썬다.

정사와 부사, 전하가 젓가락을 들고 고기를 먹는다.

풍악이 그친다.

종친(宗親)이 들어와 주정 동쪽에 선다.

제거가 술잔에 술을 채운다. 제거는 종친에게 술잔을 준다.

풍악이 울린다.

종친은 술잔을 받아 정사 앞으로 가는데, 정사가 일어나고 전하도 일어난다. 종친이 읍하고 서서 정사에게 제3잔의 술잔을 올린다. 정사가 답하여 읍하고 술잔을 받는다. 종친은 술잔 받침을 갖고 있다. 정사가 술을 마시면 종친이 빈 잔을 받아 들고 약간 물러선다. 정사가 읍한다. 종친도 답하여 읍한다.

종친이 주정 동쪽으로 가서 북쪽으로 향하여 서서 제거에게 빈 술잔을 준다.

제거가 술잔에 술을 채운다. 종친에게 술잔을 올린다. 종친이 술잔을 들고 정사 앞으로 가서 읍하고 서서 술을 올린다. 정사는 답하여 읍하고 술잔을 도로 종친에게 돌려준다. 종친이 술잔 받침을 갖고 있다. 종친이 술잔을 받아 마시고 술잔을 받은 채로 약간 물러나 읍한다. 정사도 답하여 읍한다.

종친이 주정 동쪽으로 돌아와 북쪽으로 향하여 서서 제거에게 빈 술잔을 준다.

제거가 술잔에 술을 채운다. 종친에게 술잔을 올린다. 종친이 술잔을 들고 정사 앞으로 가서 읍하고 서서 술잔을 올린다. 정사는 답하여 읍하고 술잔을 받고, 종친은 술잔 받침을 갖고 있다. 정사는 술을 마신다. 종친이 빈 술잔을 받아 들고 약간 물러난다. 정사가 읍하면 종친도 답하여 읍한다.

종친이 주정 동쪽으로 돌아와 북쪽으로 서서 제거에게 빈 술잔을 준다.

제거가 술잔에 술을 채운다. 종친에게 술잔을 올린다. 종친이 술잔을 들고 부사 앞으로 가서 읍하고 서서 술을 올린다. 부사는 답하여 읍하고 술잔을 받고, 종친은 술잔 빈침을 갖고 있다. 부사는 술을 마신다.
종친이 빈 술잔을 받아 들고 약간 물러난다. 부사가 읍하면 종친도 답
하여 읍한다.

정사와 부사가 교의에 앉는다.

전하가 어좌에 앉는다.

종친이 주정 동쪽으로 돌아와 북쪽으로 향하여 서서 제거에게 빈 술잔
을 준다.

제거가 술잔에 술을 채운다. 종친에게 술잔을 올린다. 종친이 술잔을
들고 전하 앞으로 가서 꿇어앉아 술잔을 올린다. 종친은 술잔 받침을
갖고 있다. 전하가 술잔을 받아 마신다. 종친이 빈 술잔을 받아 든다.

종친이 주정 서쪽으로 물러나 북쪽으로 서서 제거에게 빈 술잔을 준 다
음 주정의 뒤로 해서 동쪽에 돌아와 선다.

제거가 술잔에 술을 채운다. 술잔을 종친에게 올린다. 종친이 술잔을
들고 전하 앞으로 가서 꿇어앉아 술잔을 올린다. 종친은 술잔 받침을
갖고 있다. 전하가 술을 마신다. 종친이 빈 술잔을 받아 든다.

종친이 주정 서쪽으로 물러나 북쪽으로 서서 빈 술잔을 제거에게 준 다
음 퇴장한다.

풍악이 그친다.

이상의 향례의를 요약하여 [그림 13]으로 나타냈다.

[그림 13-1]은 정사, 부사, 전하에게 찬안(饌案)을 올리는 장면이다.

①은 풍악이 울리는 가운데 전하가 서 있는 정사에게 가서 제조 두 사람이 맞들
고 온 찬안을 올리고 있다.

②는 전하가 서 있는 부사에게 가서 제조 두 사람이 맞들고 온 찬안을 올리고
있다.

③은 전하가 어좌로 돌아와 서 있고, 정사는 부사가 따르는 가운데 전하 앞으로 가서 제조 두 사람이 맞들고 온 찬안을 올리고 있다.

④, ⑤, ⑥은 정사, 부사, 전하의 순서대로 의자에 착석하고 있다. 풍악이 그친다.

[그림 13-2]는 찬안을 올린 후 정사, 부사, 전하에게 꽃을 올리는 장면이다. 꽃은 시간차를 두지 않고 일시에 모든 분에게 올린다.

⑦, ⑧, ⑨는 풍악이 울리고 사옹원 관원 두 명이 화반(花盤)을 받들고 정사와 부사 앞으로 나누어 가서 서 있고, 근시가 화반을 받들고 전하 앞에 가서 꿇어앉아 있는 장면이다.

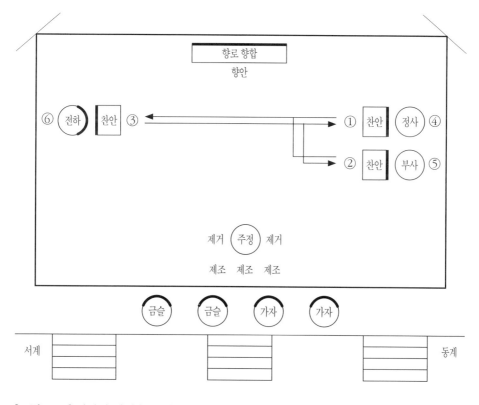

[그림 13-1] 명나라 사신을 위해 조선 왕실에서 연 잔치에서 정사, 부사, 전하에게 찬안을 올리는 장면(《국조오례의》 卷5, 필자 작성 그림).

⑩은 동사(통역사)가 꽃을 정사와 부사에게 올리고, 내시가 꿇어앉아 전하에게 꽃을 올리는 장면이다.

풍악이 그친다.

[그림 13-3]은 진화(進花)를 마친 다음 왕세자가 정사, 부사, 전하에게 헌작, 초작, 수작하는 장면이다.

①은 풍악이 울리고, 부제조가 꿇어앉아 주정 동쪽에 선 왕세자에게 제거에게서 헌작(獻爵)을 위해서 받은 술잔을 올리고 있다.

②는 왕세자가 술잔을 들고 의자에서 일어선 정사 앞으로 가서 서고, 이때 전하

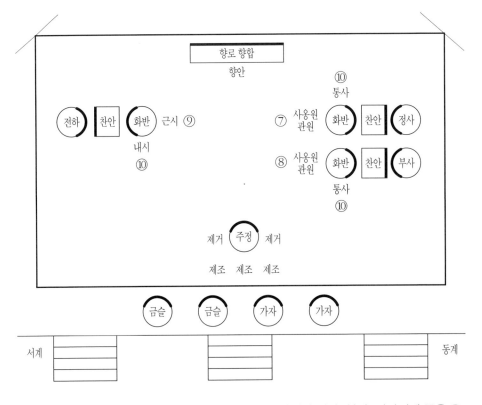

[그림 13-2] 명나라 사신을 위해 조선 왕실에서 연 잔치에서 정사, 부사, 전하에게 꽃을 올리는 장면(《국조오례의》 卷5, 필자 작성 그림).

도 어좌에서 일어난다. 왕세자가 정사에게 제2잔의 술을 올리고, 정사가 술을 마
신 후 왕세자가 빈 술잔을 받아 뒤로 물러서고 있다.

③은 왕세자가 주정 동쪽으로 돌아와 북쪽으로 서서 부제조에게 빈 술잔을 주
면, 부제조가 제거로부터 새 술을 받아 꿇어앉아 왕세자에게 술잔을 올리고 있다.

④는 왕세자가 초작(酢爵)을 위한 술잔을 들고 정사 앞으로 가 서서 정사에게 술
잔을 올리고, 정사가 그 술잔을 그대로 왕세자에게 돌려주면 왕세자가 술잔을 받
아 술을 마시는 장면이다.

⑤는 왕세자가 주정 동쪽으로 돌아와 북쪽으로 서서 부제조에게 빈 술잔을 주

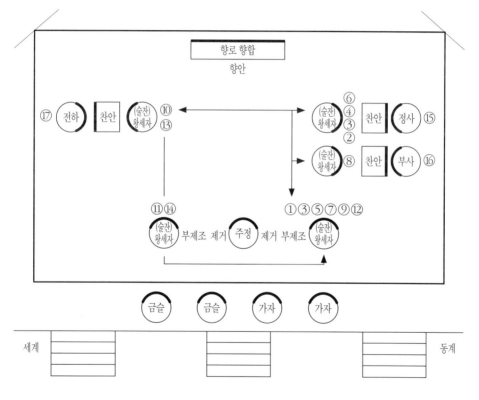

[그림 13-3] 명나라 사신을 위해 조선 왕실에서 연 잔치에서 정사, 부사, 전하에게 헌작, 초
작, 수작하는 장면(《국조오례의》卷5, 필자 작성 그림).

면, 부제조가 제기로부터 새 술을 받아 꿇어앉아 왕세자에게 술잔을 올리고 있다.

⑥은 왕세자가 수작(酬爵)을 위한 술잔을 들고 정사 앞으로 가 서서 정사에게 술잔을 올리고, 정사가 술잔을 받아 마시고 있다.

⑦은 정사가 마신 빈 술잔을 받아 든 왕세자가 주정 동쪽으로 돌아와 북쪽으로 서서 부제조에게 빈 술잔을 주면, 부제조가 제거로부터 새 술을 받아 꿇어앉아 왕세자에게 술잔을 올리고 있다.

⑧은 왕세자가 수작(酬爵)을 위한 술잔을 들고 부사 앞으로 가 서서 부사에게 술을 올리고, 부사가 술잔을 받아 마시고 있다.

⑨는 부사가 마신 빈 술잔을 받아 든 왕세자가 주정 동쪽으로 돌아와 북쪽으로 서서 부제조에게 빈 술잔을 주면, 부제조가 제거로부터 새 술을 받아 꿇어앉아 왕세자에게 술잔을 올리고 있다.

⑩은 왕세자가 수작(酬爵)을 위한 술잔을 들고 전하 앞으로 가서 꿇어앉아 전하에게 술을 올리고, 전하가 술잔을 받아 마시고 있다.

⑪은 전하가 마신 빈 술잔을 받아 든 왕세자가 주정 서쪽으로 돌아와 부제조에게 빈 술잔을 주고 있다.

⑫는 왕세자가 주정의 뒤로 해서 주정 동쪽에서 북향하여 서고, 부제조가 제거로부터 새 술을 받아 꿇어앉아 왕세자에게 술잔을 올리고 있다.

⑬은 왕세자가 술잔을 들고 전하 앞으로 가서 꿇어앉아 술을 올리고, 전하가 술잔을 받아 마시고 있다.

⑭는 전하가 마신 빈 술잔을 받아 든 왕세자가 주정 서쪽으로 돌아와 부제조에게 빈 술잔을 주고 있다.

이후 왕세자는 청에서 퇴장한다.

⑮, ⑯, ⑰은 정사, 부사, 전하 순서대로 의자에 착석하고 있다.

풍악이 그친다.

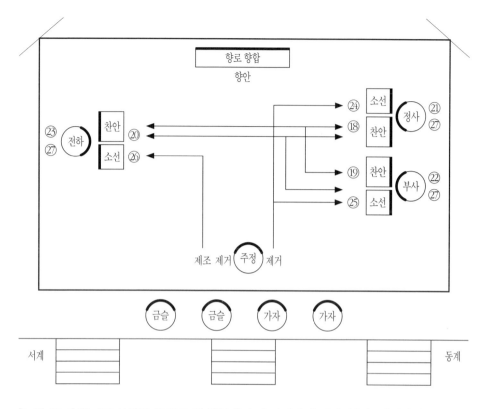

[그림 13-4] 명나라 사신을 위해 조선 왕실에서 연 잔치에서 정사, 부사, 전하에게 소선을
올리는 장면과 할육(割肉)을 먹는 장면(《국조오례의》卷5, 필자 작성 그림).

[그림 13-4]는 왕세자가 헌작, 초작, 수작을 마친 다음 정사, 부사, 전하에게 소선
을 올리는 장면과 소선의 할육(割肉)을 먹는 장면이다.

⑱과 ⑲는 풍악이 울리는 가운데 전하가 정사와 부사 앞으로 가서 제거가 설치
한 공안(空案)에 제조 세 사람이 받들고 온 삼반(三盤)의 소선(小膳)을 올리고 있다.

⑳은 전하가 어좌 앞으로 가서 돌아서고, 부사가 따르는 가운데 정사가 전하 앞
으로 가서 제거가 설치한 공안에 제조 세 사람이 받들고 온 삼반의 소선을 올리고
있다.

㉑, ㉒, ㉓은 정사, 부사, 전하 순서대로 의자에 착석하고 있다.

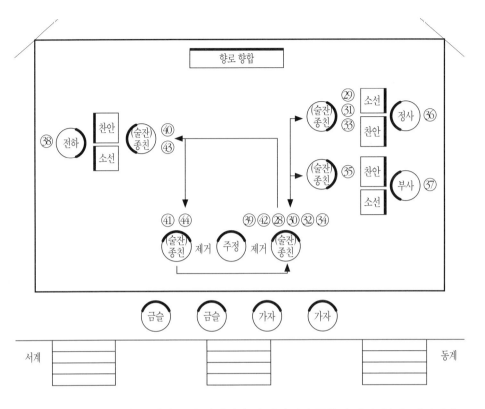

[그림 13-5] 명나라 사신을 위해 조선 왕실에서 연 잔치에서 종친이 정사, 부사, 전하에게
헌작, 초작, 수작하는 장면(《국조오례의》 卷5, 필자 작성 그림).

㉔, ㉕는 제거가 정사와 부사 앞으로 가서 소선의 양고기를 썰고 있다.

㉖은 제조가 전하 앞으로 가서 꿇어앉아 소선의 양고기를 썰고 있다.

㉗은 정사, 부사, 전하가 젓가락을 들고 썬 양고기[割肉]을 먹고 있다. 풍악이 그
친다.

[그림 13-5]는 할육을 먹은 후 종친이 정사, 부사, 전하에게 헌작, 초작, 수작하는
장면이다.

㉘은 풍악이 울리고 제거가 주정의 동쪽에 선 종친에게 헌작(獻爵)을 위한 술잔을
올리고 있다.

㉙는 종친이 술잔을 들고 의자에서 일어난 정사 앞으로 가서 서고, 이때 전하도 어좌에서 일어난다. 종친이 정사에게 제3잔의 술을 올리고, 정사가 술을 마신 후 종친이 빈 술잔을 받아 뒤로 물러서고 있다.

㉚은 종친이 주정 동쪽으로 돌아와 북쪽으로 서서 제거에게 빈 술잔을 주면 제거가 새 술을 채워 종친에게 올린다.

㉛은 초작(酢爵)을 위하여 술잔을 들고 정사 앞으로 가서 서서 정사에게 술잔을 올리고, 정사는 그대로 종친에게 술잔을 돌려주면 종친이 받아 술을 마시는 장면이다.

㉜는 종친이 주정 동쪽으로 돌아와 북쪽으로 서서 제거에게 빈 술잔을 주면 제거가 새 술을 채워 종친에게 올리고 있다.

㉝은 종친이 수작(酬爵)을 위한 술잔을 들고 정사 앞으로 가서 서서 정사에게 술잔을 올리고, 정사가 술을 마신 후 종친이 빈 술잔을 받아 뒤로 물러서고 있다.

㉞는 종친이 주정 동쪽으로 돌아와 북쪽으로 서서 제거에게 빈 술잔을 주면, 제거가 새 술을 채워 종친에게 올리고 있다.

㉟는 종친이 수작(酬爵)하기 위한 술잔을 들고 부사 앞으로 가서 서서 부사에게 술잔을 올리고, 부사가 술을 마신 후 종친이 빈 술잔을 받아 뒤로 물러서고 있다.

㊱, ㊲, ㊳은 정사, 부사, 전하 순서대로 의자에 착석하고 있다.

㊴는 종친이 주정 동쪽으로 돌아와 북쪽으로 서서 제거에게 빈 술잔을 주면, 제거가 새 술을 채워 종친에게 올리고 있다.

㊵은 종친이 수작(酬爵)하기 위한 술잔을 들고 전하 앞으로 가 꿇어앉아 술잔을 올리고, 전하가 술을 마신 후 종친이 빈 술잔을 받아 뒤로 물러서고 있다.

㊶은 종친이 주정 서쪽으로 돌아와 북쪽으로 서서 제거에게 빈 술잔을 주고 있다.

㊷는 종친이 주정의 뒤로 해서 주정 동쪽으로 돌아와 서면 제거가 새 술을 채워 종친에게 올리고 있다.

㊸은 종친이 술잔을 들고 전하 앞으로 가 꿇어앉아 술잔을 올리고, 전하가 술을

마신 후 종친이 빈 술잔을 받아 뒤로 물러서고 있다.

㊹는 종친이 주정 서쪽으로 물러나 북쪽으로 서서 빈 술잔을 제거에게 준 다음 청에서 퇴장한다. 풍악이 그친다.

이상의 내용을 다시 요약해 보자.

[진찬안(進饌案)]
풍악이 울린다.
전하가 서 있는 정사에게 찬안을 올린다.
전하가 서 있는 부사에게 찬안을 올린다.
정사가 서 있는 전하에게 찬안을 올린다.
정사, 부사, 전하 순서대로 의자에 앉는다.
풍악이 그친다.

[진화(進花)]
풍악이 울린다.
통역자가 정사와 부사에게 화반(花盤)의 꽃을 올린다.
내시가 꿇어앉아 전하에게 화반의 꽃을 올린다(꽃은 일시에 올린다).
풍악이 그친다.

[제2잔]
풍악이 울린다.
왕세자가 정사에게 헌작(獻爵)
왕세자가 서 있는 정사에게 가서 잔 받침을 갖춘 술잔을 올린다.
정사가 술을 마시는 동안 왕세자가 술잔 받침을 받아 들고 있다.

정사가 서서 술을 마신다.

[정사가 왕세자에게 초작(酢爵)]
왕세자가 서 있는 정사에게 가서 잔 받침을 갖춘 술잔을 올린다.
정사는 술잔 받침을 갖고 있는 왕세자에게 술잔을 그대로 돌려준다.
왕세자가 서서 술을 마신다.

[왕세자가 수작(酬爵)]
① 왕세자가 정사에게 수작
왕세자가 서 있는 정사에게 가서 잔 받침을 갖춘 술잔을 올린다.
왕세자는 정사가 술을 마시는 동안 술잔 받침을 받아 들고 있다.
정사가 서서 술을 마신다.
② 왕세자가 부사에게 수작
왕세자가 서 있는 부사에게 가서 잔 받침을 갖춘 술잔을 올린다.
왕세자는 부사가 술을 마시는 동안 술잔 받침을 받아 들고 있다.
부사가 서서 술을 마신다.
③ 왕세자가 전하에게 2회 수작
왕세자가 전하에게 가서 꿇어앉아 잔 받침을 갖춘 술잔을 올린다.
왕세자는 전하가 술을 마시는 동안 술잔 받침을 받아 들고 있다.
전하가 서서 술을 마신다.
왕세자가 전하에게 가서 꿇어앉아 잔 받침을 갖춘 술잔을 올린다.
왕세자는 전하가 술을 마시는 동안 술잔 받침을 받아 들고 있다.
전하가 서서 술을 마신다.
정사, 부사, 전하 순서대로 의자에 앉는다.
풍악이 그친다.

[진소선(進小膳)과 진할육(進割肉)]

풍악이 울린다.

전하가 정사에게 소선을 올린다.

전하가 부사에게 소선을 올린다.

정사가 전하에게 소선을 올린다.

정사, 부사, 전하 순서대로 의자에 앉는다.

정사, 부사, 전하 모두 소선의 썬 고기(할육)를 먹는다.

풍악이 그친다.

[제3잔]

풍악이 울린다.

종친이 정사에게 헌작.

종친이 서 있는 정사에게 가서 잔 받침을 갖춘 술잔을 올린다.

종친은 정사가 술을 마시는 동안 술잔 받침을 받아 들고 있다.

정사가 서서 술을 마신다.

[정사가 종친에게 초작]

종친이 서 있는 정사에게 가서 잔 받침을 갖춘 술잔을 올린다.

정사는 술잔 받침을 갖고 있는 종친에게 술잔을 그대로 돌려준다.

종친이 서서 술을 마신다.

[종친이 수작]

① 종친이 정사에게 수작

종친이 서 있는 정사에게 가서 잔 받침을 갖춘 술잔을 올린다.

종친은 정사가 술을 마시는 동안 술잔 받침을 받아 들고 있다.

정사가 서서 술을 마신다.

② 종친이 부사에게 수작

종친이 서 있는 부사에게 가서 잔 받침을 갖춘 술잔을 올린다.

종친은 부사가 술을 마시는 동안 술잔 받침을 받아 들고 있다.

부사가 서서 술을 마신다.

정사, 부사, 전하 순서대로 의자에 앉는다.

③ 종친이 전하에게 2회 수작

종친이 전하에게 가서 꿇어앉아 잔 받침을 갖춘 술잔을 올린다.

종친은 전하가 술을 마시는 동안 술잔 받침을 받아 들고 있다.

전하가 서서 술을 마신다.

종친이 전하에게 가서 꿇어앉아 잔 받침을 갖춘 술잔을 올린다.

종친은 전하가 술을 마시는 동안 술잔 받침을 받아 들고 있다.

전하가 서서 술을 마신다.

풍악이 그친다.

《국조오례의》〈빈례〉에서는 다례의 뒤에 벌어지는 주례의에서 전하가 주도하는 헌작, 초작, 수작을 제1잔으로 하고, 향례의에서 왕세자가 주도하는 헌작, 초작, 수작을 제2잔으로, 종친이 주도하는 헌작, 초작, 수작을 제3잔으로 하였다. 주례의에서 전하가 정사에게 헌작에서 1잔, 수작에서 2잔, 합하여 술을 3잔 올렸듯이, 향례의에서도 왕세자와 종친이 전하에게 헌작에서 1잔, 수작에서 2잔, 합하여 술 3잔을 올림으로써 일관되게 3헌의 예(禮)를 보인다. 이 3헌의 예는 고려 왕조에 이어 조선 왕조에서도 엄격히 준수하여 내려오는 주례(酒禮)이다. 이는 《예기》에서 기술한 '예(禮)는 3(三)을 중요시한다.'[60]와도 일치한다.

---

60 《禮記》〈鄕飮酒義〉

필자가 이상의 내용을 〈향례의〉 범주에 넣은 이유는 〈진찬안〉, 〈진화〉, 〈진소선〉과 〈진할육〉 부분이 중요한 의례이기 때문이다. 〈진소선〉, 〈진할육〉을 제외한 〈진찬안〉, 〈진화〉는 물론 〈팔관회〉의 연속선상에 있어 〈진찬안〉은 〈팔관회〉의 〈과안〉에 해당한다. 이들 상차림은 연회장에 모인 사람들이 아니라 강림하신 신(神)을 위한 차림이다.

진할육은 신께 올린 소선(小膳)의 고기 중 가장 중심이 되는 양고기를 썬 것이다. 이 고기를 술안주로 삼음으로써 음복(飮福)의 과정을 거친다. 즉, 소선 역시 신을 위한 차림이다. 따라서 〈향례의〉에서는 별도의 술안주를 제공하지 않는다. 1609년 명나라 사신을 위한 환영연 접대 상차림으로 예를 들면 향례의의 찬안과 소선은 [그림 8-1]의 찬안(연상, 좌협상, 우협상, 면협상)과 소선에 해당할 것이다.

2) 〈향례의〉와 간반(看盤)

(1) 찬안을 차리게 된 배경

〈연향식 의궤〉를 보면 혼례 연향식이든 영접 연향식이든 진찬 연향식이든 한결같이 신에게 올리는 찬품과 연회에 참석한 사람들이 먹는 찬품을 엄격히 구분하였다. 신에게 올리는 찬품은 사람들이 연회에 참석하는 도중에는 먹을 수 없고 그냥 보기만 하므로 간반(看盤)이라고도 한다. 참석자들이 직접 먹는 음식은 미수(味數, 술안주)이다. 결론적으로 말하면 간반은 향례에 배선되는 상차림이고, 미수는 연례에 배선되는 상차림이다.

조선 왕실에서 헌수주(獻壽酒, 향례)와 합음(合飮, 연례)을 기반으로 행한 연향 의례는 얼핏 보면 살아 있는 사람을 대상으로 하는 연향 같지만, 사실 연회 참석자들이 신에게 복을 받고자 하는 의식 구조에서 출발하였다. 다시 말하면 빈례, 가례, 길례 속 연향 사상 체계에는 신(神)이 주인공이고, 인간은 연향을 통하여 신으로부터 보호받는, 신이 초빙한 손님이라는 인식이 깊게 깔려 있다. 모든 연향은 신에게 제사를 올리기 위하여, 신을 즐겁게 해드릴 수 있는 최고의 찬(饌, 간반看盤)과 악(음악)을 마련하고, 연향을 개최한 주인공은 마련한 찬과 악으로 신을 접대한 다음 음복(飲福)하여 복을 받는다.[61] 이 과정이 향례의이다.

그러나 단지 신을 접대하고 음복하여 복을 받고자 하는 사고에서만 출발하지는 않았으며, 효(孝)라는 사상 또한 밑바탕에 깔려 있다. 효(孝)를 다해서 제사를 드리는 것이 정도(正道)이고, 이로써 내 인격을 기르는 일은 천명(天命)에 순응하는 일이다. 효는 바로 자신을 위한 것이라고 하였다.[62] 지극히 착하고 변함이 없는 정성스러운 마음을 지닌(元永貞) 군왕이 소를 잡아 종묘에 제사를 드리는 일은 내 것을 덜어 신께 올리는 행위이다. 이것이 천지지도(天地之道)이다. 왕이 효를 다해 제사를 지내면 백성도 감화되어 천명(天命)을 깨달으며,[63] 음복으로 백성과 나눈다면 복을 받는다는 것이다(利用祭祀受福也).[64]

이상과 같은《주역(周易)》적 사고는 고스란히 조선 왕실의 향례의로 이어져 표출되었다고 보는 것이 옳다.

따라서 향례의 때 차려지는 상차림은 연회 음식 중 가장 좋은 찬품으로 차리는 것이 정도(正道)였고, 신을 즐겁게 하고자 아름다운 꽃으로 장식하게 된다([그림 8-2]). 이 상차림이 간반(看盤)이다.

그날의 주인공이 신에게 다과(茶菓)와 술, 술안주로 차려진 소선(小膳, 삶아 익힌 통양 1마리를 중심으로 차린 수육)과 염수(鹽水, 소선을 먹기 쉽게 하고자 소선과 한 조로 올라가는 탕. [그림 8-1])를 올리고, 이후 주인공은 음복을 통하여 복을 받게 된다. 헌수주(獻壽酒) 과정이다. 조선 왕실의 연향에서 대개 주인공은 왕, 중국 사신, 대왕대비, 가례를 치르는 왕세자와 세자빈 등이기 때문에 이들을 보살펴 주시는 조상신께 간반(看盤)을 차려

61 김상보,《한식의 道를 담다》, 와이즈북, 2017, pp. 158~159
62 《周易》〈澤地萃〉
63 《周易》〈澤地萃〉〈山澤損〉〈風雷益〉
64 《周易》〈澤水困〉

올린다. 조선 왕실의 연향 상차림은 고려 왕실의 것을 속례로 어느 정도 받아들인 결과물이므로, [그림 8-1]의 간반으로 차린 연상, 좌협상, 우협상의 유밀과로 구성한 상차림과 이들 위에 꽂은 상화(床花)는 고려 왕실의 유물로 보아도 좋다.

따라서 엄밀히 말하면 연상, 좌협상, 우협상 차림은 조상신을 위해 차렸다기보다는 제석신(帝釋神)이 되신 조상신께 올린 고려 시대의 유습을 그대로 가져온 것이다.

고려 왕조에서 왕은 천사라고 하는 중간자를 내세워 제석궁과 궁중 사이를 통하는 자격을 부여받았다.[65] 왕의 이승이 궁중이라면 저승은 제석천의 선견성[66]이었다.[67] 고려왕이 거처하는 궁전은 현실의 제석궁이었으며, 왕은 곧 제석(帝釋)이고자 하였다. 그러니까 고려왕의 조상신은 제석신이었다. 제석신의 강림을 위하여 찬품에 꽂은 상화 문화는 그대로 조선 왕실로 이어져 조상신의 강림을 위하여 꽃을 꽂게 된다.

조선 왕실 연향에서 조상신께 찬안(饌案, 연상·좌협상·우협상·면협상)과 소선 및 염수를 올린 후 주인공에게 신하들이 바치는 헌수주는 신이 드시고 남기신 술로 주인공의 만수무강을 기원하는 음복 행위이다. 이때 신께서 잡수시고 남기신 소선의 양고기 썬 것과 염수가 주인공의 술안주가 된다. 《국조오례의》에서는 소선의 썬 양고기를 할육(割肉)이라 했다.

비록 연향의 주인공이 할육과 염수를 음복하였지만, 신께 올렸던 찬품 일체는 연향 도중에도 계속 신께서 잡수실 것을 기원하면서 연향이 끝날 때까지 보존하고, 연회가 끝나면 연회장의 사람들이 나누어 음복한다. 그래서 연회가 열리는 동안 먹지 못하고 보기만 하는 것이라 하여 간반(看盤)이라 한다.[68]

---

65 《三國遺事》〈感通〉
66 善見城 : 수미산(須彌山)의 꼭대기에 있다는 帝釋天의 거성(居城).
67 편무영, 《한국불교민속론》, 민속원, 1998, pp. 61~63
68 김상보, 《한식의 道를 담다》, 와이즈북, 2017, p. 165

(2) 대선(大膳)과 소선(小膳)을 차리게 된 배경

1609년 명나라 사신 영접 때 차린 대선(大膳)과 소선(小膳)의 찬품을 보면 대선에서는 돼지 1마리, 기러기 1마리, 소 볼기살을 합한 소 뒷다리 1척이고, 소선에서는 양 1마리, 기러기 1마리, 소의 갈비·심장·허파·지라·콩팥을 합한 소 앞다리 1척이다. 이들은 모두 삶아 익힌 수육[熟肉]이다. 전체적으로 보면 소 ½마리 분량과 양 1마리, 돼지 1마리, 기러기 2마리로 구성되었음을 알 수 있다. 소, 양, 돼지, 기러기 수육으로 구성된 이들은 연향 때 강림하여 오신 신(神)께서 안주로 잡수시도록 한 유교적 차림이다.

《예기》에는 다음과 같은 글이 있다.

> 君子大牢而祭謂之禮
> 《禮記》〈禮器〉

> 군자는 소, 양, 돼지로 구성한 대뢰(大牢)로 제사를 드리는 것이 예(禮)였다.
> 《예기》〈예기〉[69]

《의례(儀禮)》〈공식대부례(公食大夫禮)〉에서도 찬(饌) 중에 가장 귀한 것은 조(俎)에 차린 소, 양, 돼지의 수육이라 하였다.[70] 마찬가지로 제사를 올릴 때 가장 귀한 제사 공물은 대뢰가 되며, 대선과 소선을 차린 배경도 대뢰(大牢)에 기인한다.

3) 간반(看盤)이 동반되었던 동아시아 연향

---

69 《禮記》〈禮器〉
70 《儀禮》〈公食大夫禮〉

(1) 북송과 일본 헤이안 시대의 간반

향례 때 차린 간반은 북송(北宋, 960~1127)대에도 간반(看盤)이라 명명하여《동경몽화록(東京夢華錄)》에 등장한다.[71]

天寧節

百官以下謝坐訖 宰執 禁從 親王 宗室 觀察使已上 幷大遼 高麗 夏國使
副 坐於殿上 諸卿少百官 諸國中節使人 坐兩廊 軍校 以下 排在山樓之後
皆以紅面靑襪 黑漆矮偏釘 每分 列環餠 油餠 棗塔爲看盤 次列果子 惟大
遼加之豬羊 雞 鵝 兔 連骨熟肉爲看盤 皆以小繩束之 又生葱韭蒜醋各一
楪 三五人 共列漿水一桶 立杓數枚

《東京夢華錄》

천녕절[72]

백관 이하 모두 황제께 인사드리고 좌석에 앉았다. 재상, 집정, 황제 시종관, 친왕, 황족, 관찰사[73] 이상, 대료, 고려, 서하의 사신과 부사(副使)[74] 들은 전(殿) 위에 앉았다. 경, 소경, 백관과 각국의 사절 수행원들은 양쪽 낭(廊)[75]에 앉았다. 군교 이하는 산루(山樓) 뒤에 배열하였다. 모든 사람 앞에는 면이 붉은 청색 휘건[76]이 있고, 검은 칠을 한 낮고 평평하며 금장식을 한 탁자[77]가 놓여 있다. 탁자마다 환병(環餠), 유병(油餠), 탑처럼 고

---

71 孟元老,《東京夢華錄》, 1187년경
72 天寧節 : 송(宋) 휘종(徽宗, 재위 1100~1125)의 탄생일.
73 觀察使 : 당대(唐代) 후기 道의 행정장관.
74 使副 : 正使와 副使
75 廊 : 행랑 랑, 곁채 랑.
76 襪은 幑의 오기로 생각됨. 휘건(揮巾)으로 해석함.
77 釘 : '금박 판(鈑)'의 오자로 생각되며, 여기서는 금장식을 한 탁자로 해석함.

임으로 담아 차린 대추[棗塔] 같은 간반이 놓여 있다. 다음에 과자(果子)를 배열하여 차리고 대료 사신의 탁자에만 추가로 돼지, 양, 닭, 오리, 토끼 수육[熟肉]이 뼈가 붙은 채 간반(看盤)으로 차려졌다. 모두 가는 끈으로 묶여 있다. 또 생파, 부추, 마늘, 초가 각기 한 접시씩 놓여 있다. 세 명에서 다섯 명 앞에 장수(漿水)가 한 통씩 놓여 있는데, 몇 개의 국자가 꽂혀 있다.

《동경몽화록》

북송 휘종의 생일잔치를 묘사한 글이다. 참석자 중에는 고려(高麗)에서 온 사신 일행도 보인다.

참석자들 앞에 놓인 연회석에는 환병(環餅), 유병(油餅), 대추[大棗], 과자(果子)가 차려졌고, 이들은 탑 모양으로 고여 담았다고 하였다. 탑(塔) 모양으로 쌓아 고였다는 말은 대추[棗]에 적용하여 조탑(棗塔)이라고 하였는데, 대추만이 아니라 다른 것도 고여 차렸다고 보는 것이 타당하다. 이들을 간반(看盤)이라 하였다.

《제민요술(齊民要術)》에는 세환병(細環餅), 찬(粲), 고환(膏環) 등의 병(餅)류가 기술되어 있다. 세환병은 한구(寒具)라고도 한다. 밀가루에 꿀과 물을 넣고 반죽하여 소기름이나 양기름으로 튀겨 만든 작은 원형 튀김과자이다. 만약 꿀이 없으면 삶은 대추즙을 넣고 반죽한다. 찬은 찹쌀가루에 꿀과 물을 1:1로 합하여 넣고 국자로 떠 보았을 때 흐를 정도의 농도로 반죽하여 기름이 든 솥에 떨어트려 튀긴 떡이다. 고환은 거녀(粔籹)라고도 한다. 찹쌀가루에 물과 꿀을 넣고 되게 반죽하여 늘려 8치 정도의 길이로 만들고 양 끝을 구부려 기름에 튀겨낸 떡이다.[78] 530년경에 나온 제민요술보다 약 600년 후에 거행된 휘종의 생일잔치연에 등장한 〈환병〉은 〈세환병〉류로 보이고, 〈유병〉은 재료가 찹쌀가루보다는 밀가루일 가능성이 크다.

---

78 《齊民要術》, 530년경.

간반(看盤)이라는 의미의 뜻으로 사용된 표현으로는 정두(飣餖)가 있다. 정두란 낭(唐) 시대 연회 상차림에서 가장 핵심인 간반을 지칭하는 용어였다. 당나라 한유(韓愈, 768~824)는 당송팔대가(唐宋八大家)의 한 사람으로 다음과 같은 시를 남겼다.[79]

肴核紛飣餖

가장 핵심인 술안주는 밀가루로 만들어 고여 담은 정두(飣餖)

정두, 정좌(飣坐), 간식(看食), 간탁(看卓), 간반은 같은 의미를 함축한다. 즉《동경몽화록》에 등장하는 간반을 구성하는 유병과 환병 등은 당나라 문화를 계승한 것으로, 소위 당과자(唐果子)라 일컫는 유밀과(油蜜果)류 정두(飣餖)의 후신이라고 본다면 밀가루가 주원료인 튀김과자류라고 보는 것이 타당하다. 다음으로 대추와 과자(果子) 역시 간반으로 차려졌는데, 과자는 현재 우리들이 아는 과자(菓子)가 아니라 목과자(木果子), 소위 생과(生果) 혹은 건과(乾果)류가 아닐까 한다.

일본의 경우 나라(奈良, 710~784) 시대 이후 문화뿐 아니라 생활 풍습까지 중국을 동경함으로써 음식 문화도 일본에 없는 중국풍을 받아들였다.[80]

헤이안(平安, 794~1198) 시대에 개최된 초상류층의 호화판 대향(大饗) 향례에서 차려진 〈향선(饗膳)〉[81]에 목과자가 등장한다. [그림 14]는 1116년 1월 23일, 당시 세력이 가장 강했던 나이다이진(內大臣)[82] 후지와라노 다다미치(藤原忠通)의 대형 식탁이다. 길이 약 2.4m, 폭 약 1m, 높이 약 47㎝의 주칠(朱漆) 대반(台盤) 맨 앞에는 탑 모양으로 높게 고여 담아 차린 밥, 소금·초·장(醬)으로 구성된 종지 3종, 그리고 술잔

79 김상보,《전통주 인문학》, 헬스레터, 2022, p.315
80 熊倉功夫,《日本料理の歷史》, 吉川弘文館, 2007, p.8
81 필자는 향선을 향례에서 차려진 상차림이라고 해석했다.
82 內大臣: 옥새, 국새를 보관하고 천황을 도와 황실과 국가의 사무를 맡았던 대신.

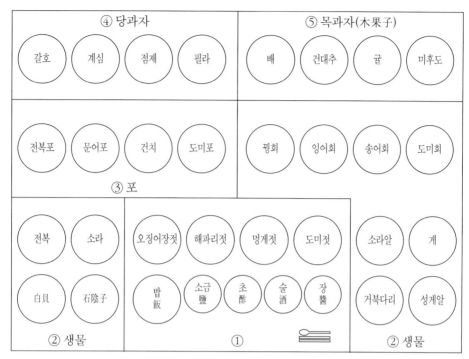

④ 당과자				⑤ 목과자(木果子)			
갈호	계심	점제	필라	배	건대추	귤	미후도

전복포	문어포	건치	도미포	꿩회	잉어회	송어회	도미회
③ 포							

[그림 14-1] 헤이안(平安) 시대인 1116년 후지와라노 다다미치의 대향 식탁(熊倉功夫,《日本料理の歴史》, 吉川弘文館, 2007, p.14)

이 놓여 있다([그림 7-1]의 ①에 해당). 쿠마쿠라 이사오(熊倉功夫)는 장은 아마도 두장(豆醬)으로, 된장의 원형이 아닐까 기술하고 있다.[83] 밥 맞은편에 차려진, 깊게 움푹 파인 배(杯) 4개에는 오징어장젓, 해파리젓, 멍게젓, 도미젓을 차렸다.[84] [그림 14-1]의 ②에 해당하는 부분에는 생물(生物)을 차렸다. 일종의 회(鱠)이다. 쿠마쿠라 이사오는 생선과 꿩은 깍둑썰기로 잘라 고여 담았고, 잉어회는 초에 버무려 담았을 것이라

---

83 熊倉功夫,《日本料理の歴史》, 吉川弘文館, 2007, p.14
84 熊倉功夫는 오징어장젓, 해파리젓, 멍게젓은 어장(魚醬)이지만, 도미젓은 도미포로 만들었다고 함. 어떤 요리인지는 불분명하다고 기술함.

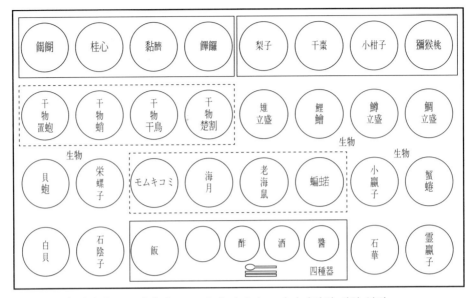

[그림 14-2] 헤이안(平安) 시대인 1116년 후지와라노 다다미치의 대향 식탁(熊倉功夫, 《日本料理の歴史》, 吉川弘文館, 2007, p.14)

기술하고 있다.

③은 포(脯) 부분이다. 전복포, 문어포, 건치포, 도미포 4종을 차렸다. ④는 당과자(唐果子)이다. 갈호(餲餬), 계심(桂心), 점제(黏臍), 필라(饆饠)로, 밀가루를 주재료로 기름에 튀겼다. ⑤는 배, 건대추, 귤, 미후도(獼猴桃, 다래)로 구성된 목과자(木果子)이다. 생것 또는 말린 것이다. 당과자든 목과자든 모두 고임으로 담아 차렸다. 당과자는 명칭에서도 나타나듯 당(唐)에서 건너온 문화의 산물이다.[85]

《동경몽화록》에 나타난 간반과 일본 〈향선〉에서 드러난 차림의 공통점은 유밀과와 목과(과일)를 고여 차렸다는 점이며, 탑처럼 고여 담아 차린 [그림 8-1]의 조선 왕실 차림과도 공통점이 있다. 《동경몽화록》이 1187년경, [그림 14]의 향선이

---

85 熊倉功夫, 《日本料理の歴史》, 吉川弘文館, 2007, p.16

1116년, 조선 왕실의 영접 상차림인 [그림 8]의 〈연상〉이 1609년 것이니까, 시대 차이를 보면《동경몽화록》과 일본 향선은 70년이 차이 나고, 조선 왕실의 상차림 과는 400년 정도 차이가 나는데도 공통점이 보인다.

다음으로《동경몽화록》에서 간반으로 등장하는 "돼지, 닭, 양, 오리, 토끼 수육 이 뼈가 붙은 채 간반으로 차려졌다. 모두 가는 끈으로 묶여 있다."를 검토해 보면, 돼지 1마리, 닭 1마리, 양 1마리, 오리 1마리, 토끼 1마리를 7체(體)로 잘라 수육[熟 肉]으로 만들어, 이들 1마리 분량의 7체가 흩어지지 않도록 가는 끈으로 묶지 않았 나 생각한다. 조선 왕조가 중국 사신을 영접했을 때 차린, [그림 8-1]에서 보이는 소선과 대선의 수육도 가는 끈으로 묶었을 가능성이 있다.

(2) 류큐(琉球) 왕국의 간반

통돼지와 통양을 간반으로 차린 자료가 1808년 류큐(琉球) 왕국[86]이 중국 사신을 접대했을 때 기록물로 남아 있다. 류큐란 오키나와를 말한다. 1430년 류큐는 독자 적으로 왕국을 수립하여 이후 오키나와의 역사는 중국색이 강한 과정을 밟게 된 다.[87]

책봉 체제하에서 류큐 왕국은 1866년 최후의 국왕이던 상태왕(尚泰王)까지 중국 에서 보낸 책봉사를 23회 맞이하였다.

류큐 왕국에서 가장 오래된 책봉사 접대 기록은 1808년에 나온《류큐책봉사일 건(琉球冊封使一件)》이라는 문서이다. [그림 15]는 이 문서에 기술된 간탁(看卓, 看盤) 그 림이다.[88]

---

86 琉球王國 : 오늘날 오키나와 군도에 있던 왕국. 7세기 이후부터 중국, 한국, 일본 등과 교섭이 있었고 조공(朝 貢)을 바침. 14세기에 중국 명나라의 책봉을 받음. 1871년에 일본 영토가 되어 1879년에 오키나와현(縣)을 둠. 제2차 세계대전 후 한때 미군의 관리 지역이 되어 미국의 극동 방위의 제1선 기지가 되었음.
87 高良倉吉,《琉球王国》, 岩波書店, 1998, pp. 16~106
88《琉球冊封使一件》

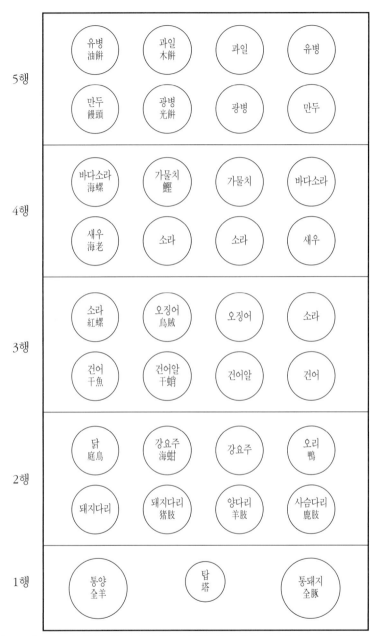

5행 — 유병 油餅 / 과일 木餅 / 과일 / 유병 / 만두 饅頭 / 광병 光餅 / 광병 / 만두

4행 — 바다소라 海螺 / 가물치 鰹 / 가물치 / 바다소라 / 새우 海老 / 소라 / 소라 / 새우

3행 — 소라 紅螺 / 오징어 烏賊 / 오징어 / 소라 / 건어 干魚 / 건어알 干蛸 / 건어알 / 건어

2행 — 닭 庭鳥 / 강요주 海蚶 / 강요주 / 오리 鴨 / 돼지다리 / 돼지다리 猪肢 / 양다리 羊肢 / 사슴다리 鹿肢

1행 — 통양 全羊 / 탑 塔 / 통돼지 全豚

[그림 15-1] 1808년 류큐 왕국이 중국 사신을 접대했을 때 간탁(看卓). 《琉球册封使一件》, 1808.

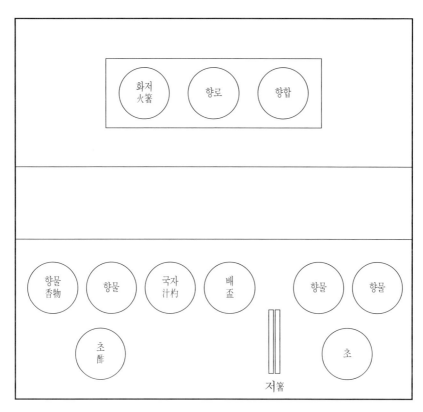

[그림 15-2] 1808년 류큐 왕국이 중국 사신을 접대했을 때 식탁.《琉球册封使一件》, 1808.

5행은 병류(餠類)이다. 밀가루로 만든 유병(油餠, 油蜜果)과 만두, 과일[木餠]이 진설되었다. 여기서는 과일을 목병(木餠)이라 하였다. 4행은 새우와 소라 등을 재료로 해서 만든 찬품들이다.

3행은 건어물이다. 2행은 사슴다리, 양다리, 돼지다리, 오리, 닭 등으로 만든 수육이다. 1행은 통양[全羊]과 통돼지[全豚]이다. 물론 익혔다.

《류큐책봉사일건》의 간탁에 등장하는 양, 돼지, 오리, 닭은《동경몽화록》의 간반과 같으며, 또 조선 왕실에서 접대한 연상을 나타낸 [그림 8-1]에서 보여 주는 대선 및 소선의 간반과도 같다.

[그림 16-1] 고구려 무용총 고분벽화(5세기 말 만주 집안)

대체로 조선 왕실(1609)이든 송나라(1187)든 류큐 왕국(1808)이든 간반을 구성하는 중요한 찬품은 유밀과와 목과(木果, 대추 등), 양과 돼지 등이다. 그러나 일본은 양과 돼지를 간반으로 차리지 않았다. 이는 고대 일본에서는 궁중에서 중요한 제사가 희생(犧牲)과 거의 관계가 없고,[89] 일본의 향연에서는 동물을 해체하는 일이 거의 없다는 점에서, 고대 일본은 동물을 taboo라고 하는 관점에서 취급하지 않았는가 한다.

그렇다면 간반 차림은 어디에서 기원을 찾을 수 있을까. 현재까지는 정확하게 드러난 기록이 없어서 분명한 출발점은 찾을 수 없다. 한나라 시대에는 초미(初味), 이미(二味), 삼미(三味) 등으로 한 끼에 상을 몇 개씩 차렸다. 신분에 따라 궤(几), 안(案), 반(盤)에 음식을 차려 시간에 따라 독상을 올렸다. 공식적인 연회에서는 이들 외에 간반(看盤)으로 길고 커다란 궤(几)에 음식을 차려 진설하였다.

하남성 밀현 타호정(河南省 密懸 打虎亭) 2호묘 중실 북쪽 벽에 있는 벽화(2~3세기 그림)에는 화려한 장막 속에서 이 묘의 주인공이라 짐작 가는 두 사람이 앉은 모습이 보

---

89 佐原 真, 《騎馬民族は来なかった》, 日本放送出版協會 1993, p. 191

[그림 16-2] 고구려 무용총 고분벽화(5세기 말 만주 집안)

이고, 앞에는 옆으로 긴 궤(几)가 있으며, 위에는 많은 진수성찬이 차려져 있다. 한 대에는 음식상으로 크고 작은 궤를 연회 때 함께 사용하였다.[90] 긴 궤 위에 차려진 진수성찬은 간반일 것이다.

한반도의 경우 고구려 무용총 고분벽화[91]를 보면 무덤의 주인공인 듯한 남녀가 의자에 앉아서 궤에 차린 음식상을 각자 독상으로 차려 마주 보고 앉아 있으며 이들 사이에 하인인 듯한 사람이 음식 시중을 들고 있다. 각자의 독상 뒤의 발 높은 상 위에 차린 고임 음식이 보인다. 아마도 북쪽에서 남쪽을 향하여 차렸을 것이다([그림 16-1]). 이 상차림이 간반일 가능성이 높으며, 주인 남자는 동쪽에서 서쪽을 향하여, 여자는 서쪽에서 동쪽을 향하여 앉아 향찬을 먹었을 것이다.

[그림 16-2]는 주인 남자와 여자가 먹는 향찬을 여인들이 나르는 장면이다. 초미, 이미, 삼미 등으로 부르는 미수(味數)일 가능성이 있다.

---

90 杉本憲司, 〈漢代の食べ物〉, 《世界の食べもの 8》, 朝日新聞社, 1984, p.65
91 舞踊塚 : 만주 길림성(吉林省) 집안현(輯安縣) 통구(通溝) 지방에 있는 고구려 시대의 무덤. 1940년에 발견됨. 현실(玄室) 벽에는 남녀 14인이 춤추는 벽화, 가옥 주인과 하인 등 생활 풍속을 그린 벽화가 있음. 5세기 말경의 것으로 보임.

4. 연례의(燕禮儀)[92]

1) 전례 절차

제거 두 사람이 각각 탕(湯)을 받들고 올리려 할 때 풍악이 울린다. 제거가 사자 앞으로 나아가 나누어 서서 올린다.

제조가 탕을 받들어 전하 앞으로 나아가 꿇어앉아 올린다. 내시가 전하여 받들어 올린다.

젓가락을 들면 풍악을 그친다.

군사 및 가자(歌者) 등에게도 주과(酒果)를 준다.

술을 일곱 번 행주(行酒)한다.

술을 행주할 때마다 탕을 올린다.

제거가 공안(空案)을 정사의 찬안 오른편의 소선 아래에 설치하고, 부사의 찬안 왼편의 소선 아래에 놓는다.

제조가 공안을 전하의 찬안 오른편의 소선 아래에 놓는다.

제조 세 사람이 각각 대선(大膳)을 받들고(각각 반이 3임) 올리려 한다.

풍악이 울린다.

전하가 정사 앞으로 가서 대선을 올리고, 제조는 꿇어앉아서 올리는 일을 돕는다. 정사가 읍하고 전하도 답하여 읍한다.

전하가 부사 앞으로 가서 대선을 올리고, 제조는 꿇어앉아서 올리는 일을 돕는다. 부사가 읍하고 전하도 답하여 읍한다.

전하가 어좌 앞으로 와서 돌아선다.

제조 세 사람이 각각 대선을 받들어 올리고, 정사는 전하 앞으로 가서

---

92 연례(燕禮)라는 명칭은 필자가 사용한 것임.

대선을 올린다. 부사가 따른다. 제조는 꿇어앉아서 올리는 일을 돕는다. 전하가 읍한다. 정사와 부사가 답하여 읍한다.

정사와 부사가 교의에 앉는다.

전하가 어좌에 앉는다.

풍악이 그친다.

대선의 고기를 썰지 않는다.

제거 두 사람이 각각 과반(果盤)을 받들고 사자 앞에 올리고, 제조는 과반을 받들고 전하 앞에 올린다.

과반을 올리려 할 때 풍악이 울린다.

제조는 제거가 따라 준 술잔을 받아 꿇어앉아서 전하에게 올린다. 이때 전하는 어좌에서 일어나 약간 앞으로 나와 서서 술잔을 받는다.

정사가 교의에서 일어나 약간 앞으로 나와 선다.

전하가 술잔을 들고 정사 앞으로 가서 정사에게 읍하고 술잔을 올린다. 정사는 읍하여 답례하고 술잔을 받는다. 정사는 부사에게 읍하고 부사는 읍하여 답례한다. 또 전하를 향하여 읍하면 전하는 읍하여 답례하고 술잔 받침을 받는다.

정사가 술을 마신 다음, 전하에게 읍하고 전하도 읍하여 답례한다.

제조가 정사 앞으로 가서 꿇어앉아 빈 술잔을 받는다.

제거가 서서 정사가 술을 마실 때마다 과반의 과(果)를 정사에게 올린다.

제조는 제거가 따라 준 술잔을 받아 전하 앞으로 가서 꿇어앉아 전하에게 올린다. 이때 전하는 어좌에서 일어나 약간 앞으로 나와 서서 술잔을 받는다.

정사가 교의에서 일어나 약간 앞으로 나와 선다.

전하가 술잔을 들고 정사 앞으로 가서 정사에게 읍하고 술잔을 올린다.

정사는 읍하여 답례하고 술잔을 받고는 그대로 다시 술잔을 전하에게 돌려준다.

전하는 술잔을 받아 부사에게 읍하고, 부사는 읍하여 답례한다. 또 전하는 정사에게 읍하고 정사는 읍하여 답례하고 술잔 받침을 받는다.

전하가 술을 마시고 정사에게 읍한다. 정사는 읍하여 답례한다. 전하가 술을 마실 때마다 제조 이하는 모두 꿇어앉는다.

제조가 전하 앞으로 가서 꿇어앉아 빈 술잔을 받는다.

제조가 꿇어앉아서 과반의 과를 전하 앞으로 올리는데, 전하가 술을 마실 때마다 과를 올린다.

제조는 제거가 따라 준 술잔을 받아 전하 앞으로 가서 꿇어앉아 전하에게 올린다. 이때 전하는 어좌에서 일어나 약간 앞으로 나와 서서 술잔을 받는다.

정사가 교의에서 일어나 약간 앞으로 나와 선다.

전하가 술잔을 들고 정사 앞으로 가서 정사에게 읍하고 술잔을 올린다. 전하가 술잔 받침을 받는다. 정사는 읍하여 답례하고 술을 마신다.

제조는 정사 앞으로 가서 꿇어앉아 빈 술잔을 받는다.

제거가 과반의 과를 정사에게 올린다.

정사가 읍하면 전하도 답례하여 읍한다.

제조는 제거가 따라준 술잔을 받아 전하 앞으로 가서 꿇어앉아 전하에게 올린다. 이때 전하는 어좌에서 일어나 약간 앞으로 나와 서서 술잔을 받는다.

부사가 교의에서 일어나 약간 앞으로 나와 선다.

전하가 술잔을 들고 부사 앞으로 가서 부사에게 읍하고 술잔을 올린다. 전하가 술잔 받침을 받는다.

부사는 읍하여 답례하고 술을 마신다. 부사가 읍하면 전하도 답례하여 읍한다.

제조는 부사 앞으로 가서 꿇어앉아 빈 술잔을 받는다.

제거가 과반의 과를 부사에게 올린다.

제조는 제거가 따라준 술잔을 받아 전하 앞으로 가서 꿇어앉아 전하에게 올린다. 이때 전하는 어좌에서 일어나 약간 앞으로 나와 서서 술잔을 받는다.

정사가 교의에서 일어나 약간 앞으로 나와 선다.

전하는 술잔을 들고 정사 앞으로 가서 정사에게 읍하고 술잔을 올리고 전하가 술잔 받침을 받아 든다.

정사는 읍하여 답례하고 술을 마신다.

정사가 읍하면 전하도 읍하여 답례한다.

제조가 정사 앞으로 가서 꿇어앉아 빈 술잔을 받는다.

제거가 과반의 과를 정사에게 올린다.

정사와 부사가 교의에 앉는다.

전하가 어좌에 앉는다.

풍악이 그친다.

전하가 사자와 읍하고 나간다.

사자는 중문(中門) 밖까지 나와 전송한다.

이상의 연례의를 요약하여 [그림 17]으로 나타냈다.

[그림 17-1]은 종친이 〈향례의〉에서 행한 헌작, 초작, 수작 후 연례를 위해서 탕(湯, 술안주 미수味數)을 올리는 장면이다.

①과 ②는 풍악이 울리는 가운데 제거 두 사람이 정사와 부사에게 술안주인 탕(湯, 味數)을 올리는 장면이다.

③은 제조가 전하에게 꿇어앉아 탕(미수)을 올리는 장면이다. 7회 행주하기 때문에, 탕(미수)도 7번 차린다. 풍악이 그친다.

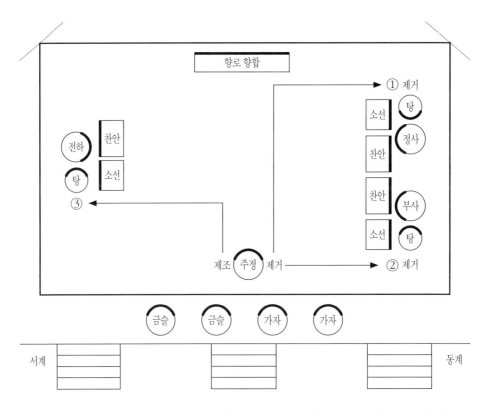

[그림 17-1] 명나라 사신을 위해 조선 왕실에서 연 잔치에서 〈연례〉를 위하여 정사, 부사,
전하에게 탕(미수)을 올리는 장면(《국조오례의》卷5, 필자 작성 그림).
※탕은 7행주에 따라 7탕(미수)임.

[그림 17-2]는 행주(行酒)를 7번 한 다음 정사, 부사, 전하에게 대선(大膳)과 과반(果
盤)을 올리는 장면이다.

④와 ⑤는 풍악이 울리는 가운데 전하가 정사와 부사 앞으로 가서 제거가 설치한
공안(空案)에 제조 세 사람이 받들고 온 삼반(三盤)으로 구성된 대선을 올리고 있다.

⑥은 전하가 어좌 앞으로 가서 돌아서고, 부사가 따르는 가운데 정사가 전하 앞
으로 가서 제거가 설치한 공안에 제조 세 사람이 받들고 온 삼반으로 구성된 대선
을 올리고 있다.

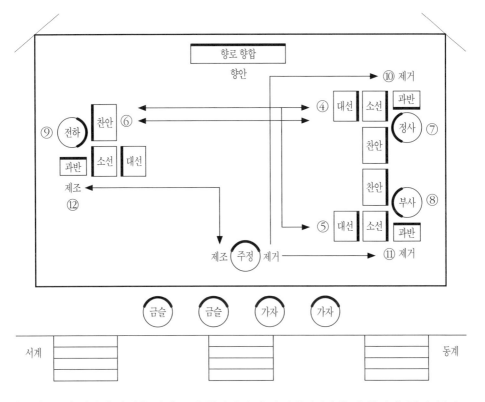

[그림 17-2] 명나라 사신을 위해 조선 왕실에서 연 잔치에서 〈연례〉가 끝난 후 정사, 부사, 전하에게 대선과 과반을 올리는 장면(《국조오례의》卷5, 필자 작성 그림).

⑦, ⑧, ⑨는 정사, 부사, 전하 순서대로 의자에 착석하고 있다. 풍악이 그친다.

⑩과 ⑪은 풍악이 울리는 가운데 제거 두 사람이 각각 정사와 부사에게 가서 과반을 올리고 있다.

⑫는 제조가 전하에게 과반을 올리고 있다.

[그림 17-3]은 과반을 올리고 나서 전하가 정사와 부사에게 헌작, 초작, 수작하는 장면이다.

①은 제거가 술잔에 술을 채워서 제조에게 올리고 있다.

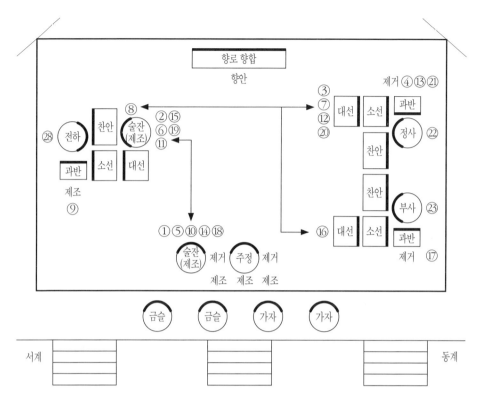

[그림 17-3] 명나라 사신을 위해 조선 왕실에서 연 잔치에서 대선과 과반을 올린 후 전하
가 정사와 부사에게 헌작, 초작, 수작하는 장면(《국조오례의》卷5, 필자 작성 그림).

②는 제조가 잔 받침을 갖춘 술잔을 가지고 전하 앞으로 가서 꿇어앉아 올리고,
전하는 일어나 받고 있다.

③은 전하가 잔 받침을 갖춘 술잔을 들고, 의자에서 일어나 약간 앞으로 나와 선
정사 앞으로 가서 술잔을 올린다. 전하는 정사에게서 술잔 받침을 받아 들고, 정사
가 서서 술을 마시고 있다.

④는 제거가 술을 마신 정사에게 과반에 차려진 안주를 올리고 있다.

⑤는 제거가 술잔에 술을 채워 제조에게 올리고 있다.

⑥은 제조가 잔 받침을 갖춘 술잔을 가지고 전하 앞으로 가서 꿇어앉아 올리고,

전하는 일어나 받고 있다.

⑦은 전하가 잔 받침을 갖춘 술잔을 들고, 의자에서 일어나 약간 앞으로 나와 선 정사 앞으로 가서 올린다. 정사는 술잔을 받고 그대로 전하에게 돌려준다. 정사는 술잔 받침을 갖고 있다.

⑧은 전하가 술을 마시는 장면이다.

⑨는 술을 마신 전하에게 제조가 꿇어앉아 과반에 차려진 안주를 올리고 있다.

⑩은 제거가 술잔에 술을 채워서 제조에게 올리고 있다.

⑪은 제조가 잔 받침을 갖춘 술잔을 가지고 전하 앞으로 가서 꿇어앉아 올리고, 전하는 일어나 받고 있다.

⑫는 전하가 잔 받침을 갖춘 술잔을 들고, 의자에서 일어나 약간 앞으로 나와 선 정사 앞으로 가서 술잔을 올린다. 전하가 술잔 받침을 받아 들고 있다. 정사는 술을 마신다.

⑬은 제거가 술을 마신 정사에게 과반에 차려진 안주를 서서 올리고 있다.

⑭는 제거가 술잔에 술을 채워서 제조에게 올리고 있다.

⑮는 제조가 잔 받침을 갖춘 술잔을 가지고 전하 앞으로 가서 꿇어앉아 올리고, 전하는 일어나 받고 있다.

⑯은 전하가 잔 받침을 갖춘 술잔을 들고, 의자에서 일어나 약간 앞으로 나와 선 부사 앞으로 가서 술잔을 올린다. 전하는 부사에게서 술잔 받침을 받아 들고, 부사는 술을 마신다.

⑰은 제거가 술을 마신 부사에게 과반에 차려진 안주를 서서 올리고 있다.

⑱은 제거가 술잔에 술을 채워서 제조에게 올리고 있다.

⑲는 제조가 잔 받침을 갖춘 술잔을 가지고 전하 앞으로 가서 꿇어앉아 올리고, 전하는 일어나 받고 있다.

⑳은 전하가 잔 받침을 갖춘 술잔을 들고, 의자에서 일어나 약간 앞으로 나와 선 정사 앞으로 가서 올린다. 전하는 정사에게서 술잔 받침을 받아 들고, 정사는 술을

마신다.

㉑은 제거가 술을 마신 정사에게 과반에 차려진 안주를 서서 올리고 있다.

㉒, ㉓, ㉔는 정사, 부사, 전하 순서대로 의자에 앉는 장면이다. 풍악이 그친다.

이상의 내용을 다시 요약하면 다음과 같다.

진탕(進湯, 進味數)과 행주(行酒)

풍악이 울린다.

제거 두 사람이 정사와 부사에게 초미(初味, 湯)를 올린다.

정사, 부사, 전하가 젓가락을 든다.

풍악이 그친다.

군사와 가자(歌者)들에게 주과(酒果)를 준다.

이상과 같은 방법으로 다음과 같이 7번의 미수를 올리고 7번 행주한다.

초미(初味) 제1잔 행주(行酒)

이미(二味) 제2잔 행주(行酒)

삼미(三味) 제3잔 행주(行酒)

사미(四味) 제4잔 행주(行酒)

오미(五味) 제5잔 행주(行酒)

육미(六味) 제6잔 행주(行酒)

칠미(七味) 제7잔 행주(行酒)

[진대선(進大膳)]

풍악이 울린다.

전하가 정사에게 대선을 올린다.

전하가 부사에게 대선을 올린다.

정사가 전하에게 대선을 올린다.

정사, 부사, 전하 순서대로 의자에 앉는다.

풍악이 그친다.

[전하가 정사와 부사에게 헌작, 초작, 수작]

① 진과반(進果盤)

풍악이 울린다.

제거 두 사람이 정사와 부사에게 과반을 올린다.

제조가 전하에게 과반을 올린다.

② 주인인 전하가 주빈인 정사에게 헌작

전하가 서 있는 정사에게 가서 잔 받침을 갖춘 술잔을 올린다.

전하는 정사가 술을 마시는 동안 술잔 받침을 받아 들고 있다.

정사가 술을 마신다.

제거가 과반에 차려진 안주를 서서 정사에게 올린다.

③ 주빈인 정사가 주인인 전하에게 초작

전하가 서 있는 정사에게 가서 잔 받침을 갖춘 술잔을 올린다.

정사는 그 술잔을 그대로 전하에게 돌려준다.

정사는 전하가 술을 마시는 동안 술잔 받침을 받아 들고 있다.

전하가 술을 마신다.

제거가 꿇어앉아 과반에 차려진 안주를 전하에게 올린다.

④ 주인인 전하가 주빈인 정사와 빈인 부사에게 수작

- 주인인 전하가 주빈인 정사에게 수작

전하가 서 있는 정사에게 가서 잔 받침을 갖춘 술잔을 올린다.

전하는 정사가 술을 마시는 동안 술잔 받침을 받아 들고 있다.

정사가 술을 마신다.

제거가 과반에 차려진 안주를 서서 정사에게 올린다.

- 주인인 전하가 빈인 부사에게 수작

전하가 서 있는 부사에게 가서 잔 받침을 갖춘 술잔을 올린다.

전하는 부사가 술을 마시는 동안 술잔 받침을 받아 들고 있다.

부사가 술을 마신다.

제거가 과반에 차려진 안주를 서서 부사에게 올린다.

- 주인인 전하가 주빈인 정사에게 수작

전하가 서 있는 정사에게 가서 잔 받침을 갖춘 술잔을 올린다.

전하는 정사가 술을 마시는 동안 술잔 받침을 받아 들고 있다.

정사가 술을 마신다.

제거가 과반에 차려진 안주를 서서 정사에게 올린다.

정사, 부사, 전하 순서대로 의자에 앉는다.

풍악이 그친다.

이상의 의례는 크게 세 부분으로 나눠진다.

첫 번째는 연례(燕禮, 宴禮)인 행주(行酒) 부분이다. 엄격한 주례(酒禮)에서 벗어나 자유로운 상태에서 연락(宴樂)을 즐긴다. 술이 있으면 술안주가 있어야 하므로, 앞으로 전개될 행주에 앞서 술안주인 탕이 올려지고 그다음에 행주를 하게 된다. 《국조오례의》에서는 행주가 일곱 번 있다 했으니 술안주인 미수도 일곱 번 올리게 된다. 술안주인 탕(湯)은 1609년 명나라 사신 접대 기록으로 보면 [그림 8-5]의 미수(味數)에 해당할 것이다. 다만 1609년에는 행주가 열한 번 있었으므로 11미수(十一味數)로 구성되어 있고, 당시 이 11미수 외에 술안주로 11작행과(十一爵行果)가 더하여 올랐다([그림 8-4]). 그해 사신은 광해군 책봉을 위해서 왔기 때문에 지극정성으로 접대하려 이와 같이 차렸다고 볼 수 있다. 《국조오례의》〈빈례〉에서 7번의 탕을 미수로 보면 초미(初味) 행주, 이미(二味) 행주, 삼미(三味) 행주, 사미(四味) 행주, 오미(五味) 행주, 육미(六味) 행주, 칠미(七味) 행주 순으로 전개되었다고 볼 수 있다.

두 번째는 〈진대선(進大膳)〉 부분이다. 대선은 삶은 돼지 1마리를 중심으로 차린, 신께 드리는 술안주이다. 간반(看盤)에 속한다. 삶은 양 1마리를 중심으로 차린 소선은 연회가 시작할 때 신께서 드시는 술안주라면, 대선은 연례가 끝난 후 신께 올리는 마지막 술안주이다. 신은 대선을 마지막으로 잡수신 다음 처용무[93]로 정화한 연회장을 떠나 신의 나라로 돌아가신다. 신이 드시고 남기신 〈대선〉은 연회에 참석한 사람들에게 사찬(賜饌)이 되어 음복하게 된다.[94]

《국조오례의》〈빈례〉에는 기술되어 있지 않지만, 대선이 차려진 이후 정재기생 5명으로 구성된 무용단이 처용무를 춘다. 처용무는 고려에서 전래한 향악 정재[95]이다. 고려 때에는 처용 한 사람이 추었으나 조선 초기에 들어와 오방처용무로 재구성되었을 것으로 추정하고 있다.[96] 오방처용무는 청색(木), 적색(火), 황색(土), 백색(金), 흑색(水) 옷을 입은 무동이 각각 처용탈을 쓰고 오방으로 서서 주악에 맞추어 여러 장면을 바꾸어가며 추는 춤이다. 사이사이에 처용가(處容歌)와 봉황음(鳳凰吟)을 부른다. 신라 헌강왕(憲康王, 재위 875~886) 때에 기원하였다고 전해진다.[97]

세 번째는 〈진과반(進果盤)〉과 헌작, 초작, 수작 부분이다. 이 부분은 마지막으로 신을 보낸 다음 연회를 주관한 주인인 전하가 마지막 예를 다하기 위하여 손님에게 헌작과 수작하는 부분이다. 물론 손님도 주인에게 초작한다. 이때 술안주는 과

---

93 처용무(處容舞) : 조선 왕조 정재(呈才) 향악(鄕樂) 춤. 赤·黃·白·黑·靑색의 옷을 입은 무동(舞童)이 각기 처용의 탈을 쓰고 오방(五方)으로 벌여 서서 주악에 맞추어 추는 춤.
94 김상보, 《조선왕실의 풍정연향》, 민속원, 2016, p.322
95 정재(呈才) : 대궐 안 잔치에서 하는 춤과 노래.
96 정종수, 《조선시대 궁중연향과 여악 연구》, 민속원, 2003, p.101
97 《高麗史》 卷71 〈禮志〉 25

반에 차려진 잔품이다. 1609년 냉나라 사신 접내 상차림으로 예를 들면 [그림 8-3]의 진다행과에 해당한다.

2) 〈연례의〉가 주는 의미

(1) 의미

조상신께 진수성찬을 차려 대접하여 신을 기쁘게 해드리고, 신이 내린 술로 음복(飮福)하여 복을 받은 후, 연향에 참석한 사람들은 신께서 드시고 남기신 술로 다시 본격적으로 행주(行酒)하여 음복함으로써 복을 받는다. 잔치를 베푸는 주인인 임금이 손님(빈, 사신)에게 정성을 다해 음식을 마련하여 접대함으로써, 합음(合飮)으로 마음의 일체(一體)를 도모하고자 하는 것이 연례(燕禮)이다.

연례를 통하여 손님(사신)은 마음속에서 정성을 다하여 베푸는 주인인 임금의 뜻에 감응하여 자각하게 된다.

> 天地感而萬物化生聖人感人心而天下和平
> 《周易》〈澤山咸〉

> 하늘과 땅이 교감하여 만물이 탄생하듯이 성인(임금, 주인)과 인심(신하, 손님)이 교감하여 천하는 화평해진다.
> 《주역》〈택산함〉

이상은 《주역》〈택산함〉의 글로, 양[天]과 음[地]이 교감하여 만물이 탄생하듯 주인이라는 양과 손님이라는 음이 교감하여 천하가 화평해진다는 내용이다.[98] 즉, 자

---

98 《周易》〈澤山咸〉

연계든 인간 사회든 음과 양의 교감이 무엇보다도 중요함을 지적하고 있다.

천하가 화평해지는 것은 만물의 탄생 원리와 같다. 천하가 화평해지기 위한 교감의 매개체로 동원되는 것이 바로 음식연락(飮食宴樂)이다.[99] 음(飮)은 술이고 식(食)은 안주이며, 음(飮)은 양이고 식(食)은 음이다. 음과 양이 결합해야만 연락(宴樂)이 성립한다는 말이다. 연락(宴樂, 燕樂)은 주인과 손님이 더불어 마시는 합음(合飮)을 뜻한다. 주인(임금)은 술과 안주 및 다양한 풍악을 준비하여 군신과 빈객(賓客)을 대접하여 임금의 은혜를 드러낸다. 그렇기에 연례의에서는 다례나 향례의에서 보이지 않는 여러 정재(呈才)가 행주하는 동안에 펼쳐진다.

주인(임금)은 손님의 도움을 받아 태평성대를 만들기 위해 술과 술안주 및 다양한 즐길 거리를 마련하고, 이때 동원되는 술(飮)로 합음하여 교감한다. 이로서 손님은 주인(임금)의 뜻을 깨달아 감응함으로써 주인과 손님의 일체(一體)가 이루어진다.[100][101] 합음에서 합은 同과 같은 뜻이며, 술로서 한몸[一體]이 된다는 의미이다.

(2) 합동(合同)의 과정

연례를 다른 말로 표현하면 주연(酒宴)이다. 향례를 통하여 봉상(奉上)하여 상하 관계가 분명한 사회적 질서를 표출했다면, 주연에서는 신분이나 지위의 상하를 가리지 않고 마음껏 즐겨 질서의 파괴가 일어난다. 이에 대해 다음의 글이 있다.[102]

주연에서는 질서의 붕괴가 symbolize 되어, 신분과 지위의 상하를 가리지 않고 마음 놓고 즐기게 된다. 어디까지나 의사적(擬似的, 실제와 비슷하여 구분하기 어려움)인 질서의 붕괴에 지나지 않는다. 그래서 일상생활로 돌아왔을 때 질서를 재생시키는

---

99 《周易》〈水天需〉
100 《周易》〈澤山咸〉
101 《周易》〈水天需〉
102 熊倉功夫,《日本料理の歷史》, 吉川弘文館, 2007, p.25

energy가 된다.

　이렇게 주연하는 동안 질서가 붕괴되더라도 이러한 과정은 주종관계를 보다 강화하기 위한 공동음식(共同飮食)의 의식에 지나지 않는다는 뜻이다.
　연회에 참석한 각 손님 앞에 술안주인 미수가 배선되고 행주가 진행되면서 정재를 포함하는 다양한 즐길 거리가 전개된다. 몇 가지 사례를 보도록 하자.

　　　1630년《풍정도감의궤》
　　　초미(初味), 행주 제1잔, 헌선도(獻仙桃) 정재
　　　이미(二味), 행주 제2잔, 수연장(壽延長) 정재
　　　삼미(三味), 행주 제3잔, 금척(金尺) 정재
　　　사미(四味), 행주 제4잔, 봉래의(鳳來儀) 정재
　　　오미(五味), 행주 제5잔, 연화대(蓮花臺) 정재
　　　육미(六味), 행주 제6잔, 포구락(抛毬樂) 정재
　　　칠미(七味), 행주 제7잔, 향발(響鈸) 정재
　　　팔미(八味), 행주 제8잔, 무고(舞鼓) 정재
　　　구미(九味), 행주 제9잔
　　　대선(大膳), 처용무(處容舞) 정재

　인목대비 생일잔치연에서 행한 아홉 번 행주 전에는 물론 헌수주(獻壽酒) 5작(爵)을 전하, 왕비, 왕세자, 세자빈, 외명부반수 순서로 향례의(享禮儀) 부분에서 올렸고, 이때는 치사(致詞)가 있었다. 이후 아홉 번의 행주와 정재가 진행되었다.[103] 아마도 정재가 진행되는 동안 참석한 사람들은 그들과 함께 춤도 추고 노래도 부르는 등

103　김상보,《조선왕실의 풍정연향》, 민속원, 2016, p.300;《豊呈都監儀軌》, 1630

왁자지껄했을 것으로 짐작한다.

[통일 신라 시대의 주령구(酒令具)]

연회장에서 흥을 돋우기 위한 놀이기구의 하나를 경주 동궁월지에서 발굴하였다. 육각형이 8면, 정사각형이 6면인 14면체로, 지름이 6㎝ 정도이며 참나무로 만들었다. 소위 주령구(酒令具)이다. 주연하는 동안 주연에 참석한 사람들에게 주령구를 굴리게 해서 나오는 글에 따라 행동하도록 강제성을 부여한다.

〈주령구〉를 굴려서

유범공과(有犯空過)가 나오면 덤벼드는 사람이 있어도 가만히 있어야 한다.

월경일곡(月鏡一曲)이 나오면 월경을 한 곡조 불러야 한다.

자창자음(自唱自飮)이 나오면 스스로 노래를 부르고 술을 마셔야 한다.

임의청가(任意請歌)가 나오면 누구에게나 마음대로 노래를 청하고, 청을 받은 사람은 노래해야 한다.

음진대소(飮盡大笑)가 나오면 술을 다 마신 다음 크게 웃어야 한다.

양잔즉방(兩盞則放)이 나오면 술 2잔을 쏟아 버려야 한다.

농면공과(弄面孔過)가 나오면 얼굴을 간지럽혀도 꼼짝하지 않아야 한다.

금성작무(禁聲作舞)가 나오면 소리 없이 춤을 춰야 한다.

추물막방(醜物莫放)이 나오면 더러운 것을 버리지 않아야 한다.

삼잔일거(三盞一去)가 나오면 술 3잔을 한꺼번에 마셔야 한다.

곡비즉진(曲臂則盡)이 나오면 팔뚝을 구부린 채 술을 다 마셔야 한다.

중인타비(衆人打鼻)가 나오면 여러 사람이 코를 때려야 한다.

공영시과(空詠詩過)가 나오면 시 한 수를 읊어야 한다.

자창괴래만(自唱怪來晩)이 나오면 스스로 괴래만(노래 이름)을 불러야 한

다. [104]

월경일곡·자창자음·임의청가·공영시과·자창괴래만은 노래로 벌을 주는 방식이고, 자창자음·음진대소·삼잔일거·곡비즉진은 술을 강제로 마시게 하는 벌이며, 금성작무는 춤을 추게 하는 벌이다.

신라 시대 귀족들은 연음(宴飮)할 때 주령구를 이용하여 신분이나 지위의 상하를 가리지 않고 크게 웃고 떠들며 노래하고 춤을 추면서 마음껏 즐겨 질서의 붕괴를 꾀했을 것이다. 이는 일상생활로 돌아왔을 때 질서를 재생하는 에너지원을 주령구를 매개로 도모하였다고 판단된다.

---

104 김상보, 《전통주 인문학》, 헬스레터, 2022, pp. 265~266

V

누적된 1,000년의 〈소선(素膳, 素食)〉 문화

1. 한과(漢果, 과실·유밀과·떡)의 내용성, 장생불사

식사(食事)는 음식뿐만 아니라 먹는 행위에 관한 문화도 포함하여 결합한다.[105] 다시 말하면 식사란 다양한 의미와 사상, 가치를 지닌 문화도 함께 먹는 행위이다. 이러한 관점에서 한과(韓果)가 가진 의미 체계는 장수(長壽)가 아닐까 한다.

220년 후한(後漢)이 멸망하고 난립한 위·오·촉 시대쯤 나왔다는《신농본초경(神農本草經)》에는 늙지 않고 수명을 연장하는 식품으로 석밀(石蜜, 꿀), 백자인(栢實, 측백나무 열매), 대추(大棗), 가시연밥, 호마(胡麻, 흑임자) 등을 열거하고, 이들을 상약(上藥)의 범주에 넣으면서 선약(仙藥)이라 했다.[106] 선약이란 먹으면 불로장수(不老長壽)한다는 의미 체계가 있다.

550년경에 나온《형초세시기(荊楚歲時記)》에는 우란분재 때 오과백미(五果百味)를 차린다고 했다. 여기서 오과는 복숭아, 밤, 대추, 배, 살구[杏]로,[107] 복숭아[桃] 역시 불로장수를 가져다 주는 대표적 과실이다. 중국 곤륜산(崑崙山)[108]에 살았다는 전설

---

105 熊倉功夫,〈食文化史における思想〉,《食の思想》, ドメス出版, 1992, p.21
106 《神農本草經》
107 《荊楚歲時記》
108 곤륜산(崑崙山) : 중국 전설의 산. 처음에는 하늘에 이르는 높은 산 또는 아름다운 옥이 나는 산으로 알려졌

의 신인(仙人) 서왕모(西王母)[109]는 한(漢) 무제(武帝)가 장수를 원하지 그릴 기상히 여겨 선도(仙桃) 일곱 개를 가지고 내려와 주었다고 한다. 복숭아는 비단 장수뿐만 아니라 사기(邪氣)를 누르고 모든 귀신을 제압하는 오행(五行)의 정(精)이라 했다.

도가(道家)의 양생적(養生的) 관점에서 나온 상약인 석밀, 잣, 대추 등은 조엽수림 문화 지대에 널리 퍼져 있다. 조엽수림 지대에서 생산되는 대추를 포함하여 잣, 개암, 황률, 밤, 비자, 건시 등은 조선 왕조가 중국 사신을 접대했던 기록인《영접도감의궤》에서 점점과(點點果) 혹은 세실과(細實果)라 했다. 사신의 장수를 기원하며 올리는 안주상에 차렸다.[110] 유밀과가 별로 발달하지 않았고 차[茶]가 없던 시절, 조엽수림 문화 지대에 분포하는 이들 과실은 각종 단맛이 있어서 후식 또는 과자 역할을 하였다. 끽다(喫茶) 문화가 보급된 이후에는 황률, 밤, 대추, 홍시, 곶감 등을 그대로 혹은 꿀이나 엿을 화합하여 졸여 단맛이 더 강한 과자로 만들어, 말차(末茶)의 쓴맛을 보완하는 다과(茶果)가 되었다. 원칙적으로 이들 과실(果實)은 과자의 범주에 들어가 나무에서 나는 木果子라고 볼 수 있다. 이들은 제철에만 생산되는 까닭에, 대신 이들의 맛과 모양을 흉내 내어 만든 것이 각종 유밀과의 기원이다.

곡물가루에 참기름과 꿀을 합하여 만들었기 때문에 유밀과(油蜜果)라고 하는 이 과자는 본디 과실 모양으로 만들었다. 인위적으로 만든 과실이라 조과(造果)라 했다.[111] 따라서 유밀과를 만들기 시작했던 초기 단계에서는 유밀과의 형태도 과실 모양이었을 것이다. 시간이 흐르면서 고여 담아 쌓기 쉬운 모양으로 점차 변하여 현재와 같은 형태가 되었다고 본다.

유밀과가 가장 발전했던 시기는 당(唐)대이다. 당과자(唐果子)라고 하여 매자(梅子),

으나 전국(戰國) 시대 말기부터는 서왕모(西王母)가 살며 불사의 물이 흐르는 신선경(神仙境)이라고 믿음.

109 서왕모(西王母) : 중국 상대(上代)에 받들던 선녀의 하나. 주(周)의 목왕(穆王)이 곤륜산에 사냥 나갔다가 서왕모를 만나 요지(瑤池)에서 노닐며 돌아올 줄 몰랐다 함.

110《迎接都監儀軌》, 1609, 1634, 1643

111 김상보,《한식의 道를 담다》, 와이즈북, 2017, p.56

도자(桃子), 계심(桂心) 등이 알려졌다.[112] 당과자의 발달은 말차를 즐겼던 당시 끽다 문화와 밀접한 관계가 있고, 그 바탕에 차와 더불어 불로장수를 염원하는 마음의 발로가 있었다. 계피(桂皮) 겉껍질 속 얇고 노란 부분을 가리키는 계심(桂心)은 허한 (虛汗)을 거두는 데에 쓰는 약재이고, 매화나무의 열매인 매자[매실]는 위장을 좋게 하는 데에 쓰인다. 매자, 도자, 계심의 이름이 당과자의 명칭이 된 까닭에는 이러한 효능이 있었다.

이렇듯 밀가루, 꿀, 참기름을 주재료로 각종 실과가 가진 약성(藥性)을 염원하면서 각각의 과실 모양으로 만든 것이 당과자, 유밀과이다.

북송 시대에 나온 《동경몽화록(東京夢華錄)》에는 당과자를 소엽아(笑靨兒)라 하고, 이들을 과식(果食)이라 했다.

以油麵糖蜜造爲笑靨兒謂之果食[113]

기름, 밀가루, 엿, 꿀로 만든 것을 소엽아라 하고 과식이라 말한다.

후대에 들어서면 과실[木果子], 유밀과 외에 각종 떡도 과식에 포함된다. 그러니까 과자에는 과실, 유밀과, 떡 등이 포함되며, 이들이 지닌 의미 체계로서 무병장수는 《형초세시기》의 세시 음식에서 이미 확연히 드러난다.[114]

1월 1일 도탕(桃湯) : 벽사(辟邪)하기 위함
1월 15일 두미(豆糜, 팥죽) : 장수를 기원함

112 김상보, 《한국의 음식생활 문화사》, 광문각, 1997, p. 265
113 孟元老, 《東京夢華錄》 卷8
114 宗懍, 《荊楚歲時記》, 550년경

3월 3일 용설판(龍舌粹, 꿀시루떡) : 계절병을 막기 위함

5월 하지 종(糉, 주악, 경단) : 무병장수를 기원함

복날 탕병(湯餠) : 무병장수를 기원함

9월 9일 이(餌, 시루떡) : 장수를 기원함

도탕(桃湯)은 벽사(辟邪)를 위하여 복숭아나무 가지와 잎을 물과 합하여 끓여 만들었다.[115] 새해 첫날 반드시 마시는 음료이다. 1849년 홍석모가 펴낸《동국세시기》에는 1월 15일 먹는 약반(약밥, 약식)은 장수를 기원하려 먹는다고 하였다. 약밥에 들어가는 꿀, 대추, 밤 등 과실로 무병장수를 바랐는지도 모르겠다.《동국세시기》에는 부스럼을 예방하려 1월 15일에 호두, 밤, 은행, 잣 등을 먹는다고 했다.[116]

귀신을 물리쳐 질병을 없애주는 팥(赤豆, 小豆), 기침·가래·천식 등에 약재로 쓰는 쑥은 떡을 만들 때 부재료로 사용하여 무병장수를 극대화하여 기원하였다. 5월 5일 음식에 쓰는 창포, 9월 9일의 국화꽃을 포함한 이들 재료는 사기(邪氣)를 막아주는 힘이 있다고 생각하여, 술을 빚을 때나 떡을 만들 때 부재료가 되었다.

2. 1,000년의 〈소선〉 문화 속에서 발달한 한과

다음으로 소개하는 한과류는 조선 왕실에서 간행한 〈연향식 의궤〉에 등장하는 것으로 도교가 바탕이 되는 양생학(養生學) 논리에, 선종의 영향으로 발전한 소선(素膳)이 결합하여 발전해 온 문화유산이다. 한반도 한과류의 발전 역사는 철기 시대부터 들어온 도교와 통일 신라에 이르러 급속히 전개된 선종의 영향을 받았고, 발

---

115 상기숙 역, 종름 저,《형초세시기(荊楚歲時記)》, 집문당, 1996, p.65
116 洪錫謨,《東國歲時記》, 1849

전의 극점을 고려 왕조라고 본다면 약 1,500년의 연속선상에서 발전한 산물이다. 발전한 시기를 좁게 봐서 소선(素膳)의 전개와 끽다(喫茶) 문화가 결합하여 발전에 박차를 가한 기간만을 본다면 약 1,000년이다.

불로불사(不老不死)의 기원이 담긴 떡과 유밀과 등을 포함하는 한과(韓果)는 약성이 든 참기름이나 꿀 등의 재료를 가미하여 장수식으로 삼았다. 이들은 장수를 염원하는 마음을 밑바탕으로 발전하였다. 조선 왕실의 연향식 의궤에 등장하는 한과류를 보도록 한다.[117]

1) 유밀과(油蜜果)

(1) 밀가루, 꿀, 참기름이 주재료인 한과

백은정과(白銀丁果), 홍은정과(紅銀丁果), 전은정과(煎銀丁果), 설정과(雪丁果)

홍미자(紅味子), 백미자(白味子)

양면과(兩面果), 행인과(杏仁果), 연행인과(軟杏仁果), 매엽과(梅葉果)

홍세한과(紅細漢果), 백세한과(白細漢果)

백요화(白蓼花), 홍요화(紅蓼花), 황요화(黃蓼花), 대요화, 소요화

백차수과(白叉手果), 홍차수과(紅叉手果)

약과(藥果), 연약과(軟藥果), 방약과(方藥果), 대약과(大藥果), 소약과(小藥果), 상약과(常藥果)

만두과(饅頭果), 소만두과(小饅頭果), 대만두과(大饅頭果)

---

117 《進宴儀軌》, 1719, 1901, 1902;《進饌儀軌》, 1829, 1848, 1868, 1877, 1887, 1892;《進爵儀軌》, 1828, 1873;《慈慶殿進爵整禮儀軌》, 1827;《嘉禮都監儀軌》, 1651, 1696, 1744, 1819, 1866, 1906;《園幸乙卯整理儀軌》, 1795;《受爵儀軌》, 1765;《迎接都監儀軌》, 1609, 1610, 1626, 1634, 1643

나식과(茶食果), 소다식과(小茶食果), 대다식과(大茶食果)

중박계(中朴桂), 소박계(小朴桂), 대박계(大朴桂)

잡과(雜果), 지방과(地方果), 봉접과(蜂蝶果), 서각과(犀角果), 소한과(小汗果)

상방미자(常方味子), 소동계(小童桂), 중일과(中一果), 면면과(面面果)

홍마조(紅亇條), 유사마조(油沙亇條), 염홍마조(染紅亇條), 송고마조(松古亇條)

홍망구소(紅望口消), 유사망구소(油沙望口消), 유사소망구소, 소홍망구소

유사미자아(油沙味子兒), 송고미자아(松古味子兒), 적미자아(赤味子兒), 백미자
아(白味子兒), 율미자아(栗味子兒), 연미자아(軟味子兒)

운빙(雲氷), 첨수(添水), 연운빙과(軟雲氷果), 소운빙(小雲氷)

백다식(白茶食), 전단병(全丹餅)

백산자(白散子), 홍산자(紅散子), 소홍산자, 소백산자

운빙(雲氷)은 무사히 더운 여름을 넘기기 위해 먹은 과자가 아닐까 한다. 즉 더운
사기(邪氣)를 막는 과자이다. 삼각형 형태로 만든 모양이 얼음이 연상된다 하여 붙
인 이름일 것이다.

(2) 찹쌀가루, 꿀, 참기름이 주재료인 한과

홍매화연사과(紅梅花軟絲果), 백매화연사과(白梅花軟絲果), 백자연사과(柏子軟
絲果), 백세건반연사과(白細乾飯軟絲果), 홍세건반연사과(紅細乾飯軟絲果), 각색
소연사과(各色小軟絲果), 각색중세건반연사과(各色中細乾飯軟絲果)

청입모빙사과(靑笠帽冰絲果), 황입모빙사과(黃笠帽冰絲果), 홍입모빙사과(紅笠
帽冰絲果), 백입모빙사과(白笠帽冰絲果), 사색빙사과(四色冰絲果), 삼색방빙사
과(三色方冰絲果)

사색감사과(四色甘絲果)

홍세건반강정(紅細乾飯强精), 백세건반강정(白細乾飯强精), 황세건반강정(黃細乾飯强精), 임자강정(荏子强精), 계백강정(桂柏强精), 백자강정(柏子强精), 백매화강정(白梅花强精), 홍매화강정(紅梅花强精), 오색령강정(五色鈴强精)

연사과(軟絲果, 軟沙果)

(3) 다식과 조란(造卵)

황률다식(黃栗茶食), 송화다식(松花茶食), 흑임자다식(黑荏子茶食), 녹말다식(菉末茶食), 강분다식(薑粉茶食), 계강다식(桂薑茶食), 청태다식(靑太茶食), 백다식(白茶食), 전단병(全丹餅)

조란(棗卵), 율란(栗卵), 강란(薑卵)

2) 떡[餅]

(1) 찰시루떡, 단자, 주악, 산삼, 화전 등

초두점증병(炒豆粘甑餅), 석이점증병(石耳粘甑餅), 녹두점증병(菉豆粘甑餅), 밀점증병(蜜粘甑餅), 임자점증병(荏子粘甑餅), 신감초점증병(辛甘草粘甑餅), 백두점증병(白豆粘甑餅), 석이밀설기(石耳蜜雪只), 잡과점설기(雜果粘雪只), 잡과고(雜果羔)

합병(盒餅), 후병(厚餅), 잡과병(雜果餅)

약반(藥飯)

석이단자(石耳團子), 청애단자(靑艾團子), 신감초단자(辛甘草團子), 자박병(自朴餅)

화전(花煎), 생강산삼(生薑山蔘), 연산삼(軟山蔘), 감태산삼(甘苔山蔘), 삭병(槊餅), 국화엽전(菊花葉煎), 각색사증병(各色沙蒸餅), 송고병(松古餅)

황조악(黃助岳), 감태조악(甘苔助岳), 대조조악(大棗助岳)

오미자병(五味子餅), 삼색병(三色餅)

(2) 메시루떡, 절편, 기타

백두경증병(白豆粳甑餅), 녹두경증병(菉豆粳甑餅), 신감초경증병(辛甘草粳甑餅), 석이경증병(石耳粳甑餅), 증병(蒸餅), 석이밀설기(石耳蜜雪只), 신감초말설기(辛甘草末雪只), 잡과밀설기(雜果蜜雪只), 밀설기(蜜雪只), 백설기(白雪只), 백미병(白米餅), 임자설기(荏子雪只)

각색산병(各色散餅), 석이병(石耳餅), 석이포(石耳包), 오색절병(五色切餅), 각색송병(各色松餅), 각색녹말병(各色菉末餅), 서여병(薯蕷餅), 오미자병(五味子餅), 백자병(柏子餅)

3) 정과(正果)

연근정과(蓮根正果), 생강정과(生薑正果), 피자정과(皮子正果), 모과정과[木果正果], 천문동정과(天門冬正果), 길경정과(桔梗正果), 동아정과[冬瓜正果], 건정과(乾正果), 당속정과(糖屬正果), 수정과(水正果)

정과류는 연근, 생강, 모과, 천문동, 도라지 등이 지닌 약성(藥性)과 꿀이 지닌 약성을 합하여 졸여 만들어 강한 약성이 있으며 장수를 염원하는 과자이다.

이밖에 산약(서여), 밤, 대추에 꿀을 합하여 졸인 것도 과자의 범주에 들어가며, 꿀물에 잣을 띄운 음료도 수정과라 하였다. 식혜(食醯) 또한 멥쌀과 엿기름, 꿀의 약성을 살린 대표적인 음청류이다.

가장 오래되어 역사성이 있는 감미료는 꿀일 테지만, 인공적이면서 오래된 역사를 지닌 감미료는 엿이다. 벼싹, 보리싹 등의 당화력을 이용해 전분과 합하여 만든 엿은 550년경에 나온《형초세시기》에 1월 1일에 먹는 음식인 '교아당'이라는 명칭으로 등장한다. 엿은 치아를 튼튼하게 하려고 먹는 중요한 세찬의 하나였다. 이를 이어받아《동국세시기》(1849)에도 엿을 세찬의 하나로 기술하고 있다. 엿은 한과를 만들 때도 주재료 중 하나였음은 물론이다.

3. 조선 왕실의 〈소선〉을 결정한 요인

1) 〈소선〉과 정·부정 사상 및 육식 금기(taboo)

음식론에서, 일반적으로 정(淨)은 깨끗하고 위생적인 것을 뜻한다. 이덕무(李德懋, 1741~1793)도 이를 위해 다음의 사항을 강조하여 정의 지침으로 삼도록 하였다.[118]

여성들은 조리할 때 반지를 뺄 것
젓가락을 사용하여 고기나 생선을 구울 것
도마와 밥상을 깨끗이 닦을 것
솥과 가마솥을 말끔히 닦을 것
조기젓과 청어젓은 손으로 떼어 먹지 말 것
음식에 먼지가 끼지 않도록 할 것

송시열(宋時烈, 1607~1689)도 깔끔하게 보이도록 조리하는 것을 정으로 삼아, 나물은 칫수[寸數]로 잘라 조리하고, 박나물이나 콩나물은 깨끗이 다듬어 조리해야 하며,

---

118 李德懋(1741~1793),《士小節》

만두는 너무 크게 만들지 말아야 하는데, 이는 안[內]을 지키는 여성들의 조리에 임하는 가장 중요한 자세라 하였다.[119] 그러니까 완성된 음식은 작고 얌전하며 가지런하고 깨끗이 보이도록 하여야 하는 '어머니의 정성'을 강조하였으며, 정(淨)한 것은 어머니의 정성과 직결된다.

불가(佛家)에서는 불살생계(不殺生戒)에서 보듯 깨끗한 음식이란 생명체를 죽여서 만들지 않고 생명이 없는 곡물, 채소, 해채류 등으로 만든 것이다. 해탈하기 위하여 정진(精進)할 때 섭취하는 음식은 몸을 가볍게 하고 정신을 맑게 하는 정(淨)한 음식으로, 이를 소식(素食) 또는 소선(素膳)이라 하였다.

불가에서 말하는 정한 음식과 반대 개념인 부정한 음식은 생명체를 죽여 만든 육식이다. 육식은 쾌락과 밀접한 관계가 있다. 한반도에서 거의 1,000년 이상 지속된 불교문화는 쾌락주의자들이 먹는 육류를 취급하는 집단(수렵인, 도살인 등)을 강력하게 차별하는 문화를 낳았다. 육류를 섭취하거나 취급하는 자들을 죄가 많은 존재로 간주하였다.[120]

육류를 기피하는 금욕주의자들의 대표는 승려 집단이었다. 이들은 깨끗한(淨) 계층으로 죄가 없는 순수함으로 존경을 받는 지위를 누리기도 하였다. 1,000년 이상인 불교 역사와 더불어 발달한 한반도의 소선은 불도를 수행한다는 메시지적 요소가 강하다. 선종(禪宗) 사회에서는 식(食) 자체가 불도 수행이다.

불교를 배척하고 유학을 추구했던 조선 왕조가 개국된 후에도 이러한 불교적 정·부정 사상은 그대로 계승되었다. 유교식 제사에 임할 때도 소선을 섭취하여 몸을 깨끗하게 만든 다음 조상신께 제사를 올렸다. 이를 재계(齋戒)라 하였다. 이뿐만 아니라 상(喪)중이면 왕실 차원의 연향에서도 소선을 차리기도 하였다.[121]

---

119 宋時烈(1607~1689), 《戒女書》
120 김상보, 《사상으로 만나는 조선왕조 음식문화》, 북마루지, 2015, pp. 22~31
121 《迎接都監儀軌》, 1634, 1643

아기를 점지해 주시고 아기의 생육에 관계하는 삼신[産神]인 제석신(帝釋神)은 깨끗한 신으로 간주하여, 이들에게 제물을 올릴 때 육류를 배제하고 백설기나 흰떡 등을 올렸다. 조선 왕실에서는 아기가 탄생한 지 3일째 되는 날 출산에 공이 있는 나인[內人]들에게는 미역국을 갖춘 반상을 하사하고, 처음으로 산모와 아기에게 세욕(洗浴)을 시킨 다음 아기 머리맡에 미역국과 흰밥을 각각 세 그릇씩 놓아 삼신에게 바쳤다. 7일째에는 미역국, 흰밥, 백설기를 산실청 전 직원에게 하사하고, 생후 백일에는 외소주방(外燒廚房)에서 몇 가마분의 백설기를 만들어 궁궐 안의 각 전(殿)과 궁 밖 종친들에게 돌리는 조촐한 축하연을 열었다. 첫돌[初度]에는 백설기, 수수경단, 송편, 콩시루떡, 흰밥, 미역국을 차렸다.

이처럼 태어나서 일 년까지 제공되는 소선 행사는 아기가 부정을 타지 않고 건강하게 무사히 자라나기를 바라는 마음에서 나왔다. 육류를 포함한 음식은 부정하고 건강하지 못한 것, 육류를 배제한 음식은 정하고 건강한 것으로 생각한 데에서 생겨난 풍습이다.[122]

궁중에서는 중국 사신을 접대할 때도 정·부정 사상을 적용하였다. 인조(仁祖, 재위 1623~1649) 21년(1643) 명나라에서 사신이 왔을 때 상중(喪中)이었다. 조선의 왕은 물론 사신을 접대할 때도 소선이 상에 올랐다.

결론적으로 말하면 불교 선종 사회에서 채택된 소선이 조선 왕조가 개국하고 나서는 유가(儒家)에서 재계(齋戒)의 한 부분이면서 삼신[産神] 신앙 등과 연계되어 음식문화의 한 분야를 차지하게 된다.

한반도에서 살던 초기 철기 시대에 우리 민족은 고기를 많이 먹었다. 부여는 가축으로 관(官)의 이름을 지어 마가(馬家), 우가(牛家), 저가(猪家), 구가(狗家), 견사자(犬使者), 사자(使者)라 하였다. 읍루는 돼지고기를 좋아하고 소와 말을 키웠으며, 한(韓)

---

122 김상보, 《사상으로 만나는 조선왕조 음식문화》, 북마루지, 2015, pp. 28~31

에서는 닭, 소, 돼지를 키웠다.[123] 고구려에서도 소와 돼지, 말을 키웠는데, 혼례 때 신랑집에서 신부집에 돼지와 술을 보냈다. 백제에서도 소, 돼지, 닭을 키웠다.[124]

이렇듯 육식을 선호하던 민족은 불교 유입과 선종의 보급 및 발달에 따른 불교 논리를 식(食)에 맞추어 육식 taboo를 성립한 결과로 육류에 대해 식(食) taboo를 가지게 되었다. 한반도에서 1,000년 이상 지속된 소선(素膳, 素食)의 보급과 발달은 육식 taboo를 전제로 해서 발달한 음식 문화이다.

2) 양생론과 탕(湯) 문화의 발달

원시 도교는 신선(神仙) 사상을 바탕으로 한(漢)대에 성립되었다. 한대에 만들어진 거울인 방격규구사신경(方格規矩四神鏡)의 명문(銘文)에는 "위에는 선인(仙人)이 있어 늙음을 모르며, 굶주려서는 대추 열매를 먹고, 갈증이 나면 옥천(玉泉)을 마신다."라고 하였다.

이 거울의 명문과 똑같은 내용이 백제 무령왕(武寧王, 재위 501~523)릉에서 발굴된 방격규구신수문경(方格規矩神獸文鏡)에도 새겨져 있다. 이 거울의 명문은 다음과 같다.[125]

尙方作鏡 眞大好 上有仙人不知老 渴飮玉泉飢食棗 壽如金石兮

상방이 거울을 만드니 진실로 매우 좋다. 위에는 선인이 있어 늙음을
모르며, 갈증이 나면 옥천수를 마시고 굶주려서는 대추를 먹는다. 수명

---

123 《後漢書》〈東夷傳〉;《三國志》〈魏志東夷傳〉
124 《北史》〈東夷傳〉;《新唐書》〈東夷傳〉;《隋書》〈百濟傳〉
125 서정록,《백제금동대향로》, 학고재, 2001, pp. 271~272

이 금석처럼 영원하다.

500년경 백제 사회에서 전개되던 신선 사상에 입각한 양생론을 엿볼 수 있는 대목이다. 신선들은 불로장수(不老長壽)하는데, 굶주릴 정도로 소식(小食)하여 대추를 먹고 옥천수를 마신다는 내용이다. 소식(小食)으로 몸을 가볍게 하여 장수한다는 도가(道家) 사상을 성립하고, 여기에 음양오행 사상이 결합하여 양생론에 입각한 본초서(本草書)가 나오니, 《신농본초경(神農本草經)》이 초출이다. 이후 당(唐)대에 정비가 이루어진 도교(道敎)는 본초학(本草學) 발전에 지대한 영향을 미쳐, 한반도에서는 1610년에 《동의보감(東醫寶鑑)》을 출간한다.

인위(人爲)를 부정하는 노장(老莊)사상의 근본은 자연(自然)을 이상으로 삼는 불로장생이다. 이는 선인처럼 불로장생하려면 몸을 가볍게 하여야 하는 내로경신(耐老輕身)에 있다. 이를 위해서는 기공(氣功) 즉 단전호흡(丹田呼吸), 도인(導引),[126] 방중(房中, 房中術), 및 채식(菜食)으로 기(氣)를 복(服)하여 장수한다는 것이다.

그래서 자연물(自然物)은 모두 약이 되므로 우리가 만들어 먹는 음식도 약이라 하였다. 식(食)은 곧 약(藥)이라는 약식동원(藥食洞源)이다. 따라서 본초학에서 탕액(湯液)을 추출하는 방법이 중요한 한 분야를 차지하게 되었고, 궁중 요리를 포함한 한국 음식에서 탕 문화의 발달은 본초학을 바탕으로 한 것이다.

3) 〈소선〉에 육류가 얹어져 발달한 식생활 전개

한반도에서는 B.C. 2000년경에 가축이 출현하였다. B.C. 1000년경의 평남 입석리유적, 함북 오동유적, 함북 호곡동유적 등에서는 보습, 극쟁이와 함께 소뼈가 출

---

126 도인(導引) : 도가(道家)에서 행하는 치료와 양생법. 관절과 체지(體肢)를 굴신(屈身) 또는 동작시키거나 정좌(靜坐), 마찰, 호흡법을 행함.

토되고 있다. 이는 소가 쟁기로 땅을 일구는 농경용 가축이있음을 말해 준다.[127]

B.C. 300년경부터 기원 전후까지 약 300년 동안이 초기 철기 시대이다. 이 시기에 부여, 고구려, 옥저, 동예, 마한, 진한, 변한 등 부족 국가가 있었다. 중국 사서에는 이들 부족 국가들이 사육한 가축에 대한 기록이 있다.

부여국(夫餘國)
6축으로 관의 이름을 지어 마가, 우가, 저가, 구가, 견사자, 사자라 한다.
소를 죽여 발굽을 보고 길흉을 점친다.[128]

예(濊)
다른 부족의 생활권을 침범하면 소, 말, 노비로 변상케 한다.[129]

한(韓)
금수초본이 중국과 같은데 꼬리가 긴 닭, 소, 돼지를 키운다.[130]

말, 소, 돼지, 개, 닭을 가축으로 사육하였다는 이야기이다. 이처럼 가축 사육의 역사가 오래되어 당연히 육류 섭취를 선호하는 식사 문화가 뒤따르지만, 불교의 전래라는 강한 문화적 충격을 받으면서 살생 금지에 묶여 육식 문화가 후퇴하였다.

살생 금지는 고려 시대에 들어와 불교가 융성하면서 더욱 엄격해졌다.[131] 송나라 사신으로 고려에 온 서긍(徐兢)이 지은 《고려도경(高麗圖經)》에 따르면 "고려에서는

---

127 이성우, 《동아시아 속의 고대한국식생활사연구》, 향문사, 1993, p.97
128 《後漢書》〈東夷傳〉;《三國志》〈東夷傳〉
129 《後漢書》〈東夷傳〉
130 《三國志》〈東夷傳〉
131 예를 들어 성종(成宗, 재위 981~997)은 성종 8년에 하교하여 도살과 육선(肉膳)을 금하였다(《高麗史》卷3).

중국 사신을 대접하기 위하여 양과 돼지를 도살할 때 네 다리를 묶고 불 위에 던진
다. 만일 다시 살아나면 몽둥이로 때려서 죽이니 뱃속에서 창자가 터져 오물이 흘
러나와, 이것으로 요리한 고기에는 고약한 냄새가 남아 도저히 먹을 수 없다.”라고
하였다.[132] 국가 차원에서도 제대로 도살하지 못하는 당시의 상황을 잘 대변한다.

그런데 고려가 몽고의 지배에 들어간 이후 식생활 상태는 조금씩 변화하기 시작
하였다. 몽고는 가축이 식량이었기 때문에, 전면적 이용 체계가 가장 발달하였다.
몽고는 식용으로 많은 소를 요구하였다. 고려에는 그들이 요구하는 만큼의 소가
없었다. 그래서 제주도가 목장으로 더없이 좋은 조건을 갖추었다는 데에 주목하
여, 여기에 대목장을 개발하였다. 이렇게 소와 양을 키우는 제주도 목장의 역사가
시작되었다.[133]

몽고인은 식용으로 가축의 고기뿐만 아니라 피, 내장, 머리까지도 전면적으로
이용한다. 이를 잘 대변하는 책이 《거가필용(居家必用)》이다. 《거가필용》식 육류 조
리법은 고려왕이 원나라 공주와 결혼하면서 궁중 요리에 이용되었을 가능성이 크
다. 조선 왕조의 각종 〈연향식 의궤〉에 등장하는 탕류를 보면 맹물에 소의 내장과
고기를 넣고 무르도록 삶아 탕으로 쓴 것이 대부분이다. 이는 고려 말 몽고에서 도
입한 궁중 요리법이 그대로 조선 왕조로 이어진 《거가필용》식 육류 조리법을 채
용한 것이라고 볼 수 있다.

조선 왕조의 숭유(崇儒)주의는 《의례(儀禮)》와 《예기(禮記)》를 수용한 것으로 주(周)
대의 복고주의의 영향이다. 강력한 절대 왕조를 위한 통치 수단의 하나로 제사를
통한 결속을 강조하였다. 따라서 국가든 민중이든 제사 음식을 위한 희생수(犠牲獸)
의 요구가 증대하였다. 몽고족 침입으로 생긴 제주도 목장 외에도 곳곳에 이들 희
생수를 위한 가축 사육이 성행하였다.

---

132 徐兢, 《高麗圖經》
133 이성우·김상보 외, 《食과 料理의 世界史》, 동명사, 1991, p.245

제사를 드린 후 제사 음식은 음복(飮福)이라는 과정을 통하여 섭취된다. 또 도실 후 남은 부산물인 내장, 혈액, 머리도 소비로 이어진다. 1924년 사사키 쇼타(佐佐木 正太)는 일본인의 눈에 비친 조선인에 대하여 다음과 같이 묘사하고 있다.[134]

조선인의 체격은 대개 우량하다. 키가 크고 골격도 조화를 이루고 있 다. 한족(韓族)이 이러한 체질을 가지게 된 것은 일반 풍습으로서 육식을 하기 때문이라고 생각된다. 생선은 말할 필요도 없이 소고기, 돼지고기 를 많이 먹고 있는데 도저히 일본 민족에 비할 바가 아니다. 옛날부터 조선의 집단지에는 어느 곳에도 상당의 도살장이 있다.

이상의 내용은 1924년 당시 보통 사람들이 소고기나 돼지고기를 상식하였음을 나타내는 글이다. 조금 앞선 1894년에 나온 글에도 소고기를 선호하는 상황을 보 여 준다.[135]

조선인들은 말고기를 먹지 않고 소고기를 아주 좋아한다. 팔도의 목장 은 전부 관부가 지배하고 있다. 소 도살은 목우(牧牛)를 보호하는 정책에 의하여 1마리를 도살할 때는 1두마다 약간의 돈을 관부에 납입하여 허 락을 받는다.

이렇듯 고려 시대에는 관부조차도 돼지를 제대로 도살하지 못하던 상황이었으 나, 조선 왕조로 넘어와 1800년대 말이 되면 상황이 급변하여 즐겨 먹는 나라로 변

---

134 佐佐木正太, 《朝鮮の實情》, 帝國地方行政學會, 1924
135 如囚居士, 《朝鮮雜記》, 春祥堂, 1894

모하였다.[136]

조선 시대에 등장하는 고조리서의 찬품 요리법은 고려식 소선에 조선의 시대 상황에 맞게 육류 재료를 덧씌워서 설정하였다고 본다. 다시 말하면 조선 시대의 고조리서에 등장하는 찬품은 고려식 소선에 육류 재료가 결합하여 재생산되었으며, 이러한 양상은 조선 후기로 내려올수록 더욱 가속화되었을 것이다.

4. 조선 왕실의 〈소선〉 차림 문화

1) 세종 2년 왕실 수륙재 〈소선〉 차림

조선 왕조가 1392년에 개국하고 나서, 고려가 패망한 원인의 하나가 불교였음을 천명한 왕실은 초기부터 숭유배불 정책을 펼쳤다. 그러나 고려 왕실에서 오랫동안 지속된 불교적 행사를 하루아침에 버릴 수는 없었다. 그 예의 하나가 세종(世宗) 2년(1420)에 거행한, 후덕대비를 위한 수륙재(水陸齋)[137]이다.

조선 왕조 초기에는 재(齋)를 올리는 절과 수륙재를 올리는 절을 구분하였다. 회암사(檜巖寺)[138]는 큰 재를 올리는 곳으로 정하고, 진관사(津寬寺)[139]는 수륙재를 올리는 곳으로 정했으므로,[140] 후덕대비를 위해 올린 일곱 번의 수륙재는 진관사 몫이었을 것이다.

이 일곱 번의 수륙재에 대하여 세종 2년(1420) 8월 상왕 태종(太宗)은 다음과 같이

---

136 김상보, 《한국의 음식생활 문화사》, 광문각, 1975, pp.328~334
137 수륙재(水陸齋) : 불가에서 바다와 육지에 있는 혼과 귀신을 위해 올리는 재.
138 회암사(檜巖寺) : 경기도 남양주시에 있는 봉선사(奉先寺)의 말사(末寺).
139 진관사(津寬寺) : 서울특별시 은평구 진관동에 있는 절. 조계종의 말사. 고려 현종 때 창건됨.
140 《世宗實錄》卷6 11月 戊辰條

말하었다.¹⁴¹

재를 올린다는 것은 본래 부처를 위한 것인데 첫 번째에서 일곱 번째
에 이르기까지 부처 앞에 갖다 놓은 것이 각기 등급이 있으니, 부처에
도 역시 등급이 있다는 말인가. 나는 다 그만두고 싶으나 오래된 습관
을 갑자기 고칠 수 없다면 이제부터는 전부 다 첫 번째 재와 똑같이 차
리게 할 것이다.

수륙재가 오래된 습관임을 이야기한 것으로 미루어, 세종 2년에 올리고자 했던
공양 물목은 고려 왕실부터 이어져 온 것으로 판단해도 좋다. [그림 18]부터 [그림
20]까지는《세종실록》을 기초로 필자가 작성한 것으로 세종 2년에 올리고자 계획
했던 공양물목과 〈수륙재 상차림도〉이다. [그림 18]은 초재, 2재, 3재의 상차림이
고, [그림 19]는 4재, 5재, 6재의 상차림이며, [그림 20]은 7재의 상차림이다.

(1) 상차림

(초재, 2재, 3재)

부처님
1행 : 밀잠전주목단(蜜潛專柱牧丹)을 꽂은 준화(樽花) 2, 분(盆)에 담은 백미
    (白米) 7기
2행 : 방기(方機)에 담아 고인, 꽃이 핀 모양의 거식(車食) 9기
3행 : 방기에 담아 고인 실과 9기와 화초유잠[花草油潛]

141《世宗實錄》卷9 8月 甲丑條

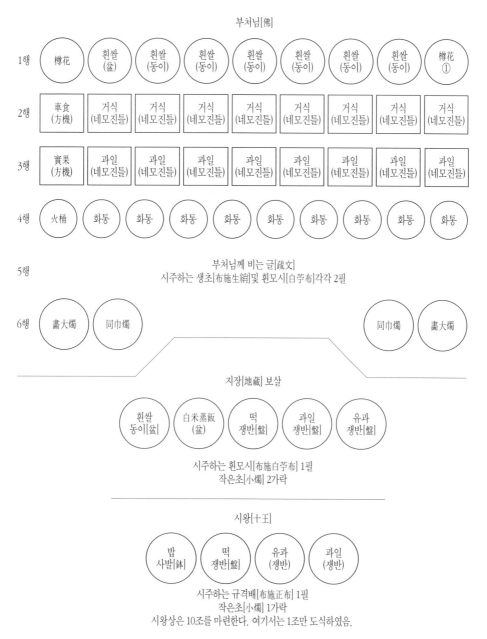

부처님[佛]

1행 樽花 | 흰쌀(盆) | 흰쌀(동이) | 흰쌀(동이) | 흰쌀(동이) | 흰쌀(동이) | 흰쌀(동이) | 흰쌀(동이) | 樽花①

2행 車食(方機) | 거식(네모진틀) | 거식(네모진틀) | 거식(네모진틀) | 거식(네모진틀) | 거식(네모진틀) | 거식(네모진틀) | 거식(네모진틀) | 거식(네모진틀)

3행 實果(方機) | 과일(네모진틀) | 과일(네모진틀) | 과일(네모진틀) | 과일(네모진틀) | 과일(네모진틀) | 과일(네모진틀) | 과일(네모진틀) | 과일(네모진틀)

4행 火桶 | 화통 | 화통 | 화통 | 화통 | 화통 | 화통 | 화통 | 화통

5행 부처님께 비는 글[䟽文]
시주하는 생초[布施生絹]및 흰모시[白苧布]각각 2필

6행 畵大燭 | 同巾燭 | 同巾燭 | 畵大燭

지장[地藏] 보살

흰쌀동이[盆] | 白米蒸飯(盆) | 떡쟁반[盤] | 과일쟁반[盤] | 유과쟁반[盤]

시주하는 흰모시[布施白苧布] 1필
작은초[小燭] 2가락

시왕[十王]

밥사발[鉢] | 떡쟁반[盤] | 유과(쟁반) | 과일(쟁반)

시주하는 규격배[布施正布] 1필
작은초[小燭] 1가락
시왕상은 10조를 마련한다. 여기서는 1조만 도식하였음.

[그림 18] 세종 2년(1420) 후덕대비를 위한 일곱 번의 재 중 初齋·二齋·三齋의 물목과 상차림(《세종실록》제8권, 필자 작성 그림)

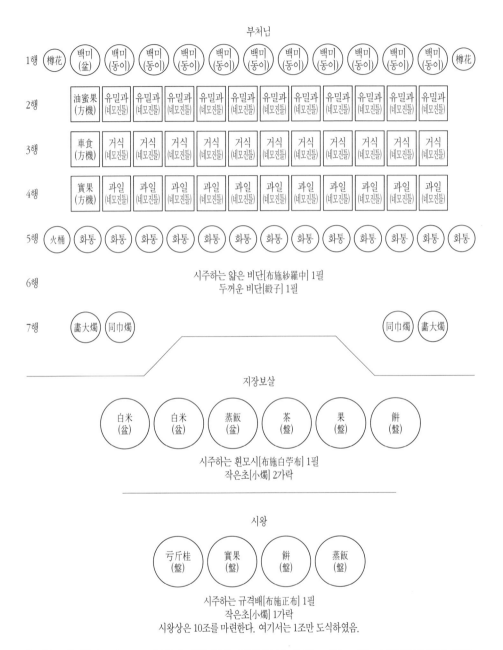

부처님

1행	樽花	백미(盆)	백미(동이)	백미(동이)	백미(동이)	백미(동이)	백미(동이)	백미(동이)	백미(동이)	백미(동이)	백미(동이)	백미(동이)	樽花
2행	油蜜果(方機)	유밀과(네모진틀)	유밀과(네모진틀)	유밀과(네모진틀)	유밀과(네모진틀)	유밀과(네모진틀)	유밀과(네모진틀)	유밀과(네모진틀)	유밀과(네모진틀)	유밀과(네모진틀)	유밀과(네모진틀)	유밀과(네모진틀)	
3행	車食(方機)	거식(네모진틀)	거식(네모진틀)	거식(네모진틀)	거식(네모진틀)	거식(네모진틀)	거식(네모진틀)	거식(네모진틀)	거식(네모진틀)	거식(네모진틀)	거식(네모진틀)	거식(네모진틀)	
4행	實果(方機)	과일(네모진틀)	과일(네모진틀)	과일(네모진틀)	과일(네모진틀)	과일(네모진틀)	과일(네모진틀)	과일(네모진틀)	과일(네모진틀)	과일(네모진틀)	과일(네모진틀)	과일(네모진틀)	
5행	火桶	화통	화통	화통	화통	화통	화통	화통	화통	화통	화통	화통	화통

6행   시주하는 얇은 비단[布施紗羅中] 1필
        두꺼운 비단[緞子] 1필

7행   晝大燭 同巾燭   同巾燭 晝大燭

지장보살

白米(盆)	白米(盆)	蒸飯(盆)	茶(盤)	果(盤)	餅(盤)

시주하는 흰모시[布施白苧布] 1필
작은초[小燭] 2가락

시왕

亏斤桂(盤)	實果(盤)	餅(盤)	蒸飯(盤)

시주하는 규격배[布施正布] 1필
작은초[小燭] 1가락
시왕상은 10조를 마련한다. 여기서는 1조만 도식하였음.

[그림 19] 세종 2년(1420) 후덕대비를 위한 일곱 번의 재 중 四齋·五齋·六齋의 물목과 상차림(《세종실록》 제8권, 필자 작성 그림)

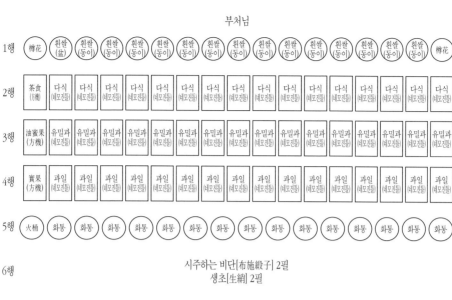

부처님

1행: 樽花 / 흰쌀(盆) / 흰쌀(동이) / 흰쌀(동이) / 흰쌀(동이) / 흰쌀(동이) / 흰쌀(동이) / 흰쌀(동이) / 흰쌀(동이) / 흰쌀(동이) / 흰쌀(동이) / 흰쌀(동이) / 흰쌀(동이) / 흰쌀(동이) / 흰쌀(동이) / 흰쌀(동이) / 樽花

2행: 茶食(方機) / 다식(네모진틀)×15

3행: 油蜜果(方機) / 유밀과(네모진틀)×15

4행: 實果(方機) / 과일(네모진틀)×15

5행: 火桶 / 화통×15

6행: 시주하는 비단[布施緞子] 2필 / 생초[生綃] 2필

7행: 懸燭 / 大畵燭 / 同巾燭 / 同巾燭 / 同巾燭 / 同巾燭 / 同巾燭 / 同巾燭 / 同巾燭 / 同巾燭 / 大畵燭 / 懸燭

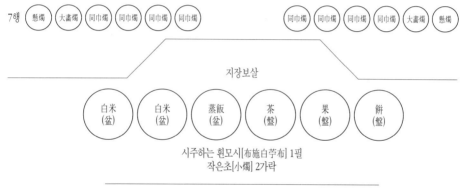

지장보살

白米(盆) / 白米(盆) / 蒸飯(盆) / 茶(盤) / 果(盤) / 餠(盤)

시주하는 흰모시[布施白苧布] 1필
작은초[小燭] 2가락

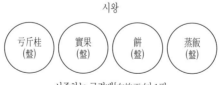

시왕

亏斤桂(盤) / 實果(盤) / 餠(盤) / 蒸飯(盤)

시주하는 규격배[布施正布] 1필
작은초[小燭] 1가락
시왕상은 10조를 마련한다. 여기서는 1조만 도식하였음.

[그림 20] 세종 2년(1420) 후덕대비를 위한 일곱 번의 재 중 七齋의 물목과 상차림(《세종실록》제8권, 필자 작성 그림)

4행 : 청색과 홍색의 얇은 비단[紗]으로 기린 화통(火桶) 10개

5행 : 부처님께 비는 글[疏文]

　　　시주 올리는 생초(生綃) 2필과 흰 모시[白苧布] 2필

6행 : 그림을 그려 만든 화대촉(畵大燭) 2가락, 동건촉(同巾燭) 2가락

지장보살

분에 담는 백미 1기와 증반(蒸飯) 1기

반(盤)에 담아 고인 병(餠) 1기와 실과 1기 및 유과(油果) 1기

시주 올리는 흰모시 1필, 소촉(小燭) 2가락

시왕[十王]

발(鉢)에 담아 고인 증반 1기

반에 담아 고인 병(餠) 1기와 유과 1기 및 실과 1기

시주 올리는 규격베[正布] 1필, 소촉 1가락

※이상의 것을 10조 마련함

(4재, 5재, 6재)

부처님

1행 : 준화 2, 분에 담은 백미 11기

2행 : 방기에 담아 고인 유밀과(油蜜果) 12기

3행 : 방기에 담아 고인 개화거식(開花車食) 12기

4행 : 방기에 담아 고인 실과 12기와 꿀에 잰 화초[花草蜜潛]

5행 : 청색과 홍색의 얇은 비단으로 가린 화통 14개

6행 : 시주 올리는 얇은 비단[紗羅] 1필, 두꺼운 비단[緞子] 1필

7행 : 그림을 그려 만든 대화촉 2가락, 동건촉 2가락

지장보살
분에 담은 백미 2기와 증반(蒸飯) 1기
반에 담은 차[茶] 1기와 실과 1기 및 병(餅) 1기
시주 올리는 흰모시 1필, 소촉 2가락

시왕
반에 담아 고인 우근계(于斤桂) 1기와 실과 1기 및 병 1기, 증반 1기
시주 올리는 규격베[正布] 1필, 소촉 1가락
※이상의 것을 10조 마련함

(7재)

부처님
1행 : 준화 2, 분에 담은 백미 15기
2행 : 방기에 담아 고인 다식(茶食) 17기
3행 : 방기에 담아 고인 유밀과 17기
4행 : 방기에 담아 고인 실과 17기와 화초밀잠
5행 : 청색과 홍색의 얇은 비단으로 가리운 화통 16개
6행 : 시주 올리는 비단[緞子] 2필, 시주 올리는 생초 2필
7행 : 거는 초[懸燭] 2, 그림을 그려 만든 대화촉 2, 동건촉 8가락

지장보살
분에 담은 백미 2기와 증반 1기

반에 담은 차 1기와 실괴 1기 및 병 1기

시주 올리는 흰모시 1필, 소촉 2가락

시왕

반에 담아 고인 우근계(亐斤桂) 1기와 실과 1기 및 병 1기, 중반 1기

시주 올리는 정포 1필, 소촉 1가락

※이상의 것을 10조 마련함

[그림 18], [그림 19], [그림 20]은 부처님[佛]께 올리는 차림, 지장보살(地藏菩薩)께 올리는 차림, 시왕[十王]께 올리는 차림으로 구성되었다.

지장보살은 석가모니 부처님의 부탁을 받고, 열반에 든[入滅]¹⁴² 후 미륵불이 속세로 나올 때[出世]¹⁴³까지 부처님 없는 세계에 머무르면서 지옥, 아귀, 축생, 수라, 인간, 천상[六道]¹⁴⁴의 중생을 화도(化導, 덕의德義로 교화하여 이끎)한다는 보살이다.

시왕은 저승에 있다는 십대왕(十大王)이다. 즉 진광대왕, 초강대왕, 송제대왕, 오관대왕, 염라대왕, 변성대왕, 태산대왕, 평등대왕, 도시대왕, 오도전륜대왕을 총칭한다. 49일 동안[中有]¹⁴⁵ 망자(亡者)가 저승에 들어가서 초칠일에 진광대왕의 거소(居所)에 이르고, 이하 차례로 2·7일, 3·7일, 4·7일, 5·7일, 6·7일, 7·7일, 100일, 1주년, 3주년에 각 왕의 거소를 거쳐 인간[娑婆]세계¹⁴⁶에서 저지른 죄의 재단(裁斷)을 받

---

142 입멸(入滅) : 멸도(滅道), 곧 열반(涅槃)에 듦.

143 출세(出世) : 제불(諸佛)이 중생을 제도하기 위해 사바(娑婆)세계로 나옴. 세상을 버리고 불도(佛道)로 들어감. 출가(出家).

144 육도(六道) : 모든 중생이 선악의 업인(業因)에 따라 필연적으로 이르는 6가지 미계(迷界). 지옥, 아귀, 축생(畜生), 수라(修羅), 인간, 천상(天上). 육계(六界).

145 중유(中有) : 사람이 죽어 다음 생을 받을 때까지의 시간. 다음 생의 생연(生緣)이 미숙하므로 이를 곳에 이르지 못한 49일 동안. 생유(生有), 본유(本有), 사유(死有)와 함께 사유(四有)의 하나. 중음(中陰). 칠칠일(七七日).

146 사바(娑婆)세계 : 인간세계, 속세(俗世).

고 결과에 따라 내세의 생소(生所)가 정해진다고 한다.

그러니까 돌아가신 망자를 위한 수륙재 때 열반에 들게 하시는 부처님, 덕으로 교화하여 이끄는 지장보살, 내세의 생소를 정해 주시는 십대왕을 한 조로 모셔서 재를 올려야 재를 올리는 목적이 달성된다는 것이다.

(2) 유밀과로 만든 꽃을 꽂은 준화(樽花)

[그림 18], [그림 19], [그림 20]에서 부처님께 차려 올린 1행에 준화(樽花) 한 쌍이 있다. 준화란 항아리에 꽂는 꽃을 뜻한다. 이때 항아리에 꽂는 꽃은 꿀에 잰 모란을 묶어 만들어 항아리에 꽂았다 하여 밀잠전주목단(蜜潛專柱牧丹)이라 했다. '꿀에 잰 모란'에서 모란은 생화 모란꽃이 아니다. 모란꽃 형태로 만든 조과(造果)를 꿀에 잰 것이다. 재료는 쌀가루 또는 밀가루일 것이다.

현재 부여 은산에서는 해마다 별신제를 올린다. 부여는 120여 년간 백제 왕조의 수도였다. 별신제의 역사는 백제 말경부터 시작한 것으로 생각되지만, 현재의 별신제가 완성된 시기는 임진왜란 후가 아닐까 한다. 그러므로 별신제 때 진설되는 제상 차림의 역사는 멀게는 백제 말경, 가깝게는 임진왜란 이후부터 지속된 역사성이 있으면서 토착적인 요소가 강하다.

별신제의 대상인 신은 복신장군(福信將軍), 토진대사(土進大師), 산신(山神)이다. 복신장군은 백제 역사에서 등장하는 복신(福信, ?~663)으로, 백제 무왕(武王, 재위 600~641)의 조카이다. 그는 무왕 28년(627) 당나라에 사신으로 파견되었고 장군직도 역임하였으며, 벼슬은 좌평(佐平)에 이르렀다. 백제가 멸망하자 승(僧) 도침(道琛 ?~661)과 함께 부흥을 꾀하여 임존성(任存城)에서 거병한다. 이후 사비성(泗泌城)을 습격하여 나당군(羅唐軍)에게 타격을 주었다. 일본에 있던 풍장(豊璋)이 귀환하자, 도침과 더불어 그를 풍왕(豊王)으로 추대하였으나, 이후 내홍(內訌)이 생기자 도침을 죽였다. 그 역시 풍왕과의 알력으로 피살되었다. 백제 패망의 소용돌이 속에서 역사적 인물로 등장하는 복신장군은 은산별신제에서 산신(山神)의 오른편에 있는 수호신으로 등장힌다.

토진대사(土進大師)는 의자왕(義慈王, 재위 641~660) 20년(660) 백제가 멸망하자 복신장군이 승려 도침과 함께 일본에 질자(質子)로 갔던 풍왕을 받들고 주류성(周留城, 백제 부흥군을 지휘한 복신과 도침의 중간 거점)에서 백제 부흥을 꾀하였다. 도침은 당시 승려들을 총괄하는 지위에 있었다. 부흥군이 강성할 때는 영군(領軍)장군으로 칭하면서 부흥군의 최고 지휘권을 행사하기도 하였다.

별신제에서 복신장군이 수호신이 되었다면 당연히 도침대사도 모셔야 한다. 그런데 실제로는 도침과 발음이 비슷한 토진을 모시고 있다. 과거 은산별신제가 처음 열렸을 때 당시의 신은 도침이었다가 세월이 흐르면서 '토진'으로 바뀌지 않았을까 한다. 어쨌든 도침과 토진 양자는 승려이다.[147]

여기서 각 신에게 올린 물목을 살펴보자.[148]

복신장군 제물
굴비 3마리로 구성한 어포(魚脯)
익힌 통돼지 1마리와 삶은 닭 3마리로 구성한 수육[熟肉]
고사리나물·숙주나물·도라지나물로 구성한 삼색나물
밤·대추·곶감으로 구성한 삼색과일
쌀밥 메
술 3헌

토진대사 제물
〈화전〉을 상화로 꽂아 항아리에 담은 백편(멥쌀로 만든 떡)과 진편(인절미)

---

147 김상보, 〈은산별신제 음식문화〉, 《扶餘學》, 부여고도육성포럼, 2014, pp. 167~170
148 김상보, 〈은산별신제 음식문화〉, 《扶餘學》, 부여고도육성포럼, 2014, pp. 176~188

국화·목단·연꽃을 조화로 만든 화반(花盤)

화등(花燈)

두부적, 다시마튀각

마지(摩旨, 메 즉 밥)과 면(麵)

다공양(茶供養)으로 준비한 정수(淨水)

산신 제물

생통돼지 1마리

녹음이시루(백설기 시루떡)

콩, 쌀, 팥

조라술

생두부

   각 신의 성격에 맞게 차려진 제물 중 불교와 관계가 있는 토진대사에게 올린 제물에서 백편과 진편에 꽂은 상화인 〈화전〉에 대하여 고찰한다.

   〈화전〉은 한자로 花煎이라 했다. 밀가루를 흰색, 붉은색, 청색, 보라색, 초록색의 다섯 색으로 나누어 반죽하여 홍두깨로 밀어서 모양을 낸 후 기름에 튀긴, 밀가루로 만든 과자이다. 쪼갠 대꼬치에 이 과자를 꽂아 백편과 진편의 상화(床花)로 삼았다.

   이러한 형태에 대한 문헌적 초출은 종름이 550년경에 쓴《형초세시기》이다.《형초세시기》시절에는 불교와 도교가 지배적이었으며, 이외에도 여러 종류의 토속적 미신이 널리 퍼져 있었다. 현실에서 도피하고 이상세계를 추구하는 담론을 숭상했던 당시의 노장과 불교 사상의 지배를 받은 청담(淸談)[149]은 종름이 살던 사회

---

149 청담(淸談) : 세사(世事)를 버리고 산림에 은거하여 노자와 장자의 공리(空理)를 논하던 일.

에 많은 영향을 주었다.

《형초세시기》〈우란분회〉에 수(隋)나라 두공섬(杜公瞻)이 쓴 안(按, 주)에는 부모를 위해 제불(諸佛)께 공양을 드릴 때 조각한 나무로 만든 분(盆), 쪼갠 대나무, 엿, 밀랍, 비단을 오려서 만든 꽃으로 아름답게 꾸민다고 하였다.[150]

이는 다양한 백미(百味, 과일과 조과)가 조각한 나무로 만든 분(盆)에 담기고, 여기에 쪼갠 대나무(대꼬치)에 꽂은 엿, 밀랍과 비단을 오려서 만든 꽃을 상화로 장식하여 아름답게 꾸몄다는 이야기이다.

일본의 경우 나라[奈良]에 있으며 성덕태자가 607년에 창건한 법륭사(法隆寺)[151]의 성령회(聖靈會) 제물에서 나타난다. 여기서는 쌀가루를 반죽하여 수선화나 매화 모양으로 만들어 튀겨서 대꼬치에 꽂아 떡 등에 꽂는다.[152]

성덕태자(聖德太子, 574~621)가 법륭사를 창건할 당시 백제는 무왕 시대였으며, 무왕 다음 의자왕 때 백제는 멸망하였는데, 백제와 일본 문화의 상관관계를 볼 때 매우 흥미로운 사실이다. 더욱이 법륭사의 성령회는 성덕태자의 기신재(忌晨齋)이고, 622년 성덕태자가 사망한 이후에도 계속된 법요식이다.

부여의 은산별신제에서 밀가루 반죽을 튀겨 만든 화전을 상화로 삼은 형태는, 백제 시대부터 내려온 절의 재(齋) 문화 잔재일 수도 있다.

한편 중국 남조(南朝)의 영향을 많이 받은 오키나와(옛 류큐 왕국)에서는 현재도 신 앞에 음식을 차릴 때 주된 공물에는 가늘게 쪼갠 대나무에 꽂은, 꽃 모양으로 만든 인삼, 무, 다시마를 상화로 삼아 장식한다. 이러한 사실은 두공섬이 〈우란분회〉에 주를 단 시절과 백제, 일본의 나라, 오키나와의 제물 문화 간에 연결고리가 있음을

---

150 《荊楚歲時記》〈盂蘭盆會〉
151 법륭사(法隆寺) : 일본 나라[奈良]에 있는 법상종(法相宗)의 대본산. 607년에 성덕태자(聖德太子)가 창건한, 세계에서 가장 오래된 목조 건물로 백제인의 솜씨라 한다. 금당(金堂) 오중탑(五重塔)과 백제관음불상이 있으며 벽에는 고구려 승려 담징(曇徵)이 그린 벽화가 있음.
152 岩井宏實, 〈行事と食事〉, 《世界の食べもの 12》, 朝日新聞社, 1984, p.148

시준한다.[153]

여기서 수륙재로 다시 돌아가서, 밀잠전주목단(蜜潛專桂牧丹)에서 모란은 쌀가루나 밀가루 반죽으로 밀어 빚어 모란 형태로 만들어서 기름에 튀긴 후, 즙청하여 대꼬치에 꽂아 항아리에 담아 준화(樽花)가 되었다고 판단한다. 조선 왕조 초기까지도 재를 올릴 때 준화는 유밀과가 꽃의 대용으로 쓰였던 것이다.

(3) 분(盆)에 담은 백미(白米)

분(盆)은 '동이 분', '소래기 분'이다. 수륙재에 쌀을 담은 분은 일반적인 동이가 아니라 나무를 깎아 조각하여 만든 것, 즉 원형의 목기로 추정된다.

(4) 방기(方機)에 담아 고인 꽃 핀 모양의 거식[開花車食]

방기(方機)란 네모지게 만든 틀이다. 방기 역시 나무를 깎아 조각하여 만들었다고 추측된다. 방기에 거식(車食), 실과, 유밀과, 다식을 고여 담았다. 개화거식(開花車食)이란 꽃이 핀 모양의 떡살로 찍어낸 원형 절편이다. 《동국세시기》〈단오〉에 다음의 글이 있다.[154]

> 단오의 속명은 술의일(戌衣日)이라고 한다. 우리말로는 수레[車]라 한다.
> 애엽(艾葉, 쑥)을 채집하여 멥쌀가루를 넣고 찧으면 녹색으로 변한다. 이
> 날에 이것을 쪄서 차륜(車輪) 모양으로 떡을 만들어 술의(戌衣, 수리취떡)라
> 고 한다.

차륜(車輪)은 수레바퀴를 가리키나 불가에서는 전륜성왕(轉輪聖王, 부처)의 보기(寶

---

153 김상보, 〈은산별신제 음식문화〉, 《扶餘學》, 부여고도육성포럼, 2014, pp. 177~183
154 洪錫謨, 《東國歲時記》, 1849

器)이다. 《형조세시기》에서는 2월 8일 식가탄신일에 차륜 모양의 등(燈)을 단다고 했다.

《동국세시기》에 나온 수리취떡은 멥쌀가루에 쑥을 넣고 수레바퀴 모양으로 둥글게 만든 쑥절편이다. 거식(車食)이란 꽃이 핀 모양으로 둥글게 만든 절편이다.

(5) 방기에 담아 고인 실과와 화초밀잠(花草蜜潛)

실과(實果)는 어떠한 종류의 과일인지 기록되어 있지 않다. 그런데 실과와 화초밀잠(花草蜜潛)을 함께 담았다고 했다. 높이 고여 담은 과실 위에, 꿀에 잰 화초 모양의 유밀과를 상화로 꽂아 아름답게 장식하였다고 판단된다. 준화(樽花)에서 '꿀에 잰 모란'과 마찬가지로 다양한 색을 입힌 밀가루 반죽이나 쌀가루 반죽을 풀꽃[花草] 모양으로 만들어 기름에 튀겨 꿀로 집청한 것, 혹은 절편 만드는 바탕 떡에 색깔을 입혀 풀꽃 모양으로 만들어 집청하여 대꼬치에 꽂아 고여 담은 실과 위의 상화로 삼지 않았을까 한다.

조선 왕조의 〈연향식 의궤〉에는 고여 담은 대추, 밤, 황률, 개암, 비자, 곶감 등의 위에 비단으로 만든 향화초충(香花草蟲)이라는 상화를 꽂았다.[155]

(6) 방기에 담아 고인 유밀과(油蜜果)

(밀가루+참기름+꿀)을 주재료로 만든 유밀과는 종류가 많지만 유밀과의 양대 축인 박계(朴桂, 대박계·중박계·소박계)류나 약과류가 아닐까 한다. 4·5·6재에서 시왕상에 오른 우근계(亐斤桂) 역시 박계류일 것이다.

(7) 방기에 담아 고인 다식(茶食)

다식은 백다식(白茶食)과 전단병(全丹餠)이다. 왜냐하면 조선 전기와 중기에는 이들

---

155 《迎接都監儀軌》, 《嘉禮都監儀軌》, 《豊呈都監儀軌》 등

다식이 왕실 다식의 양대 축이기 때문이다.[156]

　백다식은 밀가루에 꿀을 넣고 반죽하여 다식틀로 박아낸 다음 쪄낸 것이다.《영접도감의궤》(1643)에서는 사신을 수행하고 온 두목에게 제공하는 다식 1개의 재료와 분량을 밀가루 7순가락, 참기름 1리, 조청 2순가락이라 했다.[157] 지위가 낮은 두목에게 제공된 것이기 때문에 꿀 대신 조청이 들어갔다. 전단병은 밀가루에 꿀을 넣고 반죽하여 다식틀로 박아낸 다음 참기름에 갈색이 나도록 지져냈다.[158]

(8) 반(盤)에 담아 차린 차[茶]

　반에 담아 차린 차는 단다(團茶)이다. 단다는 말차[抹茶]용이다. 말차는 중국의 당(唐), 송(宋)과 고려 시대에 널리 유행하였으며, 점다(點茶)하여 마셨다. 고려 시대에 임금께 올린 용봉다(龍鳳茶)는 차싹으로 만든 최고급 단다이다.[159]

　[그림 18]에서 [그림 20]까지 일곱 번 올리는 재는 너무 화려하고 번잡하다고 예조에서 건의하여 이후 조선 왕조에서 영원히 사라지고, [그림 14]와 같은 형태로 수륙재를 거행하게 된다.

> 먼저 왕조 때부터 죽은 사람을 좋은 곳으로 가게 해야 한다고 하면서 재를 올리는 것은 낭비가 많습니다. 남녀가 밤낮으로 몰려다니면서 쓸데없이 화려한 것만 보이려고 하니, 부처를 섬기고 죽은 사람을 위하는 뜻과는 어긋납니다. 이제부터는 나라에서 차리거나 관리와 일반 사람이 차리거나 모두 산수가 정갈한 곳으로 가서 수륙재를 올리게 할 것이

---

156 《嘉禮都監儀軌》1651, 1759;《迎接都監儀軌》1609, 1634, 1643
157 《迎接都監儀軌》1643
158 《迎接都監儀軌》1634
159 김상보,《전통주 인문학》, 헬스레터, 2022, p.243

며, 그것을 차리는 일도 모두 승려에게 시킬 것이고, 승려 이외의 사람
은 참견하지 못하게 할 것입니다.[160]

2) 조선 왕실에서 새롭게 제정한 나랏재의 수륙재 차림

[그림 18]에서 [그림 20]까지는 고려 왕실에서 거행한 수륙재를 이어받은 상차
림이고, 예조에서 건의함에 따라 새로이 제정한 [그림 21]의 나랏재부터 [그림 22]
의 2품 이상 재, [그림 23]의 3품 이하 재는 세종 2년 9월 이후부터 거행한 새로운
재의 형태이다.

(나랏재, 수륙재)

부처님

1행 : 준화 2, 분에 담은 중반 15기

2행 : 분에 담은 중반 15기

3행 : 분에 담은 정면(淨麵) 9기

4행 : 분에 담은 두탕(豆湯) 9기

5행 : 방기에 담은 유과(油果) 9기

6행 : 방기에 담은 정병(淨餠) 9기

7행 : 방기에 담은 실과 9기

기타 : 등롱(燈籠), 수건저포(手巾苧布) 2필, 주지(奏紙) 50권, 주법(主法)에게
    시주 올리는 목면 1필, 재주(齋廚)에게 시주 올리는 규격베[正布] 5필

---

160 《世宗實錄》, 卷9 丁亥條

(2품 이상의 재, 수륙재)

부처님
1행 : 준화 2, 분에 담은 증반 9기
2행 : 분에 담은 정면 6기
3행 : 분에 담은 두탕 6기
4행 : 방기에 담은 유과 6기
5행 : 방기에 담은 정병 6기
6행 : 방기에 담은 실과 6기
기타 : 등롱(燈籠), 주지 15권, 수건정포(手巾正布) 1필

(3품 이하와 관직이 없는 사람의 재, 수륙재)

부처님(3품 이하)
1행 : 준화 2, 분에 담은 증반 6기
2행 : 분에 담은 정면 6기
3행 : 분에 담은 두탕 6기
4행 : 방기에 담은 유과 6기
5행 : 방기에 담은 정병 6기
6행 : 방기에 담은 실과 6기
기타 : 등롱, 수건정포 1필, 주지 15권

부처님(관직이 없는 사람)
1행 : 준화 2, 분에 담은 증반 3기
2행 : 분에 담은 정면 3기

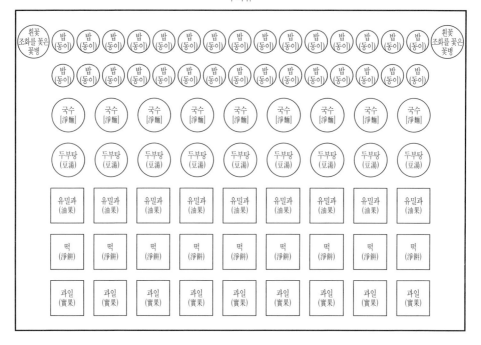

부처님

- 밀초 대신 등롱(燈籠)을 사용한다.
- 밥은 찐밥[蒸飯]이다.
- 수건으로 쓸 모시[手巾苧布] 2필
- 좌우 병(瓶)에는 흰꽃[素花] 6을 쓴다.
- 주지(奏紙, 燒紙) 50권
- 主法에게 바치는 목면 1필
- 재주(齋廚)에게 시주하는 규격베[正布] 5필

[그림 21] 세종 2년(1420)에 새롭게 정한 나랏재를 위한 수륙재(水陸齋)의 물목과 상차림(《세종실록》 9권, 필자 작성 그림)

3행 : 분에 담은 두탕 3기

4행 : 방기에 담은 유과 3기

5행 : 방기에 담은 정병 3기

6행 : 방기에 담은 실과 3기

기타 : 등롱, 수건정포 1필, 주지 15권

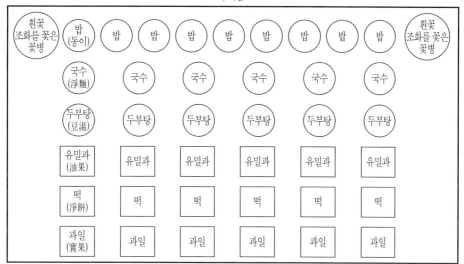

부처님

- 밀초 대신 등롱(燈籠)을 사용한다.
- 수건으로 쓸 규격베[手巾正布] 1필
- 주지(奏紙) 15권
- 좌우 병(甁)에는 흰꽃[素花] 6을 쓴다.

[그림 22] 세종 2년(1420)에 새롭게 정한 二品 이상을 위한 수륙재(水陸齋)의 물목과 상차림
《세종실록》9권, 필자 작성 그림

　이상의 상차림에서 공통으로 드러난 기용은 꽃을 담는 항아리인 준·분·방기이고, 찬품은 증반·정면·두탕·유과·정병·실과이다. 증반(蒸飯)은 찐 찹쌀밥, 정면(淨麵)은 껍질을 깨끗이 없앤 흰 밀가루로 만든 국수, 두탕(豆湯)은 두부탕, 유과(油果)는 기름에 튀긴 유밀과, 정병(淨餠)은 껍질을 깨끗이 없앤 멥쌀이나 찹쌀로 만든 떡이니, 앞서 서술한 차, 개화거식, 거식, 화초밀잠, 다식은 화려하고 사치스러운 것으로 간주하여 없애버렸다고 볼 수 있다.

　그런데 항아리에 꽂은 꽃, 즉 준화도 앞서는 꿀에 잰 모란을 꽂았으나, 여기서는 모든 상에서 좌우 항아리에 소화(素花) 6송이를 꽂는다고 했다. 항아리 하나에 조화로 만든 흰 꽃 3송이를 꽂았다는 이야기이다.

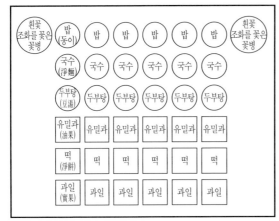
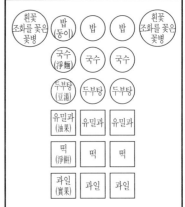

- 밀초 대신 등롱(燈籠)을 사용한다.
- 좌우 병(甁)에는 흰꽃[素花] 6을 쓴다.
- 수건으로 쓸 규격베[手巾正布] 1필
- 주지(奏紙) 15권

[그림 23] 세종 2년(1420)에 새롭게 정한 三品 이하와 관직이 없는 사람을 위한 수륙재(水陸齋)의 물목과 상차림(《세종실록》 9권, 필자 작성 그림)

　예조에서 제의하여 새롭게 정한 법에 따라 사치하지 않게 차렸다 하더라도 당시 국수와 떡은 대단히 사치스러운 음식의 범주에 속하였다. 조화로 만든 흰 꽃, 찹쌀 지에밥, 국수와 두부탕, 유과 및 떡과 과일로 구성한 차림도 물론 고가의 차림이지만, 훨씬 현실적이고 소박한 차림이다.

　결론적으로 말하면 [그림 18]부터 [그림 20]까지는 고려 왕실에서부터 행한 수륙재 상차림의 원형에 가깝다고 이야기한다면, [그림 21]부터 [그림 23]까지는 조선 왕조 이후 국가가 관여해서 차린 수륙재 상차림의 첫 단계이다. 이후 1910년 한일 병합이 이루어지기까지 사찰의 재상 차림은 많은 변화 과정을 겪었다고 볼 수 있으며, 오늘에 이르러서는 얼마나 변화했는지 가늠하기도 힘들다.

　어찌 되었든 차, 개화거식, 거식, 실과, 증반, 병, 유밀과, 우근계, 다식, 국수, 두부탕, 종이로 만든 흰 꽃, 밀잠전주목단, 화초밀잠은 조선 왕실 초기 대표적인 불교적 〈소선〉 차림 문화이다.

3)《영접도감의궤》의 〈소선〉 차림

《영접도감의궤(迎接都監儀軌)》란 영접도감에서 중국 사절들을 맞이한 전말을 기록한 책이다. 사신들은 조선 국왕의 즉위 승인, 왕세자 책봉 승인, 사시(賜諡)[161], 고명(誥命), 사제(賜祭) 등을 위하여 오거나, 중국 황제 등극, 황태자 책봉 및 황태후 책봉 등을 알리는 조서(詔書)와 칙서(勅書)를 지니고 왔고, 때로는 조제(弔祭)[162] 등 임무를 띠고 오기도 했다. 사신단에는 사신의 수행원으로 무역을 위하여 오는 두목(頭目) 등도 있었다.

사시와 조제 등의 임명을 받고 오거나 조선 왕실이 상중이면 사신들에게 소선을 제공하였다.

한반도에서 소선 전개는 고려 말 원(元)의 침입과 더불어《거가필용(居家必用)》풍의 육류 문화가 유입되면서 서서히 무너졌다. 이러한 배경에는 원나라 공주가 고려왕과 결혼하면서 육류 보급에 앞장선 것도 있고, 얼마 지나지 않아 고려가 망하고 유학을 신봉하는 조선 왕조가 개국하면서 희생수를 제사 음식에서 가장 중요한 공양물로 삼은 유교식 제례 문화가 자리 잡은 까닭도 있다. 사실 고려인이 즐겨 먹던 쌍하(雙下, 雙花)는 육류를 제외한 소채로 구성한 소를 넣고 만든 발효찐만두이다. 고려인들은 이를 건면(乾麵)이라 했다.[163]

고려인들은 육류를 철저히 금기시했다. 어쩌면 현재 우리들이 향유하는 육류를

---

161 사시(賜諡) : 시호를 하사함. 시호를 하사할 때는 하사에 관한 사유를 황지(黃紙)에 기록하고 이를 고명(誥命)이라 하며, 시호례(諡號禮)가 끝나면 황지를 불태워버리고 이에 대한 제사(祭祀)를 행하고 이를 분황제(焚黃祭)라 하였음.
162 조제(弔祭) : 죽은 이의 영혼을 조상하며 제사함.
163《老乞大》;김상보,《전통주 인문학》, 헬스레터, 2022, pp. 303~304

배제한 찬품은 불교문화기 가장 융성했던 고려 시대의 것이 지금까지도 면면히 이어졌을 수 있다. 또 찬품 안에 육류가 섞인 경우에도 조선 시대에 들어와서 고려의 소선에 육류 재료를 끼워 넣어 개발한 것이 현재까지 이어졌을 수도 있다.[164]

본 장에서 보고자 하는 《영접도감의궤》에 등장하는 소선은 상중(喪中)에 차린 찬품으로, 이들은 조선 시대에 만들어지지 않고 고려 왕실의 소선을 조선 왕실에서 속례(俗禮)로 받아들인 문화의 잔재라고 보아도 좋다.

(1) 1643년 소선 조반상(早飯床)

조반상(早飯床)은 아침진지에 앞서 차리는 초조반(初朝飯) 상차림이다.

① 정사에게 차린 조반상

[그림 24-1]은 1643년도에 조선 왕실이 명나라 사신 정사에게 베푼 조반상 차림도인데, 1609년에 나온 《영접도감의궤》의 〈차림도〉를 참고하여 어떠한 그릇에 담았는지 나타낸 것이 [그림 24-2]이다.

숟가락과 젓가락, 면, 침채, 죽, 정과를 사발 완(椀)에, 청밀(淸蜜, 꿀)과 강초장(薑醋醬)은 종지[鍾子]에, 그 밖의 것은 크고 작은 접시(貼是)에 담아 20기(종지 제외)를 차렸

---

164 1670년에 나온 《음식지미방》 〈잡채(雜菜)〉를 보면 다음과 같다.
　　"오이, 무, 순무, 참버섯, 석이버섯, 표고버섯, 송이버섯, 숙주나물을 생으로, 도라지, 거여목, 목숙(苜蓿), 박고지, 냉이, 미나리, 파, 두릅, 고사리, 시금치, 동아, 가지, 생치(꿩)는 삶아 실실히 찢어 놓는다. 생강이 없으면 건강(乾薑), 후추, 참기름, 진간장, 밀가루를 양념으로 쓴다.
　　각색 재료를 가늘게 1치(약 3㎝)씩 썰어 각각 기름간장에 볶아 합하는데, 각 재료는 임의대로 한다.
　　대접에 담고 즙을 적당한 묽기로 만들어 붓고 위에 천초, 후추, 생강을 뿌린다.
　　또 즙을 달리하려면 꿩을 잘게 다지고 된장을 걸러 삼삼하게 해서 참기름을 넣고, 간이 맞으면 밀가루를 타서 한소끔 끓여 즙을 걸쭉하게 만든다.
　　동아는 생으로 간을 약간 하여 쓰고 빛깔을 곱게 하려면 도라지(꽃)와 맨드라미로 붉은 물을 들이고, 없으면 머루물을 들이면 붉게 된다."
　　이 〈잡채〉에 들어가는 재료 중 소선으로 쓸 때는 꿩을 넣지 않았다고 판단된다. 조선시대에 들어와서 꿩고기를 재료로 사용했다고 판단된다.

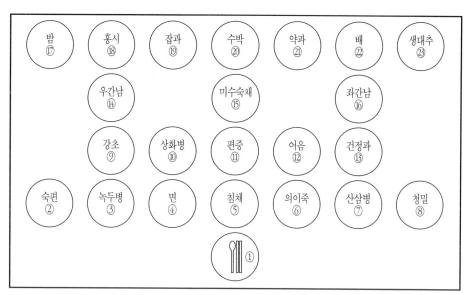

[그림 24-1] 관(館)에서 사신(정사)에게 차린 조반상(早飯床), 20기.(《영접도감의궤》, 1643, 필자 작
성 그림)

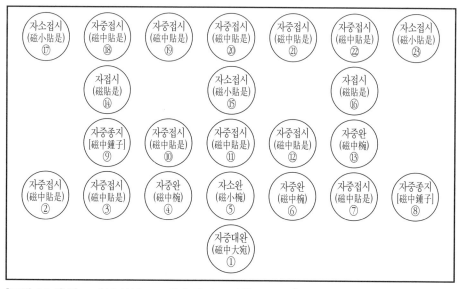

[그림 24-2] 관(館)에서 사신(정사)에게 차린 조반상(早飯床)의 그릇, 20기.(《영접도감의궤》, 1609,
필자 작성 그림)

다.[165] 이 20기의 찬품 재료를 분석하여 어떻게 만들어졌는지 추론해 본다.[166] 다음에 나오는 재료의 분량은 1기에 담는 재료량이다.

• 숟가락과 젓가락[匙筯]

• 숙편(熟片) 1기

재료 및 분량[167]
편두부[片豆泡] 1½근(900g)
표고(蔈古) 2홉(120cc)

만드는 법
㉠ 건표고를 물에 불려 깨끗이 손질하여 곱게 채를 썬다.
㉡ 두부를 베보자기에 싸서 무거운 것으로 눌러 물기를 뺀 다음, 도마에 놓고 으깨어 굵은 체로 내려 곱게 만든다.
㉢ ㉡에 ㉠을 합하여 섞는데, ㉠을 고명용으로 조금 남긴다.
㉣ 네모반듯한 틀에 베보자기를 펴고 ㉢을 담아 1㎝ 두께로 고르게 편다. 위에 고명용으로 남긴 ㉠을 고르게 얹는다. 베보자기로 덮어 살짝 눌러준다.
㉤ ㉣을 찜통에 올려 10분 정도 찐다.
㉥ ㉤을 식혀서 편으로 썰어 자중접시(磁中貼是)에 담는다.

---

165 《迎接都監儀軌》, 1609; 김상보, 《조선왕조 궁중의궤 음식문화》, 수학사, 1995
166 《迎接都監儀軌》, 1643
167 재료와 분량은 김상보, 《조선왕조 궁중연회식의궤 음식의 실제》, 수학사, 1995, pp.33~54를 참고하여 1合
   =60cc, 1升-600cc, 1夕=6cc, 1錢=4g 1兩=40g, 1斤=640g으로 함.

• 녹두병(菉豆餠) 1기

재료 및 분량

녹두[實菉豆] 1½되(900cc)

참기름[眞油] 7홉(400cc)

만드는 법

㉠ 녹두를 맷돌에 타개어 물에 충분히 불린다(8시간 이상).

㉡ ㉠을 잘 비벼 껍질을 깨끗이 거피하여 간다.

㉢ 지짐팬에 참기름을 충분히 두르고 ㉡을 국자로 떠서 지짐팬에 부어 튀기듯
이 지져낸다. 자중접시에 담는다.

• 면(麵) 1기

재료 및 분량

녹두말(菉豆末) 1되(600cc)

만드는 법

㉠ 녹두를 맷돌에 타갠 다음 충분히 불린다(8시간 이상). 잘 비벼 껍질을 깨끗이
제거한다.

㉡ ㉠에 물을 충분히 넣고 곱게 갈아서 그대로 가라앉혀 윗물을 따라낸다. 바
닥에 모인 앙금을 펴 말려서 고운 체로 쳐 가루로 만든다. 600cc를 준비한다.

㉢ ㉡을 되게 익반죽하여 치대어 끈기를 낸다. 작은 구멍을 뚫은 통 속에 반죽
을 넣어 압력을 가해 국수를 뺀다.

㉣ 끓는 물에 ㉢을 넣어 삶아 건져서 찬물에 헹궈 자중완(磁中椀)에 담는다.

※침채와 한 조가 되게끔 차린다.

• **침채**(沈菜) : 자소완(磁小椀)에 담는다.

• **의이죽**(薏苡粥) 1기

재료 및 분량

의이(薏苡) 1보시기[甫兒]

만드는 법

㉠ 율무를 씻어서 물에 2시간 이상 충분히 불린다.

㉡ ㉠에 물을 충분히 넣고 곱게 갈아서 그대로 가라앉힌다. 윗물은 따라버리고
바닥에 모인 앙금만 모아서 펴 말린다. 고운 체로 쳐서 1보시기를 준비한다.

㉢ ㉡의 율무가루에 물을 조금씩 부어 풀어 놓는다.

㉣ 냄비에 물을 담아 끓이다가 불을 약하게 줄인 다음 ㉢의 물에 갠 율무가루
를 조금씩 넣으면서 주걱으로 잘 저어준다. 말갛게 될 때까지 끓인다.

㉤ ㉣을 자중완(磁中椀)에 담는다.

• **산삼병**(山蔘餠) 1기

재료 및 분량

실산삼(實山蔘) 2근(1,200g)

찹쌀가루[粘米末] 2되(1,200cc)

잣[實柏子] 1홉(60cc)

꿀[淸蜜] 2홉 $^{3}/_{10}$(140cc)

참기름[眞油] 1되(600cc)

만드는 법

㉠ 산삼을 깨끗이 씻어 곱게 다진다.

ⓛ 찹쌀가루에 ㉠의 산삼을 합하여 반죽한다. 반죽을 떼어 산삼 모양과 크기로 빚는다.

ⓒ 튀김 냄비에 참기름을 붓고 불에 올린다. 기름이 달궈지면 ⓛ을 지지듯이 튀긴다.

ⓔ ⓒ이 뜨거울 때 붓으로 꿀을 발라 집청한다.

ⓜ 잣을 곱게 다져 가루로 만들어 커다란 접시에 펼쳐 놓는다.

ⓗ ⓔ을 ⓜ의 잣고물에 굴려 묻힌다.

ⓢ ⓗ을 자중접시(磁中貼是)에 담는다.

※청밀(꿀)과 한 조가 되게끔 차린다.

• **청밀**(清蜜, 꿀) : 자중종지[磁中鍾子]에 담는다.

• **강초**(薑醋, 강초장)

간장에 생강즙과 초를 화합한 장이다. 자중종지[磁中鍾子]에 담는다.

• **상화병**(床花餠) 1기

재료 및 분량

밀가루[眞末] 5되(3,000cc)

참기름[眞油] 2홉(120cc)

간장(艮醬) 2홉(120cc)

생강(生薑) 5전(20g)

후추[胡椒] 1전(4g)

소금[鹽] 1홉(60cc)

석이(石耳) 2홉(120cc)

잣[實柏子] ½홉(30cc)

기주미(起酒米) 1되(600cc)

순무[菁根] 20뿌리

연두부[軟豆泡] 3덩어리[塊]

기화(其火, 밀기울) 3되(1,800cc)

만드는 법

㉠ 밀가루에 기주미와 기화로 만든 주모를 넣고 반죽하여 따뜻한 곳에 놓아 발효시킨다.

㉡ 생강과 석이버섯은 곱게 다진다. 순무도 곱게 다져 물기를 짜서 없앤다. 연두부는 베보자기에 싸서 물기를 제거하고 으깬다. 이들 재료 모두를 합한다.

㉢ ㉡에 참기름, 간장, 후추, 소금을 합하여 소로 만든다.

㉣ ㉠의 발효된 반죽을 밤톨 크기로 떼어 펼쳐서 ㉢의 소와 잣 2~3알을 넣고 아물린다.

㉤ 찜솥에 베보자기를 깔고 ㉣을 담아 쪄낸다.

㉥ ㉤을 자중접시(磁中貼是)에 담는다.

※강초장과 한 조가 되게끔 차린다.

• **편증**(片蒸) 1기

재료 및 분량

다시마[多士亇] 3가닥[條]

고물잣[古物實柏子] 3작(18cc)

만드는 법

㉠ 두껍고 질 좋은 다시마를 물에 불렸다 꺼내 물기를 없애고 먹기 좋은 크기(3

×4cm)로 자른다.

ⓛ 잣을 가루로 만든다.

ⓒ 냄비에 ㉠을 깔아 담고 물을 부어 약한 불에서 조린다.

ⓔ ⓒ을 식혀서 ⓛ의 잣가루를 고물로 묻힌다.

ⓜ ⓔ을 자중접시(磁中貼是)에 담는다.

• **어음**(於音) 1기

재료 및 분량

연두부[軟豆泡] 3덩어리[塊]를 꼬치에 꿰어 만든 적이다. 자중접시(磁中貼是)에 담는다.

• **건정과**(乾正果) 1기

재료 및 분량

건정과 7홉(420cc), 자중완(磁中椀)에 담는다.

• **편두포전**[片豆泡煎, 우간남] 1기

재료 및 분량

편두부[片豆泡] 1편(片)으로 만든 두부전이다. 자접시(磁貼是)에 담는다.

• **미수숙채**(味數熟菜) 1기

재료 및 분량

표고(蔈古) 5홉(300cc)

참기름[眞油] 1되(600cc)

산장(艮醬) 2되(1,200cc)

생강(生薑) 1냥(40g)

후추[胡椒] 2전(8g)

초(醋) 5홉(300cc)

소금[鹽] 5홉(300cc)

만드는 법

㉠ 표고를 물에 충분히 불려 절반으로 썬다.

㉡ 지짐팬에 참기름을 붓고 ㉠을 지지듯이 튀긴다.

㉢ 간장에 다진 생강, 후추, 초, 소금을 합한다.

㉣ ㉡을 ㉢에 넣는다.

㉤ ㉣에서 표고를 건져 자소접시(磁小貼是)에 담는다.

• 편두포증(片豆泡蒸, 좌간남) 1기

재료 및 분량

석이(石耳) 3되(1,800cc)

잣[實柏子] 1홉(60cc)

편두부[片豆泡] 1편(片)

파[生葱] 10뿌리[本]

만드는 법

㉠ 두부를 베보자기에 싸서 무거운 것으로 눌러 물기를 뺀 다음 도마에 놓고 으깨 굵은 체로 내려서 곱게 한다.

㉡ 석이버섯은 물에 불려 비벼 깨끗이 손질하여 곱게 채를 썬다.

㉢ 파는 석이버섯 길이로 썰어 곱게 채를 썬다.

ⓔ 잣은 고깔을 떼고 길게 반을 갈라 비늘 잣을 만든다.

ⓜ ⓖ에 ⓛ과 ⓒ을 골고루 합하는데, ⓛ과 ⓒ을 고물용으로 조금 남긴다.

ⓗ 네모반듯한 틀에 베보자기를 펴고 ⓜ을 1㎝ 두께로 고르게 편다. 위에 고명으로 남긴 ⓛ과 ⓒ을 골고루 얹고 ⓔ을 얹는다. 베보자기로 덮어 살짝 눌러준다.

ⓢ 찜통에 ⓗ을 담아 10분 정도 찐다. 식혀서 편으로 썰어 자접시(磁貼是)에 담는다.

• 실생률(實生栗) 1기

재료 및 분량

밤 1되(600cc)를 자소접시(磁小貼是)에 담는다.

• 홍시(紅枾) 1기

재료 및 분량

홍시 7개(介)를 자중접시(磁中貼是)에 담는다.

• 잡과(雜果) 1기

재료 및 분량

밀가루[眞末] 8홉(480cc)

참기름[眞油] 3¹/₅홉(192cc)

꿀[淸蜜] 1⁴/₅홉(108cc)

만드는 법

ⓖ 밀가루 480cc에 꿀 108cc, 참기름 24cc를 합하여 손바닥으로 비벼 굵은 체

에 내린다. 여기에 물 2큰술 정도를 넣고 손으로 뭉치듯이 반죽한다.

ⓛ ㉠을 밀방망이로 0.5㎝ 두께로 밀어서 3×4㎝ 크기로 잘라 온도가 높지 않은 참기름으로 지지듯이 서서히 갈색이 나도록 튀긴다.

ⓒ ⓛ을 식혀서 자중접시(磁中貼是)에 담는다.

• **서과**(西瓜) 1기

재료 및 분량

수박 1개, 자중접시(磁中貼是)에 담는다.

• **약과**(藥果) 1기

재료 및 분량

밀가루[眞末] 4⁴/₅되(2,880cc)

참기름[眞油] 6홉(360cc)

합진유(合眞油) 3홉(180cc)

꿀[淸蜜] 1²/₅되(840cc)

청주(淸酒) 2홉(120cc)

만드는 법

㉠ 밀가루 2,880cc에 참기름 180cc와 꿀 576cc를 합하여 손바닥으로 잘 비벼서 굵은 체에 내린다. 여기에 청주 120cc를 넣고 혼합하여 손으로 뭉치듯이 반죽한다.

ⓛ ㉠을 밀방망이로 0.5㎝ 두께로 밀어서 4×4㎝가 되도록 반듯하게 썬다.

ⓒ 지짐팬에 참기름을 부어 높지 않은 온도에서 서서히 갈색이 될 때까지 지지듯 튀긴 다음, 뜨거울 때 붓으로 꿀을 발라 집청한다.

ⓔ ⓒ을 자중접시(磁中貼是)에 담는다.

- **생이**(生梨) 1기

 재료 및 분량

 배 5개(介), 자중접시(磁中貼是)에 담는다.

- **생대조**(生大棗)

 이상 20기로 차린 〈소선〉으로 구성된, 최고로 귀한 손님에게 접대한 조반상을 살펴보았다. 앞서 언급하였듯이 유밀과(약과, 잡과)와 밤, 홍시, 수박, 배, 대추는 과(果)에 포함하여 차리고 있다.
 조반상의 재료와 찬품을 다시 한번 요약한다.

 [재료]
 두부, 녹두, 의이, 찹쌀가루, 밀가루
 표고버섯, 석이버섯, 산삼, 생강, 파, 순무
 참기름, 간장, 초, 후추, 소금
 잣, 밤, 홍시, 수박, 배, 대추, 건정과
 꿀, 청주
 다시마

 [찬품, 장류 제외]
 면, 응이(의이)죽
 연두부어음탕
 다시마찜, 두부표고버섯찜, 두부석이버섯찜
 표고버섯숙채

두부전

상화병, 산삼병, 녹두병

약과, 잡과, 실과(건정과, 대추, 밤, 홍시, 수박, 배)

침채

총 20기

② 1·2등 두목 조반 1상

• **다시마 숙편**(熟片) 1기(찜)

재료 및 분량

다시마 1가닥

• **연두부 볶기**[甫只] 1기

재료 및 분량

연두포(軟豆泡) 1덩어리

• **황각**(黃角) **잡탕**(雜湯) 1기

재료 및 분량

황각 3홉

• **편두부적**(炙) 1기

재료 및 분량

편두포(片豆泡) ½근

• **녹두 녹말로 만든 면**(麵) 1기

재료 및 분량

녹두 녹말 5홉, 후추 1푼[分]

• **채**(菜) 1기

재료 및 분량

계절채소

• **약과**(藥果) 1기

재료 및 분량

밀가루 1되 3홉 5작

콩가루 1되 2홉 5작

흑탕(黑湯)[168] 5홉 8작

참기름 1홉

조청 1홉 5작

기주미 2홉

만드는 법

㉠ 밀가루에 콩가루를 골고루 합하여 기주미로 만든 술과 흑탕을 넣고 반죽한다.

㉡ ㉠을 밀대로 밀어 모나게(가로 · 세로 4㎝, 두께 1㎝) 썬다.

㉢ ㉡을 참기름에 지지듯이 튀긴다.

㉣ ㉢이 뜨거울 때 조청을 붓으로 발라 집청한다.

---

168 엿이 되기 전 상태로, 묽은 농도에 따라 흑탕<흑당(黑糖)<조청이라고 사료됨.

• **실과** 3기 : 밤 1기(2홉), 대추 1기(2홉), 홍시 1기(3개)

• **청장**(淸醬) 1기(2홉)

• **강초** 1기(1홉)

청장과 강초를 제외하고 총 10기를 차렸다. 이는 앞서 정사의 20기 상차림의 절반에 해당한다. 신분이 정사보다 낮기 때문이다. 간추리면 다음과 같다.

> 녹말면 1기
> 황각 잡탕 1기
> 다시마 숙편 1기
> 연두부 볶기 1기
> 두부적 1기
> 채 1기
> 약과 1기, 실과 3기
> 총 10기

③ 3등 두목 조반 1상

• **절육**(折肉) 1기(다시마 튀김과 김 튀김)

 재료 및 분량
 다시마 1가닥, 김 ¼장

- **연두부 볶기**[甫只] 1기

  재료 및 분량

  연두포(軟豆泡) 1덩어리

- **녹두 녹말로 만든 면**(麵) 1기

  재료 및 분량

  녹두 녹말 5작, 후추 1푼

- **채**(菜) 1기

- **실과** 5기 : 피백자(皮栢子) 1기(5작), 피진자(皮榛子) 1기(5작), 피율(皮栗) 1기(5작), 대추 1기(5작), 홍시 1기(3개)

- **청장** 1기(2홉)

- **초** 1기(1작)

청장과 초를 제외하고 총 9기를 차렸다. 이 중 5기가 실과이니 순수한 찬품은 4기뿐으로, 앞서 1등과 2등 두목 조반상보다 3기가 적다. 간추려본다.

　녹말면 1기
　연두부 볶기 1기
　다시마 튀김과 김 튀김 1기
　채 1기
　실과 5기

총 9기

　절육(折肉)이란 원래 육포(肉脯)나 어포(魚脯)를 칼을 사용하여 먹기 좋은 크기로 오
린 것을 말한다. 다시마와 김을 절육 대신 올렸다. 기록에 나와 있지 않아 어떠한
형태로 어떻게 조리해서 상에 올렸는지는 현재로서는 분명하지 않다. 1923년에
나온《조선무쌍신식요리제법》에 매듭자반[結佐飯]이 나온다. 가늘고 길쭉하게 자른
다시마에 후추와 잣을 싸서 매듭지게 묶어 기름에 지져내어 설탕과 잣가루를 뿌
린다고 했다.[169]

　자반(佐飯)이란 1795년에 나온《원행을묘정리의궤(園幸乙卯整理儀軌)》에 따르면 보
존성이 있고 맛이 진한 밑반찬 무리로, 밥 먹을 때 도와주는 찬류를 의미했으며
서유구(徐有榘, 1764~1845)는《옹희잡지(饔饎雜志)》에서 다음과 같이 기술하였다.[170]

　　소식가(素食家)는 기름에 지지거나 볶는 요리법을 갖고 있으며, 여기에
　　갖은양념을 화합하여 먹으면 나름대로 각별한 맛이 있다. 이것은 산가
　　(山家)에서 맑게 사는 사람들로 하여금 진귀하고 검소하게 살 수도 있도
　　록 해주는 것이다. 우리나라 사람들은 이것을 자반이라 한다.

　"우리나라 사람들은 이를 자반이라 한다."라고 한 것은 자반이 외국에서 전해진
음식임을 암시한다. 외국은 물론 중국이며, 정확히 말하면 중국의 산가(山家) 음식
이라고 하였다.《제민요술》〈소식〉에도 다시마 튀김과 김 튀김이 있다. 그러니까
〈매듭자반〉은 원래 소선에 속했던 찬품이었다. 이 소선 자반이 조선조에 들어와
서 밑반찬 무리로 변하더니 1830년경에는 경성에 밑반찬류인 자반만을 파는 자반

169　이용기,《朝鮮無雙新式料理製法》, 영창서관, 1923
170　徐有榘,《饔饎雜志》, 1800년대 초

전(佐飯塵)이 있을 정도로[171] 자반은 밑반찬으로 고착하였다.

　육포나 어포 절육을 대신하여 다시마를 재료로 조반상에 차렸다면 매듭자반류가 아닐까 한다. 같은 관점으로 김을 본다면《원행을묘정리의궤(園幸乙卯整理儀軌)》에 자반해의(佐飯海衣)가 일상식·반찬으로 등장하는데,[172] 이것도 과거에는 소선의 하나였다가 밑반찬으로 고착한 예이다.

　각 찬품 중에서 죽이나 탕류를 제외한 모든 찬품은 접시에 고여 담는 형태이다. 그러니까 1인당 소용된 재료의 분량으로 유추하면 수저, 면, 침채, 의이죽은 완(椀)에 담고 그 밖의 모든 찬품은 고여 담았다고 판단해도 좋다. 예외로 건정과는 완에 담았는데, 그 양이 7홉(420cc)이나 되므로 고여 담았다고 판단된다. 가장 높게 고여 담은 찬품은 약과이다.

(2) 1643년경 소선 다담

① 정사 다담 1상

　다담(茶啖)은 간단한 술상 차림이다. 1609년에 나온《영접도감의궤》를 참고하여 어떠한 그릇에 담았는지 [그림 25]의 1643년 〈다담상차림도〉로 나타냈다.[173]

　수저, 죽, 볶기, 수정과는 완(椀)에, 그 밖의 찬품은 크고 작은 접시(貼是)에 담아 10기를 차렸다.

　《영접도감의궤》(1643)에 기술된, 1기에 담는 재료와 분량으로 다담이 어떻게 만들어졌는가를 추론해 본다.

---

171 《한경지략(漢京識略)》, 1830
172 《園幸乙卯整理儀軌》, 1795
173 《迎接都監儀軌》, 1609, 1643

• 의이죽(薏苡粥) 1기

원문은 의이죽이지만 재료의 구성을 보면 녹두죽이다.

재료 및 분량

면녹두말(麵菉豆末) 5홉(300cc)

꿀[清蜜] 2홉(120cc)

대추[大棗] 5작(30cc)

만드는 법

㉠ 녹두를 맷돌에 타서 타갠 다음 물에 충분히 불려서(8시간 이상) 잘 비벼 껍질을 깨끗이 제거한다.

㉡ ㉠에 물을 충분히 넣고 곱게 갈아서 그대로 가라앉혀 윗물을 따라내고 바닥에 모인 앙금을 펴 말린다. 고운 체에 내려 가루로 만들어 300cc를 준비한다.

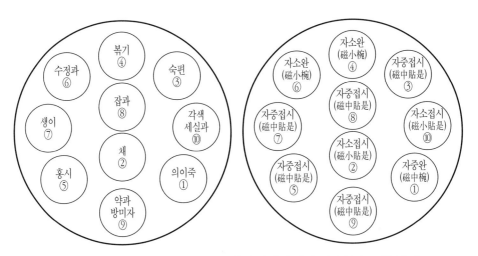

[그림 25] 조선 왕조에서 1643년 청나라 사신 정사에게 차린 다담상과 그릇 10기(《영접도감의궤》, 1609·1643, 필자 작성 그림)

ⓒ 대추는 씨를 발라내어 곱게 다진다.

ⓔ ⓛ에 물을 조금씩 부어 풀어 놓는다.

ⓜ 냄비에 물을 담아 끓이다가 불을 약하게 줄인 후, ⓔ을 조금씩 넣으면서 저어준다. ⓒ과 꿀을 합하여 말갛게 될 때까지 끓인다.

ⓗ ⓜ을 자중완(磁中椀)에 담는다.

• **채**(菜) 1기 : 자소접시(磁小貼是)에 담는다.

• **숙편**(熟片) 1기

재료 및 분량

다시마[多士亇] 1가닥[條]

청장(淸醬) 2홉(120cc)

초(醋) 1작(6cc)

소금[鹽] 1작(6cc)

만드는 법

ⓐ 두껍고 질이 좋은 다시마를 물에 불린다. 꺼내어 물기를 없애고 먹기 좋은 크기(3×4cm)로 자른다.

ⓛ 냄비에 청장, 초, 소금을 합하여 골고루 섞는다.

ⓒ ⓛ에 ⓐ을 넣고 약한 불에서 조린다.

ⓔ ⓒ을 자중접시(磁中貼是)에 담는다.

• **볶기**[甫只] 1기

연두부[軟豆泡] 1덩어리[塊]를 볶아 자소완(磁小椀)에 담는다.

- **홍시**(紅柿) 1기

  홍시(紅柿) 5개(介), 자중접시(磁中貼是)에 담는다.

- **수정과**(水正果) 1기

  재료 및 분량

  꿀[淸蜜] 1홉(60cc)

  잣[實柏子] 2작(12cc)

  만드는 법

  ㉠ 꿀에 끓여서 차게 식힌 물을 합하여 골고루 저어준다.

  ㉡ 잣의 고깔을 떼어 버린다.

  ㉢ 자소완(磁小椀)에 ㉠을 담고 ㉡을 띄운다.

- **생이**(生梨) 1기

  재료 및 분량

  배[生梨] 2개(介), 자중접시(磁中貼是)에 담는다.

- **잡과**(雜果) 1기

  재료 및 분량

  밀가루[眞末] 8홉(480cc)

  꿀[淸蜜] 2⁴/₅홉(168cc)

  참기름[眞油] 3¹/₅홉(192cc)

  만드는 법

ㄱ 밀가루 480cc에 꿀 108cc, 참기름 24cc를 합하여 손바닥으로 비벼 굵은 체에 내린다. 여기에 물 2큰술 정도를 넣고 손으로 뭉치듯이 반죽한다.

ㄴ ㄱ을 밀방망이로 0.5㎝ 두께로 밀어서 3×4㎝ 크기로 잘라 온도가 높지 않은 참기름으로 지지듯이 서서히 갈색이 나도록 튀긴다.

ㄷ ㄴ이 뜨거울 때 붓으로 꿀을 발라 집청한다.

ㄹ ㄷ을 자중접시(磁中貼是)에 담는다.

• 약과(藥果方味子) 1기

재료 및 분량

밀가루[眞末] 4⁴/₅되(2,880cc)

꿀[淸蜜] 1²/₅되(840cc)

참기름[眞油] 9홉(540cc)

청주(淸酒) 2홉(120cc)

만드는 법

ㄱ 밀가루 2,880cc에 참기름 180cc와 꿀 576cc를 합하여 손바닥으로 잘 비벼서 굵은 체에 내린다. 여기에 청주 120cc를 넣고 혼합하여 손으로 뭉치듯이 반죽한다.

ㄴ ㄱ을 밀방망이로 0.5㎝ 두께로 밀어서 4×4㎝가 되도록 반듯하게 썬다.

ㄷ 지짐팬에 참기름을 부어 높지 않은 온도에서 서서히 갈색이 될 때까지 지지듯 튀긴다.

ㄹ ㄷ이 뜨거울 때 붓으로 꿀을 발라 집청한다.

ㅁ ㄹ을 자중접시(磁中貼是)에 담는다.

• 각색세실과(各色細實果) 1기

재료 및 분량

개암[實榛子] 2홉(120cc)

호두[實胡桃] 2홉(120cc)

은행[實銀杏] 2홉(120cc)

이상을 자소접시(磁小貼是)에 담는다.

1643년 청나라 사신 정사에게 베푼 간단한 술상 차림을 살펴보았다. 찬품 내용은 [그림 22]의 조반상과 크게 다르지 않다. 가장 높게 고여 담은 약과를 중심으로, 접시에 담은 찬품 대부분은 고여 쌓아 담는 형태이다.

다담상에 올랐던 각 찬품의 재료를 다시 한번 요약한다.

밀가루, 녹두, 연두부

다시마, 계절채소

대추, 홍시, 잣, 배, 개암, 호두, 은행

꿀, 참기름, 청장, 초, 소금, 청주

② 두목 다담 1상

• **지방과**(地方果, 2개 분량) : 1기에 밀가루 2홉, 콩가루 6홉, 참기름 3작 2리, 흑탕 2작

• **봉접과**(蜂蝶果, 1개 분량) : 1기에 밀가루 5작 2리, 콩가루 2작 6리, 참기름 1작 5리, 흑탕 1작

• **상약과**(常藥果, 1개 분량) : 1기에 밀가루 1홉, 참기름 1작, 조청 2작, 청주 2리

- **은정과**(銀丁果, 1개 분량) : 1기에 밀가루 3작 9리, 조청 1작 3리

- **서각과**(犀角果, 1개 분량) : 1기에 밀가루 3작 9리, 참기름 3작, 조청 1작 3리

- **상방미자**(常方味子, 4개 분량) : 1기에 밀가루 1작, 참기름 5리, 조청 1리

- **다식**(茶食, 1개 분량) : 1기에 밀가루 7작, 참기름 1리, 조청 2작

다담은 작은 다연(茶宴)적 성격이 있는 차림이다.

정사 한 사람에게 10기를 차렸고, 두목 한 사람에게는 7기를 차렸다. 그런데 두목에게 차린 7기를 보니 한 그릇마다 지방과 2개, 봉접과 1개, 상약과 1개, 은정과 1개, 서각과 1개, 상방미자 4개, 다식 1개인데, 이는 정사에게 1접시마다 높게 고여 담아 차린 차림과는 너무도 다르다. 다담에 오른 찬품을 요약한다.

> 약과방미자, 상약과, 잡과, 지방과, 봉접과, 은정과, 서각과, 상방미자,
> 다식
> 의이죽
> 연두부 볶기, 다시마 숙편, 채
> 개암, 호두, 은행, 홍시, 배
> 수정과

(3) 상마연과 하마연의 소선 면협상

면협상은 환영연[下馬宴]과 환송연[上馬宴]에서 차리는 과안(果案)의 맞은편에 차리는 상이다. 1634년에 나온 《영접도감의궤》에는 임금께 올리는 과안의 면협상을

소선(素膳)으로 차렸음을 기술하고 있다[[그림 26]].[174]

[그림 26]의 1행에는 원래 어육(魚肉)을 차렸다. 어육이란 문어절육(文魚折肉), 건치절육(乾雉折肉), 편포절육(片脯折肉), 전복절육(全鰒折肉)으로 건문어, 건치(말린 꿩), 소고기포, 전복을 칼로 오려 고여 담은 것이다. 이 포를 담는 자리에 점(粘)을 문어 대신, 석이(石耳)를 건치 대신, 산약(山藥)을 편포 대신, 표고를 전복 대신 차렸다. 점은 밀 글루텐(gluten)이다. 점, 석이, 산약, 표고에 갖가지 양념을 달리하여 만들어 각종 어육포(魚肉脯) 맛을 내게끔 했다는 이야기이다.

2행에는 원래 건남(乾南, 肝南)을 차렸다. 다시마[多土亇]를 양간(羊肝) 대신, 또 다른 다시마를 회전복(灰全鰒) 대신, 죽순(竹筍)을 계란(鷄卵) 대신, 연파(蓮把)를 압자(鴨子) 대신, 전증(煎蒸)을 계아(鷄兒) 대신 차렸다. 다시마, 죽순, 연파, 두부로 여러 가지 양념을 달리하여 양간, 계란, 압자(오리), 계아(연계), 회전복의 맛을 내도록 만들어서 차렸을 것이다. 건남(乾南)이란 찜이나 수육 등을 가리키므로[175] 다시마, 죽순, 연파, 두부로 찜 찬품을 만들었을 것이다.

3행은 전어육(煎魚肉)을 차렸던 자리이다. 연근(蓮根)을 참새[小雀] 대신, 또 다른 연근을 저육(猪肉) 대신, 진이(眞耳, 참버섯)를 산비둘기[山鳩] 대신, 병자(餠煮)를 생선(生鮮) 대신 차렸다. 연근, 채, 진이, 녹두에 양념을 각각 달리하여 참새, 돼지고기, 산비둘기, 생선 맛이 나는 전어육이 되게끔 하였다.

[그림 26]의 찬품들을 어떻게 만들었을지 추측해 본다.

• **점**(粘) : 문어절육(文魚折肉) 대신 차림

재료 및 분량

---

174 《迎接都監儀軌》, 1634
175 《迎接都監儀軌》, 1634；김상보, 《조선왕조 궁중의례 음식문화》, 수학사, 1995, pp.87, 95

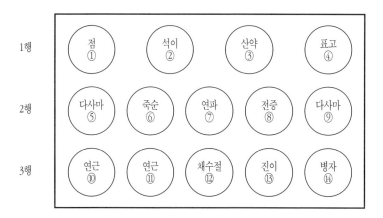

[그림 26] 1634년 중국 사신 환영연 때 임금께 올린 면협상(《영접도감의궤》, 1634, 필자 작성 그림)

점(粘) 50개(介)

만드는 법: 튀김

• **석이**(石耳) : 건치절육(乾雉折肉, 꿩절육) 대신 차림

재료 및 분량

석이(石耳) 3되(1,800cc)

만드는 법 : 튀김

• **산약**(山藥) : 편포절육(片脯折肉) 대신 차림

재료 및 분량

산약(山藥) 10뿌리(本)

만드는 법 : 튀김

- **표고**(蔈古) : 전복절육(全鰒折肉) 대신 차림

  재료 및 분량

  표고(蔈古) 1½되(900cc)

  만드는 법 : 튀김

- **다시마**[多士亇] : 양간건남(羊肝乾南) 대신 차림

  재료 및 분량

  다시마[多士亇] 5립(立)

  만드는 법 : 찜

- **죽순**(竹笋) : 계란건남(鷄卵乾南) 대신 차림

  재료 및 분량

  죽순(竹笋) 15개(介)

  만드는 법 : 찜

- **연파**(蓮把)[176] : 오리건남[鴨子乾南] 대신 차림

  만드는 법 : 찜

- **전증**(煎蒸) : 계아건남(鷄兒乾南) 대신 차림

  재료 및 분량

---

176 연파(蓮把) : 연의 꽃봉오리

편두부[片豆泡] 3편(片)

만드는 법 : 찜

• **다시마**[多土亇] : 회전복건남(灰全鰒乾南) 대신 차림

재료 및 분량

다시마[多土亇] 5립

만드는 법 : 찜

• **연근**(蓮根) : 참새[小雀煎魚肉] 대신 차림(연근전)

• **연근**(蓮根) : 저육(猪肉煎魚肉) 대신 차림(연근전)

• **채수절**(菜隨節) : 계절채소로 만든 채소전

• **진이**(眞耳) : 산비둘기[山鳩煎魚肉] 대신 차림(참버섯전)

• **병자**(餠煮) : 생선(生鮮煎魚肉) 대신 차림(녹두전)

재료 및 분량

녹두말(菉豆末) 3되(1,800cc)

참기름[油] 1되(600cc)

면협상에 올랐던 소선 찬품의 재료에서 각종 양념들은 누락되었으나 동원된 재료를 다시 요약한다.

점,[177] 녹두

석이, 표고, 진이

산약, 연근, 죽순, 연파

다시마

두부

참기름, 들기름

(4) 회례연(回禮宴)[178]의 소선 면협상
임금께 올린 회례연 면협상 1상

• **진이** : 1기에 3되. 정향포(丁香脯) 대신 차림(진이 튀김).

• **진이** : 1기에 2되. 중포(中脯) 대신 차림(진이 튀김).

• **점** : 1기에 50개. 문어절육 대신 차림(점 튀김).

• **대해의**(大海衣) : 1기에 4장. 사어(沙魚) 대신 차림(김 튀김).

• **산약** : 1기에 10뿌리. 대하(大蝦) 대신 차림(산약 튀김).

• **표고** : 1기에 1되 5홉. 전복찜 대신 차림(표고찜).

---

177 점(粘)이란 밀가루에서 글루텐만 취한 것(《소문사설(謏聞事說)》).
178 회례연(回禮宴) : 사례하는 뜻으로 베푼 연회

• **전증** : 1기에 편두부 3편. 연계찜 대신 차림(두부찜).

• **죽순** : 1기에 14개. 우족찜 대신 차림(죽순찜).

• **죽순** : 1기에 15개. 계란찜 대신 차림(죽순찜).

• **표고** : 1기에 1되 5홉. 회전복찜 대신 차림(표고찜).

• **병자** : 1기에 녹두말 3되, 기름 1되. 전어생선(煎魚生鮮) 대신 차림(녹두지짐).

• **연근** : 오리전 대신 차림(연근전).

• **연근** : 참새전 대신 차림(연근전).

• **다시마** : 1기에 5립. 양간전 대신 차림(다시마전).

• **석이** : 1기에 3되. 산비둘기전 대신 차림(석이전).

진이, 점. 대해의, 산약은 튀겨서 어육절육 대신 차린 찬품이다.

표고, 전증, 죽순은 간납이다. 찜 혹은 조림으로 만들어 전복찜, 연계찜, 우족찜, 계란찜, 회전복찜 대신 차렸다.

병자, 연근, 다시마, 석이는 양념하여 전으로 부쳐 전어생선, 오리전, 참새전, 양간전, 산비둘기전 대신 차렸는데, 이들은 간장 3되, 소금 1되 5홉, 초 1되 5홉, 개자

(芥子) 5홉, 후추 5홉, 생강 3냥으로 양념하였고 기름 2되로 지저냈다.[179]

임금께 올린 상마연과 하마연, 회례연의 면협상에 오른 소선 찬품을 간추리면 다음과 같다.

튀김류

점튀김 : 문어절육 대신 차림

김튀김 : 상어절육 대신 차림

표고튀김 : 전복절육 대신 차림

석이튀김 : 건치절육 대신 차림

산약튀김 : 편포와 건대하 대신 차림

참버섯[眞耳] : 정향포와 중포 대신 차림

찜류

표고찜 : 전복찜과 회전복찜 대신 차림

두부찜 : 연계찜 대신 차림

죽순찜 : 우족찜과 계란찜 대신 차림

다시마찜 : 양간찜과 회전복찜 대신 차림

연파찜 : 오리찜 대신 차림

전류

병자 : 생선전 대신 차림

연근전 : 오리전과 참새전 및 돼지고기전 대신 차림

다시마전 : 양간전 대신 차림

---

179 《迎接都監儀軌》, 1634; 김상보, 《조선왕조 궁중의궤 음식문화》, 수학사, 1995, pp. 95, 104

석이전 : 산비둘기전 대신 차림

참버섯전 : 산비둘기전 대신 차림

이상 조반상, 다담상, 면협상에 올랐던 재료를 비교하면 다음과 같다.

〈표 22〉《영접도감의궤》를 통하여 본 소선의 재료(1634, 1643년)

재료	조반상	다담상	면협상	재료	조반상	다담상	면협상	재료	조반상	다담상	면협상	재료	조반상	다담상	면협상	재료	조반상	다담상	면협상
녹두	○	○	○	산삼	○			표고버섯	○		○	꿀	○	○		개암		○	
의이	○			계절채소		○		석이버섯	○		○	청주	○	○		호두		○	
찹쌀	○			순무	○			진이	○		○	생강	○			은행		○	
밀가루	○	○		산약			○	다시마	○	○	○	파	○			잣	○	○	
점			○	연근			○					참기름	○	○	○	밤	○		
두부	○		○	죽순			○					청장		○		홍시	○	○	
연두부		○		연파			○					간장	○			수박	○		
												초	○	○		배	○	○	
												후추	○			대추	○	○	
												소금	○	○		건정과	○		

5. 고려인들이 선험(先驗)한 《수운잡방(需雲雜方)》의 〈소선〉

《수운잡방(需雲雜方)》은 1481년부터 1552년까지 생존했던 김유(金綏)가 지은 고조리서이다. 조선 왕조가 개국한 해가 1392년이니까, 김유는 개국하고 나서 89년이 지난 다음 태어났고 개국 후 160년이 지난 다음 사망하였다. 정확한 저작년도는 불분명하지만 1500년대 초로 추정한다면, 대략 개국 후 108년 정도 지난 후 작품으로 볼 수 있다.

김유는 중종(中宗) 때 광산김씨(光山金氏) 예안파(禮安派) 오천군자리(烏川君子里) 입향조이다. 오천면은 안동댐 건설로 수몰되어 현재 일부가 안동시 와룡면에 편입되어 있다. 따라서 《수운잡방》은 당시 안동 일대의 음식 전개 상황을 알려 주는 자료인데, 안동은 경성과 부산을 연결하는 중요한 길목에 자리하는 교통의 요충지였으므로, 단순히 안동의 음식 문화라고 단정짓기는 어렵다. 어찌 되었든 음식 문화가 지닌 견고한 보수성을 감안한다면 《수운잡방》의 각 찬품은 소선을 상식하고 살던 고려 민중들의 음식 문화 잔재가 대부분 수록되어 있다고 보아도 좋다.

고려 시대 소선적 음식 문화 풍토는 고려 말 원나라 침입이라는 사회적 환경 이후 육식 금기(taboo)가 무너지게 된다. 《수운잡방》에서도 다수의 육류가 재료로 들어간 찬품이 보이지만, 필자는 이를 감안하여 〈술빚기〉, 〈장담그기〉, 〈식초 만들기〉, 〈채소 저장하기〉, 〈기타 찬품 만들기〉로 구성된 《수운잡방》의 내용에서 첨삭을 시도하여 〈기타 찬품 만들기〉 중 육류를 배제한 찬품에 집중할 것이다.

1) 청교의 순무 동치미[青郊沈菜法]

青郊沈菜法
蔓菁極洗簾上鋪置下鹽如微雪須臾更洗如前下鹽勻令殘菜香草盖之經三
日切三四寸許納甕大甕則鹽二升小甕則鹽一升半熟冷水和注待熟用

순무를 깨끗이 씻어서 발 위에 널어놓고, 눈이 살짝 덮인 듯 소금을 뿌린다. 잠시 후 다시 씻어 앞서와 같이 소금을 뿌린 다음 남은 우거지와 향초(香草)로 고르게 덮는다. 3일이 지난 후 3~4치(10㎝ 정도) 길이로 잘라 독에 담는다. 큰 독이면 소금 2되, 작은 독이면 소금 1되를 넣는다. 반쯤 익으면 찬물을 붓는다. 익으면 (찬으로) 사용한다.

순무로 만든 동치미의 일종이다. 발 위에 순무를 널어놓고 소금을 뿌려 절이는 것은 순무 속의 수분을 제거하여 보다 꼬들꼬들한 식감을 내기 위해서이다. 향초로 덮어 절이는데, 이는 순무 속에 향초 향기가 스며들게 하기 위함일 것이다. 어떠한 양념도 사용하지 않는 순무 동치미이다.

청교(靑郊)란 안동의 어느 지역으로, 청교에서 만들어 먹는 순무 동치미라고 사료된다.

2) 백채 동치미, 메밀줄기 동치미[沈白菜]

沈白菜

木麥晚種未及結實者軟莖採取亦如此法白菜淨洗一盆鹽三合式下之經一宿更洗下鹽如前納甕注水勻令殘菜與他菜同

늦게 심은 메밀의 아직 결실되지 않은 연한 줄기를 채취하여 다음과 같은 방법으로 만든다. 백채(白菜)는 깨끗이 씻어 1동이[盆]를 마련한다. 여기에 소금을 3홉씩 뿌려 하룻밤 동안 절인다. 다시 씻어서 앞에서와 같이 소금을 뿌려 독에 담고 물을 부은 다음 남겨둔 백채 우거지와 다른 채소와 함께 고르게 덮는다.

어떠한 양념도 넣지 않은 메밀줄기나 백채로 만든 동치미이나.

3) 토란줄기 김치 만들기[土卵莖沈造]

土卵莖沈造
芋莖細剉一斗鹽小一握式和合納甕每日以手壓之則漸小入他器者移納以
熟爲限

토란 줄기를 가늘게 찢어 1말을 준비한다. 여기에 소금을 작은 한 움큼
씩 뿌려 독에 담는다. 매일 손으로 눌러준다. 익을 때까지 점차 조금씩
다른 그릇에 옮겨 담아 (찬으로) 사용한다.

토란 줄기에 소금물로 침하지 않으며, 어떤 양념도 넣지 않고 소금만을 사용하
여 단순 절임한 김치류이다.

4) 동아김치 구장법[沈東瓜久藏法]

沈東瓜久藏法
東瓜大切著鹽藏之用時退鹽或炙或炮任意用之

동아를 크게 썰어 소금에 절여서 저장한다. 사용할 때는 짠맛을 우려내
서 쓴다. 굽거나, 싸서 굽거나 임의대로 해서 (찬으로) 사용한다.

소금에 절여 저장한 동아를 물에 우려 짠맛을 제거한 다음 불에 올려 구워서 반
찬으로 삼았다.

5) 오이지와 가지지[苽菹]

七八月茄苽不洗以行子拭之鹽三升水三盆煎至一盆待冷瓜納瓮白頭翁莖
葉相間納之注前水苽沈水爲限以石鎭之

7, 8월에 가지와 오이를 따서 씻지 않고 행주로 닦아 놓는다. 소금 3되
에 물 3동이를 합하여 달여서 1동이가 되면 식힌다. 독에 오이와 오이
사이(혹은 가지와 가지 사이)에 할미꽃의 잎과 줄기를 켜켜이 담아 넣는다.
앞서 준비한 물을 오이(가지)가 잠길 때까지 붓고 돌로 눌러준다.

현재 오이지 담는 방법과 같으며, 가지도 오이지와 같은 형태로 담고 있다. 할미
꽃의 잎과 줄기로 오이를 덮는 이유는 오이지를 무르지 않게 하기 위함이다.

6) 또 다른 과저[又苽菹]

又苽菹

七八月不老苽摘取淨洗拭巾令無水氣納瓮鹽水鹽淡適中湯一沸注下白頭
翁山椒與苽交納則菹不爛而味甘

7, 8월에 늙지 않은 오이를 따서 깨끗이 씻은 후 수건으로 물기를 닦아
서 독에 넣는다. 간을 알맞게 맞춘 소금물을 한 번 끓여서 붓는다. 할미
꽃 풀과 산초를 오이와 켜켜이 섞어 담으면 오이지는 무르지 않고 맛이
달다.

앞서 오이지가 소금물로만 담근 데에 반히여, 이번 것은 양념으로 산초를 넣고 있다.

7) 오이 동치미[水苽葅]

水苽葅
八月摘甫籠苽淨洗晒乾令無水氣白頭翁於朴草山椒與苽交納瓮苽一盆沸
湯水一盆鹽三升和注熟時泡上瓮面井花水日日瀉下以無泡爲如此則味極
好葅水到底清如水晶

8월에 오이를 따서 널찍한 광주리에 담아 깨끗이 씻는다. 햇볕에 말려 물기를 없앤다. 독에 오이를 넣고 켜켜이 할미꽃의 잎과 줄기로 덮고 산초를 뿌려 담는다. 오이 1동이를 담고자 하면 물 1동이에 소금 3되를 합하여 끓여 (식혀) 붓는다. 익을 때 독 윗면에 거품이 괴어오르면 거품이 일지 않을 때까지 매일 정화수를 부어내린다. 이렇게 하면 맛이 매우 좋고 김칫국물은 독 밑까지 맑아 마치 수정과 같다.

산초로 양념하여 담근 오이 동치미이다.

8) 늙은 오이지[老瓜葅]

老瓜葅
老瓜摘取分剖以匙刮去內細切下鹽小許翌日還出去瓮內水多下鹽山椒交
納瓮不注客水亦出自然水如此則雖周一朞亦不敗味以白頭翁防瓮口以石
重鎭之大抵瓜葅編於朴草防口多以石壓之

늙은 오이를 따서 절반으로 잘라 숟가락으로 속을 긁어 낸다. (독에) 잘게 썬 오이를 넣고 약간의 소금을 뿌린다. 다음날 다시 꺼내고, 독 안의 물을 없앤다. (다시 독에) 오이를 넣고 소금과 산초를 넣는데, (이렇게) 켜켜이 담는다. 소금을 많이 뿌린다. 따로 물을 붓지 않아도 저절로 물이 생긴다. 할미꽃의 잎과 줄기로 독의 주둥이를 덮어 막고 돌로 눌러두면 1년이 지나도 맛이 변하지 않는다. 대체로 오이지는 박초(朴草)를 엮어 독 주둥이를 덮고 막은 후 돌로 눌러 두기를 많이 한다.

늙은 오이를 산초로 양념하여 만든 오이지이다.

9) 납일에 담근 가지 술지게미 장아찌와 오이 술지게미 장아찌[臘糟菹]

臘糟菹
臘日酒滓交鹽納瓮泥塗瓮口待夏月茄瓜摘取拭巾令無水氣深插糟缸待熟
用之有水氣則生蟲雖非臘日不出是月可也茄瓜須用童子曝陽爲妙

납일(臘日, 동지 후 세 번째 戌日)에 담는다. 술지게미에 소금을 합하여 독에 담고, 독 주둥이를 진흙으로 발라 봉해둔다. 여름에 가지나 오이를 따서 행주로 닦아 물기를 없앤 다음 술지게미가 들어 있는 독에 깊이 박아 두었다가 익으면 (찬으로) 쓴다. 물기가 있으면 벌레가 생긴다. 납일이 아닐지라도 납월(설달)을 넘기지 않으면 담글 수 있다. 가지와 오이는 동자(남자아이)로 하여금 햇볕에 쬐게 한 것을 쓰면 맛이 좋다.

소금을 합한 술지게미에 가지나 오이를 넣어 익힌 장아찌류이다.

10) 무 동치미[沈唐蘿蔔][180]

沈唐蘿蔔

唐蘿蔔經霜後去莖葉或存軟莖葉洗去土以石磨去根鬚更淨洗蘿蔔一盆着
鹽二升經宿洗去鹽氣浸水一夜拯出鋪箔去水納甕蘿蔔一盆鹽一升五合式
和水滿注置不凍處用之若小鹽氣一盆鹽二升式和水注下

서리가 내린 후 무의 줄기와 잎을 따서 버리거나, 연한 줄기와 잎은 그
냥 두어도 좋다. 흙은 씻어버리고 잔뿌리는 돌로 문질러 없애고 다시
깨끗이 씻는다. 무 1동이마다 소금 2되를 뿌려 하룻밤 재우고 나서 소
금기를 씻어버린다. 하룻밤 물에 담가 두었다가 건져 발 위에 널어 물
기를 없앤 후 독에 담는다. 무 1동이마다 소금 1되 5홉씩 넣어 푼 소금
물을 가득 차도록 부어 덥지 않은 곳에 두었다가 (찬으로) 쓴다. 만약 싱
거우면 무 1동이당 소금 2되씩 넣어 푼 소금물을 붓는다.

양념 없이 소금물만 사용하여 만든 무 동치미이다.

11) 파김치[蔥沈菜]

蔥沈菜

蔥淨洗去麤皮不去鬚納瓮勻推壓滿注水二日一改水夏待三日秋待四五日
無冽氣爲限還出更洗着鹽如灑雪蔥一件鹽一件納瓮作鹽水暫醎滿注於朴
草擁閉甕口以石鎭之待熟用之用時去皮鬚其色白好

---

180 당나복(唐蘿蔔) : 무

파를 깨끗이 씻는다. 거친 겉껍질을 벗겨 다듬고 수염뿌리는 그대로 둔다. 이것을 독에 담아 손으로 고르게 누른 다음 물을 가득 채우고 이틀에 한 번씩 물을 갈아준다. 여름에는 3일, 가을에는 4~5일이 지나고 나서 매운 기가 없어지면 꺼내서 씻고 눈이 내린 듯이 소금을 뿌려둔다.독에 파 한 층, 소금 한 층으로 켜켜이 담는다. 조금 짠 소금물을 만들어 독 가득 채운다. 박초(朴草, 짚이나 수숫잎)로 독 주둥이를 막고 돌로 눌러두었다가 익으면 (찬으로) 쓴다. 쓸 때 껍질과 수염뿌리를 떼어 버리면 그 빛깔이 희고 좋다.

양념 없이 소금물에 담가 익힌 파김치이다.

12) 참순무 동치미[眞菁根沈菜, 土邑沈菜]

眞菁根沈菜, 土邑沈菜
正二月眞菁根淨洗削皮大則剖作片納瓮淨水鹽小許沸湯待冷菁一盆則水三盆注之待熟用之

정이월에 참순무를 깨끗이 씻어서 껍질을 벗긴다. 큰 것은 잘라 토막내어 조각으로 만들어 독에 담는다. 깨끗한 물에 소금을 조금 넣고 끓여서 차게 식힌다. 무 1동이마다 이 물을 3동이씩 붓는다. 익으면 (찬으로) 쓴다.

싱겁게 양념 없이 담근 참순무 동치미이다.

13) 거짓가루를 넣어 만든 김장 김치[過冬芥菜沈法]

過冬芥菜沈法

冬瓜蔓菁及莖剝皮如漢菜切之盛於不津瓮內將盛鹽微查下之次抛菜如前下
瓮滿瓮爲限每鋪菜眞油斟酌注下又芥子末麤篩篩下又茄子開折并沈亦可

동아와 순무, 순무줄기는 껍질을 벗기고 동아처럼 썰어서 물이 새지 않
는 독에 담는다. 담을 때 소금을 살짝 뿌리고 또 채소를 앞서와 같이 넣
고 켜켜이 담아 독이 찰 때까지 넣는다. 채소를 넣을 때마다 참기름을
적당히 넣고 성긴 체로 친 겨잣가루를 넣는다. 가지를 쪼개서 같이 넣
어도 좋다.[181]

동아나 순무, 가지를 겨잣가루와 참기름으로 양념한 김장 김치이다.

14) 오이소박이[香瓜菹]

香瓜菹

擇瓜未壯大者勿洗以巾拭之暫曝裁上下端以刀三分直折生薑蒜胡椒香薷
油一匙艮醬一匙共煎納入瓜切處不津缸極乾無水氣先盛其瓜又油與艮醬
和合煎乘熱注缸翌日用之

크지 않은 오이를 택한다. 절대로 물로 씻어서는 안 된다. 행주로 닦아
잠시 햇볕을 쪼인 후 칼로 위와 아래의 끝을 잘라내고 세 가닥으로 길

---

181 윤숙경 역, 《수운잡방 주찬》, 신광출판사, 1998, p.154 참조.

게 쪼갠다. 생강, 마늘, 후추에 노야기 기름[182] 1숟가락, 간장 1숟가락을
합하여 지져 익힌다. 이것을 오이 쪼갠 것에 넣는다. 물이 새지 않는 항
아리를 물기 없이 바싹 말려서 소를 넣은 오이를 담는다. 간장에 참기
름을 합하여 달인다. 뜨거울 때 항아리에 붓는다. 다음날 (찬으로) 쓴다.

생강, 마늘, 후추, 노야기, 간장, 참기름을 양념으로 만들어 익힌 다음 오이의 소
로 삼아 만든, 일종의 오이소박이이다.

후추는 조선 초기 일본에서 들어온 수입 물품 중 하나로 상당히 귀한 식재료였
다. 안동은 일본 사신이 경성으로 가는 길목이었으므로 사신이 갖고 온 후추가 전
해져 이후 조선에서 후추를 양념으로 사용하게 된 것이 아닐까 싶다.[183]

15) 더덕구이[山蔘佐飯]

山蔘[184]佐飯
山蔘去麤皮搗之流水浸之無水流數改水令無苦味熟蒸鹽淸醬香油交合盛
瓷器中山蔘浸一宿陽乾再浸下胡椒末小許又乾用時炙而進之夏節尤好

더덕의 거친 껍질을 벗기고 두드려 흐르는 물에 담가 두거나, 흐르는
물이 없을 때는 여러 번 물을 갈아 주어 쓴맛이 없도록 한다. (이것을) 쪄
서 익혀 소금, 청장, 참기름을 섞어 자기에 담아 하룻밤 재우고 나서 햇

---

182 향유유(香薷油) : 향유는 노야기(꿀풀과의 한해살이풀)로, 일종의 향채. 발한, 해열, 안위(安胃), 이뇨(利尿),
   입냄새를 없애는 효능이 있음.
183 김상보·장철수, 〈조선통신사를 포함한 한·일 관계에서의 음식문화 교류〉, 《한국식생활문화학회지》, Vol. 13,
   No. 5, 1998, p. 434
184 《아언각비(雅言覺非)》에서는 山蔘을 더덕[多德]이라고 설명함.

볕에 말린다. 후춧가루를 약간 뿌려서 재워 두었다가 또 말린다. 쓸 때
는 구워서 상에 차린다. 여름철에 더욱 좋다.

여기서 산삼은 더덕을 말한다. 쓴맛을 없앤 더덕을 쪄서 소금, 간장, 참기름, 후
춧가루로 양념하여 햇볕에 꾸덕꾸덕 말려서 불에 구운 더덕구이이다. 더덕구이라
고 하지 않고 자반(밥을 먹을 때 도와주는 반찬)이라 한 것은 밥반찬으로서 용도를 강조한
까닭이다.

16) 다시마지짐[煎藿法]185

煎藿法
細磨精栢子交醋塗藿煮火用之

깨끗한 잣을 곱게 갈아 식초와 섞어서 다시마에 바른다. 불에 지져 사
용한다.

식초를 넣은 잣가루를 다시마에 발라 지짐팬에 담아 익혀서 먹는 음식이다.

17) 가지지짐[毛䴲伊法]

毛䴲伊法
生茄子四折煎於眞油將醋及蒜汁沈用經過數年其味如新又生茄子如前四
折煎於眞油艮醬中合於醋及蒜汁用之

---

185 《오주연문장전산고(五洲衍文長箋散稿)》에서는 甘藿을 해대(海帶)라고 설명함. 해대는 다시마임.

생가지를 네 쪽으로 갈라 참기름으로 지진 다음 초와 마늘즙에 담가두면 수년이 지나도 그 맛이 새것과 같다. 또 생가지를 앞에서와 같이 네 쪽으로 갈라 참기름으로 지져내고, 간장에 초 및 마늘즙을 합하여 사용한다.

18) 사면법[絲麵法, 濕麵法][186]

濕麵法
擇菉末之白肥者熱水於鼎幷入中瓢湯沸之出熱瓢盛沸水二升乘水之猶熱加菉豆末二三合折木二枝數數撓爲之膠膠厚則添沸水薄則添菉末流木枝不絶而後加菉豆末五升更和之其厚薄若眞蜜結後一手收如小指穿三穴之瓢塞三指盛和水之末注沸水之鼎一手扣其瓢瓢高則糆細以木枝撓在鼎之糆拯用之爲妙糆善惡考在作膠之生熟厚薄也

녹말은 희고 좋은 것을 택한다. 솥에 뜨거운 물을 넣고 그 속에 바가지를 넣어 끓인다. 뜨거운 바가지를 꺼내 끓는 물 2되를 담는다. 아직 물이 뜨거울 때 녹말 2~3홉을 넣고 나뭇가지 두 개로 여러 번 휘저어서 죽으로 만든다. 죽이 되직하면 끓는 물을 더 붓고, 묽으면 녹말을 더 넣는다. 죽이 나뭇가지를 타고 끊어지지 않게 흐를 때 녹말 5되를 더 섞는다. 농도가 만약 진 꿀같이 되면, 새끼손가락 굵기의 구멍 3개가 뚫린 바가지를 한 손에 들고 손가락 3개로 구멍을 막아 죽을 담아 솥 안의 끓

---

186 습면(濕麵)은 건면(乾麵)에 대응하는 단어이다. 건면은 만두류, 습면은 국수류를 가리킨다(《居家必用》).《음식지미방》에서는 식면, 즉 사면(絲麵)이라 했다. 여기에 등장하는 습면은 국수라고 해석하기보다는 사면에 가까워 사면으로 기술함.

는 물에 흐르게 히면서 한 손으로 비가지를 두드린다. 바가지가 높을수
록 국수가 가늘어진다. 나뭇가지로 솥 안의 국수를 휘저어 건져 쓴다.
국수가 좋은가 나쁜가는 죽이 익었는가, 익지 않았는가, 된가, 묽은가에
달려 있다.

사면이란 일종의 당면이다. 《제민요술》의 법이 그대로 이어져 《수운잡방》에서
소개하고, 이어서 《음식지미방》과 《주방문》에서도 소개된다.

19) 두부 만들기[取泡][187]

取泡
太一斗磨破去皮又綠豆一升別磨去皮沈水待潤緩緩細磨細布帒漉之須精
去滓更漉之入釜沸之若溢則以冷淨水從釜邊暫下凡三溢三點水則熟矣以
厚石皮濕之覆火上絶火氣鹽水和冷水至淡緩緩入之若有忙心則泡堅不好
徐徐入之待凝裏袱勻鎭其上

콩 1말을 맷돌에 타서 껍질을 없앤다. 별도로 녹두 1되를 맷돌에 타서
껍질을 없앤다. 이들 모두를 물에 넣고 불린 다음 천천히 곱게 간다. 올
이 가는 주머니에 넣고 걸러 찌꺼기를 없애서 깨끗이 한다. 다시 걸러
솥에 넣고 끓인다. 넘치면 깨끗한 냉수를 솥 가장자리를 따라 천천히
붓는다. 대개 세 번 넘치고 세 번 물을 부으면 익는다. 익으면 두꺼운
섬거적[石皮][188]을 물에 적셔 불 위를 덮어 불기를 끈다. 염수에 냉수를 합

---

187 취포(取泡)란 '포(泡)'를 모은다라는 뜻으로, 두부 만들기로 해석된다.
188 석피(石皮) : 섬거적

하여 심심하게 하여 아주 천천히 붓는다. 만약 조급하게 부으면 포(泡)
가 단단해져서 좋지 않다. 서서히 넣어야 한다. 기다렸다가 엉기면 베
보자기에 넣고 그 위를 고르게 눌러준다.

콩과 콩의 ¹/₁₀ 에 해당하는 녹두를 합하여 두부를 만들고 있다.

20) 순무장[菁根醬]

菁根醬
菁根去麤皮淨洗一盆爛烹末醬一斗細末鹽一斗和合熟搗納瓮以如指柳木
穿至瓮底十數穴鹽一升水一鉢和煎待冷注水待熟用之其甘如飴菁根爛烹
全體與末醬交雜沈造如常法待熟磨作豉亦好此法勝宜用滿平定成收開日
須於月初八日二十三則無蟲蛆

순무의 거친 껍질을 벗겨서 깨끗이 씻어 1동이를 마련하여 무르게 삶는
다. 메주[末醬] 1말을 곱게 가루로 만들어서 소금 1말을 합하여 잘 찧어
삶은 순무에 골고루 합하여 독에 담는다. 손가락 굵기의 버드나무 가지
로 독 밑까지 구멍을 10여 개 뚫는다. 소금 1되에 물 1사발을 섞어서 끓
인 다음 식혀서 붓는다. 익으면 쓰는데 그 단맛은 엿과 같다. 무를 통째
로 무르게 삶아 메주와 합하여 보통 법대로 담가 익힌 다음 갈아서 시
(豉)를 만들어도 역시 좋다. 이 방법은 만평정성수개일[189]에 하면 좋다.

---

189 만평정성수개일(滿平定成收開日) : 건제십이신(建除十二神). 곧 길흉일을 맡은 12신. 건제(建除)가 12일마
다 순환한다고 생각하여 그날의 간지(干支)와 합하여 그날의 길흉을 운위(云謂)하게 됨. 건(建), 제(除), 만
(滿), 평(平), 정(定), 집(執), 파(破), 위(危), 성(成), 수(收), 개(開), 폐(閉) 중 제, 위, 정, 집, 성 개가 길(吉)이
고, 나머지가 흉(凶)임.

매월 8일과 23일에 만들면 구더기가 생기지 않는다.

삶아 익힌 순무에 메주와 소금을 합하여 담근 장이다. 비율은 대략 순무 1동이에 메주:소금이 1:1이다.

21) 전시(全豉)

黃黑豆勿論卯時沈水辰時拯出熟蒸黑豆則色紅出乍曝出氣作架架上鋪蓬又鋪空石草席席上鋪豆豆上盖蓬甚厚經二七日生黃毛爲上曝乾簸揚正豆一斗鹽一升麴三合水一鉢和納甕盖甕器以泥塗之埋馬糞經二七日出曝藏之

누런콩과 검정콩을 구별하지 말고 묘시(5~7시)에 물에 담가 두었다가 진시(7~9시)에 건져내어, 검정콩일 경우 홍색이 될 때까지 푹 쪄서 잠깐 햇볕에 꺼내어 김을 날려 보낸다. 시렁을 만들고 시렁 위에 쑥을 펴서 넌다. 그 위에 빈 가마니를 깔고 가마니 위에 콩을 펴서 널고는 그 위를 쑥으로 두껍게 덮는다. 14일이 지난 후 누런 곰팡이가 생기면 햇볕에 바싹 말려 키질한다. 정두(正豆, 품질이 좋은 콩) 1말에 소금 1되, 누룩 3홉, 물 1사발을 합하여 섞어 독에 넣는다. 옹기 뚜껑을 덮어 진흙을 발라 마분(말똥)에 묻어둔다. 14일이 지난 후 꺼내어 햇볕에 말려 저장한다.

22) 즙장으로 담근 가지지[汁葅]

汁葅
茄子摘取洗之甘醬只火鹽少許幷交合缸內先鋪醬次鋪茄子以滿爲限堅封盖以沙鉢泥塗埋馬糞待五日熟則用之未熟則還埋待熟用之

가지를 따서 씻는다. 감장, 밀기울(只火)[190], 약간의 소금을 모두 합하여 즙장을 만든다. 항아리에 우선 즙장을 깐 다음 가지를 까는데 항아리가 찰 때까지 이렇게 한다. 사발로 뚜껑을 단단히 덮고 진흙을 발라 봉하여 말똥에 묻는다. 5일을 기다리면 익으니 사용한다. 익지 않았으면 다시 묻어두었다가 익기를 기다려 쓴다.

23) 즙장으로 담근 가지지와 오이지의 다른 방법[汁菹又法]

汁菹又法
甘醬一斗末醬一斗其火八升鹽一升一合交合缸底先鋪汁次鋪茄苽又鋪汁
藏茄苽身爲限埋馬糞五日出見不熟卽更埋二日待熟用之

간장 1말, 메주 1말, 밀기울(其火)[191] 8되, 소금 1되 1홉을 섞어 즙장을 만든다. 항아리 바닥에 즙장을 먼저 깔고 다음에 가지와 오이를 넣고 또 즙장을 넣는다. 장은 가지나 오이로 쓰이는 것으로만 한정한다. 말똥(마분)에 파묻어 5일 후에 꺼내보아 익지 않았으면 다시 묻어 이틀을 기다렸다가 익으면 쓴다.

24) 동아정과[東瓜正果]

東瓜正果
東瓜任意作片和蚌粉一宿淨洗盡去灰氣和淸蜜沸煎則其蜜無味去之更和

---

190 기화(只火) : 밀기울. 其火.
191 기화(其火) : 밀기울. 只火.

全蜜沸煎下胡椒末納缸經久如新

동아를 임의대로 편으로 썰어 조갯가루(蚌粉)[192]를 섞는다. 하룻밤 재워서 깨끗이 씻어 회기(灰氣)를 없앤다. 꿀을 넣고 졸인다. 꿀이 맛이 없으면 덜어내고 다시 전밀(全蜜)을 넣고 졸인다. 후춧가루를 뿌려 항아리에 넣어두면 오래되어도 새것과 같다.

25) 엿[飴糖]

飴糖

今飴家所用良法

中米一斗淨洗爛作飯乘熱盛缸卽於炊飯鼎淨水十鉢沸湯注其飯秋麰藥細末一升冷水和之瀉其缸以木均攪之置溫堗以襦衣厚裹待二炊飯頃嘗其味甘則爲上稍酸則爲下久裹置故也須酌宜以布絞取汁寫鼎以微火煎之數攪之不攪則煎付鼎底色黃紅卽用眞末布盤上寫其上待凝引之色白爲限

현재 엿 만드는 집에서 사용하는 좋은 방법

중미 1말을 깨끗이 씻어서 밥을 무르게 짓는다. 뜨거울 때 항아리에 담는다. 밥을 지은 솥에 깨끗한 물 10사발을 담아 펄펄 끓여 밥에 붓는다. 가을보리로 만든 엿기름을 고운 가루로 만든 것 1되에 찬물을 넣고 골고루 섞어서 밥이 담긴 항아리에 붓는다. 나무막대로 골고루 섞어서 온돌방에 놓는다. 옷으로 싸서 두껍게 덮는다. 밥을 두 번 지을 때까지 기다렸다가 맛을 본다. 달면 좋은 것이고 약간 시면 질이 낮다. 너무 오랫

---

192 방분(蚌粉) : 조갯가루.

동안 싸두었기 때문이다. 베보자기에 담아 짜서 솥에 부어 약불에서 저으면서 졸인다. 젓지 않으면 솥 밑바닥에 눌어붙는다. 빛깔이 황홍색이 되면 쓴다. 반 위에 밀가루를 펴고 그 위에 엿을 쏟아 놓고 굳기를 기다린다. 어느 정도 굳으면 빛깔이 희게 될 때까지 잡아당긴다.

중미(中米)[193]와 가을에 수확한 보리로 만든 엿기름을 재료로 하여 만든 엿이다.

26) 생강정과(生薑正果)

生薑正果
生薑去皮片割蜜水久煎去水更以全蜜和煎藏用

생강의 껍질을 벗긴다. 편으로 썰어 꿀물을 넣고 오랫동안 달인 후 물을 걷어낸다. 다시 전꿀[全蜜]을 부어 달인다. 저장해두고 쓴다.

꿀물로 한 번 오랫동안 달이다가 그 꿀물을 걷어낸 다음 다시 꿀을 넣고 달이는 방법이다. 이 방법을 쓰면 생강의 매운맛이 제거될 뿐만 아니라 연하고 쫀득쫀득한 정과가 될 것이다.

27) 다식 만드는 법[茶食法]

茶食法
眞末一斗煉蜜一升香油八合淸酒小三盞和均於案上揉作 一塊摘○○塊

193 중미(中米) : 쌀 껍질을 깨끗이 도정하지 않은 쌀.

收樣板印之於鐺下加炭火 小間擧盖見之其色○○○熟出用之

밀가루 1말, 불에 달인 꿀 1되, 참기름 8홉, 청주 작은 잔으로 3잔을 골고루 섞어 안판 위에서 한 덩어리로 반죽한다. ○○덩어리로 떼어내어 여러 모양의 틀로 찍어낸다. 쟁개비(鐺)에 담아 밑에 숯불을 피워 굽는다. 잠깐 있다가 뚜껑을 열어보아 그 색이 ○○○이면 익은 것이니 꺼내어 쓴다.

밀가루에 꿀. 참기름. 청주를 넣고 반죽하여 다식판에 찍어낸 것을 불로 구워 만든 다식이다. 조선 왕실의 백다식(白茶食)류가 아닐까 한다. 백다식류의 다식이라면 다식의 색은 흰색이 될 것이다.

28) 후기(後記)

1500년대 초의 것으로 보이는《수운잡방》에 기술된, 육류를 배제한 찬품들은 적어도 고려 중후기 고려인들이 조선인들보다 앞서 먹었던 〈소선〉의 일부라고 판단하여 살펴본 바 김치류는 순무, 백채, 무, 오이, 가지, 토란줄기, 동아, 파, 메밀줄기에 양념 없이 소금이나 소금물을 화합하여 만든 절임김치 또는 동치미류가 주류를 이룬다. 이러한 김치류는 홍만선(洪萬選, 1643~1715)이 쓴《산림경제》가 나오기 전까지 조선의 민중들이 만들어 먹었다고 생각된다. 1750년을 전후하여 나온《수문사설(謏聞事說)》에는 오늘날 깍두기의 전신이라고 생각되는 청해(菁醢, 순무 식해)가 수록되어 있다. 이 청해는 새우젓액과 고춧가루를 합하여 만들었다. 깍두기란 찬품이 생겨난 역사적 배경에는 청해 등 〈식해형 김치〉라고 하는 전단계가 있었다.[194]

---

194 김상보,《현대식으로 다시 보는 謏聞事說》, 농촌진흥청, 2010, p. 125

그러니까 1613년에 나온《지봉유설(芝峯類說)》[195]에서 "고추에는 독이 있다. 일본에서 비로소 건너온 것이기에 왜개자(倭芥子)라고 한다."라고 하였으므로《지봉유설》시절의 고추는 다만 독초(毒草)에 지나지 않았으나, 이후《산림경제》에서는 고추를 남초(南椒)라 하면서 재배법을 설명하고 있으므로[196]《산림경제》시절 고추는 민중들 사이에서 재배되어 어느 정도 식자재로 활용되고 있었다고 본다. 이처럼 고추의 활용이 이어져 1750년대를 전후해서는〈식해형 김치〉인 깍두기가 등장하기 때문에, 고춧가루를 김치 재료에 넣은 최초의 시기는 1600년대 말에서 1700년대 초 사이일 것이다.

이 밖에, 술지게미에 넣어 발효하여 만든 가지와 오이장아찌, 겨잣가루를 넣고 만든 김장 김치, 생강·마늘·후추·노야기·간장·참기름으로 양념을 만들어 오이의 소로 삼아 만든 일종의 오이소박이, 더덕구이, 잣가루에 식초를 합하여 발라 지진 다시마지짐, 참기름에 지진 가지에 간장·초·마늘즙으로 양념한 가지지짐. 사면, 두부, 순무로 만든 장, 전시(全豉), 즙장에 넣어 익힌 가지지와 오이지, 동아정과와 생강정과, 불에 구운 다식을 통하여 고려 시대 민중들이 먹던〈소선〉의 상황이 미흡하나마 어느 정도 드러난다고 생각한다.

---

195 李睟光,《芝峯類說》, 1613
196 洪萬選,《山林經濟》, 1700년대 초.

VI
연향식의 예술성

1. 예식(藝食)[197]으로서 미(味)와 미(美)

《국어대사전》에서는 '예능(藝能)'을 기예(技藝)와 기능(技能)이라 했다. 기예는 기술상의 재능과 솜씨, 기능은 기술상의 재능(才能)이니, 기술상의 재능과 솜씨로 만드는 찬품(饌品)도 예능에 속한다. 예능에 가까운 찬품이란 매일 가정에서 먹는 일상식이 아니라, 비일상적인 공간에서 베풀어지는 특별식이다.

조선 왕실에서 행한 가례연(嘉禮宴, 혼례연과 생일잔치연)과 영접연(迎接宴) 등의 상차림은 고임 음식으로, 높게 고여 담아 상화(床花)를 꽂고 좌우로 대칭되게 일렬로 늘어놓아 아름답게 차린다. 이러한 상차림이 동반되는 연향에서는 연회장에 강림하시는 신(神)을 먼저 대접해 드리고, 신께서 잡수시고 남기신 것은 그대로 음복적 향연으로 이어진다. 연회장에 모인 빈객(賓客)이 신과 더불어 대접을 받는 형태이다. 다시 말하면 1910년 한일병합 때까지 조선 왕실의 연향은 제례(祭禮)의 공물(供物)과 같은 구성 원리로 음복연(飮福宴)이었다. 이 음복연은 비일상적 행사에서의 식사 행위이다. 신께 바치는 공물(供物)을 인간이 음복하므로 신과 인간의 교류

---

197 예식(藝食)이라는 단어를 사용한 학자는 石毛直道임(石毛直道,〈食における藝術性〉,《食の美学》, ドメス出版, 1991).

(communication)가 각종 찬품을 통하여 이루어진다.

왕실 연향에서 등장하는 찬품은 민속성과 전승성이 지극히 높은 민족 예술(ethnic art)이다.[198] 아울러 찬품과 함께 등장하는 음악이나 무용도 예능에 속해서, 이들은 밀접한 관계를 지니고 연회장을 장식한다. 연회장에서 술 및 술안주인 찬품과 함께 펼쳐지는 무용과 음악의 세계는 세속을 벗어난 풍류의 세상이다. 그러므로 예식(藝食)으로 차린 찬품은 풍류의 세상에서 주인공에 해당한다. 물론 예식이란 말은 음식에만 국한하지 않는다. 찬품을 담는 그릇과 그릇에 담는 방법, 그릇에 찬품을 담고 꽃(床花) 등으로 장식하기 등 다양한 요소가 결합한 종합적 예술성이 함축되고, 아울러 보다 높은 미적(美的) 가치관과 탁월한 미(味, 맛)가 포함되어 있음을 표현한 예술 작품임을 암시한다. 왕실 연향식을 준비했던 숙수(熟手)들과 다양한 장인(匠人, 花匠 등)들은 예술가의 입장으로서 만들고 담고 차렸다고 볼 수 있다.

그런데 연향에서 예식 찬품은 대부분 술안주로서 가치를 지닌다. 조선 왕실의 연향은 다연(茶宴)이기 때문에, 엄밀히 분석하면 차[茶]와 과(果, 유밀과·떡), 술과 술안주가 연향의 찬품 범주이다.[199]《한글대사전》은 요리(料理)란 입에 맞도록 식품의 맛을 돋워 조리한 음식이라고 설명하지만, 왕실 연향에서 요리는 예술성이 높은 수준을 갖춘 미(美)와 미(味)가 함께 공존한다는 특징이 있다. 즉 인간의 정신세계에 존재하는 미적 가치관에 호소하면서도 '맛있다'라는 쾌락을 만족하는 두 가지의 요소를 담고 있는 것이다.

다른 한편에서 〈예식〉의 의미를 찾는다면, 유학의 가치 기준이었던《주역(周易)》에서 또 다른 실마리를 찾을 수 있지 않을까 한다. 군자(왕)는 음식을 만들어 그 음식을 인재들에게 먹여 양육하여 변혁에 대비하여야 한다. 이는 하늘이 내린 명령

---

198 石毛直道,〈食における藝術性〉,《食の美学》, ドメス出版, 1991, pp. 225, 227
199《進宴儀軌》, 1719, 1901, 1902;《慈慶殿進爵整禮儀軌》

이다.[200]

　모든 사물은 방치하면 더러워진다. 고인 우물의 물이 반드시 썩는 것과 같은 이치이다.[201] 이때 개혁(변혁)을 해야 하는데, 군자(왕)는 개혁에 대비하여 겸손하고 겸손한 마음으로 공부하여 지식을 쌓아 인재를 양육하여야 한다. 즉 겸손한 마음으로 공부하고자 하는 마음의 자세는 겸손한 마음으로 정성스럽게 음식을 만드는 것과 같은 이치이다. 음식은 인격(人格)을 키우기 위하여 먹는 것, 다시 말하면 성인의 말씀을 습득하는 것과 같다는 것이다.

　따라서 성인의 말씀과 같은, 내 인격을 키우는 음식은 찬품이 차려지기까지 반듯하고 아름답게 성인이 드시는 것과 같이 '예식'으로서 역할을 하도록 만들어야 한다. 그러므로 가례연이든 영접연이든, 예식은 먼저 신(神)께 제사를 드리고 음복을 통하여 인재를 양육하여 변혁에 대비하는 것이다. 《주역(周易)》〈화풍정(火風鼎)〉은 이를 다음과 같이 잘 설명한다.

　　　聖人이 亨하야 以享上帝하고 而大亨하야 以養聖賢하니라

　　　성인이 음식을 삶아 상제께 제사를 드려 크게 형통하여 이로써 성현이
　　　되도록 양육한다.[202]

---

200 《周易》〈火風鼎〉
201 《周易》〈水風井〉〈澤火革〉
202 《周易》〈火風鼎〉

2. 고여 쌓아 담는 찬품은 성(聖)스러움의 표출

선종의 발달과 함께 소선이 출현하고, 또한 끽다(喫茶) 문화가 보급됨은 앞서 기술하였다. 지금도 불교 사원에서 재를 올릴 때의 제단을 보면 소선으로 구성한 모든 찬품(饌品)을 높게 고여 담아 차리고 위에는 꽃을 꽂아 제단을 장식함을 볼 수 있다.

문헌적으로 〈높이 고여 쌓아 담기〉의 초출은 《형초세시기》 〈우란분회〉의 두공섬 주 안(按)에 기록된 다음의 글이 아닌가 한다.[203]

> 우란분회(盂蘭盆會)
> 백미(百味) 오과(五果)를 분(盆)에 담고 삼보(佛, 法, 僧)에 공양한다.
> 후대의 사람들이 공양을 위하여 분을 아름답게 꾸몄다[華飾]. 곧 나무를
> 조각하고 대나무를 쪼개고 엿, 밀랍, 비단을 오려 꽃을 만들었는데 그
> 세공이 매우 정교하였다.

분에 담은 음식을 아름답게 꾸민 내용이다. 분(盆)에 담은 찬품에 꽃을 꽂아 꾸미기 위해서는 당연히 찬품을 높이 고여 담아야 한다. 오과 백미로 구성하여 분에 담은 찬품 위에는 비단꽃으로 장식하였으니, 상상만 하여도 아름답다. 즉 성스러운 부처님께 올리는 찬품 자체를 성스럽게 만들기 위하여 탑을 쌓듯이 높게 고여 담았다고 볼 수 있다. 이러한 관점에서 보면 고이는 높이가 높을수록 성(聖)스러움의 가치는 상승한다. 성(聖)스러움을 나타내기 위한 장식(decoration)이 '높이 고여 담기'이다.

선종 사회에서 성스러운 차림법은 선종의 보급과 함께 널리 퍼졌다. 이 차림법

---

203 宗懍, 《荊楚歲時記》

의 ㅡ치를 문헌에서 찾는다면 고려 왕실의 연향이다.

고려 왕실에서 베푼 연향의 대표는 팔관회와 연등회이다. 고려 태조는 고려를 건국하면서 백성들이 겪는 혼란을 방지하기 위해서 거의 모든 부분에서 신라의 제도를 따랐다.[204] 팔관회와 연등회 역시 신라의 제도를 이은 것이다.

태조가 남긴 훈요십조(訓要十條) 제6조의 "연등(燃燈)은 부처님을 섬기는 것이고, 팔관(八關)은 천령(天靈), 오악(五嶽), 명산(名山), 대천(大川), 용신(龍神)을 섬기는 것이다. …(중략)… 회일(會日)에는 임금과 신하가 함께 즐겼으니 마땅히 행할 것이다."라는 내용은[205] 고려 왕조가 행사한 팔관회와 연등회는 불교를 바탕으로 하면서 국가를 수호하고자 하는 원동력으로 삼고자 한 데에서 기인한다.

통일 신라에 이어 불교를 국교로 삼은 고려 왕조는 민심을 수습하는 차원에서도 신라의 제도를 따랐으리라고 본다. 고려 왕실에서 행한 팔관회나 연등회의 연향은 통일 신라 왕실에서 이미 선험적(先驗的)으로 행한 것을 계승했기 때문에, 이를 통하여 통일 신라 왕실의 팔관회와 연등회도 유추 가능하다.

임금과 신하가 함께 즐기는 행사로서 팔관회와 연등회의 성격은 크게 다르지 않다. 불교가 국교였던 고려 왕조의 연회는 채붕(彩棚)[206], 윤등(輪燈), 향등(香燈), 진다(進茶)와 과안(果案), 헌수주(獻壽酒), 진화(進花), 잡기(雜技, 百戲[207]), 주악(奏樂, 음악)이라는 일정한 격식이 있었다.[208] 다시 말하면 불교적 격식의 일정한 틀에서 천령, 오악, 명산, 대천, 용신을 섬기는 〈팔관회〉와 부처님을 섬기는 〈연등회〉의 연회가 존재하였다. 이러한 일정한 격식 중 본 장에서 보고자 하는 것은 연회를 시작하면서 진행된 진다(進茶)와 과안(果案)이다. 필자는 일찍이 진다와 과안으로 시작하는 고려 왕

---

204 《高麗史節要》第1卷
205 《高麗史節要》第1卷
206 채붕(彩棚) : 채색 누각의 가설. 나무를 걸치고 비단을 깔고 덮는 일종의 고대(高臺) 관람석. 결채(結綵).
207 백희(百戲) : 갖가지 무용과 잡희가 함께 연기장에 출연하여 어우러짐.
208 《高麗史節要》

실의 연향 구조를 '다연(茶宴)'이라고 밝힌 바 있다.

과안(果案)과 과반(果盤)은 성격은 같으나 다만 과안보다 과반이 규모가 작은데, 발이 높고 네모진 상인 과안에는 각종 유밀과를 차렸다. 이 과안의 형태에 대하여 다음의 글이 있다.

봄 2월, 앞에는 사방 한 발 되는 궤안(几案)을 차렸다. 금과 옥으로 장식하여 거기에다 반찬과 음식을 배설하였다《고려사절요》제11권).[209]

공사(公私)의 연회에 유밀과(油蜜果)와 사화(絲花)[210] 사용하는 것을 모두 금지한다《고려사절요》23권).[211]

왕이 연복사(演福寺)에 행차하여 문수회(文殊會)를 크게 베풀었다. 실로 만든 꽃과 비단으로 만든 봉(鳳)의 광채가 눈부셨다《고려사절요》제28권).[212]

이상을 종합하면 고려 최상부층의 연회 때 음식을 차린 안(案)의 크기는 한 발(두 팔을 잔뜩 벌린 길이, 약 2m)이며 금그릇과 옥그릇에 유밀과 등 찬품을 담고 비단실로 만든 사화봉(絲花鳳)을 각 찬품에 상하로 꽂았음을 유추할 수 있다. 아름다운 사화봉인 백학이나 봉황을 유밀과 위에 꽂았다면 그 유밀과는 높이 고여 담는 방식을 채택한 것이다. 이렇듯 아름답게 〈높이 고여 담는〉 방식은 통일 신라 왕실에서 이미 선험적인 형태가 있었을 것이고, 이 문화가 고려 왕조로 이어져 계승되었다고 판단된다. 조선 왕조도 고려의 과안 문화를 고스란히 계승하여 1910년 한일병합이

209 《高麗史節要》第11卷, 毅宗 17年
210 사화(絲花) : 색비단실과 색비단을 사용하여 만든 조화(造花). 금실로 수를 놓아 아름답게 만듦.
211 《高麗史節要》第23卷, 忠宣王 2年
212 《高麗史節要》第28卷, 恭愍王

일어날 때까지 존속되었다.

그런데 과안(果案)에 높고 아름답게 고여 담은 다음 화려한 백학이나 공작 등 새를 꽂아 차린 이 찬품은 신(神, 帝釋)에게 차와 함께 올리는 다과였으며, 신께서 차와 유밀과를 드신 다음 연회에 모인 사람들은 음복(飮福)이라는 과정을 통하여 신께서 잡수시고 남기신 것들을 먹게 된다. 따라서 연회장에 참석한 손님인 빈(賓)에게는 개인마다 신이 하사하신 상이 음복을 위하여 차려진다. 신께서 드시고 남기신 신의 하사품인 성스럽고 경사스러운 찬품은 각자 개인에게 차릴 때도 손님의 등급(계급)과 각 찬품이 가지는 성격에 맞추어 고임의 높이가 달라졌다. 사람들은 음복을 위하여 개인에게 차려진 고여 담은 이 찬품을 먹으면 각 개인에게 신께서 행운 등 경사를 가져다준다고 믿었다. 고여 담은 찬품은 높게 고이면 고일수록 더욱 성스러운 찬품이 되는 까닭에, 상차림에서 가장 높게 고인 찬품은 그 상차림에서 가장 고급 음식에 속한다고 말할 수 있다. 즉 음복적(飮福的) 사상의 발로이다.

조선 왕실의 오례(五禮)인 길례(吉禮), 가례(嘉禮), 빈례(賓禮), 상례(喪禮), 군례(軍禮)에서 군례를 제외한 모든 예에는 음복적 사상이 담겨 있다. 따라서 이들 식례에 차리는 찬품은 〈높이 고여 담는 방식〉이 채택된다. 길례와 상례는 신을 맞이하기 위한 연향이고, 빈례는 손님맞이 연향, 가례는 혼례와 생일잔치 연향이다. 신에게 차리는 상차림이든, 권력자가 권력을 과시하여 신하의 복속을 상징하는 연향이든, 혼례나 생일잔치 연향이든 신을 초빙하는 까닭에 모든 연회에서 찬품을 높이 고여 담는 방식이 필수이며, 찬품은 이러한 방식으로 성스러움을 표출하여 연향의 중심에 있다.

음복적 사상 구조는 큰 연회든 작은 연회든 모든 연회의 상차림에 적용되었다. 다음은 작은 연회, 즉 작은 술상 차림인 다담(茶啖)을 예로 들어 상차림의 형태를 보도록 한다.

3. 아름답게 장식하여 차린 〈다담(茶啖)〉과 끽다(喫茶) 문화

1609년은 광해군(光海君, 재위 1608~1623) 원년이다. 이 해에 명나라에서 온 사신인 정사(正使)에게 간단한 술상을 차려 베풀었다. 이를 다담(茶啖)이라 했다. 다담이라는 용어로 보아 고려 왕실에서 사용했던 상차림 이름이 조선 왕실로 이어지면서 조선 왕실이 그대로 속례(俗禮)로 받아들이지 않았나 한다. 즉, 다담 상차림의 형태는 고려 왕실에서 선험적 형태가 있었다고 본다.

[그림 27]을 보면 두 종류가 한 조가 되어 다담을 차린다. 오른쪽은 미수(味數)라고 했으니 술안주를 차린 상이다. 그렇다면 왼쪽의 상은 차와 한 조가 되도록 동원한 상이라고 볼 수 있으나, 미수라는 이름은 다례(茶禮) 때 차리는 상이라는 의미를 내포하고 있어 어느 쪽 상이든 다례상의 범주에 속한다.[213] 이들은 찬품들을 중국

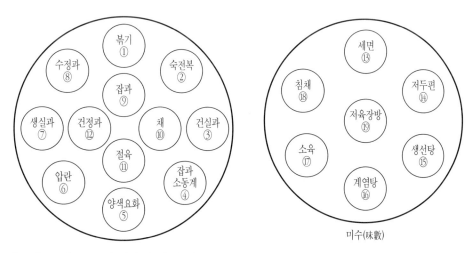

[그림 27-1] 1609년 명나라 사신 정사에게 베푼 다담도(茶啖圖, 《영접도감잡물색의궤》, 1609, 필자 작성 그림)

---

213 《迎接都監雜物色儀軌》, 1634

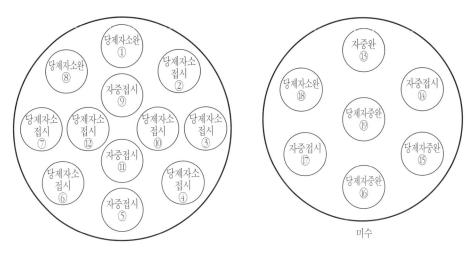

[그림 27-2] 1609년 명나라 사신 정사에게 베푼 다담 그릇 그림(《영접도감잡물색의궤》, 1609, 필자 작성 그림)

제품[唐製]의 자기 사발과 접시에 나누어 담았다.²¹⁴

① 볶기[甫只] : 당제자소완(唐製磁小椀)

② 숙전복(熟全鰒) : 당제자소접시(唐製磁小貼是)

③ 건실과(乾實果) : 당제자소접시

④ 잡과소동계(雜果小童桂) : 당제자소접시

⑤ 양색요화(兩色蓼花) : 자중접시(磁中貼是)

214 《迎接都監儀軌》, 1609; 김상보, 《조선왕조 궁중의궤 음식문화》, 수학사, 1995

⑥ 압란(鴨卵) : 당제자소접시

⑦ 생실과(生實果) : 당제자소접시

⑧ 수정과(水正果) : 당제자소완

⑨ 잡과(雜果) : 자중접시

⑩ 채(菜) : 당제자소접시

⑪ 절육(折肉) : 자중접시

⑫ 건정과(乾正果) : 당제자소접시

⑬ 세면(細麵) : 자중완(磁中椀)

⑭ 저두편(猪頭片) : 자중접시

⑮ 생선탕(生鮮湯) : 당제자중완(唐製磁中椀)

⑯ 계염탕(鷄鹽湯) : 당제자중완

⑰ 소육(燒肉) : 자중접시

⑱ 침채(沈菜) : 당제자소완

⑲ 저육징방(猪肉醬方) : 당제지중완

이상을 요약해서 다음과 같이 간추렸다.

〈표 23〉 1609년 명나라 사신 정사에게 베푼 찬품과 기명

소사발[小椀]	중사발[中椀]	소접시[小貼是]	중접시[中貼是]
①볶기	⑬세면	②숙전복	⑤양색요화
⑧수정과	⑮생선탕	③건실과	⑨잡과
⑱침채	⑯계염탕	④잡과소동계	⑪절육
	⑲저육장방(탕)	⑥압란	⑭저두편
		⑦생실과	⑰소육
		⑩채	
		⑫건정과	

술안주 위주로 차린 미수(味數)에서는 ⑭저두편(돼지머리 편육)과 ⑰소육(불고기)만 접시에 담고 나머지는 전부 사발에 담았다. 다과를 위주로 차린 다과상에서는 ①볶기, ⑧수정과만 사발에 담고 나머지는 접시에 담았다. 이는 다과상에서는 숙전복, 잡과소동계, 양색요화, 압란(삶은 오리알), 생실과, 잡과, 채, 절육(칼로 오려 아름답게 만든 포), 건정과를 고여 담았고, 미수에서는 저두편과 소육을 고여 담았음을 의미한다. 앞서 기술한 《영접도감의궤》(1643)에서 보여주는 소선 다담에서 기술한 각 찬품의 재료와 분량을 기초하여 이러한 결론을 내렸다. 여기에서는 약과를 가장 높게 고여 담았고, 다음이 잡과이며, 생실과, 각색세실과 순으로 높게 고였다([그림 23]). 물론 고여 담은 찬품 모두는 접시에 담았다.

이를 참고한다면 [그림 27-1]의 다담에서 가장 높게 고여 담은 것은 ⑨잡과, ⑤양색요화, ⑪절육 순이고, 다음이 ④잡과소동계, ⑦생실과, ⑥압란, ③건실과, ⑫

건정과 순이며, 그다음이 ②숙전복이라고 판단된다. 미수상에서는 ⑭저두편, ⑰ 소육을 고여 담지 않았을까 한다.

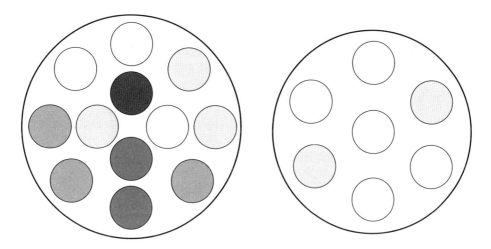

[그림 27-3] 1609년 명나라 사신인 정사에게 베푼 다담상에서 고여 담은 찬품의 높낮이를 나타낸 그림. 진할 수록 높게 고여 담은 찬품(《영접도감잡물색의궤》, 1609, 필자 작성 그림)

[그림 27-3]을 바탕으로 가장 높게 고여 담은 것부터 나열하면 (잡과→양색요화 →절육)→잡과소동계→생실과→압란→(건실과→건정과→숙전복)→(저두편→소 육)으로, 잡과가 가장 성스러운 찬품이 된다.

1795년이 되면서 다담은 소반과(小盤果)로 명칭이 변화한다. 《원행을묘정리의궤 (園幸乙卯整理儀軌)》에서는 조다소반과(早茶小盤果), 주다소반과(晝茶小盤果), 만다소반과 (晚茶小盤果), 야다소반과(夜茶小盤果), 주다별반과(晝茶別盤果) 등 다양한 명칭을 붙여서 상차림을 하는데, 모두 성격은 다담과 같다. 이들 소반과에는 홍도별건화(紅桃別建 花), 목단화(牡丹花), 소수파련(小水波蓮), 홍도별삼지화(紅桃別三枝花) 등 아름답게 만든 조화(造花)가 긱 찬품 위에 상화(床花)로 꽂혀 간단한 술상 차림에 동원되었다.[215] [그림 27-3]에도 가장 높고 아름답게 고여 담은 잡과를 중심으로 가장 값이 나가는 상화를 꽂았고, 고여 담은 다른 찬품에도 상화를 꽂았으리라고 짐작된다. 술안주상인 미수보다는 다과상을 더 아름답게 예술성을 가미하였는데, 이는 술보다는 차(茶) 쪽이 고려 왕실에서 거행한 크고 작은 연향의 다연(茶宴) 상차림의 영향을 받은 흔적이 남아 있는 까닭이다.

[그림 27]을 통하여 또 하나 짚고 넘어가야 할 것은 1609년도 왕실에서 중국 사신처럼 귀한 손님을 접대할 때, 작은 술상 차림이라고는 하나 술을 위한 안주와 차를 위한 과(果)의 구분이 가능하다는 사실이다.

[그림 27]을 통해서 본 차를 위한 과(果)
복기, 숙전복, 절육, 압란, 채
잡과, 잡과소동계, 양색요화
생실과, 건실과, 수정과, 건정과

[그림 27]을 통해서 본 술을 위한 안주(미수)
세면, 침채
저두편, 소육
저육장방(탕), 생선탕, 계염탕

차가 주인공인 상차림에서는 과(果, 조과와 실과)가 중심이라면, 술이 주인공인 상차림에서는 술안주로 세면과 탕이 중심이 되고 있다.

그렇다면 1609년 당시 어떠한 차를 사신에게 대접하였을까.

---

215 《園幸乙卯整理儀軌》, 1795; 김상보, 《조선왕조 궁중의궤 음식문화》, 수학사, 1995, pp. 249~258

조선 왕실은 개국한 이후 50년 안에 사대부들도 다례(茶禮)를 잊어버렸고, 궁궐에서조차도 차를 마시지 않았다.[216] 그러나 중국 사신이 오거나 궁궐의 공식적인 연회가 있을 때는 여전히 고려의 의례를 계승하여 차가 등장하였다.

사옹원에 소속된 차 만드는 장인(匠人)인 다색(茶色)은 뚜껑을 갖춘 백색의 큰 사기 항아리, 백색 사기병, 유기 찻숟가락, 청동 식탁, 뚜껑을 갖춘 청동 새옹, 도봉로(陶烽爐), 2자 길이의 품질 좋은 베로 만든 백색 수건, 2자 길이의 백색 모시 수건, ½자 길이의 백색 모시로 만든 거름용 베와 거름용 틀, 사기로 된 백색의 종지 모양 찻잔, 백색 사기 보시기, 바가지, 자물통을 갖춘 나무 궤짝, 싸리 바구니, 나무통, 급수기, 주홍 수반, 유귀기(鍮耳只), 협도(약재를 써는 작은 작두와 비슷한 칼)를 전용 다구로 사용하여 궁궐에서 소용되는 차를 달여 냈다. 차는 인삼차와 작설차가 주종을 이루었다.[217] 다색(茶色)이 전용 다구로 달인 차는 은정(銀鼎, 차를 끓이는 은제 솥 또는 다관)에 담겨 은로(銀爐)와 한 조가 되게끔 갖추는데, 은로를 사용하여 데운 은정을 연잎 형태로 된 작은 쟁반인 은하(銀荷)로 덮어 다정(茶亭)에 갖다 놓았다.

다정은 찻그릇을 올려놓는 곳이다. 홍사건(紅紗巾, 붉은 견으로 만든 건)을 덮어 남쪽에 주인용 다정과 손님용 다정을 각각 배설한다. 다정에는 찻그릇도 갖춰져 유밀과 등을 담아 아름다운 꽃장식을 한 과반(果盤)이 각 개인 앞에 전부 배설되고 찻잔을 돌렸다.[218]

---

216 《世宗實錄》世宗 12年
217 《迎接都監儀軌》, 1609, 1610, 1643;김상보, 《조선왕실의 풍정연향》, 민속원, 2016, pp. 129~130
218 김상보, 〈조선왕조의 명나라 사신 접대음식문화〉, 《식품문화》, 한국식품연구원, 2008, pp. 42~43

4. 〈한과〉는 다양한 내용·성(이야기)을 가진 예술 작품

조선 왕실이 연향을 베풀 때 연향상에 차려지는 거의 모든 찬품은 인공적으로 표현된 예술이다. 식자재에 부가되는 인공성이 높을수록 예술성이 높은 찬품이 된다. 뭐니 뭐니 해도 연향 찬품 중 가장 예술성이 높은 것은 한과(韓果)이다. 이들은 밀가루와 쌀가루 등을 식재료로 하여 다양한 내용·성(이야기)이 있게끔 인공적인 재주를 가미하여 모양을 만들어 낸 예술 작품이다.

끽다(喫茶)와 함께 먹는 과자로 발달한 한과의 특징은 밀가루, 쌀가루, 참기름, 꿀, 생강, 후추, 계핏가루, 지초, 감태, 신감초, 석이버섯, 흑임자 등 식물성 천연재료를 사용하여 단맛이 깊으면서도 은은하고 부드러우며 아름답다. 한과는 소선의 대표가 되어 불교 1,000년의 역사와 함께 꾸준히 발전한 문화유산이다. 이들 한과는 하나하나마다 장수와 건강을 기원하는 이야기(내용성)을 지니면서 말차와 한 조가 되게끔 차리면서 발전해 왔다. 유밀과를 예로 들어 이야기(내용성)를 살펴보자.

홍마조(紅亇條)와 유사마조(油沙亇條)에서 홍마조는 지초기름으로 고물을 붉은색이 나도록 만들어 마조에 묻혔고, 유사마조는 꿀을 합하여 볶은 밀가루를 고물로 묻힌 유밀과이다. 마(亇)는 옥을 다듬는다는 뜻이 있고, 조(條)는 '길[長] 조'다. 따라서 마조란 명칭이 붙은 과자류는 이들 과자류를 먹는 사람의 절개와 장수를 소망하는 마음을 간직하면서 길게 모양을 낸 과자이다.

중박계(中朴桂), 소박계(小朴桂), 대박계(大朴桂)는 박계의 크기에 따라 이름을 붙였다. 박(朴)은 진실함을 나타내며 계(桂)는 계수나무를 뜻한다. 계수나무는 옛날 사람들이 달에 있다고 상상하던 나무로, 계피(桂皮)는 건위(健胃) 약재로도 쓰였다. 박계는 불로장수를 염원하는 과자이다.

홍망구소(紅望口消)와 유사망구소(油沙望口消)에서 망구는 '망구(望九)'에서 와서 아홉을 바라본다는 뜻이다. 소(消)는 '다할 소'이니, 망구소는 아흔까지 장수하기를 염원하는 과자이다.

백산자(白散子)와 홍산자(紅散子)에서 산자는 글자 그대로 부귀다남하면서 장수를 염원하는 과자이다.

운빙(雲氷)의 운은 팔대손(八代孫)을 뜻한다. 산자와 마찬가지로 부귀다남과 장수를 염원한다.

전단병(全丹餅)과 백다식(白茶食)은 모두 성실하고 깨끗한 마음으로 살아달라는 염원이 담겨 있다. 단(丹)은 성실함을 나타내고 전(소)과 백(白)은 순전과 결백을 의미한다.[219]

219 김상보,《조선왕조 궁중의궤 음식문화》, 수학사, 1995, pp. 134~135

제5장
나오는 글

I
다연(茶宴)

1. 다연식(茶宴食)의 성립

550년경에 나온 《형초세시기》는 형강(荆江)이 흐르는 초국(楚國) 땅의 세시기이다. 《형초세시기》가 왜 한반도의 음식 문화에 영향을 미쳤을까. 양자강 일대와 한반도가 같은 조엽수림 문화(照葉樹林文化) 지대이기 때문에, 기후 조건과 환경이 비슷함에 따라 발효 등의 문화권도 비슷함이 이유인 것으로 보인다.

조엽수림 문화 지대에는 사바나 농경 문화와 지중해 농경 문화가 들어오기 전이미 동남아시아에서 형성되던 근재 농경 문화의 산물인 돼지와 닭, 토란 등이 들어와 습합되고 있었다. 또한 《형초세시기》가 나온 지역은 양자강을 따라 형성된 다양한 지역의 문화가 습합된 곳이다. 중국 사천(四川)은 양자강 상류에 있으며, 지중해 농경 문화의 산물인 순무와 갓, 밀과 소[牛], 사바나 농경 문화의 산물인 벼와 조, 콩(대두와 팥) 등의 전파 중심지이다. 쌀, 밀, 대두, 팥, 갓 등은 우리의 중요한 식재료로, 초국(楚國)의 세시풍속과 함께 사천을 거쳐 한반도까지 밀물이 들어오듯 전해져 재합성되어 지금에 이른다. 재합성된 식문화는 썰물처럼 다른 지역으로 이동하는 것이 문화 전파의 정석이다.

사천은 조엽수림 문화의 중심 지역이자, 차[茶] 생산 기원지이기도 하다. 일찍이 조엽수림 문화 지대에서는 차, 감, 밤, 대추, 쑥, 산약, 도토리, 칡 등이 자생하고 있었나. 사전 주변에는 암염이 풍부해시, 찻잎을 소금에 절여 먹었던 곳이기도 히다. 이 찻잎 절임은 후에 다병(茶餅)→말차→녹차로 전개되면서 양자강을 따라 중국 중부와 북부, 한반도, 일본까지 전파된다.

《형초세시기》의 〈세시음식〉에서 떡류만 살펴보면, 두미(豆糜, 팥죽), 용설판(龍舌粄, 꿀시루떡), 종(糉, 주악, 경단), 탕병(湯餅, 떡국), 이(餌, 시루떡) 등은 무병장수를 기원하고 계절병을 막기 위한 찬품인데, 조선 왕조의 연향식 의궤에 등장하는 각종 떡들과 비교해도 낯설지 않다. 1849년 홍석모가 펴낸《동국세시기》에서 1월 15일에 먹는 약반(藥飯, 약밥 또는 약식)과 부럼의 경우 약반은 장수를 기원하고 부럼(호두·밤·은행·잣 등)은 부스럼을 예방하기 위해 먹는다. 귀신을 물리쳐 질병을 없애주는 팥을 고물로 써서 만든 모든 시루떡, 기침·가래·천식 등에 약재로 쓰는 쑥을 넣고 만든 쑥떡 등은《형초세시기》에도 등장하는데, 무병장수를 기원하며 만들었다. 이렇듯 우리가 현재도 먹는 떡과 유밀과 등에는 무병장수를 기원하는 소망을 담고 있으며, 이에 대한 문헌 초출은《형초세시기》이다.

어찌 되었든 조선 왕실에서 간행된 모든 연향식 의궤에 등장하는 유밀과류, 떡류, 목과류 등 한과(韓果)를 포함한 찬품은 조엽수림 문화 지대라는 공통된 문화권을 중심으로 발달한 '다연식'이다. 다연식은 곧 연향식이다. 조선 왕실의 연향 상차림을 구성하는 각 찬품은 조엽수림 문화 지대라는 공통점에서 타문화와 교류하며 쌓아 온 문화가 축적된 결과물이다.

2. 조선 왕실의 연향은 왜 〈다연〉인가

조선 왕실의 연향은 왜 다연인가를 구명(究明)하기 위하여《국조오례의》〈빈례(賓禮)〉의 의례 절차를《영접도감의궤》(1609)에 기술된 상차림과 함께 살펴본 결과, 의례 절차는 다례의(茶禮儀)→주례의(酒禮儀)→향례의(享禮儀)→연례의(燕禮儀)로 진행되고, 상차림은 과반(果盤), 연상(宴床, 연상·좌협상·우협상·면협상), 소선(小膳), 미수(味數), 대선(大膳)으로 구성되었다. 이상을 다음과 같이 요약한다.

다례의와 주례의 : 과반
향례의 : 연상, 소선
연례의 : 미수, 대선

이들 상차림 중 상화(床花)를 꽂아 가장 화려하고 장엄하게 차린 상은 향례의 때 차린 좌협상·우협상·연상을 한 조로 배선한 연상이다. 연상은 과안(果案)[1]이라고도 한다. 그날의 모든 연향상 차림에서 가장 중요한 핵심을 이룬다. 말차(抹茶)를 마신 후 먹는 다과의 성격을 지니므로 한과(韓果)가 중심 찬품이다.

연상이 차려지는 향례의는 연향의 주인공에게 봉상(奉上)하는 공검(恭儉)을 나타내는 의례이고, 연례의는 행주(行酒)를 통하여 연향에 참석한 사람들과 더불어 마시는 합음(合飮) 의례이며, 다례의와 주례의는 연향에 앞서 손님을 맞이하는 의례이다. 향(享)은 신식(神食), 향(饗) 즉 '흠향할 향', '제사 지낼 향', '잔치 향', '드릴 향'인데, 이를 통하여 享이 제향에서 출발하였음을 알 수 있다. 《국조오례의》〈빈례〉에서 향례의는 그날의 주인공에게 헌수주(獻壽酒)를 올리는 봉상(奉上)으로 그 의미를 보여주지만, 헌수주를 올리기에 앞서서 주인공을 지켜주시는 신께 음식을 대접하고 신이 드시고 남기신 술을 주인공에게 헌수주로 봉상하는 것으로 보는 것이 옳다. 즉 향례의는 제사 후 음복을 통하여 주인공에게 불로장수라는 복을 받게 하는 의례이다. 이러한 사실을 뒷받침하는 근거는 다례의, 주례의, 향례의, 연례의 모두에서 한결같은 위치에 배설된 향안(香案)과 주정(酒亭)에서 찾을 수 있다.

향로와 향합을 올려놓은 네모지고 발이 높은 상인 향안을 청(廳) 안 가운데 가장

---

1 조선 왕조 중후기에는 찬안(饌案)이라고도 함.

북쪽에 배치하고, 술단지와 주기(酒器)를 올려 담은 주정은 향안 맞은편에 위치하게 하여 청 안의 남쪽에서 북쪽을 향하도록 진설한다. 북쪽은 신(神)이 계신 장소이다. 가장 북쪽 한가운데에서 연향 시작과 함께 향을 피우는 목적은 양신(陽神)인 혼을 불러 모셔 제향(祭享)을 통하여 올린 음식을 신께서 잡수시게 하기 위함이다.[2] 주정은 술을 다루는 곳이다. 주정의 주인공은 술단지인 주준(酒尊)이다. 북쪽에서 남쪽을 향하여 신위(神位)를 모시고 맞은편에 남쪽에서 북쪽을 향하도록 주준을 진설하는 이유는 주준의 맞은편이 신위의 자리이기 때문이다.[3] 다시 말하면 《국조오례의》〈빈례〉에서 보여주는 북쪽 향안의 위치는 신이 강림하여 계신 곳이고, 향안과 마주 보도록 남쪽에서 북쪽으로 배설한 술단지는 강림하여 오신 북쪽의 신께서 드시는 가장 존귀한 음식은 술단지에 든 술임을 암시한다.

《국조오례의》〈빈례〉에 기록된 의례 절차에서 신과 결부된 행위가 구체적으로 기록되어 있지 않다고 하더라도, 향안과 주정의 배설 위치는 향연의 진정한 의미가 제향(祭享) 이후의 음복 행위임을 잘 대변한다고 볼 수 있다.

그런데 향례의에서 차려지는 연상의 주된 구성 찬품은 한과(韓果)이다. 주인공은 신이 드시고 남기신 술을 헌수주로 음복하고, 신이 드시고 남기신 소선의 양고기[割肉]를 술안주로 먹음으로써 신으로부터 불로장수라는 복을 부여받는다. 헌수주를 통하여 마신 술의 안주는 연상의 한과가 아니라 소선의 할육이다. 그러니까 《국조오례의》〈빈례〉의 향례의에서는 헌수주를 올리고 안주로 할육을 먹는 의례는 있지만, 차를 올리고 연상의 다과를 올리는 의례는 기록되어 있지 않다.

향례의에서 가장 화려하게 차린, 연회가 진행되는 내내 바라만 보고 먹지 않는다고 하여 간반(看盤)이라고도 하는 연상은 고려 왕실에서 행한 연등회에서는 본격적인 연회에 앞서 신께 차를 올리면서 차렸다. 즉 연상의 과안은 팔관회 식으로 구

---

2 《禮記》, 〈郊特牲〉
3 《禮記》, 〈玉藻〉

성하면 다례의→주례의→향례의→연례의에서 향례의 때가 아니라 다례의 때 차려야 하는 것이었다.

고려 왕실의 의례를 속례(俗禮)로 받아들였다고 하지만, 조선 왕실은 《국조오례의》에 나타난 대로 예악관(禮樂觀)에 의거한 유교적인 것이 기반이 되어야 하므로, 그날 상차림 중 가장 화려하고 장엄한 연상 과안을 가장 중요한 의례인 향례의에 끼워 넣었다. 향례의에서 가장 중요한 목적인 헌수주를 강조한 나머지 술과 안주 할육을 기반으로 하는 전례(典禮)만은 살리고, 차와 함께 하는 과안을 기반으로 하는 전례는 생략한 채 연상을 끼워 차리지 않았을까 한다.

결론적으로 말하면 고려 왕실은 가장 화려하고 장엄하게 장식한 연상 과안을 먼저 차리고 차를 올려 연향을 시작하는 다례의(茶禮儀)를 주축으로 한 다연(茶宴)이라는 흐름 속에서 연향이 전개되었다면, 이를 속례로 받아들인 조선 왕실의 연향도 다례의→주례의→향례의→연례의로 구성하면서도 유교적 이념에서 가장 핵심적인 봉상(奉上)을 강조한 나머지 향례의에서 가장 핵심적인 연상 과안을 끼워 넣었다고 볼 수 있다. 그렇다 하더라도 이 연향의 성격은 고려 왕실 다연(茶宴)의 연속선상에 있다. 차를 기피한 조선 왕조는 왕실 연향에서 차와 연상 과안을 한 조로 차리지는 않았지만, 연향을 다례의부터 시작하고 이때 규모가 작은 과반을 과안 대신 차리고 있음을 《국조오례의》〈빈례〉에서 보여준다.

성격이 같은 〈빈례〉와 〈가례〉 상차림

빈례, 가례, 상례, 길례, 군례의 5례가《국조오례의》에 기술되어 있는데, 군례를 제외한 4례는 음식을 동반한다. 길례(吉禮)는 제례(祭禮)이고 상례(喪禮)는 상(喪)중에 하는 예이기 때문에, 음식에 대한 예만 놓고 본다면 양자는 돌아가신 분께 올리는 접대례이다. 빈례(賓禮)와 가례(嘉禮) 역시 음식에 대한 예만 놓고 보면 살아 계신 분께 올리는 접대례로, 빈례는 손님 영접례이고 가례는 혼례와 생일잔치 등 축하연의 접대례이다.

따라서 돌아가신 분께 올리는 길례와 상례는 제외하고, 살아 계신 분께 올리는 《풍정도감의궤》(1630, 생일잔치연), 《가례도감의궤》(1744, 혼례연), 《영접도감의궤》(1609, 손님 접대연)의 상차림과 비교한 결과는 다음과 같이 요약된다.

〈표 24〉 빈례와 가례의 상차림 구성

오례	문헌	년도	향례						연례		다례
			연상						미수	대선	과반
			연상과 상화	좌협상과 상화	우협상과 상화	면협상	소선	염수			
빈례	영접도감 의궤	1609	○	○	○	○	○	○	11미수 11작행과	○	진다 행과

가례	풍정도감 의궤	1630	○	○	○	○	○	누락	9미수	○	과반
	가례도감 의궤	1744	○	○	○	○	○	누락	3미수 미수사 방반 중원반	○	과반

    손님 접대연이든 생일잔치연이든 혼례연이든 거의 같은 상차림 흐름으로 연결되기 때문에, 빈례가 다연(茶宴)이듯이 가례 역시 다연과 맥을 같이한다고 볼 수 있다. 이렇듯 〈표 24〉와 같은 흐름은 상차림의 규모가 작아지긴 하였으나 1910년 한일병합 때까지 지속되었다.[4]

---

4 김상보, 《조선왕조 궁중의궤 음식문화》, 수학사, 1995

III

〈연상〉의 〈소선(素膳)〉과 상화는
1,000년이 누적된 선종 문화의 산물

　소선(素膳)에 대한 문헌의 초출은 530년경에 나온 《제민요술(齊民要術)》〈소식(素食)〉이다. 《제민요술》〈소식〉은 선종(禪宗)을 믿는 일반 민중들에게 공문(空門)에 들어가는 데에 도움을 주기 위하여 육류를 배제한 재료로 만든 찬품에 대한 최초의 기록물이다. 재료로 육류를 쓰지 않는 대신 참기름이나 들기름을 듬뿍 넣어 갱류, 튀김류, 조림류, 찜류 등에서 기름진 맛을 돋우고 있다.

　《제민요술》〈소식〉이 나온 지 700년이 지나서 나온 고려 말경의 《거가필용》〈소식〉에는 갱류, 국수류, 튀김류, 만두와 찐빵류, 각종 튀김과자류, 숙편류, 회류, 포류, 적포(炙脯)류, 볶기류 등 다양한 찬품들이 기술되어 있다. 재료 구성도 다양하여 면근(gluten), 죽순, 각종 버섯, 연밥, 마름, 곤약, 분피, 산약, 밀가루 등을 주재료로 하고 콩가루, 잣, 조청, 꿀, 쌀가루, 각종 과실, 팥, 녹두, 참기름과 들기름 등을 부재료로 했다. 이 재료들을 사용하여 동물성 재료로 만든 것처럼 만든 찬품을 소개하는 등 다양한 〈소식〉을 소개하였다. 《제민요술》과 《거가필용》의 〈소식〉은 조선 왕실의 연향식 〈소선〉에서 드러난다.

　《제민요술》 시대를 지나 수(隋), 당(唐), 송(宋)대를 거치면서 소식과 소선의 발전은 이어졌고, 소식 중 특히 유밀과(油蜜果)는 말차(抹茶)와 함께 반드시 한 조가 되게 차려야 하는 다과(茶果) 문화로 구현되었다. 이는 차가 선종 사회의 다게(茶偈)와 연결되면서 차와 다과를 성(聖)스럽게 표출하고자 하는 차림법의 영향을 받은 바가 크다.

당과 송대에는 이미 화려하고 웅장한 다연 문화가 성립되어 있었다. 다과를 성스럽게 표출하고자 하는 차림법에 대한 문헌의 초출은 양나라(梁, 502~557) 때 종름(宗懍)이 쓴《형초세시기》이다. 《형초세시기》의 세시 문화는 한반도에도 많은 영향을 미쳤고, 특히 왕실뿐만 아니라 일반 민중의 세시식(歲時食) 전개에도 영향을 미친 바가 크다. 형초세시기 시기는 양나라 무제(武帝, 재위 502~549)의 시기이기도 하다. 무제는 황제이면서 승려였던 것으로 알려져 있다. 그는 재위 기간인 약 50년 동안 백제의 왕 특히 무령왕(武寧王, 재위 501~523)과 긴밀히 교류하였다. 무제는 511년에 주육(酒肉)을 금하는 법령을 공포하고, 517년에는 국가의 제사에도 희생을 금지하고 밀가루나 과일, 소채(素菜)를 식재료로 할 것을 명령한다. 이 시기 우란분재(盂蘭盆齋)를 공개적으로 거행하였다.

《형초세시기》에 주(註)를 붙인 사람은 수나라(隋, 581~618) 시대 사람인 두공섬(杜公瞻)이다. 그는 남북의 세시 풍습을 비교하여 기술하였다. 〈우란분재〉에서 두공섬이 붙인 주(註)에는 우란분재의 상차림에 깃발, 꽃, 과식(果食,⁵ 유밀과와 실과)이 오르며, 비단으로 만든 꽃과 잎, 엿과 밀랍으로 만든 꽃과 잎을 100미(味)의 음식에 꽂고, 음식을 담는 그릇은 나무와 대나무를 쪼개서 아름답게 만든 분(盆)이라 하였다. 덧붙이면, 《형초세시기》〈우란분재〉에 두공섬이 붙인 주는 다게(茶偈)에서 차리는 100미로 구성된 유밀과와 실과를 말한다. 100미를 아름다운 그릇에 각각 담고 꽃으로 장식하였음을 보여준다.

또한 《고려사》는 다연(茶宴)에서 말차와 함께 차리는 과안(果案)의 유밀과 차림도 상화를 꽂고 아름답고 웅장하게 차렸음을 기술하고 있다. 고려 왕실의 이러한 차림법은 속례로 조선 왕실에 이어져, 앞서 기술한 《영접도감의궤》(1609), 《풍정도감

---

5 과식(果食) : 과일뿐만 아니라 밀가루 또는 찹쌀가루, 엿, 기름, 꿀을 재료로 과일 모양으로 만든 일종의 튀김과자(油蜜果).

의궤》(1630), 《가례도감의궤》(1744)의 〈연상(宴床, 연상·좌협상·우협상)〉에도 유밀과와 과실을 차리고 이들 위에 상화를 꽂아 웅장하고 아름다운 예술 작품을 만들고 있다.

　조선 왕조 중후기가 되면 연상을 찬안(饌案)이라고도 했는데, 이러한 풍은 1910년까지 이어진다.

참고문헌

제1장

김상보, 《조선왕실의 풍정연향》, 민속원, 2016
서정록, 《백제금동대향로》, 학고재, 2001

《周易》

《迎接都監儀軌》, 1609, 1610, 1626, 1634, 1637, 1643
《嘉禮都監儀軌》, 1651, 1696, 1744, 1759, 1819, 1866, 1906
《豐呈都監儀軌》, 1630
《園幸乙卯整理儀軌》, 1795
《慈慶殿進爵整禮儀軌》, 1827
《受爵儀軌》, 1765
《進宴儀軌》, 1719, 1901, 1902
《進饌儀軌》, 1829, 1848, 1868, 1877, 1887
《進爵儀軌》, 1828, 1873

제2장

강봉룡, 〈고대 한중일 관계에서 백제의 역할〉, 《백제문화를 통해서 본 고대동아시아세
　　계》, 공주대학교 백제문화연구소, 2002
권태원, 〈백제의 사회풍속사 고찰〉, 《백제연구, 제9집》, 충남대학교 백제연구소, 1978

김병준, 〈지역문화에서 주변문화론〉, 《四川文化》, 2006

김상보, 《조선왕조 혼례연향 음식문화》, 신광출판사, 2003

김상보, 《부여의 전통음식 조사연구보고서》, 부여군, 2005

김상보, 〈한성백제시대의 음식문화〉, 《향토서울, 제63호》, 서울특별시사편찬위원회, 2003

김상보, 《약선으로 본 우리 전통음식의 영양과 조리》, 수학사, 2012

김상보, 《조선왕실의 풍정연향》, 민속원, 2016

김상보, 《사상으로 만나는 조선왕조 음식문화》, 북마루지, 2015

김상보, 《한국의 음식생활문화사》, 광문각, 1997

김창석, 〈통일신라기 田莊에 관한 연구〉, 《한국사론》, 서울대출판부, 1991

박남수, 《신라수공업사》, 신서원, 1996

박순발, 〈공주수촌리 고분군 출토 중국자기와 교차연대 문제〉, 《4~5세기 금강 유역의 백
　　　제문화와 공주수촌리 유적》, 충남역사문화원, 2005

박용운, 《고려시대사上》, 일지사, 1998

상기숙 역, 宗懷 저, 《荊楚歲時記》, 집문당, 1996

서윤길, 〈고려의 제석신앙〉, 《불교학보 제15집》, 동국대학교 불교문화연구소, 1978

서정록, 《백제금동대향로》, 학고재, 2001

심규호 역, 葛兆光 저, 《道敎와 中國文化》, 동문선, 1993

윤명철, 《한국해양사》, 학연문화사, 2003

윤무병, 〈김제 벽골제 발굴 보고〉, 《백제연구》제7집, 충남대학교 백제연구소, 1978

이기동, 〈고대 동아시아 속의 백제문화〉, 《백제문화를 통해서 본 고대 동아시아 세계》, 공
　　　주대학교 백제문화 연구소, 2002

이병도 역, 《三國遺事》

이병희, 〈고려 전기 寺院田의 分給과 경영〉, 《한국사론》, 서울대학교 국사학과, 1988

이성우, 《韓國食品社會史》, 교문사, 1984

이성우, 《한국식품문화사》, 교문사, 1993

정상홍·임병권 역, 葛兆光 저, 《禪宗과 中國文化》, 동문선, 1991

편무영, 《한국불교민속론》, 민속원, 1998

한경수 역, 渡辺照宏 저,《불교사의 전개》, 불교시대사, 1992

한국고대사회연구소편,《역주韓國古代金石文, Ⅱ》, 가락국사적개발 연구원, 1992

《訓蒙字會》

《本草拾遺》

《南海藥譜》

《三國史記》

《三國遺事》

《高麗史》

《高麗史節要》

《老乞大》

《東醫寶鑑》

《隋書》

《三國志演義》

《荊楚歲時記》

《道德經》

《古尊宿語錄》卷4

《景德傳燈錄》卷10

《齊民要術》

《東京夢華錄》

《居家必用》

《神農本草經》

《楞嚴經》

道林,《詠懷詩》

李白;《游泰山》,《古風》,《擬古》

司馬承禎,《坐忘論》

《梁書》

《二國志》

《周書》

《北史》

篠田統,《中國食物史》, 紫田書店, 1998

世界有用植物事典編輯委員会,《世界有用植物事典》, 平凡社, 1989

戶田有二,〈무령왕릉 연꽃무늬에 나타난 국제교류〉,《백제문화를 통해서 본 고대 동아시
    아 세계》, 공주대학교 백제문화 연구소, 2002

西谷 正,〈무령왕릉을 통해서 본 고대 동아시아의 교류〉,《백제문화를 통해서 본 고대 동
    아시아 세계》, 공주대학교 백제문화 연구소, 2002

《延喜式》

《和漢三才圖會》

제3장

김상보,《한국의 음식생활문화사》, 광문각, 1997

김상보,〈식생활〉,《한성백제사 5》, 서울특별시사편찬위원, 2008

김상보,《생활문화 속의 향토음식문화》, 신광출판사, 2002

김상보,《음양오행사상으로 본 조선왕조의 제사음식문화》, 수학사, 1996

김상보,《조선왕조 궁중의궤 음식문화》, 수학사, 1995

김상보,《조선왕실의 풍정연향》, 민속원, 2016

김상보,《한식의 道를 담다》, 와이즈북, 2017

김상보,《전통주 인문학》, 헬스레터, 2022

김상보 역, 石毛直道 저,《魚醬과 食醢의 연구》, 수학사, 2005

박순발, 〈갑천의 고대문화〉, 《갑천의 문화유산》, 대전 서구문화원, 1995

박순발, 〈공주 수촌리 고분군 출토 중국자기와 교차연대 문제〉, 《4~5세기 금강 유역의 백
제문화와 공주 수촌리 유적》, 충청남도 역사 문화원, 2005

상기숙 역, 宗懍 저, 《荊楚歲時記》, 집문당, 1996

윤명철, 《한국해양사》, 학연문화사, 2003

윤무병, 〈김제 벽골제 발굴 보고〉, 《백제연구》 제7집, 충남대학교, 1978

이기영, 《한국의 불교》, 세종대왕기념사업회, 1999

이성우, 《한국식품문화사》, 교문사, 1997

이장섭, 〈음식과 식생활문화〉, 《한국의 향촌민속지 Ⅱ》, 정신문화연구원, 1995

정상홍·임병권 역, 葛兆光 저, 《禪宗과 中國文化》, 동문선, 1991

한경수 역, 渡辺照宏 저, 《불교사의 전개》, 불교시대사, 1992

《三國史記》

《三國遺事》

《老乞大》

《東國李相國集》, 1251

《高麗史》

《救荒切要》, 1639

《山林經濟》

《增補山林經濟》, 1766

《新增東國輿地勝覽》

《屠門大嚼》

《救荒補遺方》, 1660

《東醫寶鑑》

《飮食知味方》

《五洲衍文長箋散稿》

《東國歲時記》, 1840

《海東繹史》

《北學議》, 1880

《輿地圖書》, 1757

《迎接都監儀軌》, 1609

《豐呈都監儀軌》, 1630

《園幸乙卯整理儀軌》, 1795

《進饌儀軌》, 1829

《是議全書》, 1800년대 말

《朝鮮無雙新式料理製法》, 1924

陳文華, 渡部武編,《中國の稻作起源》, 六興出版, 1989

張光直,《中國靑銅時代》, 香港中文大學中國文化硏究所, 1989

唐愼微,《經史證類大觀本草》卷11

《儀禮》

《周禮》

《神農本草經》

《齊民要術》

《梁書》

《南史》

《後漢書》

《晉書》

《魏書》

《隋書》

《三國志》

《北史》

《周書》

《楚辭》

《詩經》

宗懍,《荊楚歲時記》, 550년경

《高麗圖經》, 1123

石毛直道,《魚醬とナレズシの研究》, 岩波書店, 1990

中尾佐助,《栽培植物と農耕の起源》, 岩波新書, 1992

山﨑耕宇《世界有用植物事典》, 平凡社, 1989

原田信男,《コメを選んだ日本の歴史》, 文春新書, 2006

熊谷治,〈朝鮮半島におけるアズキに關する儀禮 習俗〉,《朝鮮学報 92》, 1979

堀田満,《世界有用植物事典》, 平凡社, 1989

松下智,《世界有用植物事典》, 平凡社, 1989

星川清親 外 1人,《世界有用植物事典》, 平凡社, 1989

世界有用植物事典編輯委員会,《世界有用植物事典》, 平凡社, 1989

小山修三,〈古代·中世の食事〉,《世界の食べもの 12》. 朝日新聞社, 1984

渡部忠世,《アジア稲作の系譜》, 法政大学出版局, 1983

《日本書紀》

제4장

김상보,《한식의 道를 담다》, 와이즈북, 2017

김상보,《조선왕실의 풍정연향》, 민속원, 2016

김상보,《전통주 인문학》, 헬스레터, 2022

김상보,《사상으로 만나는 조선왕조 음식문화》, 북마루지, 2015

김상보,〈은산별신제 음식문화〉,《扶餘學》, 부여고도육성포럼, 2014

김상보,《현내식으로 다시 보는 饔聞事說》, 농촌진흥청, 2010

김상보, 〈조선왕조의 명나라 사신 접대음식문화〉,《식품문화》, 한국식품연구원, 2008

김상보,《약선으로 본 우리 전통음식의 영양과 조리》, 수학사, 2012

김상보·장철수, 〈조선통신사를 포함한 한·일 관계에서의 음식문화 교류〉,《한국식생활문화학회지》, Vol. 13, No. 5, 1998

김상보,《한국의 음식생활문화사》, 광문각, 1997

김상보,《음양오행사상으로 본 조선왕조의 제사음식문화》, 수학사, 1996

김상보,《조선왕조 궁중의궤 음식문화》, 수학사, 1995

박정혜,《조선시대 궁중 기록화 연구》, 일지사, 2000

상기숙 역, 宗懍 저,《荊楚歲時記》, 집문당, 1996

서정록,《백제금동대향로》, 학고재, 2001

선원보감편찬위원회,《璿源寶鑑Ⅲ》, 啓明使, 1989

윤숙경 역,《需雲雜方》, 신광출판사, 1998

이성우,《동아시아 속의 고대한국식생활사연구》, 향문사, 1993

이성우·김상보 외,《食과 料理의 世界史》, 동명사, 1991

편무영,《한국불교민속론》, 민속원, 1998

《璿源寶鑑》

《世宗實錄》

《仁祖實錄》

《高麗史》

《高麗史節要》

《老乞大》

《國朝五禮儀》

《樂學軌範》

《芝峯類說》, 1613

《山林經濟》, 1700년대 초

《飲食知味方》, 1670

《御製國婚定例》

《三國遺事》

《豐呈都監儀軌》, 1630

《嘉禮都監儀軌》, 1651, 1696, 1744, 1759, 1819, 1866, 1906

《迎接都監儀軌》, 1609, 1610, 1626, 1634, 1643

《進宴儀軌》, 1719, 1901, 1902

《受爵儀軌》, 1765

《園幸乙卯整理儀軌》, 1795

《慈慶殿進爵整禮儀軌》, 1827

《進爵儀軌》, 1828, 1873

《進饌儀軌》, 1829, 1848, 1868, 1877, 1887, 1892

《饔饎雜志》, 1800년대 초

《雅言覺非》

《五洲衍文長箋散稿》

《漢京識略》, 1830

李德懋,《士小節》

宋時烈,《戒女書》

《東國歲時記》, 1849

《朝鮮無雙新式料理製法》, 1923

《周易》

《儀禮》

《禮記》

《神農本草經》

《後漢書》

《三國志》

《北史》

《隋書》

《新唐書》

《齊民要術》, 530년경

宗懍, 《荊楚歲時記》, 550년경

《東京夢華錄》, 1187

《高麗圖經》, 1123

《居家必用》

石毛直道, 〈食における藝術性〉, 《食の美学》, ドメス出版, 1991

熊倉功夫, 《日本料理の歴史》, 吉川弘文館, 2007

熊倉功夫, 〈食文化史における思想〉, 《食の思想》, ドメス出版, 1992

高良倉吉, 《琉球王国》, 岩波書店, 1993

佐原真, 《騎馬民族は来なかった》, 日本放送出版協會, 1993

杉本憲司, 〈漢代の食べ物〉, 《世界の 食べもの8》. 朝日 新聞 社, 1984

佐佐木正太, 《朝鮮の實情》, 帝國地方行政學會, 1924

岩井宏實, 〈行事と食事〉, 《世界の食べもの 12》. 朝日新聞社, 1984

如囚居士, 《朝鮮雜記》, 春祥堂, 1894

《琉球册封使一件》, 1808

● 색인 ●